Der Islam – Entstehung einer neuen Kraft

Arabien

Nomadenstämme mit eigenen Stammesgöttern

aber

Kaaba *in Mekka als gemeinsames Heiligtum*

Mohammed, geb. um 570 in Mekka

Waise; Arbeit als Hirte,

später Handelskarawanenleiter

→ *Kontakt mit Juden und Christen*

Legende: *610 erscheint Erzengel Gabriel Mohammed*

→ *Verkündung des wahren Glaubens*

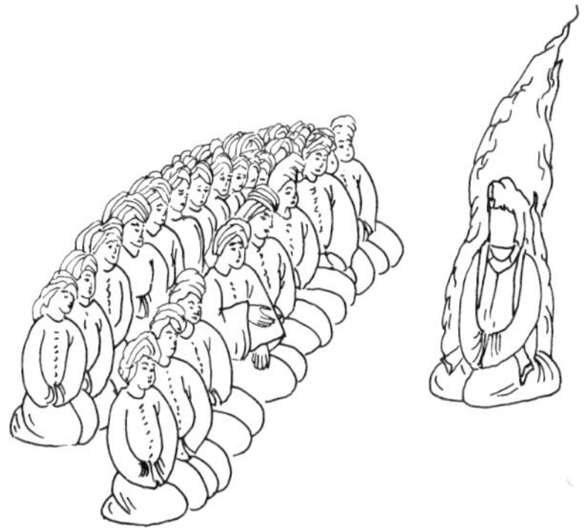

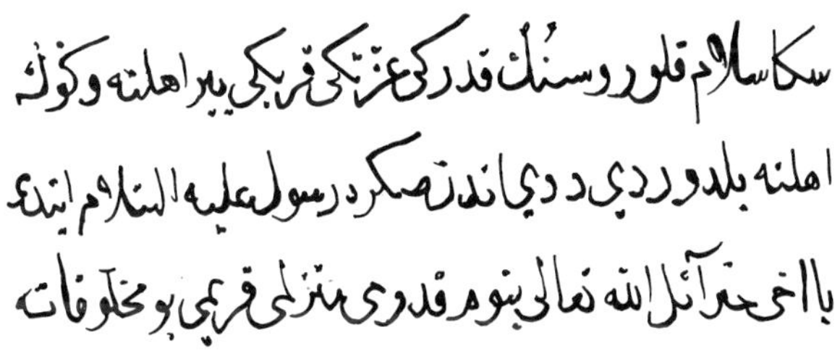

„Es gibt keinen Gott außer Allah"

Mohammed predigt → Niederschrift *Koran*

Fünf Forderungen *an jeden gläubigen Muslim:*

Mohammed ist Prophet des einzigen Gottes Allahs; Gebet – fünfmal täglich;

Almosen; Fasten im Ramadan; Pilgerfahrt nach Mekka.

Das Leben in einem mittelalterlichen Kloster

____

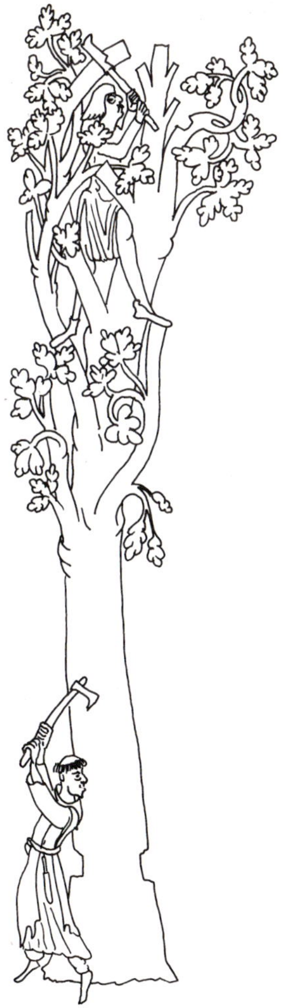

Landwirtschaft und Handwerk

– ______________________________

– ______________________________

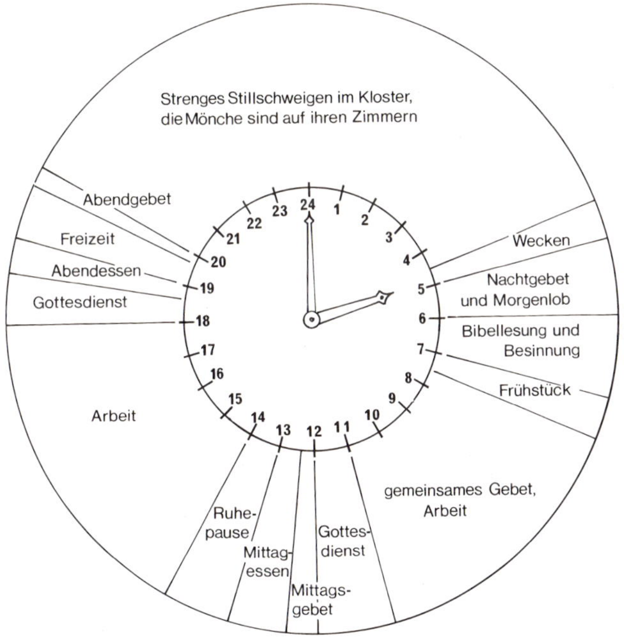

Bildung und Wissenschaft

– ______________________________

– ______________________________

– ______________________________

Mönche und Nonnen mussten drei Gelübde ablegen:

– ______________________________

– ______________________________

– ______________________________

Wie regiert Karl der Große das Frankenreich?

Die Verwaltung des fränkischen Großreichs

a) *entsendet*

b) *setzt ein*

c) *überwachen*

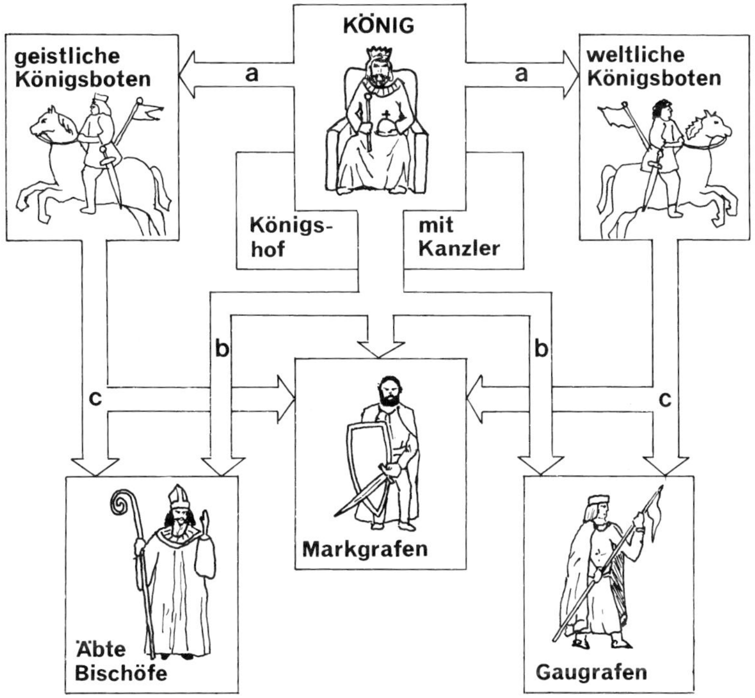

Einteilung des Reiches in Gaue und Grafschaften

- *Gaugrafen ziehen Steuern ein, sprechen Recht, stellen im Krieg ein Heer*
- *In den Grenzgebieten sind Markgrafen eingesetzt, die eigenverantwortlich ein Heer aufstellen*
- *Königsboten kontrollieren die Geistlichen und Grafen*

Ein König auf Reisen

- *Im Frankenreich gibt es keine Hauptstadt, sondern nur Königshöfe und Pfalzen*
- *Reisekönigtum*
- *Die Verwalter der Königsgüter waren für die Versorgung des Königs und seines Gefolges verantwortlich*

Wie regiert Karl der Große das Frankenreich?

Die Verwaltung des fränkischen Großreichs

a) __________

b) __________

c) __________

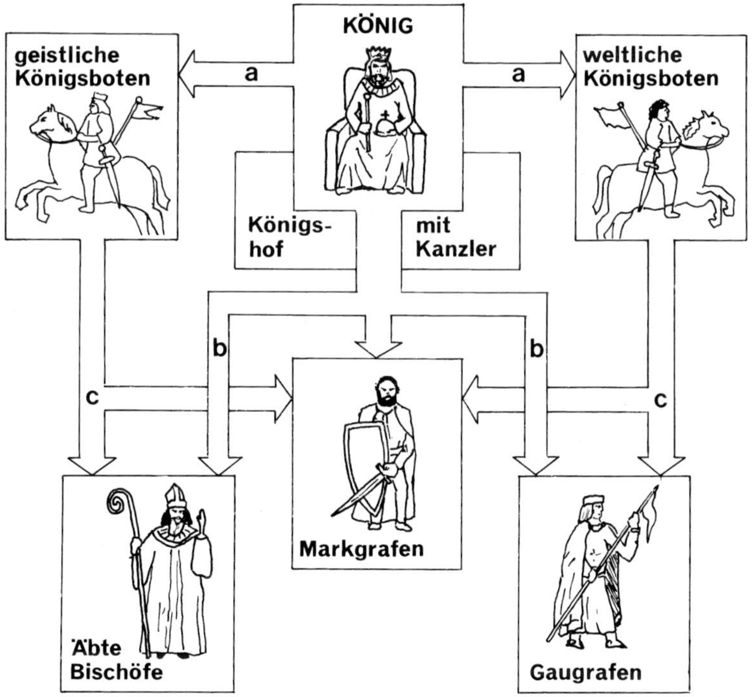

Einteilung des Reiches in Gaue und Grafschaften

– __________

– __________

– __________

Ein König auf Reisen

– __________

– __________

– __________

Der Aufbau der Gesellschaft im Mittelalter

Die Grundherrschaft

Der Grundherr

Grundholde

–

–

–

Leibeigene

–

–

Freie Bauern

–

–

–

Das Lehnswesen

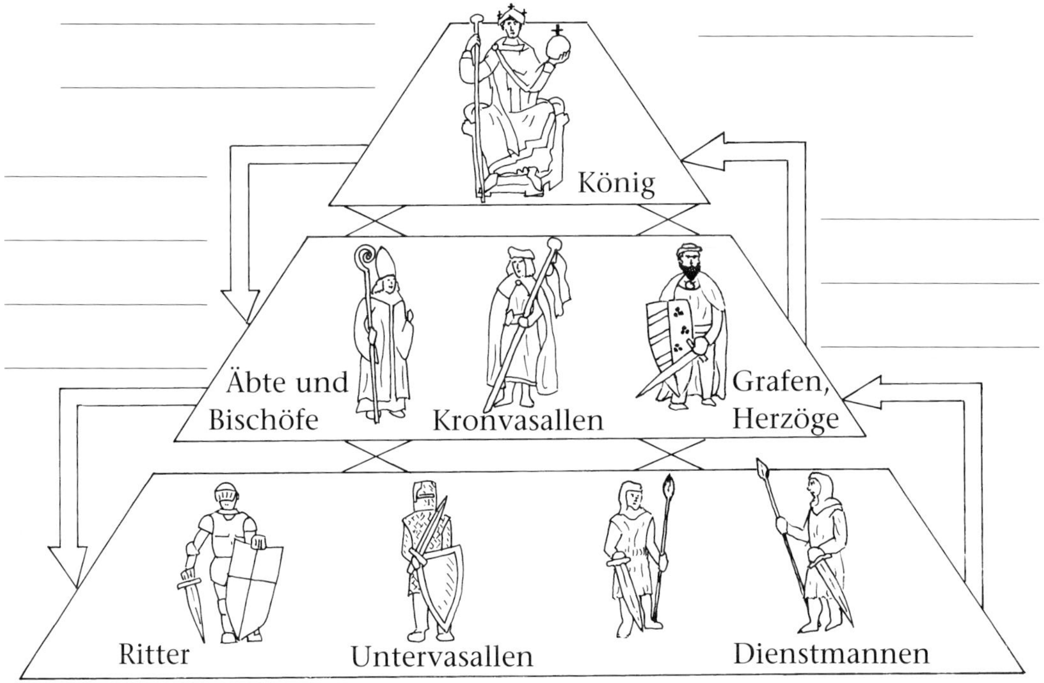

Land gegen Dienste

–

–

Der Aufbau der Gesellschaft im Mittelalter

Die Grundherrschaft

Der Grundherr

Frondienste — *Schutz*

Abgaben — *Kriegsdienst*

Grundholde — Leibeigene

Grundholde
- *bebauen eigenes Land*
- *leisten Abgaben und Frondienste*
- *dürfen ihr Land nicht verlassen oder vererben*

Leibeigene
- *völlig unfrei*
- *gelten als Zubehör eines Gutshofs*

Freie Bauern
- *verfügen über ihr Land selbst*
- *müssen für den König Kriegsdienst leisten*
- *verarmen oft aufgrund der Kriegszüge*

Das Lehnswesen

Schutz und Schirm; Lehen und Ämter

Rat und Hilfe; Amts- und Kriegsdienst

Schutz und Schirm; Lehen und Ämter

Rat und Hilfe; Amts- und Kriegsdienst

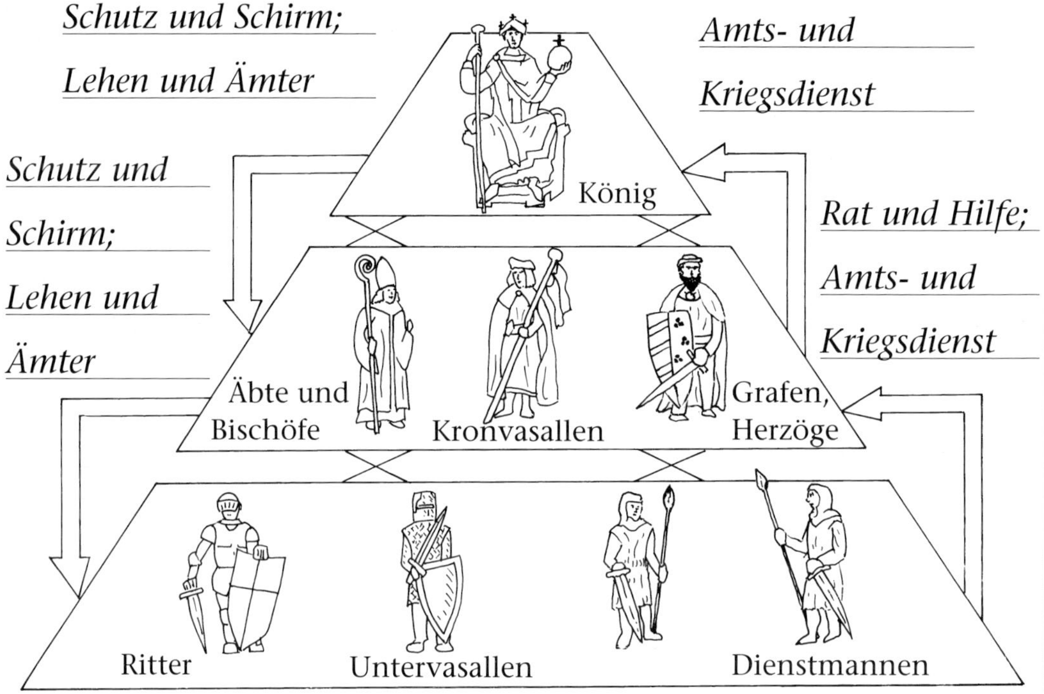

Land gegen Dienste
- *Lehen (Land oder Ämter) als Gegenleistung für Verwaltungs- und Kriegsdienste*
- *Rückgabe des Lehens nach dem Tod des Vasalls (später Erblichkeit)*

Karl der Große (768–814) – „das Haupt der Welt“

Karl – der Vater Europas?

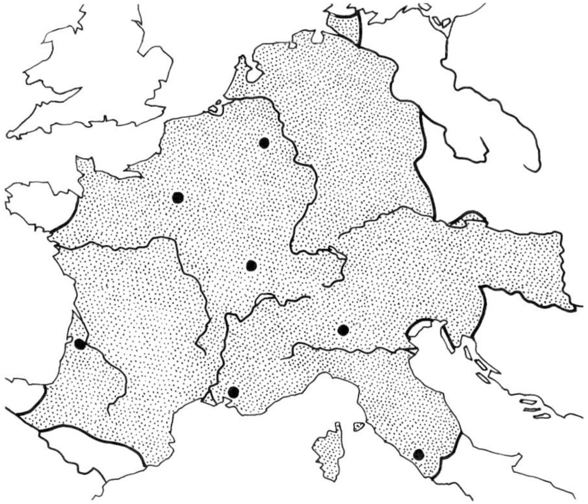

51 Feldzüge in 46 Jahren:

- *774: König der Langobarden*
- *788: Bayern wird fränkische Provinz*
- *804: Sachsen gehört zum Reich → Ende des 8. Jahrhunderts ist Karl der mächtigste Herrscher Europas*

Anspruch der Franken:

Das Frankenreich umfasst große Teile des alten weströmischen Kaiserreichs

- *Interesse des Papstes an Karl als Schutzherr der Kirche*
- *800 Kaiserkrönung in Rom*

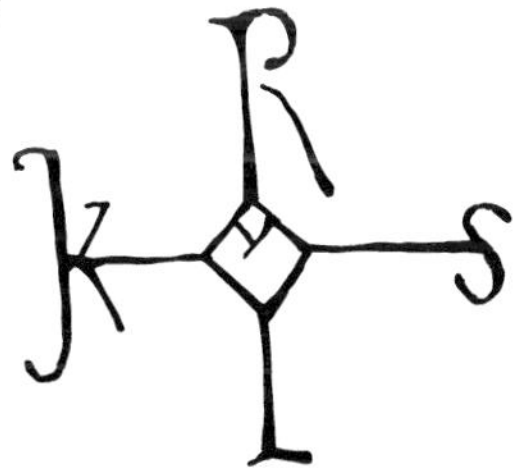

Fundamente:

- *christlicher Glaube*
- *Bildung und Wissenschaft*

Das Reich zerfällt

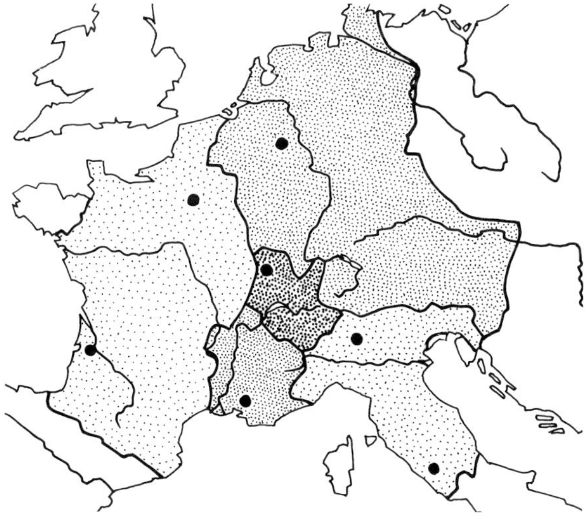

- *814 Tod Karls des Großen → Sohn Ludwig der Fromme*
- *9. Jahrhundert: Reichsteilung:*
- *westfränkisches Reich*
- *ostfränkisches Reich*
- *Italien*
- *10. Jahrhundert: Ostreich erstmals „Reich der Deutschen“ genannt*

Karl der Große (768–814) – „das Haupt der Welt“

Karl – der Vater Europas?

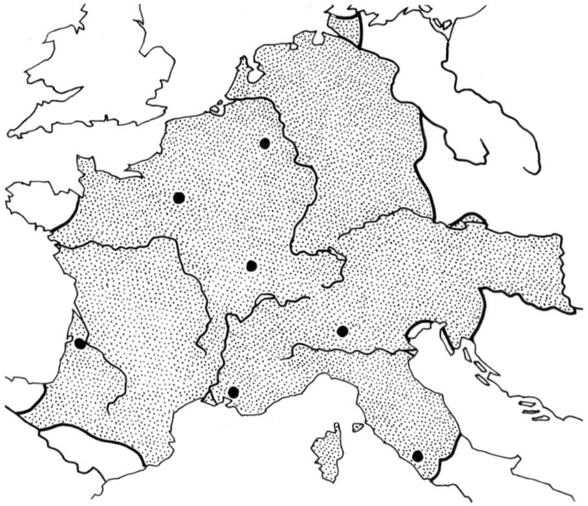

51 Feldzüge in 46 Jahren:

–

–

–

Anspruch der Franken:

–

–

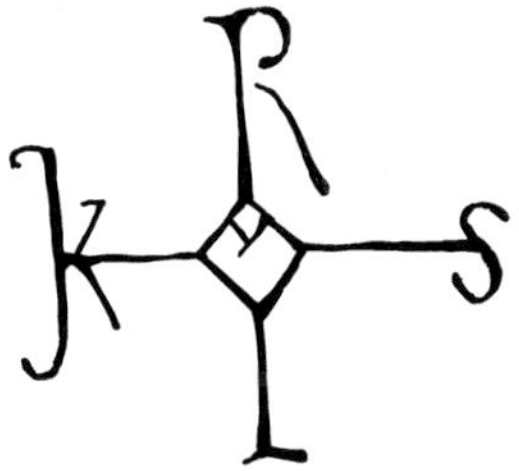

Fundamente:

–

–

Das Reich zerfällt

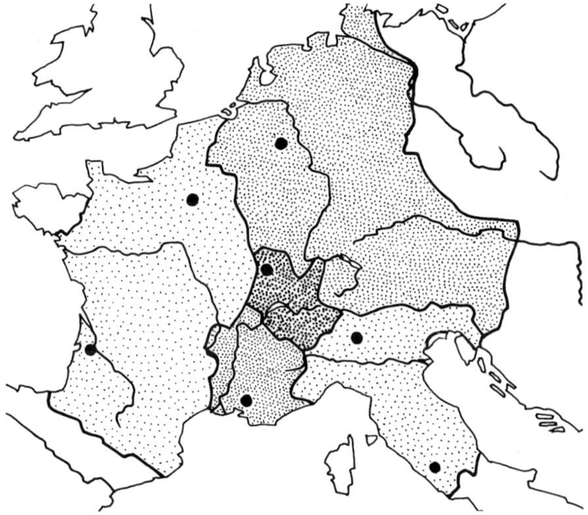

–

–

–

–

–

–

Otto I. (936–972) – König und Kaiser

Sicherung und Erweiterung des Deutschen Reiches

- *955 Sieg über die Ungarn auf dem Lechfeld*
- *Unterwerfung der Slawen östlich der Elbe*

Verbreitung des christlichen Glaubens

- *968 Gründung des Erzbistums Magdeburg*
- *Bau zahlreicher Kirchen*

Kampf gegen die Feinde des Papstes in Italien

936 Krönung zum deutschen König in Aachen

- *Wahl durch Herzöge und Adelige*
- *Zustimmung des Volkes*
- *Salbung und Krönung durch die Erzbischöfe*

962 Kaiserkrönung in Rom

- *Treueid des Papstes*
- *Pflicht zum Schutz der Kirche*

Die Kirche als Stütze der Macht im Deutschen Reich

- *Entmachtung der Herzöge und ehrgeizigen Verwandten*
- *Verwaltung des Reiches mithilfe der Bischöfe und Äbte*
- *Ernennung der Bischöfe und Äbte durch den König*

Krise in der Kirche

- *Ämterkauf (Simonie)*
- *Vernachlässigung der Seelsorge*

Heiliges Römisches Reich deutscher Nation

Otto I. (936–972) – König und Kaiser

Sicherung und Erweiterung des Deutschen Reiches

– ______________________

– ______________________

Verbreitung des christlichen Glaubens

– ______________________

– ______________________

Kampf gegen die Feinde des Papstes in Italien

936 Krönung zum deutschen König in Aachen

– ______________________

– ______________________

– ______________________

962 Kaiserkrönung in Rom

– ______________________

– ______________________

Die Kirche als Stütze der Macht im Deutschen Reich

– ______________________

– ______________________

– ______________________

Krise in der Kirche

– ______________________

– ______________________

____

Machtkampf zwischen König und Papst – der Investiturstreit 9

König Heinrich IV. (1056–1106)

–

–

Papst Gregor VII. (1073–1085)

–

–

1076:

1077:

1084:

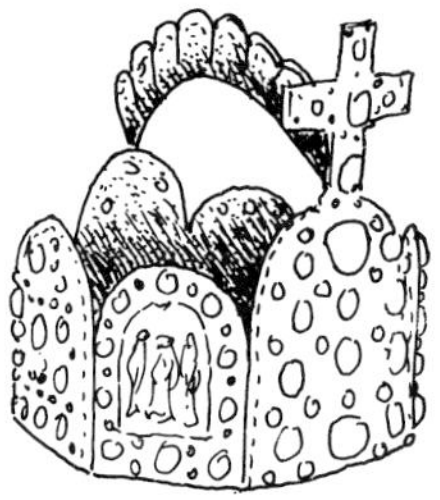

Die Lösung des Streits:

–

–

Machtkampf zwischen König und Papst – der Investiturstreit 9

König Heinrich IV. (1056–1106)

- *besteht auf der Vormacht des weltlichen Herrschers vor dem Papst*
- *setzt trotz päpstlichem Verbot weiter Bischöfe und Äbte ein*

Papst Gregor VII. (1073–1085)

- *fordert Vorrang vor dem König und Kaiser*
- *beansprucht das Investiturrecht für Bischöfe und Äbte*

Androhung des Kirchenbanns

1076: *Absetzung des Papstes auf einer Reichsversammlung*

Verhängung des Kirchenbanns

1077: *„Gang nach Canossa“, um vom Bann gelöst zu werden*

Lossprechung vom Kirchenbann

1084: *Kaiserkrönung durch den Gegenpapst Clemens III.*

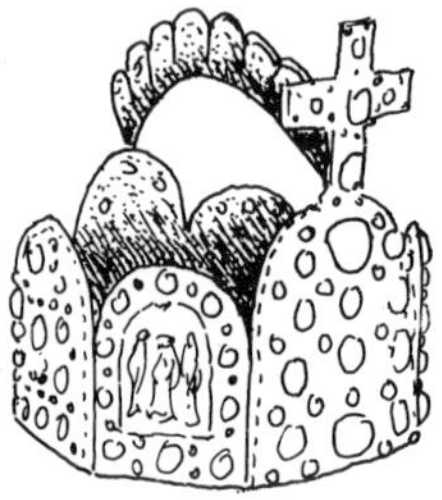

Die Lösung des Streits: *Das Wormser Konkordat (1122)*

- *Die höchsten Geistlichen eines Bistums wählen den Bischof*
- *Der König verleiht danach das Zepter als Zeichen der weltlichen Macht*
- *Nach der Weihe übergeben päpstliche Gesandte Ring und Stab*

Die Nachfolgeregelung im Deutschen Reich

Seit dem frühen Mittelalter: Nebeneinander von *Geblütsrecht und Wahlrecht*

– *Bestätigung des Thronerben des regierenden Königs durch die Wahl der Fürsten*

Aber: *grundsätzliches Widerspruchsrecht der Fürsten*

1356: Neuregelung in der *Goldenen Bulle* Kaiser Karls IV.

Geistliche Kurfürsten

- *Erzbischof von Mainz lädt zur Wahl, hat die letzte Stimme*
- *Erzbischof von Trier gibt die erste Stimme ab*
- *Erzbischof von Köln krönt den gewählten König*

Die Stimmen sind an das geistliche Amt gebunden.

Weltliche Kurfürsten

- *König von Böhmen*
- *Pfalzgraf bei Rhein*
- *Herzog von Sachsen*
- *Markgraf von Brandenburg*

Land und Stimme sind ungeteilt an den Erstgeborenen zu vererben.

Wahlort: *Frankfurt am Main*

Krönungsort: *Aachen*

Die Nachfolgeregelung im Deutschen Reich

Seit dem frühen Mittelalter: Nebeneinander von ____________________

– ____________________

Aber: ____________________

1356: Neuregelung in der ____________________ Kaiser Karls IV.

Geistliche Kurfürsten

– ____________________

____

____

– ____________________

____

____

– ____________________

____

____

Die Stimmen sind an das geistliche Amt gebunden.

Weltliche Kurfürsten

– ____________________

– ____________________

– ____________________

– ____________________

____

Land und Stimme sind ungeteilt an den Erstgeborenen zu vererben.

Wahlort: ____________________

Krönungsort: ____________________

Die Welt des Ritters

Werdegang eines Ritters

ritterliche Abstammung

Ausbildung als

– *Page* (Edelknabe)

7.–14. Lebensjahr

höfisches Benehmen

Umgang mit Waffen

– *Knappe* (Begleiter eines Ritters)

14.–21. Lebensjahr

Waffenhandwerk

Begleitung eines Ritters bei Hof, auf Turnieren, bei der Jagd und im Krieg

mit 21 Jahren

Ritterschlag

oder *Schwertleite* :

Aufnahme in die Ritterschaft

Entstehung des Rittertums

12. Jahrhundert: Verschmelzung von *Vasallen* (adelige Lehnsmänner) und *Ministerialen* (nichtadelige Dienstmannen) zum Stand der *Ritter*

ritterliche Tugenden

triuwe =	*Treue*
staete =	*Beständigkeit*
hoher muet =	*edle Gesinnung*
maze =	*Selbstbeherrschung*
minne =	*Frauenverehrung*

Ritterliches Leben

Leben auf der *Burg* (Wehranlage)

– *beengte und schlechte Wohnverhältnisse*

– *wenig Abwechslung*

– *Verwaltung und Bewirtschaftung des Rittergutes (Ländereien)*

Teilnahme an

– *Turnieren (Kampfspiele) Tjost/Buhurt*

– *Hoffesten Tanz und Gesang (Minnesang)*

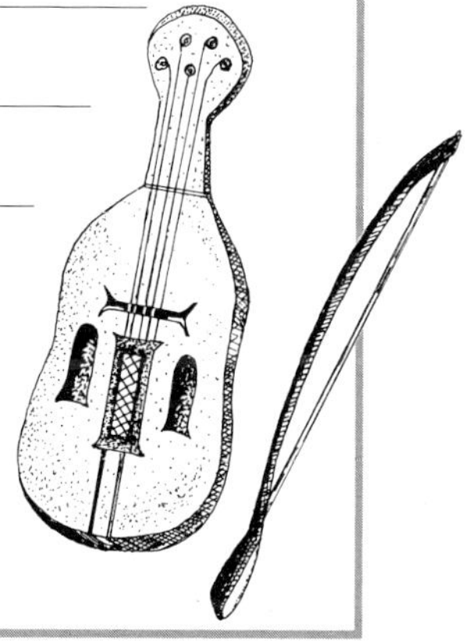

Die Welt des Ritters

Werdegang eines Ritters

____

Ausbildung als

– ______ (Edelknabe)

____

____

____

– ________ (Begleiter eines Ritters)

____

____

____

____

____

mit 21 Jahren

____

oder ____________:

Aufnahme in die Ritterschaft

Entstehung des Rittertums

12. Jahrhundert: Verschmelzung von _______________

(adelige Lehnsmänner) und _______________

(nichtadelige Dienstmannen) zum Stand der _________

ritterliche Tugenden

triuwe = _______________

staete = _______________

hoher muet = _______________

maze = _______________

minne = _______________

Ritterliches Leben

Leben auf der _____ (Wehranlage)

– _______________

____

– _______________

– _______________

____

____

Teilnahme an

– _______________

____

– _______________

____

____

____

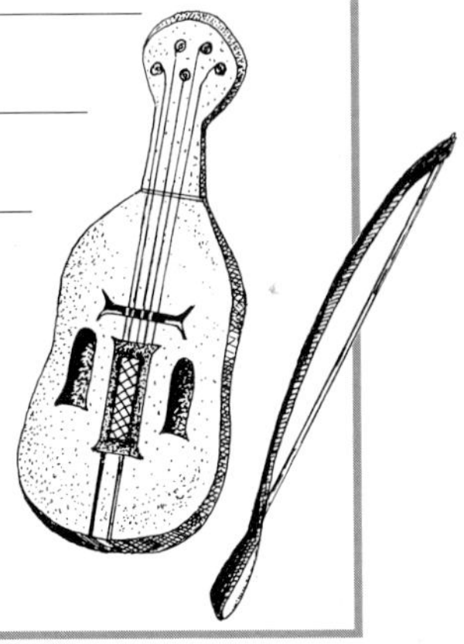

Wie lebten die Bauern im Mittelalter?

Dorf

- *Entstehung 11.–14. Jh.*
- *wenig Einwohner (ca. 100 Menschen)*
- *unterschiedliche Formen, z. B. Haufen-, Straßen-, Angerdorf*

Alltag der Bauern

- *schwere körperliche Arbeit*
- *ärmliche Wohnung*
- *dürftige Mahlzeiten*
- *einfache Kleidung*
- *Nachbarschaftshilfe*

Landwirtschaft

- *Getreideanbau und Viehzucht*
- *Selbstversorgung*
- *Arbeit durch Jahreszeit bestimmt*
- *Ernte abhängig vom Wetter*

„Rundling" (Runddorf)

1 *Wehrkirche aus Stein (Mittelpunkt des Dorfes)*
2 *Bauernhöfe aus Holz (Wohnhaus mit Stall, Scheune)*
3 *Dorflinde (Versammlungsort, z. B. für Gericht, Festplatz)*
4 *Umzäunung (Hecke, Zaun zum Schutz)*
5 *Fluren bzw. Felder (Gewanne)*
6 *Allmende (Wald, Weide, Ödland zur gemeinsamen Nutzung)*

bäuerliche Familie

- *besondere Belastung für Frauen (frühe Heirat, viele Geburten)*
- *schwere Kinderarbeit*
- *geringe Lebenserwartung*

Wie lebten die Bauern im Mittelalter?

Dorf

– ____
– ____
____
– ____
____
____

Landwirtschaft

– ____
– ____
– ____
____
– ____

„Rundling“ (Runddorf)

1 ____
2 ____
3 ____
4 ____
5 ____
6 ____

Alltag der Bauern

– ____
– ____
– ____
– ____
– ____

bäuerliche Familie

– ____
____
____
____
____
– ____
____
– ____
____

Die Entwicklung der Landwirtschaft im Mittelalter

Not macht erfinderisch

Im Verlauf des Mittelalters Erfindung und Anwendung von

neuen Arbeitsgeräten und Techniken, z. B.

eiserner Räderpflug
(Pflugschar)

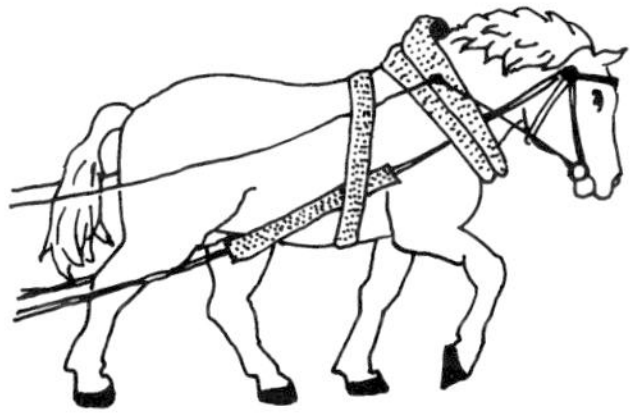

Pferd als Zugtier
(Kummetgeschirr)

Dreschflegel

daneben: *Sichel, Hacke, Gabel (Forke),*
Düngung mit Mist und Mergel,
besseres Saatgut

und

neuen Anbaumethoden: Von der *Zwei-* zur
Dreifelderwirtschaft

A	Feld 1	Feld 2
1. Jahr	**Getreide**	**Brache**
2. Jahr	**Brache**	**Getreide**
3. Jahr	**Getreide**	**Brache**

B	Feld 1	Feld 2	Feld 3
1. Jahr	**Winter-getreide**	**Sommer-getreide**	**Brache**
2. Jahr	**Sommer-getreide**	**Brache**	**Winter-getreide**
3. Jahr	**Brache**	**Winter-getreide**	**Sommer-getreide**

Vorteile: *höhere Erträge, weniger Missernten,*
gleichmäßigere Verteilung der Arbeit
Nachteil: *Flurzwang*

Folgen

- *Erleichterung der Arbeit*
- *bessere Ernten, d. h. höherer Lebensstandard*

Die Entwicklung der Landwirtschaft im Mittelalter

Not macht erfinderisch

Im Verlauf des Mittelalters Erfindung und Anwendung von

neuen Arbeitsgeräten und Techniken, z. B.

____

____

____

____

____

daneben: ______________

____

____

und

neuen Anbaumethoden: Von der ______ zur

____

A	Feld 1	Feld 2
1. Jahr	**Getreide**	**Brache**
2. Jahr	**Brache**	**Getreide**
3. Jahr	**Getreide**	**Brache**

B	Feld 1	Feld 2	Feld 3
1. Jahr	**Winter-getreide**	**Sommer-getreide**	**Brache**
2. Jahr	**Sommer-getreide**	**Brache**	**Winter-getreide**
3. Jahr	**Brache**	**Winter-getreide**	**Sommer-getreide**

Vorteile: ______________

____

Nachteil: ______________

Folgen

– ______________

– ______________

____

Die mittelalterliche Stadt

Handelsstraße

Römersiedlung

Flussübergang

Burg, Kloster

Hafenbucht

Entstehung von Städten

Kirche

Rathaus

Gericht

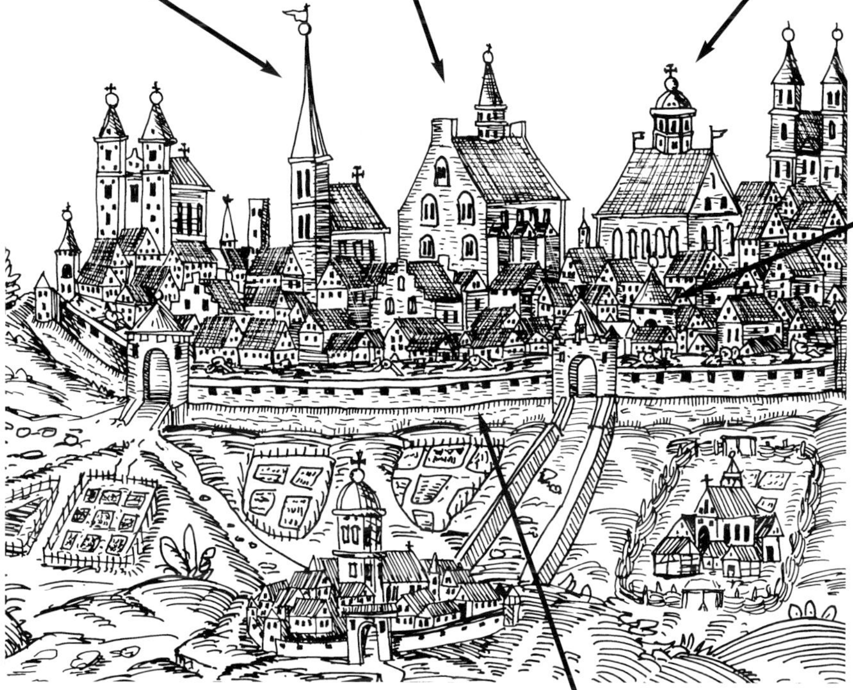

Mauer

Marktplatz

Stadtherr (Graf, Herzog oder Bischof) sichert die Marktordnung, z. B.:

- Festsetzung von Maßen und Gewichten
- Einfordern von Zöllen und Marktgebühren

Die mittelalterliche Stadt

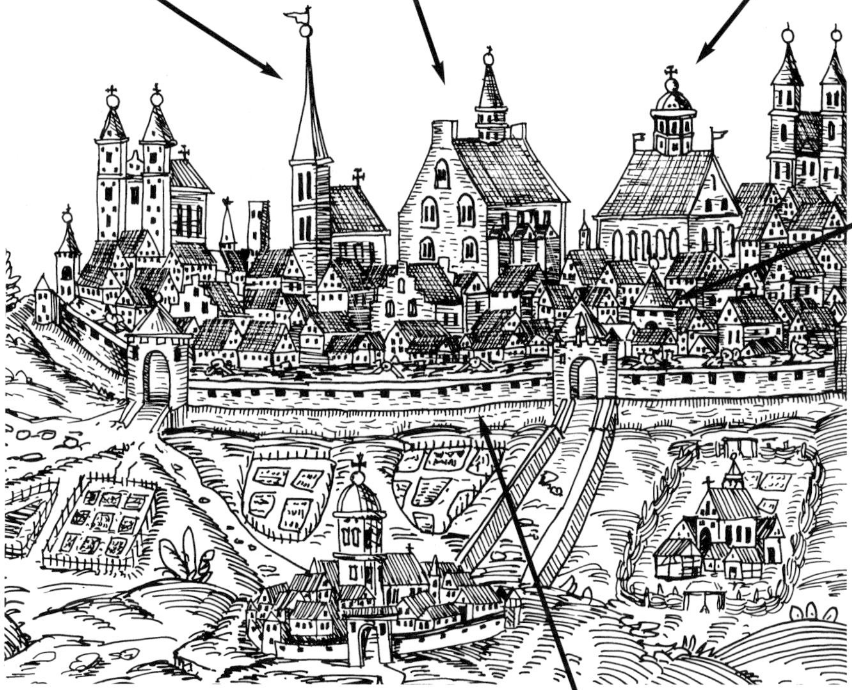

sichert die

z. B.:

–

–

Kaufleute und Handwerker in der mittelalterlichen Stadt 15

Kaufleute

– *Handel mit Luxuswaren (Seide, Gewürze, …)*

– Zusammenschluss in *Gilden (= Interessenvertretungen)*

→ *wirtschaftliche und politische Macht*

Gefahr für Fernhandel:

– *natürliche Hindernisse*

– *Wegelagerer, Seeräuber, …*

Gründung von *Städtebünden:*

Hanse

Handwerker

Veränderte Ansprüche der Bevölkerung führen zu

– *Spezialisierung*

– *Arbeitsteilung*

→ *Steigerung von Qualität und Quantität*

zum Wahren gemeinsamer Interessen

Organisation in *Zünften (z. B. Schuster)*

→ *strenge Zunftregeln:*

– *Qualität, Preis*

– *Ausbildung*

– *Fürsorgepflicht*

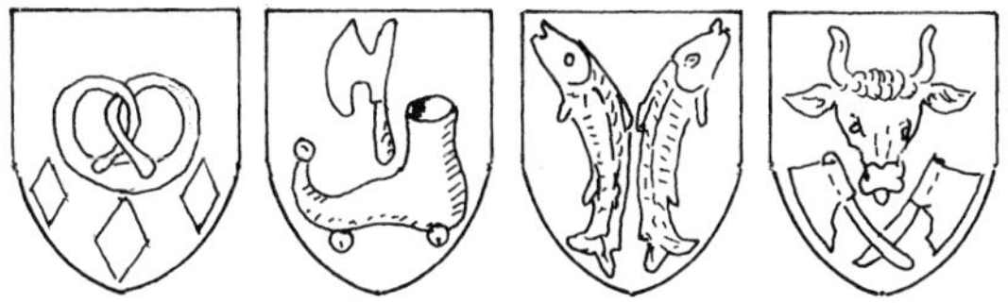

Kaufleute und Handwerker in der mittelalterlichen Stadt 15

Kaufleute

– ____________________

– Zusammenschluss in ____________________

→ ____________________

Gefahr für Fernhandel:

– ____________________

– ____________________

Gründung von ____________________

____

Handwerker

____

– ____________________

– ____________________

→ ____________________

zum Wahren gemeinsamer Interessen

Organisation in ____________________

→ ____________________

– ____________________

– ____________________

– ____________________

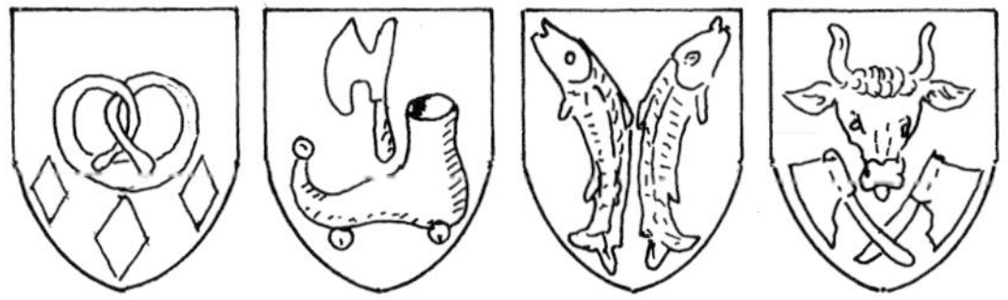

Die Menschen in der Stadt

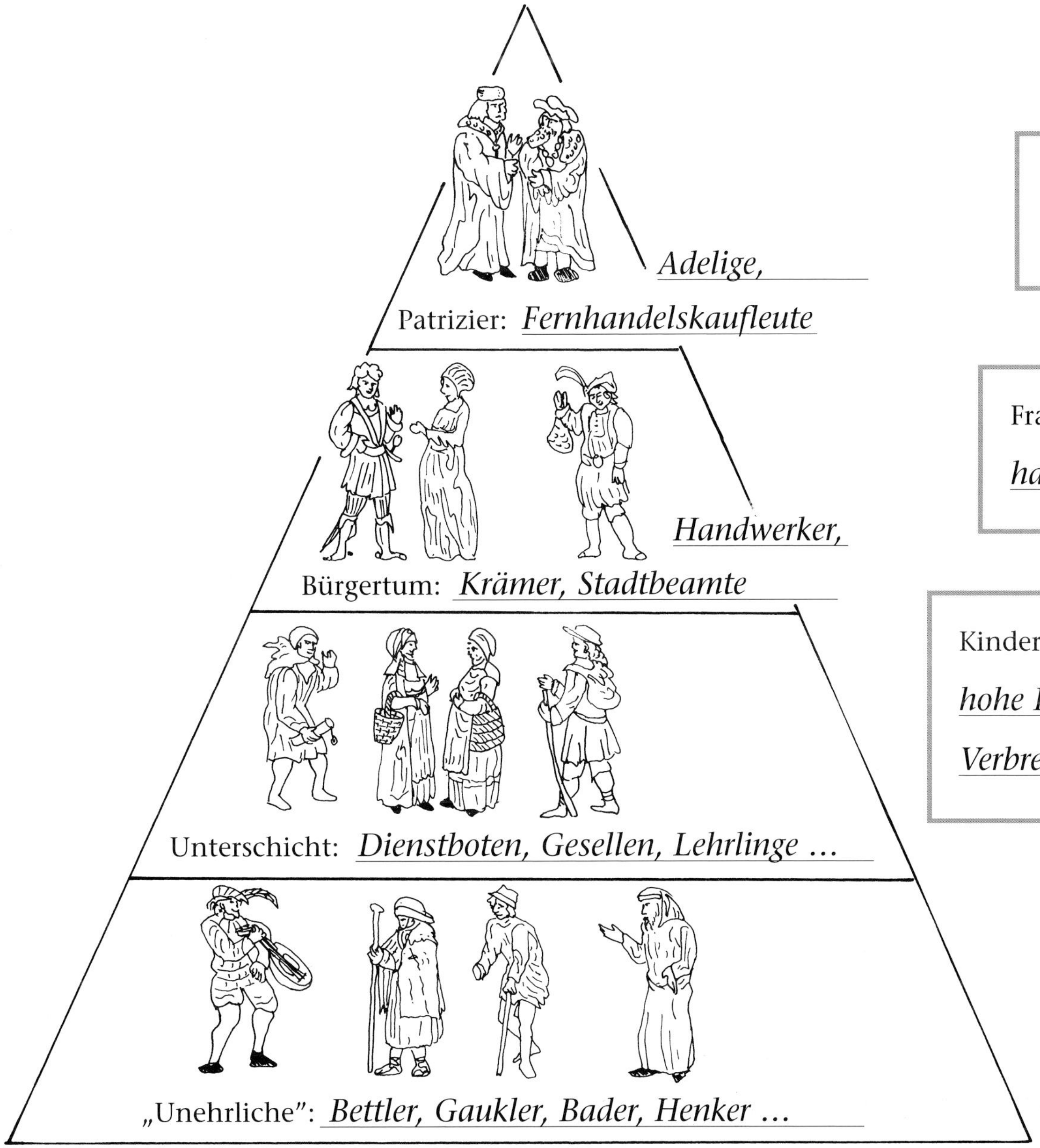

Männer *Ernährer, Verantwortung für Geschäfte*

Töchter *Hausarbeit, selten Schulbildung*

Frauen *Führung des Haushalts, Kindererziehung*

Kinder *wegen mangelnder Hygiene hohe Kindersterblichkeit bzw. Verbreitung von Krankheiten*

Söhne *Schule und Ausbildung*

Stadtluft macht frei?

Freiheit, aber keine Gleichheit (Kleiderordnung, eingeschränkte politische Mitbestimmung …)

Die Menschen in der Stadt

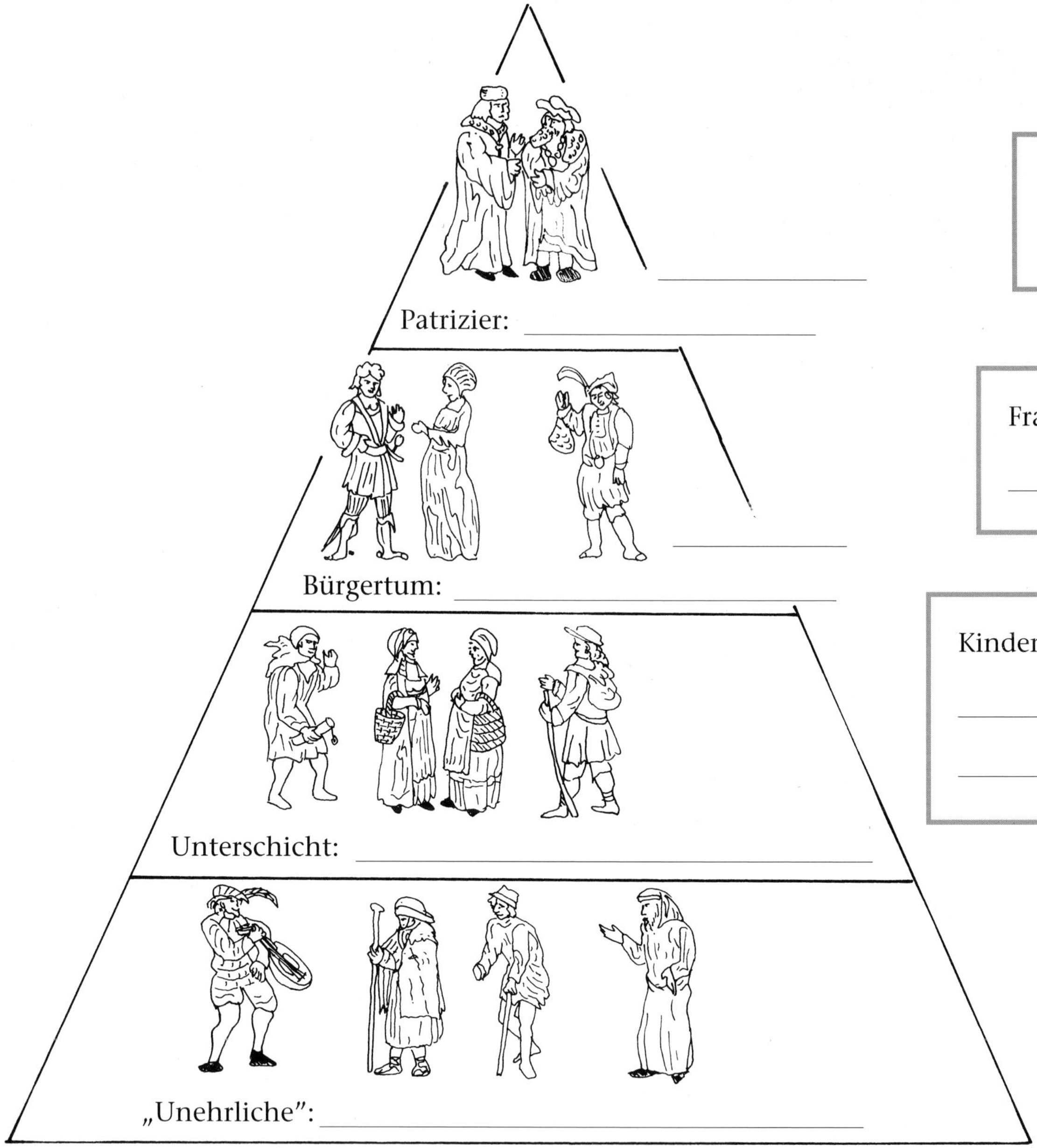

Männer ______

Töchter ______

Frauen ______

Kinder ______

Söhne ______

Stadtluft macht frei?

Die Stadtherrschaft

weltlicher bzw. geistlicher Stadtherr

setzt ein

Burggrafen oder Vogt

Ruhe und Ordnung für

Steuern und Abgaben

Stadtbewohner
→ *Streben der Patrizier nach Freiheit (z. B. Gerichtsbarkeit, Münz- und Zollrecht)*

12. Jahrhundert:
bewaffnete Auseinandersetzungen, Erkaufen von Rechten

Patrizier (ab 14. Jahrhundert auch Zunftmitglieder)

wählen

Ratsherren

wählen

Bürgermeister

Die Stadtherrschaft

12. Jahrhundert:

Baustile im Mittelalter

Beispiel:

Dom zu Speyer

Baukunst: → *Dombaumeister (Bauhütte)*

– *wichtigste Werkzeuge: Hammer und Meißel*

– *hohe Kosten ↔ lange Bauzeiten*

Beispiel:

Regensburger Dom

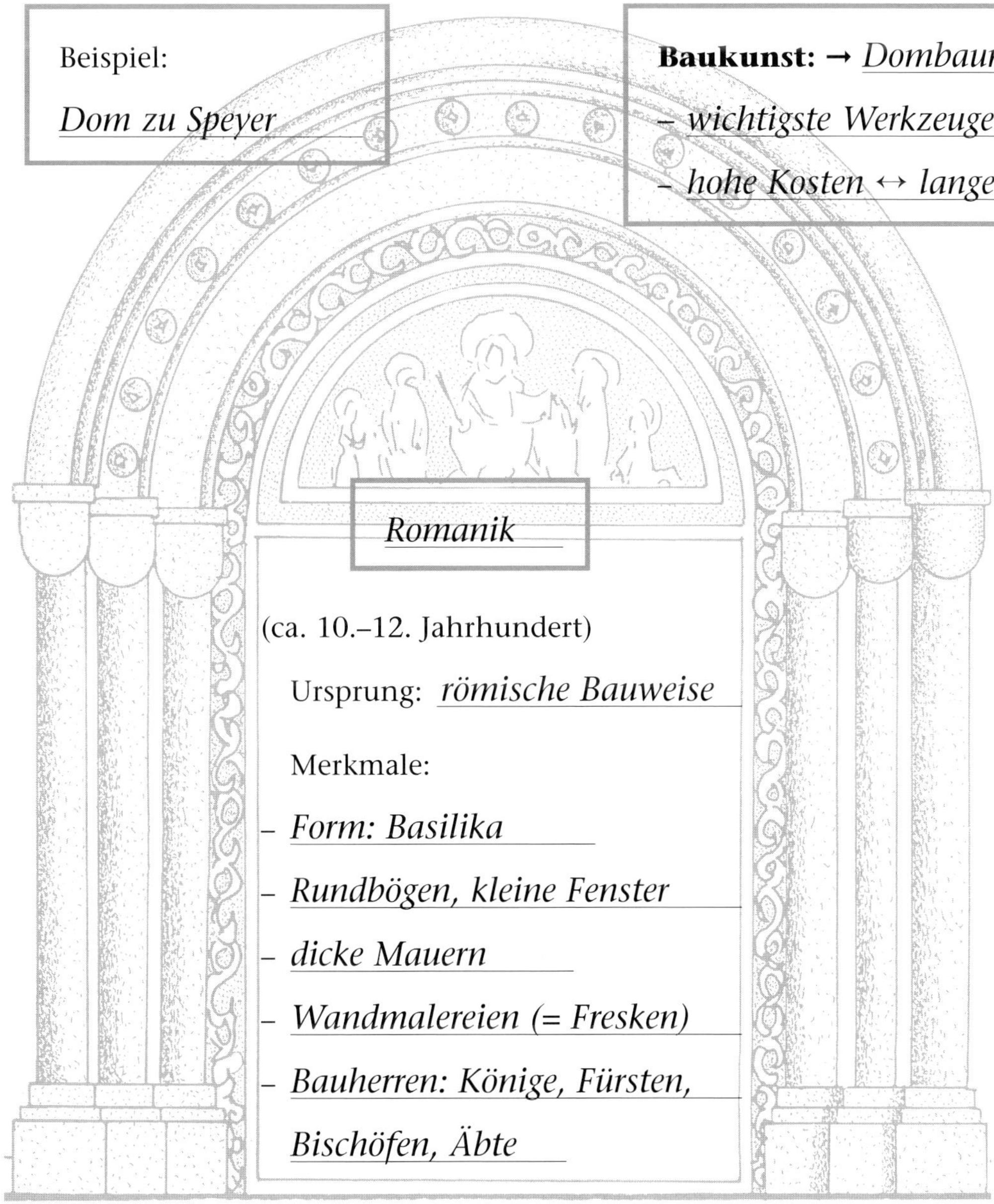

Romanik

(ca. 10.–12. Jahrhundert)

Ursprung: *römische Bauweise*

Merkmale:

- *Form: Basilika*
- *Rundbögen, kleine Fenster*
- *dicke Mauern*
- *Wandmalereien (= Fresken)*
- *Bauherren: Könige, Fürsten, Bischöfen, Äbte*

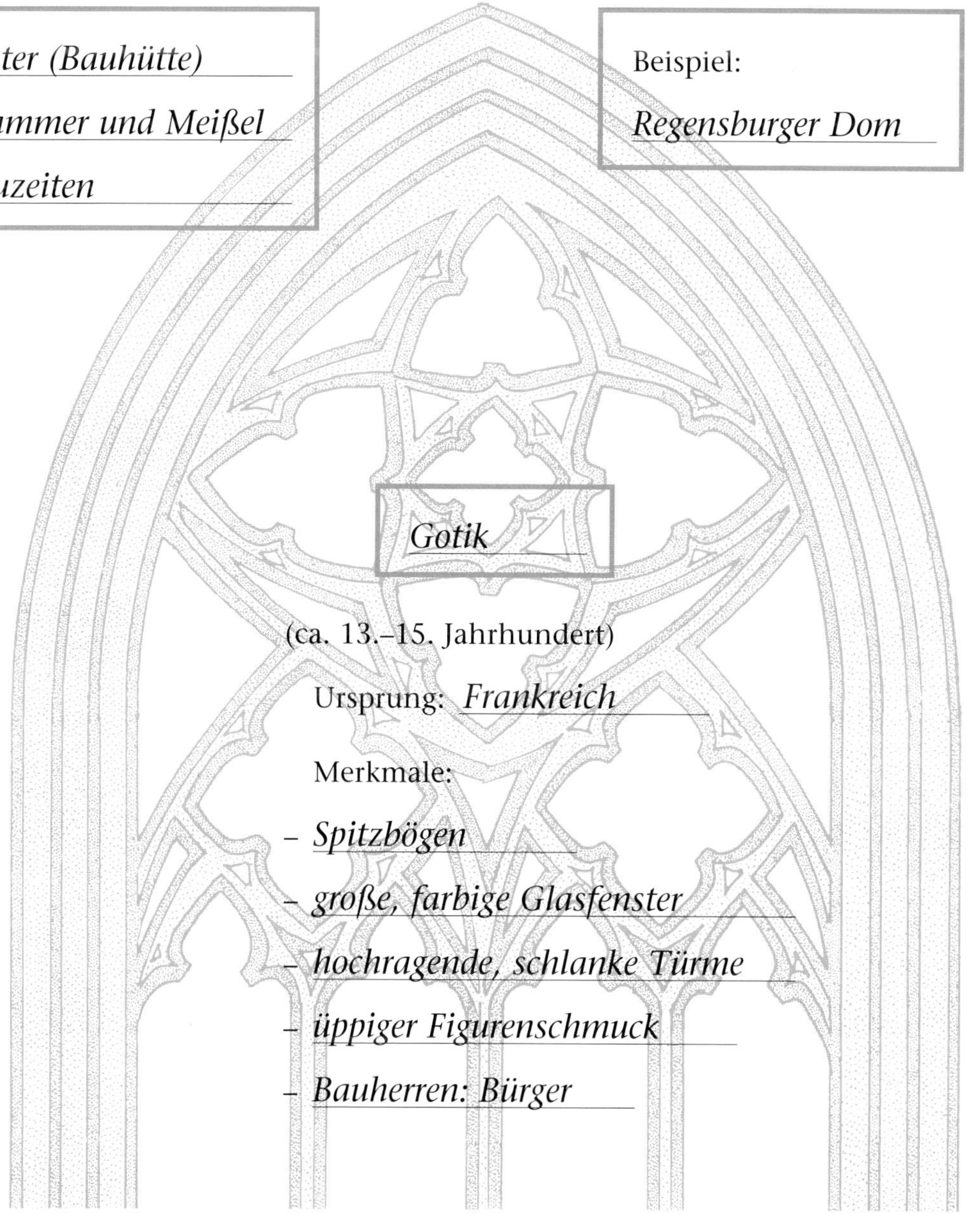

Gotik

(ca. 13.–15. Jahrhundert)

Ursprung: *Frankreich*

Merkmale:

- *Spitzbögen*
- *große, farbige Glasfenster*
- *hochragende, schlanke Türme*
- *üppiger Figurenschmuck*
- *Bauherren: Bürger*

Baustile im Mittelalter

Baukunst: → ____________________

– ____________________

– ____________________

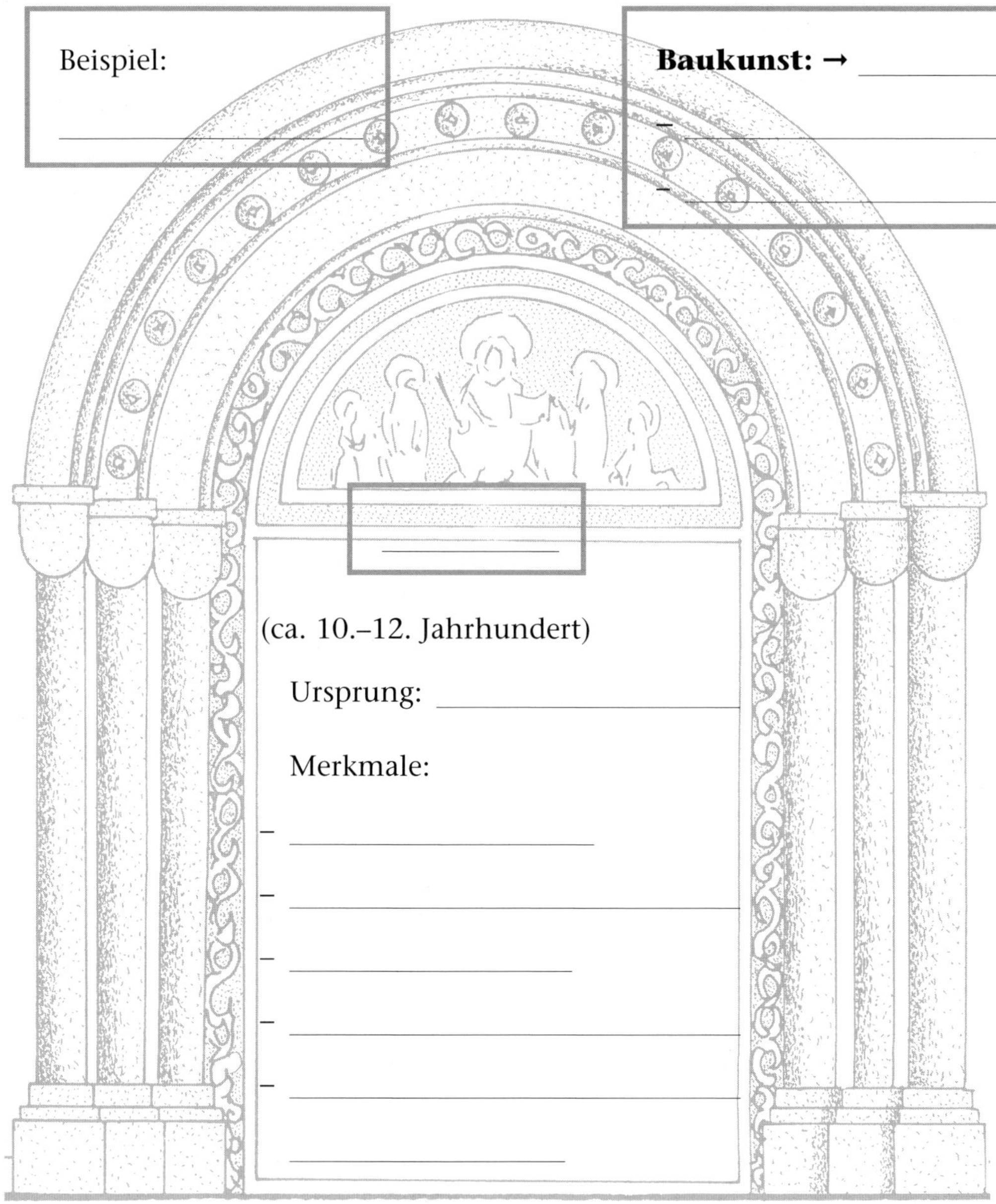

Beispiel: ____________________

(ca. 10.–12. Jahrhundert)

Ursprung: ____________________

Merkmale:

– ____________________

– ____________________

– ____________________

– ____________________

– ____________________

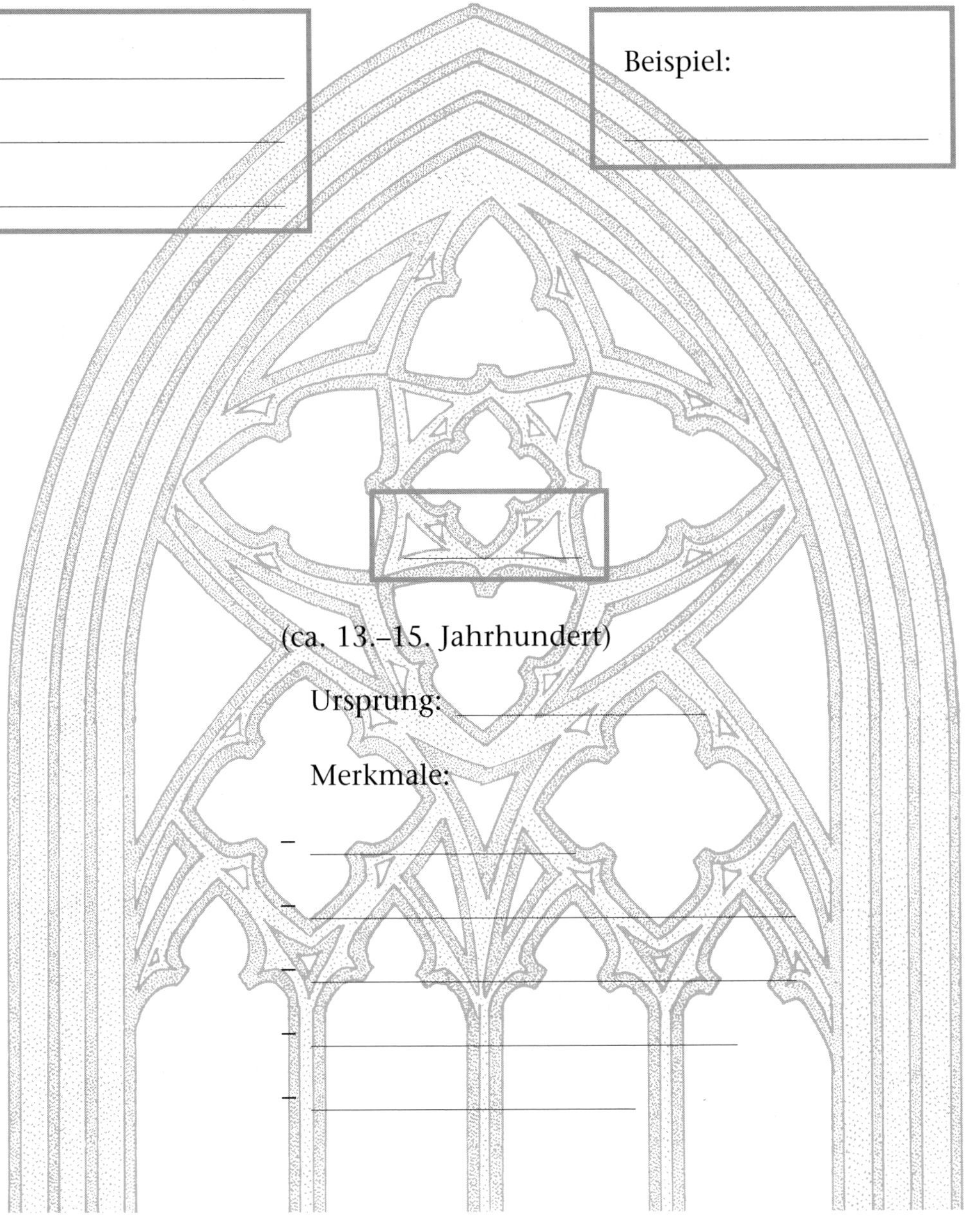

Beispiel: ____________________

(ca. 13.–15. Jahrhundert)

Ursprung: ____________________

Merkmale:

– ____________________

– ____________________

– ____________________

– ____________________

– ____________________

Menschen auf der Suche nach neuem Siedlungsland

seit dem 11. Jh.: *Mangel an Ackerland durch Bevölkerungszunahme*
Missernten durch Naturkatastrophen, aber auch: Unfreiheit vieler Menschen

Binnenkolonisation

Urbarmachung von landwirtschaftlichen Nutzflächen im eigenen Land

- *Rodung von Wäldern, Trockenlegung von Mooren und Sümpfen, Eindeichung von Marschen*
- *Gründung von Dörfern (z. B. Ortsnamen auf -rode, -reuth, -moos oder -marschen)*
- *geringere Verpflichtungen für Bauern aus der Grundherrschaft*
  aber keine grundlegende Verbesserung der Lage

Auswanderung von Menschen aller Stände *(Bauern, Handwerker und Kaufleute, Ritter)* mithilfe von *Lokatoren*

Ostkolonisation

Urbarmachung von landwirtschaftlichen Nutzflächen in Osteuropa (z. B. Schlesien, Böhmen, Ungarn) mittels Anwerbung durch slawische und deutsche Fürsten

Vorteile

- *eigener Besitz*
- *persönliche Freiheit*
- *Leben nach dt. Recht*

Erschließung des Landes

Probleme

- *mühsames, gefährliches Leben („Dem Ersten den Tod, dem Zweiten die Not, dem Dritten das Brot")*
- *Auseinandersetzungen mit Slawen*

Ausbreitung der deutschen Kultur in Osteuropa und jahrhundertelanges friedliches Nebeneinander der unterschiedlichen Völker und Kulturen

Menschen auf der Suche nach neuem Siedlungsland

seit dem 11. Jh.: ______

Ostkolonisation

Binnenkolonisation

–

–

–

Auswanderung von Menschen aller Stände

______ mithilfe von ______

Probleme

–

–

Vorteile

–

–

–

Erschließung des Landes

Die Juden im mittelalterlichen Europa

Jüdische Gemeinden im mittelalterlichen Europa

- *In Deutschland seit dem 4. Jahrhundert*
- *Juden standen unter dem Schutz Karls des Großen*
- *Großes Ansehen als Ärzte, Philosophen, Diplomaten und Fernhandelskaufleute*

→ *Langjähriges friedliches Zusammenleben*

Verschlechterung der Lage der Juden zur Zeit der Kreuzzüge (ab 11. Jh.)

- *Religiöser Hass gegen alle „Andersgläubigen"*
- *Vorurteile und Misstrauen gegenüber der unbekannten jüdischen Kultur*
- *Neid auf wirtschaftliche Erfolge*

Juden werden ausgegrenzt

- *Verbot der Ausübung handwerklicher Berufe*
- *Kennzeichnungspflicht (Spitzhut, Kaftan, gelber Fleck)*
- *Gettopflicht*

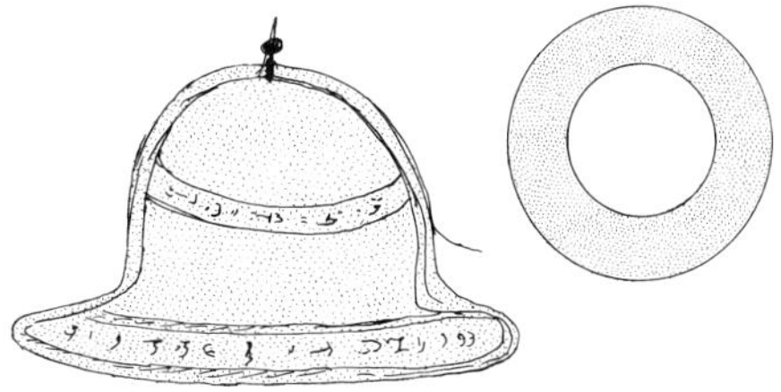

Die jüdische Minderheit wird zum *Südenbock* **gemacht für**

- *Missernten*
- *Naturkatastrophen*
- *Armut und Krankheit*

Pogrome: *Verfolgungen*

- *Ermordung und Vertreibung jüdischer Nachbarn*
- *Unrechtmäßige Aneignung deren Besitzes*
- *Christen entledigen sich durch Mord und Vertreibung lästiger Schulden*

Die Juden im mittelalterlichen Europa

Jüdische Gemeinden im mittelalterlichen Europa

- ______
- ______
- ______
  ______

→ ______

Verschlechterung der Lage der Juden zur Zeit der Kreuzzüge (ab 11. Jh.)

- ______
- ______
  ______
- ______

Die jüdische Minderheit wird

zum ______ gemacht für

- ______
- ______
- ______

Juden werden ausgegrenzt

- ______
  ______
- ______
  ______
- ______

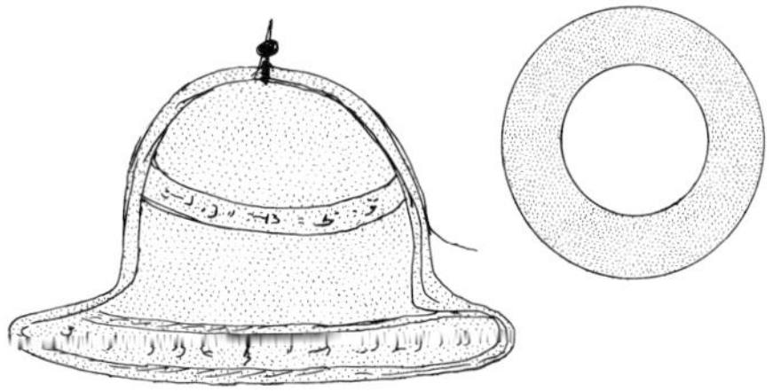

Pogrome: ______

- ______
- ______
- ______

Die Kreuzzüge: Kriege im Namen Gottes

11. Jh. Eroberung Palästinas durch türkische Muslime

„Heiliger Krieg" gegen die Christen

Befreiung der Heiligen Stätten
Bekehrung der Heiden

1095 Synode von Clermont

Aufruf des Papstes Urban II zu einem Kreuzzug

„Gott will es"

insgesamt *sieben* Kreuzzüge von 1096 bis Ende des 13. Jhs.

1. Kreuzzug 1096–1099: *Eroberung und Plünderung Jerusalems*

3. Kreuzzug 1190: *Tod des Kaisers Friedrich Barbarossa, erfolgreiche Abwehr durch Sultan Saladin*

1291 endgültiger Verlust des Heiligen Landes

Verlauf der Kreuzzüge

Entstehung von Ritterorden, Gründung von Kreuzfahrerstaaten im Orient

Wirtschaftlicher und kultureller Austausch zwischen Abendland und Morgenland

Judenpogrome und Kreuzzüge in Europa (z. B. gegen Ketzer und Mauren in Spanien)

Motive der Kreuzritter

- *Vergebung der Sünden*
- *ewiges Leben*
- *Aussicht auf Beute und Reichtum*
- *Abenteuerlust*

Die Kreuzzüge: Kriege im Namen Gottes

11. Jh. Eroberung Palästinas durch türkische Muslime

______

Befreiung der Heiligen Stätten
Bekehrung der Heiden

1095 Synode von Clermont

______

______

„Gott will es“

insgesamt ______ Kreuzzüge von 1096 bis Ende des 13. Jhs.

1. Kreuzzug 1096–1099: ______

3. Kreuzzug 1190: ______

______

______

Verlauf der
Kreuzzüge

Motive der Kreuzritter

– ______

– ______

– ______

– ______

Eine neue Epoche bricht an – die Renaissance

Renaissance

- Übersetzung = *Wiedergeburt der Antike*
- Das Wissen der *Römer* und *Griechen* wird wiederentdeckt

Am Ende des Mittelalters entwickelt der Mensch eine neue Weltsicht

Humanismus

- Ideal = *allgemein gebildeter Mensch*
- *Schulen, Universitäten entstehen*
- Ziel: *Glückliches Leben im Diesseits*
- Lehrmeister = *Philipp Melanchton*

Kunst

- Reiche, mächtige Familien treten als *Mäzene* (= Kunstförderer) auf, z. B. die *Medici in Florenz*
- Mischen von *Antike und Moderne*
  – Gebäude: Kuppeln, Arkaden, Säulen
  – Gemälde: dreidimensionales Malen
- Inhalt:
  – Mensch wird wichtig (genaue Abbildung)
  – Gott tritt in den Hintergrund
- Künstler: *Michelangelo, Leonardo da Vinci*

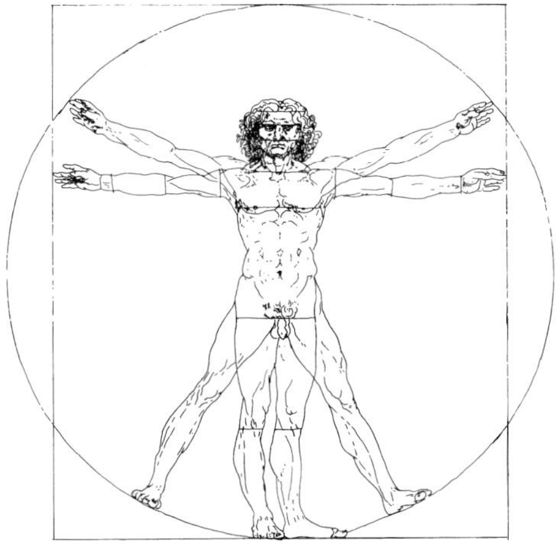

Eine neue Epoche bricht an – die Renaissance

Renaissance

- Übersetzung = ____________

____

- Das Wissen der ____________

und ____________

wird wiederentdeckt

____

____

Humanismus

- Ideal = ____________

____

- ____________

____

- Ziel: ____________

____

- Lehrmeister =

____

Kunst

- Reiche, mächtige Familien treten als ____________

(= Kunstförderer) auf, z. B. die ____________

- Mischen von ____________

  - ____________
  - ____________

- Inhalt:

  - ____________
  - ____________

- Künstler: ____________

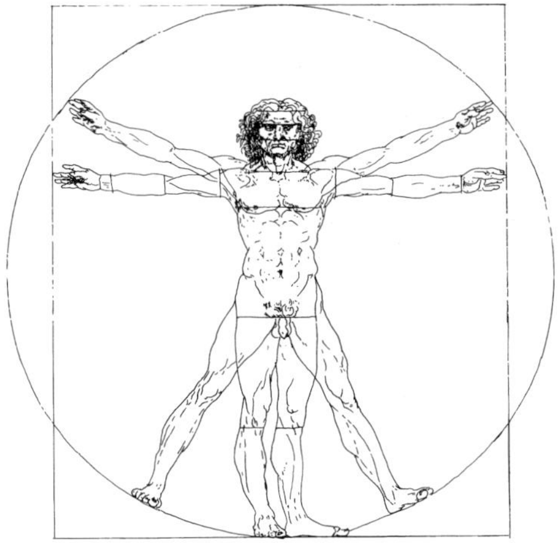

Geld regiert die Welt

Im 12. Jh. entsteht in Italien das *Bankwesen*

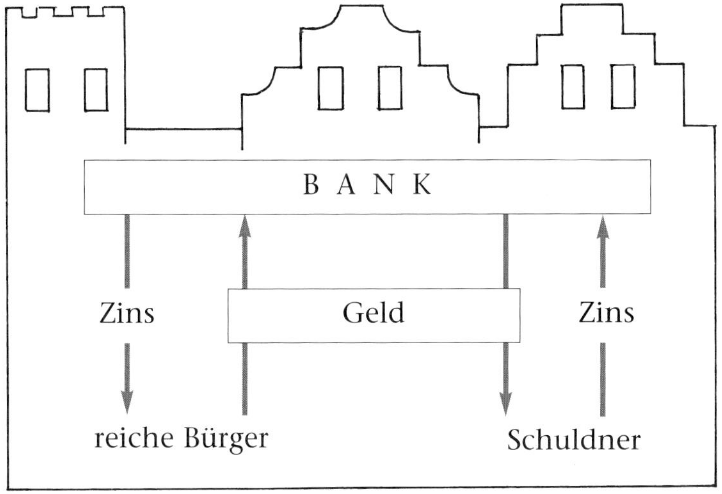

Beispiel ▶

Die Fugger in Augsburg

Ursprung: *Weber, Händler*

Jakob Fugger: *Entwicklung des Verlagswesens*

- *Einkauf von großen Mengen Rohstoff*
- *Weiterverarbeitung durch zahlreiche Bauern, Weber*
- *Verkauf der fertigen Ware*
- *große Gewinnspanne!*

Nachkommen:

- *Gründung von weiteren Handelsniederlassungen*
- *Erweiterung des Handels (Gewürze, Felle, Zitrusfrüchte)*
- *teilweise Monopolstellung*

Fugger = *reichster Mann der Welt*

- *Geldgeber für König, Papst, Fürsten (Bestechung!)*
- *wohltätige Einrichtung: Fuggerei*

Reiche *Patrizierfamilien* gewinnen *Macht*

Geld regiert die Welt

Im 12. Jh. entsteht in Italien das ____________

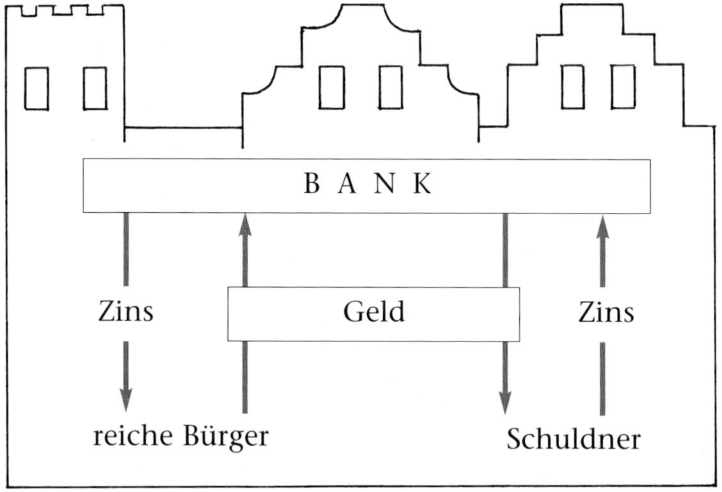

Beispiel

Reiche ______________ gewinnen __________

Die Fugger in Augsburg

Ursprung: ____________

Jakob Fugger: ____________

____

– ____________

____

– ____________

– ____________

– ____________

Nachkommen:

– ____________

– ____________

– ____________

Fugger = ____________

– ____________

– ____________

Die Welt verändert sich und wächst zusammen

Vorstellung von der Welt:

Das *geozentrische* Weltbild
(= Planeten drehen sich um die Erde)

wird abgelöst vom

heliozentrischen Weltbild
(= Planeten drehen sich um die Sonne)

- *Galileo Galilei, Nikolaus Kopernikus*
- *Mensch rückt aus dem Zentrum des Universiums*
- *Protest der Kirche!*

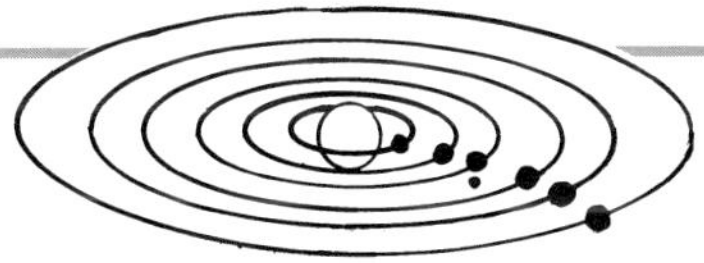

Neues Vorgehen in der Wissenschaft:

Bibel als Grundlage

wird abgelöst von

Forschung, Suche nach Beweisen

Informationsverbreitung:

Abschreiben der Bücher durch *Mönche*

wird abgelöst vom

Buchdruck (Johannes Gutenberg) mit beweglichen Lettern

- *Massenproduktion wird möglich*
- *Verbilligung der Bücher*

Erfindungen für die Seefahrt:

- *Taschenuhr (Peter Henlein)*
- *Globus (Martin Behaim)*
- *Orientierungshilfen: Kompass, Jakobsstab*
- *Bau von schnellen, stabilen Schiffen (Kogge, Karavelle)*

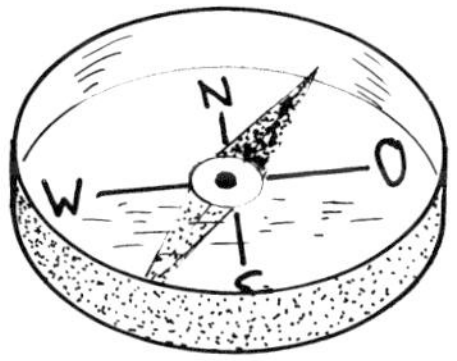

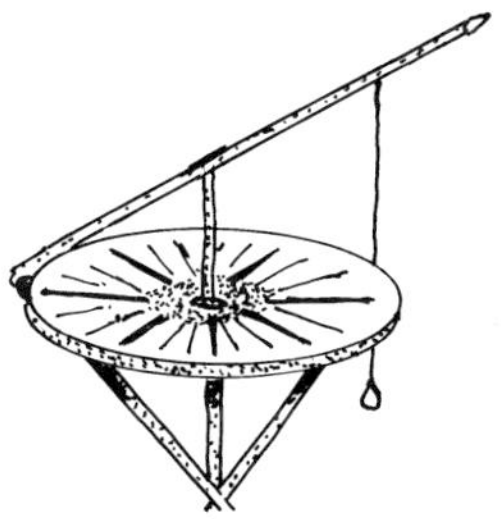

Die Welt verändert sich und wächst zusammen

Vorstellung von der Welt:

Das ______________ Weltbild
(= Planeten drehen sich um die Erde)

wird abgelöst vom

________________ Weltbild
(= Planeten drehen sich um die Sonne)

– ______________________________

– ______________________________

____

– ______________________________

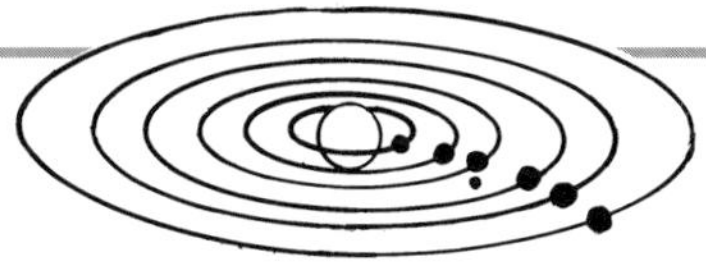

Neues Vorgehen in der Wissenschaft:

____

wird abgelöst von

____

____

Erfindungen für die Seefahrt:

– ______________________________

– ______________________________

– ______________________________

____

– ______________________________

____

Informationsverbreitung:

Abschreiben der Bücher durch ________

wird abgelöst vom

____

____

– ______________________________

– ______________________________

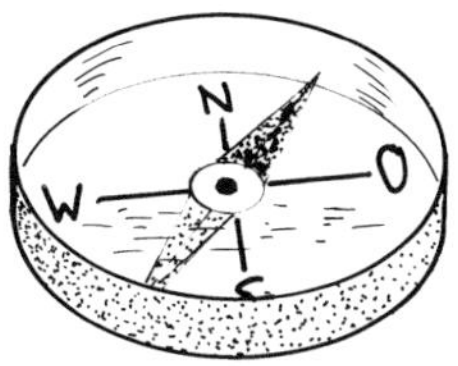

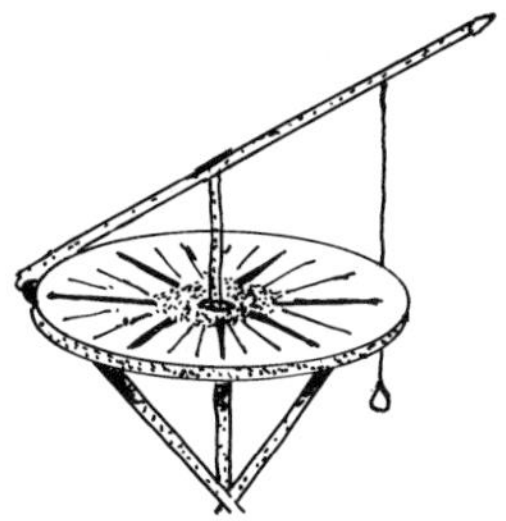

Die großen Entdeckungsfahrten um 1500

Gefahren der Seefahrt aus damaliger Sicht:

- *Vorstellung, Erde sei eine Scheibe*
- *Strömung/Wind machen Meer angeblich unbefahrbar*
- *Angst vor zu großer Sonnenkraft*
- *Angst vor Meeresungeheuern*

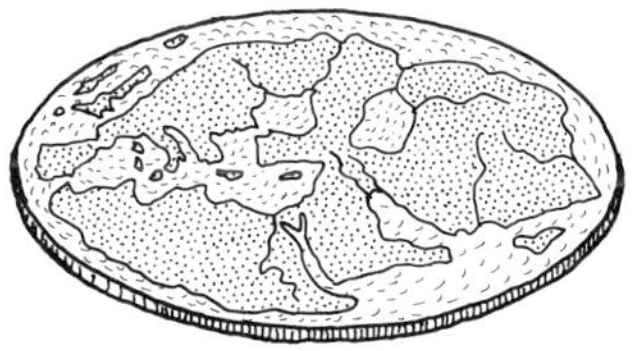

aber: ▶

Gründe für Entdeckungsreisen:

- *Forschungsdrang*
- *politische Interessen* und *wirtschaftliche Interessen:*
- *Araber/Türken kontrollieren Handel mit Indien (Gewürze, Stoffe, Edelsteine, Gold)*

▶ Suche nach dem Seeweg nach *Indien* beginnt

in westlicher Richtung: Spanien

- *Christoph Columbus 1492: Entdeckung Amerikas*
- *Ferdinand Magellan 1519–1522: erste Weltumseglung*

in östlicher Richtung: Portugal

- *Vasco da Gama 1497: Erreichen Indiens*

Die großen Entdeckungsfahrten um 1500

Gefahren der Seefahrt aus damaliger Sicht:

– ______________________

____

– ______________________

____

– ______________________

____

– ______________________

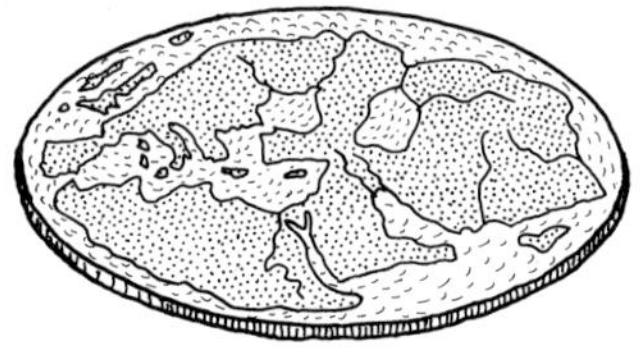

aber:

Gründe für Entdeckungsreisen:

– ______________________

– ____________ und

____

– ______________________

____

Suche nach dem Seeweg nach

________ beginnt

in westlicher Richtung: Spanien

– ______________________

____

– ______________________

____

____

in östlicher Richtung: Portugal

– ______________________

____

Eine Hochkultur in Mittelamerika – die Azteken

Der aztekische Staat

Leben in den Städten

- *Wasserleitungen*
- *Markttreiben*
- *Apotheken*
- *Wirtschaften*
- *Bürgerhäuser mit Blumenschmuck*
- *große Stufenpyramiden*

Kultur

- *König regiert mithilfe von Beamten und Priestern*
- *Glaube an zahlreiche Götter (Menschenopfer)*
- *Glaube an ein Leben nach dem Tod*
- *Kalender: 18 x 20 Tage + 5 Schalttage (= 365 Tage!)*

Vernichtung der *aztekischen Kultur*

1519: *Hernan Cortez (Spanien)* landet auf der Suche nach Gold in Mittelamerika

Azteken halten Europäer für *Götter und begrüßen sie ehrenvoll mit Geschenken*

Spanier zerstören *Schätze, rauben Gold, stören die aztekische Religion*

Aufstand der *Azteken, Vertreibung der Spanier*

vollständige *Zerstörung der aztekischen Hauptstadt* durch die *Spanier*

Eine Hochkultur in Mittelamerika – die Azteken

Der aztekische Staat

Leben in den Städten

- ______
- ______
- ______
- ______
- ______
  ______
- ______
  ______

Kultur

- ______
  ______
  ______
- ______
  ______
- ______
  ______
- ______
  ______
  ______

Vernichtung der

______

______

1519: ______ landet auf der Suche nach Gold in Mittelamerika

Azteken halten Europäer für ______

______

Spanier zerstören ______

______

______ der ______

______

vollständige ______

______ durch die ______

Die „Neue" Welt wird europäisch

Ausbeutung der Ureinwohner

- *brutale Schwerstarbeit*
- *Bischof Bartolomé de las Casas weist auf die Verbrechen hin*
- *Spanien erlässt Gesetz zum Schutz der Ureinwohner (werden nicht befolgt)*
- *Tod vieler Ureinwohner durch Infektionskrankheiten*

England, Frankreich, Niederlande, Portugal, Spanien:

Gründung von zahlreichen *Kolonien* in Amerika und Afrika

- *Städtegründungen (Verwaltung des Landes)*
- *Missionierung*

wirtschaftliche Ausbeutung der Kolonien

- *Dreieckshandel*

Folgen der Kolonisation bis heute

- *Veränderung der Essgewohnheiten (Kartoffel, Tomate, Schokolade, Tabak)*
- *Geldentwertung*
- *Unterdrückung der farbigen Menschen in weiten Teilen der Welt*

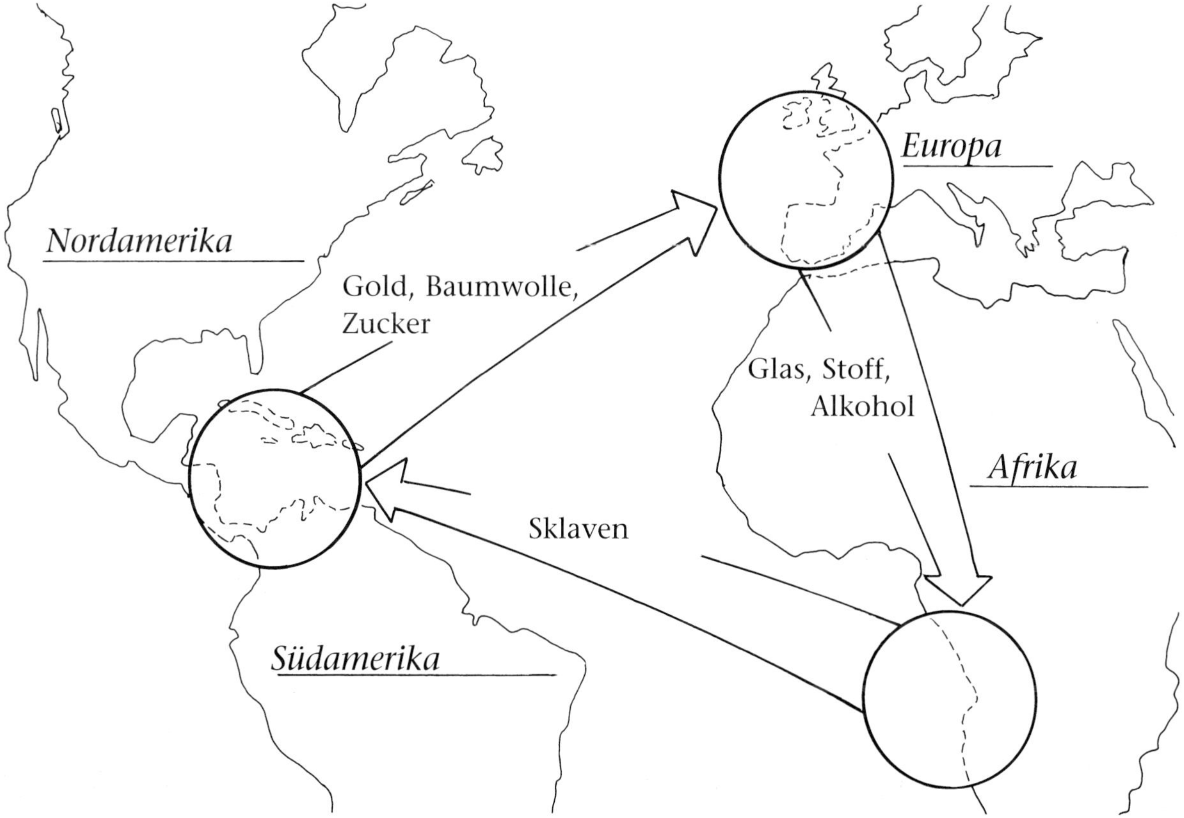

Die „Neue" Welt wird europäisch

Ausbeutung der Ureinwohner

- ______
- ______

______
- ______

______

______
- ______

______

England, Frankreich, Niederlande, Portugal, Spanien:

Gründung von zahlreichen ______ in Amerika und Afrika

- ______
- ______

wirtschaftliche Ausbeutung der Kolonien

- ______

Folgen der Kolonisation bis heute

- ______

______
- ______
- ______

______

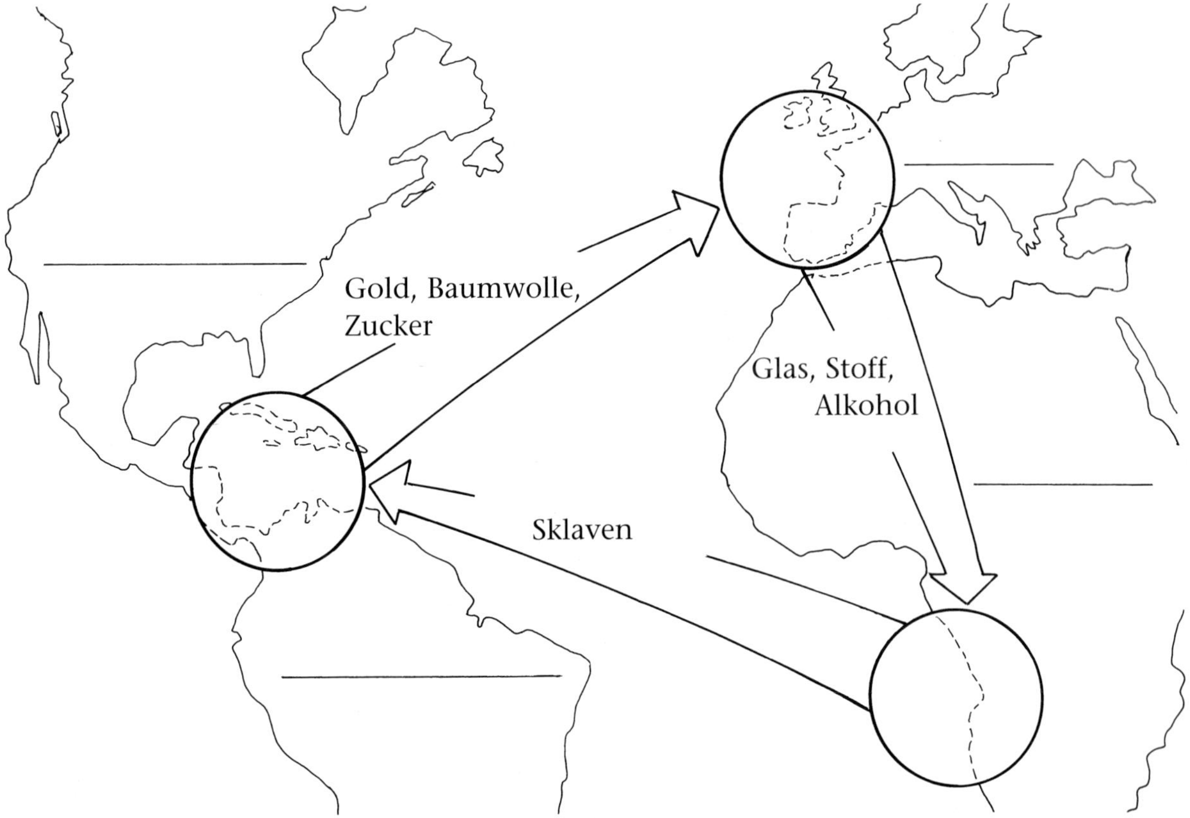

Das Osmanische Reich

Eroberungen *auf dem Balkan, im Schwarzen Meer und im Mittelmeer*

1529 und 1683
Belagerung *Wiens*
Kontrolle der Handelswege nach *Indien und im östl. Mittelmeer*

1453 Eroberung *Konstantinopels*
– *Untergang Ostroms*
– *Konstantinopel wird Hauptstadt des Osmanischen Reichs*

Staatsaufbau: *Sultan*
Machtstützen:
– *Diwan*
– *Heer*
– *Provinzen*
– *Religion*

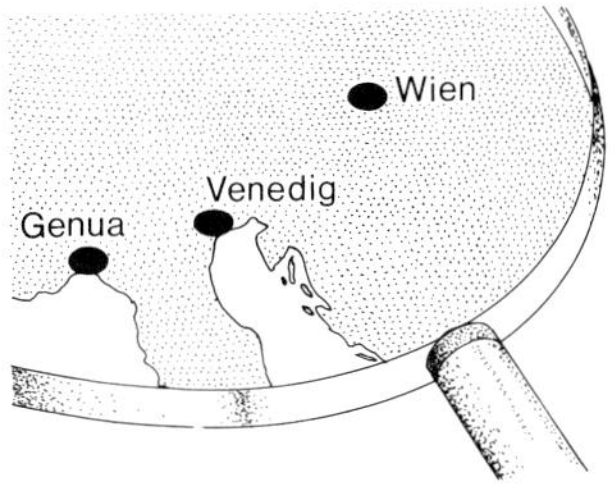

1571 *Seeschlacht bei Lepanto*

1389 Schlacht auf dem *Amselfeld*

Um 1300 Gründung durch *Osman I.*

Untergang des Osmanischen Reichs 1919,
seit 1923 Republik *Türkei*
Hauptstadt: *Ankara*
Umbenennung Konstantinopels in *Istanbul*

Das Osmanische Reich

Eroberungen ______________________

____

____

Belagerung ______________________

Kontrolle der Handelswege nach

____

1453 Eroberung ______________________

– ______________________

– ______________________

____

Staatsaufbau: ____________
Machtstützen:

– ______________________

– ______________________

– ______________________

– ______________________

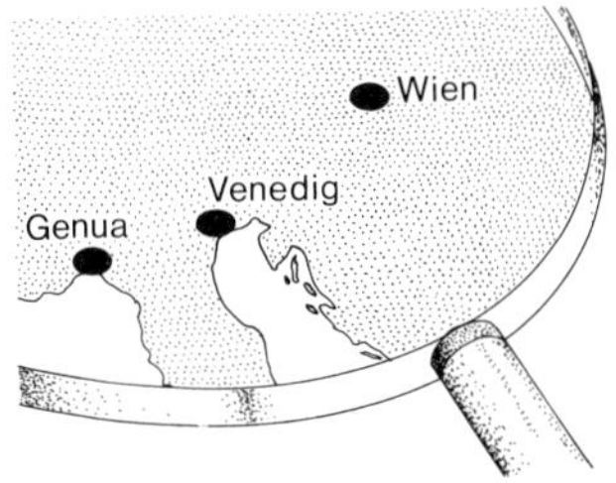

1571 ______________________

1389 Schlacht auf dem

____

Um 1300 Gründung durch

____

Untergang des Osmanischen Reichs 1919,

seit 1923 Republik ______________________

Hauptstadt: ______________________

Umbenennung
Konstantinopels in ______________________

Vom „armen Grafen" zum deutschen König

Aufbau einer Hausmacht der Habsburger durch:

- *Sieg über Ottokar von Böhmen, Rückgabe von Reichslehen (Österreich, Steiermark, Kärnten, Krain)*
- *Belehnung seiner Söhne mit Österreich und Steiermark*
- *Erhebung seiner Söhne in den Reichsfürstenstand*
- *Verheiratung seiner Töchter mit Kurfürsten*

1291 – † König Rudolfs von Habsburg
- keine Regelung der Nachfolge der Habsburger

130 Jahre Herrschaft der Luxemburger als Könige im Deutschen Reich

1273 Wahl Rudolfs von Habsburg durch Kurfürsten
Gründe:
- *Habsburger besaßen kein zusammenhängendes Herrschaftsgebiet, waren nicht reich*
- *Hoffnung der Kurfürsten auf Sicherung ihrer Vorrechte*

1268 † Konradins – Wer soll neuer deutscher König werden?

Vom „armen Grafen“ zum deutschen König

1268 † Konradins – Wer soll neuer deutscher König werden?

1273 Wahl Rudolfs von Habsburg durch Kurfürsten
Gründe:

– ______________________________
____
____
– ______________________________
____

Aufbau einer Hausmacht der Habsburger durch:

– ______________________________
____
– ______________________________
– ______________________________
– ______________________________

1291 – † König Rudolfs von Habsburg
– keine Regelung der Nachfolge der Habsburger

____
____

Das Heilige Römische Reich und die Habsburger

Seit dem 14. Jahrhundert war der Doppeladler das Wappen des Reiches und Symbol für Kaiser und Reich

1421 Herzog Albrecht von Habsburg heiratet Elisabeth, Tochter von Kaiser Sigismund

1438–1439 Albrecht II., König von *Deutschland, Böhmen und Ungarn*

Wahlspruch der Habsburger

„Mögen die anderen Krieg führen, du glückliches *Österreich* heirate, denn den anderen gibt der Kriegsgott Mars die Macht, dir aber schenkt sie die Liebesgöttin Venus."

1440–1493 Friedrich II., deutscher König und Kaiser (ab 1452) im Heiligen Römischen Reich

Außenpolitik:

Kampf gegen Ungarn und Türken

Innenpolitik:

Anerkennung des „Großen Freiheitsbriefes" (Fälschung) mit vielen Vorrechten für die Habsburger

1486–1519 Maximilian I. heiratet Maria von Burgund

Burgund, Flandern und Holland gingen an die Habsburger

Außenpolitik:

Kampf gegen die Türken

Innenpolitik (Reformen):

- *Ewiger Landfrieden*
- *Aufstellung eines Reichsheeres*
- *Reichssteuer, Bildung von Reichskreisen*

Aber das Reich blieb territorial zersplittert und die *Reichsfürsten* behielten ihre *Macht*

Das Heilige Römische Reich und die Habsburger

Seit dem 14. Jahrhundert war der Doppeladler das Wappen des Reiches und Symbol für Kaiser und Reich

1421 Herzog Albrecht von Habsburg heiratet Elisabeth, Tochter von Kaiser Sigismund

1438–1439 Albrecht II., König von ____________________

____

Wahlspruch der Habsburger

„Mögen die anderen Krieg führen, du glückliches __________ heirate, denn den anderen gibt der Kriegsgott Mars die Macht, dir aber schenkt sie die Liebesgöttin Venus."

1440–1493 Friedrich II., deutscher König und Kaiser (ab 1452) im Heiligen Römischen Reich

Außenpolitik:

____

Innenpolitik:

____

____

____

1486–1519 Maximilian I. heiratet Maria von Burgund

______________________________ gingen an die Habsburger

Außenpolitik:

____

Innenpolitik (Reformen):

– ______________________________

– ______________________________

– ______________________________

Aber das Reich blieb territorial zersplittert und die ______________ behielten ihre __________

Am Vorabend der Reformation

Missstände in der Kirche
- *Schlecht ausgebildete Priester*
- *Vernachlässigung der Seelsorge, Sittenverfall*
- *Verstoß gegen das Zölibat*
- *Prunksucht, Ämterkauf*

Not der Menschen
- *Krankheiten*
- *Missernten*
- *Kriege*

Strafender **Gott?**

▼

Höllenangst und Todesfurcht

Jan Hus ruft zur Umkehr auf
- *Prangert Missstände an*
- *Predigt in der Landessprache*

▼

Konzil von Konstanz

Jan Hus wird als „Ketzer" verbrannt

▼

Aufstände, Hussitenkriege

▼

Suche nach *Sündenböcken, Ausschreitungen und Mord an Juden und „Hexen"*

Hoffnung auf

Gnade Gottes durch „gute Werke"
- *Wallfahrt*
- *Heiligenverehrung*
- *Stiftungen*
- *Handel mit Reliquien und Heiligenbildern*

Am Vorabend der Reformation

_____ in der Kirche
- _____
- _____
_____
- _____
- _____

_____ der Menschen
- _____
- _____
- _____

_____ **Gott?**

▼

Höllenangst und Todesfurcht

_____ ruft zur Umkehr auf
- _____
- _____

▼

Konzil von Konstanz

_____

▼

Aufstände, Hussitenkriege

Suche nach _____
_____
_____

Hoffnung auf
_____ durch „gute Werke“
- _____
- _____
- _____
- _____
_____

Ablasshandel: Geschäft mit der Seele

Den Ablass gab es in der Kirche seit dem 11. Jahrhundert:

„Erlass der Sündenstrafen durch bestimmte Leistungen“

- *Stiftungen*
- *Teilnahme an Kreuzzügen*
- *Wallfahrten*
- *Nur ausnahmsweise (z. B. bei Krankheit): Geldzahlungen*

„Wird Gott mir Sünder gnädig sein?“

Missbrauch des Ablasses (seit ca. 1500)

- *Handel mit Ablassbriefen*
- *Dominikanermönch Tetzel: „Wenn das Geld im Kasten klingt, die Seele in den Himmel springt“*

Die Wittenberger Thesen

1517 verfasst Luther 95 Streitpunkte gegen den Missbrauch des Ablasses

Martin Luther

- *Theologieprofessor und Augustinermönch*
- *verurteilt den Ablasshandel*
- *beruft sich auf die Bibel: Reue und Buße anstatt Geldzahlungen*

Ablasshandel: Geschäft mit der Seele

Den Ablass gab es in der Kirche seit dem 11. Jahrhundert:

–

–

–

–

„Wird Gott mir Sünder gnädig sein?“

Missbrauch des Ablasses (seit ca. 1500)

–

–

Die Wittenberger Thesen

Martin Luther

–

–

–

Luthers Bruch mit der Kirche

Dominikanermönch Tetzel handelt mit *Ablassbriefen*

Die 95 Wittenberger Thesen: *Theologischer Glaubensstreit*

Augustinermönch Luther will *Missstände* in der Kirche aufdecken

- *Anzeige Luthers wegen Ketzerei*
- *Verhör in Augsburg (1518) und Disputation in Leipzig (1519)*
- *Ultimatum des Papstes zum Widerruf*

Ketzerprozess und Kirchenbann (1521)

- *Verweigerung des Widerrufs*
- *Kurfürst Friedrich v. Sachsen schützt Luther*
- *Verbrennung der päpstlichen Bannbulle (1520)*

Wichtige Rolle des *Buchdrucks*: Der Fall erregt großes Aufsehen

Flugblätter aus jener Zeit zeigen die gespaltene Meinung im Reich

- *Vorladung Luthers zum Reichstag in Worms*
- *Aufforderung durch Kaiser Karl V. zum Widerruf*

Wormser Edikt: *Reichsacht Luthers*

- *Verweigerung des Widerrufs*
- *Flucht in Richtung Sachsen*

Luthers Bruch mit der Kirche

Dominikanermönch Tetzel handelt mit ____________________

Die 95 Wittenberger Thesen: ____________________

Augustinermönch Luther will ________ in der Kirche aufdecken

▼

- ____________________
- ____________________
  ____
- ____________________

Ketzerprozess und Kirchenbann (1521)

- ____________________
- ____________________
- ____________________
  ____

▼

Wichtige Rolle des ________ : Der Fall erregt großes Aufsehen

________ aus jener Zeit zeigen die gespaltene Meinung im Reich

▼

- ____________________
- ____________________
  ____

Wormser Edikt: ____________________

- ____________________
- ____________________

Eine neue Lehre entsteht

Viele Landesherren widersetzen sich dem Kaiser und missachten das

Wormser Edikt

Die „Entführung“ Luthers

- *Kurfürst Friedrich v. Sachsen lässt Luther zum Schutz vor Kaiser und Papst auf die Wartburg bringen*

▼

- *Übersetzung des Neuen Testaments*

Die Ausbreitung der Reformation

- *durch Bücher, Flugblätter und Laienprediger*
- *zunächst v. a. in Sachsen, Thüringen, Brandenburg, Hessen und in einigen Reichsstädten*
- *katholische Priester werden verjagt, lutherische Geistliche eingesetzt*
- *eigene Kirchenordnungen der Landesfürsten*

Dabei geht es den Fürsten aber nicht immer nur um die Religion:

Beschlagnahme und Verkauf von Klöstergrund und Kirchengut

▼

Großer finanzieller Gewinn

Eine neue, *evangelische* **Kirche entsteht**

Eine neue Lehre entsteht

Viele Landesherren widersetzen sich dem Kaiser und missachten das

____

Die „Entführung" Luthers

– ______________

____

____

____

– ______________

____

Die Ausbreitung der Reformation

– ______________

– ______________

____

– ______________

– ______________

Dabei geht es den Fürsten aber nicht immer nur um die Religion:

____

____

Eine neue, ______________ Kirche entsteht

Von der Reformation zum Bauernkrieg (1525)

Die Lage der Bauern

- *Mind. 75 % der Bevölkerung*
- *Leibeigenschaft*
- *Frondienste und hohe Abgaben*
- *Verlust alter Nutzungs- und Weiderechte (Gemeindeland)*
- *Armut und Elend*

Martin Luther über die Reform der Kirche:

„Ein Christenmensch ist ein freier Herr über alle Dinge und niemandem Untertan."

Die zwölf Artikel der Bauern
Die wichtigsten Forderungen:

- *Abschaffung der Leibeigenschaft*
- *Verringerung der Abgaben und Frondienste*
- *Rechtssicherheit*
- *Freie Jagd, Fischerei und Nutzung des Gemeindelandes*

Die Bauern ziehen in den Krieg

Aufstände in Schwaben, Franken, Thüringen und im Elsass (Beispiel Thomas Müntzer)

Luther verurteilt die aufständischen Bauern

Nach Verhandlungen und blutigen Kämpfen bricht der Aufstand zusammen

- *Ca. 70 000 getötete Bauern; mehr als 1000 Burgen, Schlösser und Klöster geplündert oder zerstört*
- *Grausame Rache der Fürsten: Hinrichtung der Anführer, Entschädigungszahlungen der Bauern an die Fürsten*
- *Die Forderungen der Bauern bleiben größtenteils unerfüllt*

Von der Reformation zum Bauernkrieg (1525)

Die Lage der Bauern

- ______
- ______
- ______
- ______
  ______
- ______

Martin Luther über die Reform der Kirche:

„Ein Christenmensch ist ein freier Herr über alle Dinge und niemandem Untertan."

Die zwölf Artikel der Bauern
Die wichtigsten Forderungen:

- ______
- ______
  ______
- ______
- ______
  ______

Die Bauern ziehen in den Krieg

______

______

Nach Verhandlungen und blutigen Kämpfen bricht der Aufstand zusammen

- ______
- ______
- ______

Die Herrschaft Kaiser Karls V.

Anspruch: Ich will die Einheit der Kirche und meines Reiches, in dem die *Sonne* niemals untergeht, erhalten

Karl V. (1519–1556): *Kaiser im Heiligen Römischen Reich deutscher Nation, König von Spanien und Herrscher über die spanischen Kolonien in Amerika*

Probleme: Innenpolitik

Ausbreitung der *protestantischen Lehre* durch *Luther*, *Calvin* (Genf) und *Zwingli* (Zürich). Hohe *Schulden* (Fugger) und *Militärausgaben*. Protestantische Fürsten bilden den *Schmalkaldischen Bund*, Krieg des Kaisers gegen den Bund (1552 Niederlage für ihn)

Außenpolitik

Jahrelang Krieg gegen *Frankreich* (1521–1556), das auch die Protestanten in Deutschland unterstützte, Angriffe der *Türken* im Osten des Reichs

Ergebnisse: 1555 *Augsburger Religionsfrieden*

- *Gleichberechtigung beider Konfessionen*
- *Reichsstädte und Landesherren können Glauben auswählen*
- *Untertanen müssen Glauben des Landesherrn annehmen oder auswandern*

1556 *Rücktritt Karls V., da er seine Ziele nicht erreicht hatte*

Die Herrschaft Kaiser Karls V.

Anspruch: Ich will die Einheit der Kirche und meines Reiches, in dem

die ______ niemals untergeht, erhalten

Karl V. (1519–1556): ______________________________

____

Probleme: Innenpolitik

Ausbreitung der ____________ durch ______, ______(Genf)

und ______(Zürich). Hohe ______ (Fugger) und ____________.

Protestantische Fürsten bilden den ____________, Krieg des

Kaisers gegen den Bund (1552 Niederlage für ihn)

Außenpolitik

Jahrelang Krieg gegen ________(1521–1556),

das auch die Protestanten in Deutschland unterstützte,

Angriffe der ______ im Osten des Reichs

Ergebnisse: 1555 ______________________________

– ______________________________

– ______________________________

– ______________________________

1556 ______________________________

Die katholische Kirche ergreift Gegenmaßnahmen

Das Konzil von Trient (1545–1563)
Evangelische Fürsten und Bischöfe nahmen am Konzil nicht teil!

Beschlüsse:

- *Der Papst leitet die Kirche*
- *Nur die Kirche legt die Bibel aus und bestimmt den rechten Glauben*
- *Auch durch gute Werke kann man Gottes Gnade erlangen*
- *Der Missbrauch des Ablasses soll eingedämmt werden*
- *Geistliche müssen nach den kirchlichen Geboten leben*
- *Ämterhäufung und Ämterkauf sollen verboten sein*

Die Jesuiten als „Soldaten Christi"

Ordensgründer: *Ignatius von Loyola*

Ziele:
- *Durchsetzung der Beschlüsse von Trient*
- *Verbesserung der Priesterausbildung*
- *absoluter Gehorsam gegenüber dem Papst*

Mittel:
- *Gründung von Schulen und Universitäten*
- *Beratung und Erziehung katholischer Fürsten, Mission in der ganzen Welt*

Gegenreformation

Die katholische Kirche ergreift Gegenmaßnahmen

Das Konzil von Trient (1545–1563)
Evangelische Fürsten und Bischöfe nahmen am Konzil nicht teil!

Beschlüsse:

– ______________________

– ______________________

____

– ______________________

– ______________________

– ______________________

– ______________________

Die Jesuiten als „Soldaten Christi“

Ordensgründer: ______________________

Ziele: – ______________________

– ______________________

– ______________________

Mittel: – ______________________

– ______________________

____

Gegenreformation

Der Dreißigjährige Krieg (1618–1648)

Ursachen: Machtansprüche der Fürsten
Protestantische Fürsten
(1608 Bildung der *Union*)

Machtansprüche des Kaisers
Katholische Fürsten und Kaiser
(1609 Bildung der *Liga*)

Anlass: *1618 Prager Fenstersturz*

Wahl Friedrichs von der Pfalz zum Gegenkönig in Böhmen

Kriegsziele:

Schweden: *Vorherrschaft an der Ostsee*

Frankreich: *Vorherrschaft in Europa*

Kaiser: *Machterhalt*

Landesfürsten: *Machtausbau*

Verlauf:

1618–1623 Böhmisch-Pfälzischer Krieg	Union unter *Friedrich von der Pfalz* : Niederlage, Flucht	Liga unter *Tilly und kaiserliche Truppen* : Sieg, Rache
1625–1629 Niedersächsisch-Dänischer Krieg	Union unter *Christian IV. von Dänemark* : Niederlage	Liga unter Tilly und kaiserliche Truppen unter *Wallenstein* : Sieg, 1629 Restitutionsedikt
1630–1635 Schwedischer Krieg	Union unter *Gustav Adolf von Schweden* : Vordringen bis *Süddeutschland*	Liga unter *Tilly* (bis 1632) und kaiserliche Truppen unter *Wallenstein* (bis 1634)
1636–1648 Schwedisch-Französischer Krieg	Union mit *schwedischen* und *französischen* Truppen	Truppen der Liga und des Kaisers

Der Dreißigjährige Krieg (1618–1648)

Ursachen: Machtansprüche der Fürsten
Protestantische Fürsten
(1608 Bildung der ______)

Machtansprüche des Kaisers
Katholische Fürsten und Kaiser
(1609 Bildung der _______)

Anlass: ______________________________

Wahl Friedrichs von der Pfalz
zum Gegenkönig in Böhmen

Kriegsziele:
Schweden: ______________________________
Frankreich: ______________________________
Kaiser: ______________________________
Landesfürsten: ______________________________

Verlauf:

1618–1623 Böhmisch-Pfälzischer Krieg	Union unter ______________________ : Niederlage, Flucht	Liga unter ______________________ : Sieg, Rache
1625–1629 Niedersächsisch-Dänischer Krieg	Union unter ______________________ : Niederlage	Liga unter Tilly und kaiserliche Truppen unter ____________ : Sieg, 1629 Restitutionsedikt
1630–1635 Schwedischer Krieg	Union unter ______________________ : Vordringen bis ________________	Liga unter _____(bis 1632) und kaiserliche Truppen unter ___________ (bis 1634)
1636–1648 Schwedisch-Französischer Krieg	Union mit _____________ und _____________ Truppen	Truppen der Liga und des Kaisers

„Der Krieg ernährt den Krieg“ – aber wie geht's dem Volk?

Der Krieg wird zum Geschäft

Heerführer (z. B. Wallenstein) bauen *Söldnerheere* auf und vermieten sie für Geld an *Kriegsherrn* (z. B. den Kaiser)

Einquartierungen
- *Plünderungen zur Versorgung der Truppe*
- *Tributzahlungen*

Beutezüge in *eroberten Gebieten*
- *Raub*
- *Mord und Vergewaltigung*

„Bevor etwas den Feind bereichert, ist es nicht falsch, wenn man es selber nimmt oder mit Feuer und Wasser zerstört, bevor es dem Feind nützt.“ (Monro, Offizier in einem schottischen Regiment)

Das Volk bezahlt

- Verwüstungen in *Stadt und Land*
- Flucht vor *Not und Elend*

- Niedergang der *Wirtschaft*
- *Inflation*
- *Hunger*

- Tod durch *Seuchen, Krankheiten, Kriegsverletzungen, Mord*
- *Bevölkerungsrückgang*

„Der Krieg ernährt den Krieg" – aber wie geht's dem Volk?

Der Krieg wird zum Geschäft

Heerführer (z. B. Wallenstein)
bauen ____________ auf
und vermieten sie für Geld an
____________ (z. B. den Kaiser)

Einquartierungen
– ____________
____
– ____________

Beutezüge in ____________
____
– ____________
– ____________

„Bevor etwas den Feind bereichert, ist es nicht falsch, wenn man es selber nimmt oder mit Feuer und Wasser zerstört, bevor es dem Feind nützt."
(Monro, Offizier in einem schottischen Regiment)

Das Volk bezahlt

– Verwüstungen in ____________
– Flucht vor ____________

– Niedergang der ____________
– ____________
– ____________

– Tod durch ____________
____
– ____________

Kriegsende: Der Westfälische Frieden

Situation: – *schwere Kriegszerstörungen im Land*

– *wachsende Sehnsucht nach Frieden, Kriegsmüdigkeit*

Folge: – *ab 1643 Friedensverhandlungen in Osnabrück und Münster*

Ergebnis: *1648 Unterzeichnung des Westfälischen Friedens*

Religiöse Bestimmungen	Politische Bestimmungen	Gebietsveränderungen
– *Augsburger Religionsfrieden gilt auch für Calvinisten*	– *Machtverlust für Kaiser (z.B. Erlass von Steuern)*	– *Schweden: Gebiete an Nord- und Ostsee*
– *Landesherrn bestimmen Religion*	– *Machtgewinn für Fürsten*	– *Frankreich: Gebiete im Elsass und rechts des Rheins*
– *Evangelische Kammer im Reichstag*	– *Zerfall des Reichs in 300 Einzelstaaten*	– *Bayern: Oberpfalz*
		– *Schweiz, Vereinigte Niederlande: Reichsunabhängig*

Zusammenfassung:

– Nach 30 Jahren Krieg war das deutsche Kaiserreich *politisch* und *wirtschaftlich* stark geschwächt

– Die religiöse Spaltung *blieb bestehen*

– Frankreich wurde zur *Großmacht in Europa* und Schweden wurde zur *Ostseemacht*

Kriegsende: Der Westfälische Frieden

Situation: – ____________________

– ____________________

Folge: – ____________________

Ergebnis: ____________________

Religiöse Bestimmungen	Politische Bestimmungen	Gebietsveränderungen
– ______	– ______	– ______
______	______	– ______
– ______	– ______	– ______
– ______	– ______	– ______
______	______	______

Zusammenfassung:

– Nach 30 Jahren Krieg war das deutsche Kaiserreich ______ und ______ stark geschwächt

– Die religiöse Spaltung ______

– Frankreich wurde zur ______ und Schweden wurde zur ______

Kulturbibliothek
der klassischen Musik- und Theaterstücke

OPERN- UND OPERETTENFÜHRER MUSICALS

KULTURBIBLIOTHEK
DER KLASSISCHEN MUSIK- UND THEATERBIBLIOTHEK

OPERN- UND OPERETTEN FÜHRER MUSICALS

Lizenzausgabe für
Manfred Pawlak Verlagsgesellschaft mbH, Herrsching

Printed in Germany
ISBN: 3-88199-297-9

INHALT

Oper

Operette

Musical

Komponisten und Werke

VORWORT

Neben der großen Zahl von Opernbesuchern gibt es heute einen noch größeren Personenkreis, den das Fernsehen die Opern-, Operetten- oder Musicalaufführung zu Hause erleben läßt. Dieser Führer stellt in allgemeinverständlicher Sprache alle wichtigen Informationen zum Inhalt und zur Musik der bedeutendsten musikalischen Bühnenwerke aus vier Jahrhunderten bereit. Sei es zur Vorausinformation oder zum Nachlesen über das Erlebte – der Leser kann sich in kurzer Zeit einen knappen und doch ausreichenden Überblick über die Komponisten sowie über den Inhalt und die Musik eines jeweiligen Werkes verschaffen. Alle heute aufgeführten Standardopern und darüber hinaus auch einige für die Opernentwicklung bedeutsame und heute seltener zu hörende Werke werden in diesem Buch besprochen und gewertet, wobei das Hauptgewicht immer auf eine klare Inhaltsangabe gelegt wurde.

Neben den Opernwerken finden aber auch Operetten und Musical als die jüngeren Formen von musikalischen Bühnenwerken ihre angemessene Würdigung. Auch bei diesen beiden Gattungen erfährt der Leser neben einer Inhaltsangabe, die für ein Verständnis des Handlungsablaufs und des damit in Verbindung stehenden musikalischen Ausdrucks von entscheidender Bedeutung ist, kurze Informationen zur Musik der einzelnen Werke. Gerade bei der Operette und dem Musical ist dies von Wichtigkeit, da diese beiden Gattungen der Musikbühne zwar ein »Wunschkind« des Publikums sind, ihre musikalische Wertschätzung dagegen weitaus geringer erachtet wird. Tatsächlich kann dieser Opern- und Operettenführer dazu beitragen, dem Leser zu verdeutlichen, daß Operette und Musical eigenständige Kunstgattungen sind, die angemessene Beachtung verdienen und dem Leser die Möglichkeit eröffnen, sich sinnvoll mit allen drei Formen der Musikbühne auseinanderzusetzen.

Der bis in die jüngste Gegenwart ergänzte Opern- und Operettenführer enthält rund 400 Werkbesprechungen und wird daher kaum jemals den Theaterbesucher, den Rundfunkhörer oder Schallplattenfreund, der sich schnell unterrichten möchte, im Stich lassen.

OPER

EINFÜHRUNG

Kleine Geschichte der Oper

Üblicherweise läßt man die abendländische Geschichte der Oper beginnen mit der »Daphne« von Jacopo Peri und der »Eurydike« von Giulio Caccini.

Sie entstanden um das Jahr 1600 in Florenz und waren Ergebnisse ernster Beschäftigung mit der altgriechischen Musiktragödie: diese wollte man (im Freundeskreis des Grafen Bardi) wiedererwecken (»Renaissance«) und hielt sich daher an griechische Sagenstoffe. Ob man nun diese ersten »dramma per musica« wirklich als einzige und ursprüngliche Wurzeln der neuzeitlichen Oper betrachten soll, steht auf einem anderen Blatt. Hier sei wenigstens noch verwiesen auf die gesungenen kirchlichen Spiele des Mittelalters (die ihrerseits besonders in Deutschland auf noch ältere Volksspiele zurückzugehen scheinen) und auf höfische Hochzeitsspiele in Burgund während des 15. Jahrhunderts.

Waren die Bildungsopern der ersten florentinischen Zeit (am wichtigsten der »Orpheus« von Claudio Monteverdi) nur für einen kleinen Kreis von Kennern bestimmt, so wandelte sich das Bild, als in dem üppigreichen Venedig die ersten Operntheater ihre öffentlichen Vorstellungen begannen. Hier wollte man nicht Bildung, sondern blühendes Leben, nicht ernsten Gesang, sondern sprühende Beweglichkeit. Der geniale Claudio Monteverdi (1567 – 1645) schuf zwar Werke voll menschlichen Ernstes und künstlerischer Reife (wesentlich sein Ausbau des Orchesteranteils), doch unter seinen Nachfolgern und vor allem seit Marc Antonio Cesti (1618 – 1669) wandelte das Unterhaltungsbedürfnis der Theaterbesucher die Haltung der Oper: die alten Sagenstoffe wurden immer häufiger parodiert, possierliche Nebenfiguren sorgten für Erheiterung, der Chor trat immer mehr zurück, es entstand die Vorherrschaft der kehlfertigen Einzelsänger. Entscheidend für die Zukunft der Operngattung waren die formalen Errungenschaften dieses Zeitabschnitts: Arie, Lied, dramatisches Rezitativ.

Mit dem Ausgang des 17. Jahrhunderts wurde Neapel zum Mittelpunkt des Opernschaffens: der feierlich steife Stil der Florentiner wurde endgültig aufgegeben; die Melodie und mit ihr Arie, dramatisch begleitetes Rezitativ sowie Ouvertüre beherrschten nunmehr das vom Orchester reich begleitete Geschehen, während das Seccorezitativ immer mehr verflachte. Hauptvertreter: Alessandro Scarlatti (1659–1725), Francesco Durante (1684–1755), Nicola Porpora (1686–1766). Inbegriff dieser »neapolitanischen Schule« ist der Name des Textdichters Pietro Metastasio (1698–1782); in seinen zahllosen Texten, die von Komponisten verschiedener Länder immer wieder vertont wurden, wird die Handlung nur knapp umrissen, während die Ruhepunkte sorgsam ausgefeilt sind und dem Komponisten wie dem Sänger die Entfaltung ihres ganzen Könnens ermöglichen (vor allem in den breit ausgezeichneten Arien).

Die ernsthafte Oper (»opera seria«) mit ihren überlebensgroßen Helden und Göttern, mit ihren Beschwörungen und Weissagungen, Treibhausleidenschaften und teuflischen Ränkespielen empfand man bald als unnatürlich und gespreizt. Zur Unterhaltung des Hörers und Zuschauers wurden daher in ständig wachsendem Umfang die längst schon beliebten komischen Zwischenspiele in die Hauptoper eingebaut oder eingeschoben. Aus ihnen entwickelte sich die »opera buffa«, die kleine heitere Oper mit allerlei drolligen Verwicklungen. Ihre Handlung war einfach und klar, enthielt vergnügliche Anspielungen, und die Musik war ungekünstelt, sprühend, witzig und volkstümlich. Als bekannteste Hauptvertreter dieser opera buffa gelten: Giovanni Battista Pergolesi (1710–1736) mit seiner »Magd als Herrin«, Giovanni Paesiello (1741–1816) mit dem »Barbier von Sevilla«, Domenico Cimarosa (1749–1801) mit der »Heimlichen Ehe«.

Florentinisches dramma per musica, venezianische Volksoper, neapolitanische opera seria und opera buffa enthielten bereits die wesentlichen Bestandteile der neuen Kunstgattung Oper. Wie wurde diese nun in anderen Ländern aufgenommen?

In Frankreich versuchte man es frühzeitig mit eigenen Werken und widersetzte sich immer wieder dem Einfluß der italienischen Oper. Haupt der ersten großen französischen Opernbewegung war der 1632 in Florenz geborene Jean Baptiste Lully; er verschmolz das französische Tanzspiel mit Bestandteilen der italienischen Oper, bereicherte das Orchester sowie die Chöre und war der musikalische Vertreter der Zeit des »Sonnenkönigs«. Bedeutender als Lullys unmittelbare Nachfolger war der auch als Musiktheoretiker hervorragende Jean Philippe Rameau (1683 – 1764) mit seinen streng gebauten, betont französischen Werken. Noch zu seinen Lebzeiten widersetzte sich Paris nach heftigen Streitigkeiten einer italienischen Überflutung: die opera buffa wurde abgelehnt und an ihrer Stelle die nationalfranzösische »opéra comique« begründet (mit dem Belgier Grétry als bedeutendstem Vertreter).

England besaß in seinen Maskenspielen schon sehr früh eine eigengewachsene Kunst und war auf dem Wege, sich mit dem Werk des genialen Henry Purcell (1658–1695) eine nationale Opernkunst zu schaffen. Die Entwicklung wurde jedoch unterbrochen; einmal durch die Opern Händels mit ihrem italienischen Stil und deutschen Gehalt, zum andern durch die italienischen Operntruppen. Zu nennen ist noch aus dieser Zeit die »Bettler-Oper« von Gay und Pepusch, die der ernsten Oper in England für lange Jahre den Garaus machte.

Die eigentlichen, langdauernden Auseinandersetzungen aber spielten sich in Deutschland ab. Zunächst schien es, als sollten die Ansätze zu nationalbetontem Opernleben völlig durch die italienische und französische Opernflut hinweggeschwemmt werden. In Dresden, München, Wien, Hannover, Düsseldorf nahmen die Höfe gern die italienischen Werke auf (Pallavicino, Steffani, Monteverdi, Cesti u.a.). Wohl gab es schon frühzeitig Opern in deutscher Sprache. Heinrich Schütz (die Musik zu seiner »Daphne« von 1627 ist leider verloren) und andere Deutsche versuchten sich an der Oper; so Joh. Ph. Krieger in Weißenfels, Kusser in Braunschweig, Johann Jakob Löwe in Wolfenbüttel, Johann Löhner in Nürnberg, vor allem aber Johann Sigmund Kusser und Reinhart Keiser in der 1678 eröffneten »Bürgeroper« zu Hamburg. Doch im ersten Drittel des 18. Jahrhunderts war das Schicksal der deutschen Oper fürs erste besiegelt: Franzosen und Italiener siegten auf der ganzen Linie, und auch Deutsche schrieben ihre Opern im ausländischen Stil (etwa Graun, Hasse).

Eine erste Gegenbewegung begann mit dem deutschen Singspiel (gesprochener Dialog, nach dem Vorbild von Rousseau). Namen wie Joh. Adam Hiller (1728–1804, u.a. »Lottchen vom Hofe«, »Die Jagd«), Ignaz Holzbauer (1711–1783, u.a. Günther von Schwarzburg«), Georg Benda (1722–1795, u.a. »Der Jahrmarkt«), Karl Ditters von Dittersdorf (1739–1799, »Doktor und Apotheker«), Johann Schenk (1753–1836, »Der Dorfbarbier«) umschließen eine Fülle viel zu wenig bekannter Singspielmusik. Vorübergehend griff auch Kaiser Joseph II. in die Entwicklung ein mit der Begründung des »Deutschen Nationalsingspiels« (1778; vier Jahre später Mozarts »Entführung«); doch die kaiserlichen Pläne verliefen wieder im Sande: zu stark wirkte die Zeit Leopolds I. nach, unter dem in Wien nicht weniger als vierhundert italienische Opern aufgeführt worden waren.

Die eigentlichen Vollender der neuzeitlichen deutsch-europäischen Oper sind Gluck und Mozart. Zugleich zeichnet sich in ihren Hauptwerken ein alter, nie erloschener, nie erlöschender Gegensatz der Operngeschichte – nämlich der zwischen Musik und Drama – besonders deutlich ab. Ausgangspunkt für beide Meister ist der italienische Opernstil, dem sie in manchen Frühwerken selbst gehuldigt haben. Christoph Willibald Gluck (1714–1787) verlangte in seinen Reformwerken gegenüber dem »Arienbündel« der italienischen Oper und ihrem teilweise unsinnigen Text mehr dramatische Wahrheit in Handlung und Musik, entkleidete die Arie ihrer vielfach veräußerlichten, stimmprunkenden Selbstherrlichkeit, beseelte und vertiefte das Rezitativ, schuf eine großräumige Anlage und herbe Strenge – alles gerichtet auf das eine Ziel: das Drama. »Der Dichter gibt die Zeichnung, der Musiker koloriert sie nur« oder »Die wahre Aufgabe der Musik ist, der Dichtung zu dienen« – das sind Glucks eigene Worte, Worte eines Musik-*Dramatikers.* Wohl ist auch Wolfgang Amadeus Mozart (1756–1791) Dramatiker, doch bleibt für ihn höchstes Ziel die *Musik.* Ihm gelang es als erstem, durch Kraft und Form der Musik aus den »Personen« der Bühnenhandlung wirkliche »Persönlichkeiten« von einmaliger, unverwechselbarer Haltung zu machen. Zugleich werden diese, wiederum durch die Besonderheit der Musik allein (Orchester und Gesang), zu Spiegelbildern des Ewigmenschlichen. Damit hatte die deutsche Oper – wenn auch nicht sogleich allen erkennbar – die Führung übernommen. In der ersten Hälfte des 19. Jahrhunderts schufen in Deutschland: Ludwig van Beethoven (1770–1827) seinen höchste sittliche Forderungen unerbittlich verwirklichenden »Fidelio«, Carl Maria von Weber (1786–1826) seine musikdramatisch erlebten romantischen Werke (vor allem den »Freischütz«), Heinrich Marschner (1795–1861) seinen kraftvolldämonischen »Hans Heiling«, Albert Lortzing (1801–1851) seine unübertroffenen Schilderungen deutscher Kleinwelt.

Der gleiche Zeitabschnitt brachte in Italien lediglich ein (teilweise verfeinertes) Weiterführen der Überlieferung (Bellini, Rossini, Donizetti). Und Frankreich erlebte eine Umwandlung des älteren Singspiels in die sogenannte Spieloper (Boieldieu, Auber, Adam), machte auch eine kurze Zeit der »großen« Oper durch (Auber, Hèrold, Spontini, Halévy); doch mündete die eine in Offenbachs frech-witzig karikierende Operetten und die andere in das heute nicht mehr sehr bedeutungsvolle Opernwerk Meyerbeers.

Um die Mitte des 19. Jahrhunderts begann in Italien und in Deutschland eine der großartigsten Parallelen der Operngeschichte. Die im gleichen Jahre (1813) geborenen Meister Verdi und Wagner faßten alle Kräfte und Eigengesetze ihrer nationalen Vergangenheit zu überragenden Werken zusammen. Giuseppe Verdi hielt bewußt an der Überlieferung fest, ballte aber seine stählernen Rhythmen und gespannten Melodien zu so gewaltigen Bauten, daß seine Opern, obwohl sie ganz vom Gesanglichen ausgehen, unmittelbar in die Ausdruckswelt Wagners hineinreichen. Richard Wagner, in dem wir den wohl größten Musikdramatiker verehren, schuf in seinem Gesamtkunstwerk eine letzte Einheit von Wort, Ton und Spiel. Wagners Einfluß auf Zeitgenossen und Nachfolger ist kaum zu überschätzen. Wer nach ihm Opern oder Musikdramen schrieb, mußte sich mit ihm auseinandersetzen, ganz gleich ob er für oder gegen ihn war. Einigermaßen selbständig zu halten vermochten sich im 19. Jahrhundert nur die Komponisten komischer Opern; so Peter Cornelius mit seinem »Barbier von Bagdad« (1858), Hermann Goetz mit »Der Widerspenstigen Zähmung« (1874), Hugo Wolf mit dem »Corregidor« (1896) und der Märchenopernkomponist Engelbert

Humperdinck. Dagegen sind die reinen Wagner-Nachahmer völlig vergessen.

In scharfem Gegensatz zu Wagner (und auch zu Verdi) stellte sich der sogenannte *Verismus.* Bedeutendster Vorläufer und zugleich eine der ewig jungen Opernschöpfungen der Musikgeschichte: die in ihrer großartigen Geschlossenheit überwältigende »Carmen« des Franzosen Georges Bizet (1875). Hauptvertreter des »verismo« aber sind Pietro Mascagni mit seiner »Cavalleria rusticana« (1890) und Ruggiero Leoncavallo mit dem »Bajazzo« (1892), in dessen Vorspruch das Programm des italienischen Verismo aufgestellt wird: »... nicht die Märchen allein sind der Zweck der Kunst ... Heut schöpfet der Dichter kühn aus dem wirklichen Leben schaurige Wahrheit.« Diese »schaurige Wahrheit« findet sich nun bald in den Opern aller Länder. In Italien selbst bei Giacomo Puccini (1858–1924), den wir als den letzten Großmeister der italienischen Oper bezeichnen dürfen, in Deutschland bei dem urmusikantischen, doch problematischen Eugen d'Albert (1864–1932), mehr oder minder stark selbst bei Max von Schillings (1868–1933) und bei Richard Strauß.

Der repräsentativste Tondichter der jüngeren Vergangenheit Richard Strauß (1864–1949) begann mit Wagnernachahmung (»Guntram«), übertrumpfte dann orchestral sein Vorbild mit den (stofflich grausigen) Einaktern »Salome« und »Elektra«, in denen der Gesang stark zurücktritt hinter dem entfesselten Orchester, verschrieb sich dann wieder der Musizieroper (»Rosenkavalier«, »Ariadne«), musizierte schwerverständlichen Tiefsinn (»Frau ohne Schatten«) und leichtverständliche Erotik (»Arabella«) und fand erst im Alter wieder Stoffe, (»Friedenstag«), »Daphne«), die seines echten Genius würdig sind. Strauß hat die Verwendung des Orchesters bis an die Grenzen des in der Oper Möglichen geführt.

Wagner und Verdi waren nicht die einzigen großen Opernmeister des 19.Jahrhunderts, deren Werke das Nationale (im wohlverstandenen Sinne) zum Klingen brachten. In *Frankreich* brauchte man dabei nur die Überlieferung fortzusetzen; dagegen mußte in anderen Ländern völlig Neues geschaffen werden. So entstanden u.a.: in Rußland Glinkas »Das Leben für den Zaren« (»Iwan Sussanin«, 1936), Mussorgskijs »Boris Godunow« (1874); in *Ungarn* Erkels »Hunyady Laszlo« (1844); in *Polen* Moniuszkos »Halka« (1847); im *tschechischen* Böhmen Smétanas »Verkaufte Braut« (1866). Das etwa sind aus diesem Zeitraum diejenigen Opern, deren nationale Kraft groß und stark genug war, um in die Welt ausstrahlen zu können, während den meisten anderen infolge ihrer Enge eine solche Wirkung versagt blieb.

Nach 1900 trieb die nationale Bewegung allenthalben ihrem Ende zu, während der *Internationalismus* immer stärker wurde. Bezeichnend, daß gerade Frankreich als erstes Land aus der lange gehüteten nationalen Musiktradition ausgebrochen ist: Debussys »Pelleas und Melisande« (1902) gab die Bindung an die französische Musiktradition völlig preis und fing in seiner impressionistischen Klangmischung den Abglanz einer geistig überfeinerten, seelisch müde gewordenen Welt auf. Ein Jahr später unternahm d'Albert einen Ansturm auf die ermatteten und überreizten

Nerven der alten Welt mit der derb-zupackenden und von Sentimentalitäten nicht ganz freien Erfolgsoper »Tiefland«. Diesen Weg hat er folgerichtig weiterbeschritten mit den »Toten Augen« (1916) über »Die schwarze Orchidee« bis zu seiner letzten Oper »Mister Wu« mit ihrem zeitnahen Verismo. Die Erkenntnis, mit dem »Verismo« hoffnungslos in eine Sackgasse geraten zu sein, forderte das Experiment heraus, machte es notwendig, nach neuen Wegen zu suchen. Wir sehen sie sowohl bei Ernst Krenek, wie beim frühen Hindemith und bei dem orchestralen Zauberer Franz Schreker. Wir sehen sie fast gelungen bei Kurt Weill, dessen »Dreigroschenoper« mit ihren noch immer allgegenwärtigen Melodien auch heute zu den beliebtesten Werken des Musiktheaters in der Welt zählt. Wir sehen sie mißlungen bei Arnold Schönberg, der mit seinem großartig konzipierten »Moses und Aron« die Oper überfordert. Auch der von den Gegnern des Experiments unternommene Versuch, an die Tradition anknüpfend eine »deutsche« Oper zu schaffen, führte nur zu einem vorübergehenden Scheinerfolg und ist trotz äußerer Förderung durch den Staat und andere Institutionen und trotz ehrlichen Bemühens mancher Komponisten nicht über zaghafte Ansätze hinausgekommen. Echte Kunst – und dazu gehört nun einmal die Oper – wächst weder aus kühler Berechnung noch mit Hilfe staatlicher Lenkung.

Vielmehr bedarf sie zu ihrem Werden einer starken künstlerischen Persönlichkeit, die auf dem Untergrund einer innerlich geschlossenen, gleichgestimmten Gesellschaft das für alle verbindliche Werk aufführt. Solange diese Gesellschaft fehlt – und sie fehlt in großen Teilen der Welt – wird auch das Schaffen der Einzelnen anfänglich kaum über ein mehr oder weniger erfolgreiches Versuchen und Tasten hinauskommen.

Immerhin zeichnen sich in einer wachsenden Zahl beachtlicher Werke mannigfache Umrisse ab, die auf die Zukunft hoffen lassen. Diese Werke gehen dem Problem der Opern-Reform auf verschiedenen Wegen zuleibe, knüpfen zum Teil an das romantisch-sinfonische Musikdrama, an die klassische Oper und an die barocke Nummernoper an und versuchen, diese mit neuzeitlichem Geist zu erfüllen. Zum Teil steuern sie auf ein »Musiktheater« zu. Zum Teil versuchen sie Mischungen aus allem. Die verschiedenen »Richtungen« sind in sich noch keineswegs geklärt, wohl aber zeigen Spätwerke von Strawinski, Hindemith oder neuere Werke von Berg, Egk, Sutermeister, Blacher, Liebermann, Einem und anderen ernst zu nehmenden Komponisten, daß die Erstarrung sowohl in hartnäckiger Tradition wie in ewiger Revolution sich zu lösen beginnt.

MONTEVERDI

Claudio M. (1567–1643) wurde in Cremona geboren, wirkte 1602–1612 beim Herzog von Mantua, lebte dann ein Jahr ohne feste Anstellung in seiner Vaterstadt und wirkte seit 1613 als Kapellmeister der Markuskirche in Venedig, wo er gestorben ist. Er schrieb weltliche und geistliche Vokalmusik, Opern, Zwischenspiele und Ballette.

Im Zeichen der Renaissance, der »*Wiedergeburt des griechischen Altertums*«, hatte sich Ausgang des 16. Jahrhunderts in Florenz ein Kreis feingeistiger Aristokraten (wie *Bardi, Corsi),* begeisterter Dichter, Musiker und Gelehrter (darunter der Vater *Galileis)* das Ziel gesetzt, das altgriechische Drama zu erneuern, seine Sprachmelodik nachzuvollziehen, es wie die Griechen durch Musik zu beleben. Der musikalischen Ausarbeitung kam der damals allgemeine Zug zum begleiteten Einzelgesang entgegen, der sich bewußt von der textlich kaum mehr aufzufassenden, verwickelten Polyphonie entfernte. Den ersten Text zu diesen Versuchen schrieb 1594 der Dichter *Rinuccini* mit seiner »Dafne«, die von *Jacopo Peri* (1561–1633) vertont und wohl 1598 (die Angaben schwanken noch immer) in Florenz aufgeführt wurde. Abermals von *Rinuccini* stammt der Text zu »Euridice«, die 1600 in zweifacher Vertonung, nämlich von *Peri* und *Giulio Caccini* (etwa 1550–1610), herauskam. Von der Musik wissen wir nicht eben viel. Es handelte sich um ein instrumental gestütztes Tonhöhensprechen »stile rappresentativo«, nicht um Gesänge, wie wir sie aus den Opern gewöhnt sind. Je nach dem Text wurde lauter oder leiser, schneller oder langsamer, höher oder tiefer gesprochen. Dieses Verfahren löste damals zwar große Begeisterung aus, würde aber für unsere Ohren dürftig und trocken wirken. Ein wenig von solcher Art hat das Melodrama übernommen, wie es auch von Komponisten des 19. und 20. Jahrhunderts an geeigneten Stellen in ihre Opern eingebaut wurde. Die florentiner Oper ist in den Anfängen über eine gewisse nüchterne Künstlichkeit nicht hinausgekommen, wohl aber wirkte sie als anregende Kraft für eine Entwicklung über vier Jahrhunderte hinweg.

Das Künstliche nur wenige Jahre später ins Künstlerische erhoben zu haben, ist die geniale Leistung Monteverdis. Gewiß geht er aus von dem stile rappresentativo der Florentiner, doch bereichert er ihn durch eine ausdrucksvolle Melodik, wie sie sich in seinen Madrigalen bereits vorfindet. Mehr und mehr unterscheidet er die berichtenden von den betrachtenden Partien, eine Unterscheidung, die dann besonders im Barock (Händel ist merklich von Monteverdi beeinflußt) zu dem Absetzen des berichtenden Rezitativs von der empfindungsgeladenen Arie geführt hat. Angereichert werden die dem jeweiligen Textsinn folgenden Ausdrucksmelodien durch charakterisierende Harmoniefolgen und eine farbigere Instrumentation (das später häufig angewendete Streichertremolo bei unheimlichen Geister- oder Schattenszenen geht auf Monteverdi zurück). Durch Monteverdi tritt erstmals die später viel erörterte »dramatische Wahrheit« auf den Plan, so daß man eigentlich diesen Meister als den eigentlichen Schöpfer der Oper anzusehen hat. Die Sprache Monteverdis wirkt auch noch heute auf uns (allbekannt der berühmte Klagegesang Ariadnes, dem einzig erhaltenen Stück aus der Oper gleichen Namens). So nimmt es nicht wunder, daß Musiker des 20. Jahrhunderts sich wieder und wieder mit Neubearbeitungen beschäftigen, so A. Casella, L. Dallapiccola, R. Haas, V. d'Indy, E. Krenek, G.F. Malipiero, C. Orff, A. Wenzinger.

Wir wählen im folgenden die beiden besonders ansprechenden Opern Monteverdis aus, nämlich die früheste und die letzte.

Orfeo

Favola in musica in fünf Akten und einem Prolog
Text von Alessandro Striggio

Personen:

Orpheus (Tenor)
Eurydike (Sopran)
Botin (Alt)
Wächter der Toten (Baß)
Chöre der Hirten, Nymphen und Schatten, Sprecher

Ort und Zeit: Griechenland, mythisches Altertum
Uraufführung: 24. Februar 1607 in Mantua

Unter den verschiedenen Bearbeitungen für die deutsche Bühne sind bekannt die originalnahe von

August Wenzinger und die »freie Nachgestaltung« von *Carl Orff,* die das Werk auf einen gesprochenen Dialog und drei Bilder zusammendrängt (1940).

Das Werk beginnt bereits mit einer kleinen Ouvertüre. Dann kündet der Sprecher an (ursprünglich die Musik, Mezzosopran), was sich abspielen soll. Abermals folgt ein Instrumentalstück.

Chöre der Hirten und Nymphen, anfangs akkordisch, später melodisch gelockert, besingen froh die Sonne in lichter Waldlandschaft. Orpheus und Eurydike singen wonnetrunken von ihrer Liebe, die Chöre geben, durchflochten von kleinen Instrumentalsätzen, die allgemeine Stimmung wieder. Auch das zweite Bild beginnt mit einer instrumentalen Einleitung. Mit einem Gesang von teilweise fast ariosem Charakter verströmt Orpheus abermals seine Liebesseligkeit. Das Bild verdunkelt sich: eine Botin berichtet, die geliebte Eurydike sei beim Blumenpflücken durch einen Schlangenbiß getötet worden. (Das Notenbei-

spiel läßt die Stärke des Ausdrucks und die von Monteverdi stets angestrebte »menschliche Wahrheit« erkennen.) Nach dem Wehklagen des Chores hebt Orpheus einen ergreifenden Klagegesang an. Ins Schattenreich will er der Geliebten folgen und sie ins Leben zurückführen. In der Unterwelt bestimmen düstere Bläserklänge die unwirklich-unheimliche

Stimmung. Der Totenwächter will Orpheus nicht über den Fluß des Vergessens setzen, doch ein melodisch reiches Lied des flehenden Orpheus besiegt den Fährmann. Dem Liebenden gelingt es auch, die Fürsten der Unterwelt dahin zu bringen, daß ihm Eurydike folgen darf; schaut er sich aber nach ihr um, so muß sie endgültig zurück ins Schattenreich. Langsam lichtet sich das düstere Klangbild auf, mit einer Art Echogesang schreiten Orpheus und der Schatten der Geliebten der oberen Welt zu. Zweifel quälen den Liebenden, ob ihm Eurydike wirklich folgt. Kurz vor dem Ziel wendet er sich um, jäh ertönen Posaunen und verkünden, daß Eurydike wieder ins Schattenreich gleiten muß, weil Orpheus das Verbot mißachtet hat. Vergebens die Klagen des Ungehorsamen, vergebens sein Versuch, ihr in die Unterwelt zu folgen.

In der ausführlicher Fassung erhört Apoll den Jammer des Verzweifelten; zwar kann er ihm weder die Geliebte zurückgeben noch Orpheus den Zugang in die Unterwelt öffnen, doch führt er den liebenden Sänger in die Welt der Überirdischen. Chöre feiern das Wunder.

Die Krönung der Poppea

Dramma per musica in drei Akten und einem Prolog
Text von Giovanni Francesco Busenello

Personen:

Nero, Kaiser von Rom (Tenor)
Octavia, Neros Gemahlin (Sopran)
Poppea (Sopran)

Ottone (Baßbariton)
Drusilla (Mezzosopran)
Seneca (Baß)
Arnalta, zwei Soldaten, ein Leibwächter, Pallas, Konsuln, Tribunen, Freunde Senecas

Ort und Zeit: Rom während der Regierung Neros (54–68 n.Chr.)
Uraufführung: 1642 in Venedig

Zwischen dem »Orpheus« und der »Poppea« hat Monteverdi eine ganze Reihe von Bühnenwerken geschrieben, so die »Ariane«, von der nur der berühmte Klagegesang erhalten ist, die Ballettoper »Tanz der Spröden«, den »Raub der Proserpina«, vor allem auch die oft bearbeitete »Heimkehr des Odysseus«.

Über die erstaunliche »Poppea« läßt sich zwar im großen und ganzen sagen, daß sie nach Text und Musik ein großartiges, für die Entstehungszeit ungewöhnlich kühn und realistisch konzipiertes Werk ist, daß der Inhalt – rücksichtslose Macht besiegt die Tugend – renaissancegemäß und modern zugleich anmutet, daß die Singstimme mehr und mehr rezitativische und ariose Teile situations- und stimmungsgemäß unterscheidet, daß die Melodik in charaktervollen Bögen dahinschwingt (Ottones erster Auftritt, der unirdisch schöne Zwiegesang Nero–Poppea am Schluß). Im einzelnen dagegen ist man auf einfühlsame Bearbeitungen angewiesen. Einmal gibt es mehrere Abschriften aus der Entstehungszeit, die zudem in Text und Musik voneinander abweichen; zum anderen wissen wir so gut wie nichts von der Instrumentierung, die im 17. Jahrhundert ja nach den vorhandenen Möglichkeiten von den Kapellmeistern nach der aufgezeichneten Generalbaßstimme vorgenommen wurde. Kein Wunder, wenn Musiker unserer Zeit immer wieder versuchen, die Größe des Werkes durch Bearbeitungen zu retten. Allein in den letzten zwanzig Jahren gingen in Deutschland drei verschiedene Bearbeitungen über die Bühne: von Hans Ferdinand Redlich, Ernst Krenek und Walter Goehr. – Wir beschränken uns daher auf die Nachzeichnung des Gerüsts.

Kaiser Nero will seine Gemahlin Octavia verstoßen und seine Geliebte Poppea als Kaiserin krönen lassen. Der Philosoph Seneca redet dem Kaiser ins Gewissen und büßt seinen Mut mit dem Tode. Octavia redet nicht nur, sie handelt, indem sie Ottone, der Poppea liebte, zum Mord an der Nebenbuhlerin anstiftet. Ottone ist bereit, die Tat zu begehen und zwar mit Unterstützung von Poppeas Gespielin Drusilla, die sich aus Liebe zu Ottone als Helferin hergibt. Die Tat kann jedoch verhindert werden. Ottone versichert vor Gericht, er allein habe den Mord begehen wollen; doch Drusilla nimmt ihrerseits die Schuld auf sich, um den Geliebten zu retten. Dabei stellt sich heraus, wer die eigentliche Triebkraft gewesen ist: die Kaiserin Octavia. Jetzt hat Nero auch eine rechtliche Handhabe, Octavia zu verstoßen. Auch Ottone und Drusilla müssen in die Verbannung gehen. Nero aber kann nun Poppea zur Kaiserin erheben.

Das nachstehende Notenbeispiel kann eine Vorstellung davon vermitteln, wie Monteverdi mit scheinbar einfachen Linien in Gesangsstimme und unterlegtem

Instrumentalbaß entscheidende äußere und innere Stimmung wiederzugeben weiß. Ottone hat zwar Poppea an den Kaiser verloren, doch kann er sich mit dem Verlust nicht abfinden. Bei Nacht kommt er zum Hause der Treulosen und singt mit einer Melodie, die sich auf dem Ton d festlegt, von seinem Zwang, wider Willen in Poppeas Nähe kommen zu müssen (»Und doch kehre ich zurück, kehre zurück hierher wie die Linie zum Mittelpunkt, wie der Brennpunkt in den Kreis, wie der Bach zum Meer«). Dazu im Baß die ebenfalls »ständig wiederkehrenden« Dreiergruppen der halben Noten. Charakterisierungskunst auf engstem Raum!

PEPUSCH

Johann Christoph P. (1667–1752) wurde in Berlin geboren und starb in London, wo er seit etwa 1700 lebte. 1710 gründete er mit anderen die ›Academy of ancient Music‹, 1712 wurde er Organist des Herzogs von Chandos und 1713 Doktor der Musik der Universität Oxford. Dann war er viele Jahre Direktor eines Londoner Theaters. Außer Kirchen- und Kammermusik, Konzerten und Musiken zu zahlreichen Maskenspielen schrieb er die satirische ›Ballad opera‹ »The Beggars Opera«, deren sensationeller Erfolg Händel zwang, sein Opernunternehmen aufzugeben.

Die Bettler-Oper

Liederspiel (Ballad opera) in einem Vorspiel und drei Akten, Text von John Gay
Neue musikalische Fassung nach dem Original von Benjamin Britten

Personen:

Der Bettler/Beggar (Sprechrolle)
Schwärzer/Mr. Peachum (Baß)
Frau Schwärzer/Mrs. Peachum (Mezzosopran)
Polly, beider Tochter (Mezzosopran)
Auerhahn, Hauptmann einer Verbrecherbande/Captain Macheath (Mezzosopran)

Falschmünz/Filch (Tenor oder Sprecher
Gefängniswärter Schlüssel/Lockit (Bariton)
Lucy, seine Tochter (Sopran)

Die Dirnen: Frau Zanker (Mrs. Vixen), Betty Vettel (Betty Doxy), Jenny Klau (Jenny Diver), Molly Schamlos (Molly Trull)' und andere: Sopran, Mezzosopran und Alt.
Die Verbrecher: Straßenlude (Wat Dreary), Mauser (Jimmy Twitcher), Walzmichel (Ben Budge) und andere: Tenor, Bariton und Baß.
Ein Kellner, ein Gefängnisaufseher, Polizisten, Soldaten und Volk.

Ort und Zeit: London 1728
Uraufführung: 29. Januar 1728

VORSPIEL: Der Bettler hat eine ›Oper‹ zur Hochzeitsfeier zweier Straßensänger verfaßt und persifliert und damit einen Anlaß, der bei Fürstenhäusern häufig zu Opern-Aufführungen geführt hat. Die auf das Milieu ausgerichtete Parallele bedingt natürlich eine Verulkung des üblichen Schemas. Die Handlung beginnt also im Hause eines Hehlers und endet im Zuchthaus. Denn »alles ist menschlich«. Diese Oper wird der Schauspieler nun auf seinem Theater spielen lassen.

1. AKT: Der Hehler und Winkeladvokat Schwärzer ist wütend darüber, daß seine Tochter Polly in aller Heimlichkeit Auerhahn, den Chef einer Verbrecherbande geheiratet hat, anstatt als Hure Geld zu verdienen. Er und seine Frau fassen den Entschluß, Auerhahn an den Galgen zu bringen und sich dann sein Vermögen zu

ergaunern. Polly, die die beiden belauscht hat, warnt Auerhahn und rät ihm, zu fliehen.

2. AKT: Auerhahn flirtet im Kreise seiner Kumpane in einer Verbrecherkneipe mit den herumsitzenden und streunenden Dirnen. Eine von ihnen, Jenny, verpfeift Auerhahn an Schwärzer. Schwärzer, der nur darauf gewartet hat, läßt Auerhahn von der Polizei festnehmen – Verwandlung: Schwärzer und der Gefängniswärter Schlüssel feilschen im Gefängnis um Auerhahns Kopf. Es hat sich nämlich herausgestellt, daß Auerhahn nicht nur Polly, Schwärzers Tochter, geheiratet hat, sondern auch Lucy, die Tochter des Gefängniswärters. Nun hat jeder der Väter Angst, die Tochter des anderen könnte Auerhahn beerben, sobald er aufgehängt worden ist. Da stürmen die beiden Mütter herein und geraten auch aneinander. Auerhahn beruhigt sie schließlich, und sobald er mit Lucy allein ist, überredet er sie, ihn zu befreien. Das geschieht und beide fliehen miteinander.

3. AKT: Auerhahn versucht in einer Spielhölle sein Glück als Falschspieler. Die Wirtin, die ihn erkannt hat, verschachert ihn an Schwärzer und Schlüssel. Wieder wird Auerhahn überrumpelt und abgeführt – Verwandlung: Im Gefängnis will Lucy ihre Rivalin Polly mit einem vergifteten Schnaps umbringen. Polly ahnt die Absicht und läßt das Glas fallen. Da wird Auerhahn zur Gerichtsverhandlung abgeführt. Die beiden Frauen – eben noch erbitterte Rivalinnen – sind sich einig in ihrem Kummer. Noch größer aber als ihr Kummer ist ihre Neugierde: ob sich Auerhahn wohl ›tapfer‹ hin-

richten lassen wird? Polly schickt ihm einen Beobachter nach, der alles brühwarm berichten soll. Ein drolliger Tanz der Gefangenen leitet zur nächsten Szene über, in der Auerhahn von seinen beiden Frauen Abschied nimmt. Als nun aber noch vier Frauen – jede mit einem Kind von ihm – erscheinen, ruft er selbst den Henker und läßt sich abführen. Vor dem Zwischenvorhang: Der Schauspieler beklagt sich beim Bettler, die Oper müßte gut ausgehen und dürfte auf keinen Fall zu einer Tragödie werden. Daraufhin begnadigt der Bettler großspurig Auerhahn und läßt ihm seine vielen Frauen zuführen. In dem dann abschließenden Schlußbild sieht man die vielen Frauen, wie sie unter dem Galgen ihren Auerhahn überglücklich umtanzen.

Pepuschs Musik, die neben einer zündenden Ouvertüre hauptsächlich die damals bekannten englischen Gassenhauer, Volks- und Tanzlieder benützte, ist mit witzigen harmonischen Pointen und Gags gewürzt und genial ins Parodistische übertragen. Wenn dieses Parodistische der Musik, das seinem Wesen nach an die damalige Zeit gebunden war, sich mittlerweile auch geglättet hat und heute nahezu normal-barock wirkt, so bleibt doch der ungewöhnliche Charme einer bezaubernden Opera buffa.

HÄNDEL

Georg Friedrich H. (1685–1759). Sohn eines Hofbarbiers und Chirurgen, wandte sich erst nach des Vaters Tode endgültig der Musik zu. 1706–1707 in Hamburg, dann bis 1710 in Italien, anschließend in Hannover. Von 1712 bis zu seinem Tode in England. Schrieb Meisterwerke auf fast allen Gebieten der Musik.

Händels Opern sind nicht so handlungsreich, wie wir es sonst wohl gewohnt sind. Der eigentliche dramatische Antrieb liegt in der Musik. Durch die Musik Händels wird – stärker als in den meisten Opern seiner Zeit – jedes Wort ein Gedanke, jeder Satz eine Handlung. Um diese Sprache zu verstehen, bedarf es einerseits einer gewissen Schulung, andererseits aber einer gewissen Abkehr von der Musik der vergangenen hundert Jahre; denn die alte Tonarten-Gesetzmäßigkeit will voll begriffen sein, wenn man die zugleich einzelpersönlichen und überpersönlichen Menschen der Händel-Opern in ihren Seelenregungen und Handlungsantrieben verstehen möchte. Das Wort »Seelenregung« ist hier gemeint als Gegensatz zu den psychologischen Durchleuchtungen, wie sie etwa seit Wagner in ständig wachsendem Maße im Opernschaffen üblich geworden sind. Denn Händels Musik verliert sich nicht an die verästelte Darstellung von menschlichen *Einzel*seelen, sondern gibt Aufriß und Grundriß *allgemeiner* seelischer Verfassungen. Daher ist es wesentlich, den harmonischen Ablauf des Händelschen Sprechgesangs ebenso aufmerksam zu verfolgen wie die harmonischen Verknüpfungen der Arien untereinander. Wer sich dieser genußreichen Mühe einmal unterzogen hat, nennt einen Maßstab sein eigen, der ihn auch in der klassischen, romantischen und modernen Oper niemals im Stich lassen wird.

Händels Opern waren in Deutschland lange Zeit vergessen. Zum Teil mag das daran gelegen haben, daß sie sämtlich in englischer Sprache abgefaßt sind. Die erste Händel-Renaissance ging aus von Oskar Hagen in Göttingen (seit 1920). Zwar wird heute Hagen manche Eigenwilligkeit in Übersetzung und musikalischer Bearbeitung angekreidet, doch bleibt seine Arbeit ein bleibendes Verdienst. *Ganz groß* (man muß diesen Werbeausdruck in diesem Zusammenhang einmal benutzen) wurden Händels Opern dann in vielfachen Bearbeitungen herausgestellt in der Zeit um 1959, zweihundert Jahre nach des Komponisten Tode. Jede Bühne, die auf sich hielt, brachte eine oder mehrere Opern. Zeitschriften und Zeitungen sowie Bücher bemühten sich, Verständnis für Händel zu wecken. Aber schon nach weniger als einem Jahrzehnt brachten neun deutsche Bühnen nur mehr neun Opern heraus mit insgesamt ganzen fünfunddreißig Aufführungen. Daher geben wir von den etwa vierzig Opern Händels nur einige als Beispiele für andere ausführlicher wieder.

Julius Cäsar

Oper in drei Akten – Text von Nicola Francesco Haym

Personen:

Julius Cäsar (Bariton)
Curio, Tribun (Baß)
Cornelia, Gattin des Pompejus (Alt)
Sextus, ihr Sohn (Tenor)
Cleopatra (Sopran)
Ptolemäus, ihr Bruder, König von Ägypten (Baß)
Achillas, ägyptischer Feldherr (Bariton)
Nirenus, Cleopatras Vetrauter (Baß)

Ort und Zeit: Ägypten, vor Christi Geburt
Uraufführung: 2.3.1724, London, Haymarket Theatre

1. AKT: Den vom Chor jubelnd begrüßten Sieger Cäsar bitten Cornelia und Sextus (Gattin und Sohn des besiegten Pompejus) um Frieden. Zu spät: der ägyptische Feldherr Achillas bringt dem Sieger das auf Befehl des Ptolemäus abgeschlagene Haupt des unterlegenen Pompejus. Cäsar ist empört, Sextus schwört, seinen Vater zu rächen. – Auf einem zu Ehren Cäsars veranstalteten Fest verhält sich Cäsar kalt und mißtrauisch gegenüber dem schmeichelnden Ptolemäus. Cornelia klagt Ptolemäus an, Sextus fordert den Mörder seines Vaters zum Kampf, wird jedoch von Wachen fortgeschleppt. Achillas wirbt um Cornelia, wird aber zurückgewiesen.

2. AKT: Nirenus führt Cäsar zu »Lydia« (Cleopatra), die seinen Beistand gegen Ptolemäus braucht. Verliebt verspricht ihr Cäsar alles. Wachen des Ptolemäus eilen herbei, Cäsar stürzt sich ihnen unerschrocken entgegen. – Im Frauenhaus buhlt Ptolemäus um Cornelias Liebe und will die schöne Römerin mit Gewalt küssen. Sextus springt dazwischen und wird verhaftet. Achillas will für Ptolemäus gegen die Römer und Cleopatra kämpfen, verlangt jedoch dafür vom König Cornelia. Ptolemäus aber verlacht ihn. Wütend befreit Achillas Sextus und Cornelia stellt sich auf die Seite der Römer.

3. AKT: Cäsar ist beim Kampf gegen des Ptolemäus' Wachen ins Meer gesprungen; man hält ihn für tot. Die Schlacht des Ptolemäus gegen die mit den Römern verbundene Cleopatra hat mit Ptolemäus' Sieg geendet. Cleopatra ist gefangen. Der gegen seinen König fechtende Achillas wird tödlich verwundet. Er gibt Sextus einen Ring, mit dessen Hilfe er eine ihm ergebene Kriegsschar finden werde. Cäsar aber ist nicht ertrunken, er geht zusammen mit Sextus in den Kampf. Sextus erschlägt Ptolemäus, und Cäsar kommt als Sieger und Befreier Cleopatras.

Unser Beispiel mag die Kraft und Dichte einer Händel-Arie in nur wenigen Takten darlegen. Die wörtliche Übersetzung lautet: »Der Ruchlose, Ungetreue, Unwürdige will rauben mir das Reich und zerstören«. Die ersten drei Worte des Ptolemäus sind der natürlichen Wortbetonung entsprechend komponiert. Dann folgt auf den gestoßenen Sechzehnteln »will rauben mir« ein Zornesausbruch. Dieser wird sogleich verstärkt und lautmalerisch auf »zerstören« durch die

anschließende Koloratur ausgestaltet. Diese acht Takte in ihrer musikdramatischen Kraft und Eindeutigkeit erfassen, heißt Händel bewundern, heißt ergriffen werden von der Urgewalt und Ur-Einfalt des musikalisch-dramatischen Ausdrucksvermögens. Von hier aus erschließt sich leicht der Zugang zu anderen Teilen des Werkes: zu Cäsars Sinnen vor dem Grabmal des Pompejus, Cleopatras Arie »Es blaut die Nacht« und anderen Stellen dieser großartigen Kunst.

Rodelinde

Oper in drei Akten – Text von Nicola Francesco Haym
Neubearbeitung von Oskar Hagen

Personen:

Bertarich, König der Langobarden, von Grimwald vertrieben (Bariton)
Rodelinde, seine Gemahlin (Sopran)
Grimwald, Tyrann der Langobarden (Tenor)
Garibald, sein Vertrauter (hoher Baß)
Hadwig, Bertarichs Schwester (Alt)
Unolf, Vertrauter Bertarichs (Baß)

Ort und Zeit: Mailand, 6. Jahrhundert
Uraufführung: 24.2.1725, London, Haymarket Theatre

1. AKT: Grimwald hat Bertarich, den König der Langobarden vertrieben, seine Herrschaft übernommen, wirbt nun um die Königin Rodelinde, wird aber abgewiesen. – Für Bertarich ist ein Grabmal errichtet worden. Aber er ist nicht tot, sondern hat sich mit seinem getreuen Unolf heimlich zu seinem »Grabe« begeben und beklagt sein Geschick. Dabei beobachtet er, wie seine Gemahlin dem Garibald, einem Vertrauten Grimwalds, ein Scheinversprechen gibt: sie wolle Grimwald heiraten.

2. AKT: Trotz seiner Verkleidung wird Bertarich von seiner Schwester Hadwig erkannt; die Ehrgeizige wollte einst selbst Königin werden und ist nun tief betrübt über das Unheil, das sie mit heraufbeschworen hat. Jetzt will sie dem Bruder helfen. – Rodelinde ver-

langt von Grimwald, er solle ihr Kind töten; erst dann werde sie seine Gemahlin. Entsetzt weicht er zurück. – Rodelinde und Bertarich treffen sich, werden aber überrascht. Der »Fremde« soll hingerichtet werden, wird jedoch durch Unolf und Hadwig aus dem Kerker befreit. Rodelinde hält ihren Gemahl nun endgültig für tot.

3. AKT: Garibald, der selbst Herrscher werden möchte, will Grimwald im Schlafe töten; im rechten Augenblick erscheint der befreite Bertarich und schlägt Grimwald nieder. Von so viel Edelmut bezwungen, gibt Grimwald, der im Grunde nur schwach, aber nicht schlecht ist, Bertarich die Herrschaft zurück.

Xerxes

Heitere Oper in drei Akten
Deutsche Neubearbeitung von Oskar Hagen

Personen:

Xerxes, ein junger König im Osten (Tenor)
Arsamene, sein Bruder (Bariton)
Ariodat, Feldherr (Baß)
Romilda und Atalanta, seine Töchter (Sopran)
Amastris, Verlobte des Xerxes (Alt)
Elviro, Diener des Arsamene (Baß)

Ort und Zeit: Persien, 5. Jahrhundert vor Christi
Uraufführung: 26.4.1738, London, Haymarket Theatre

Eine heitere Oper, überquellend von wohllautender Musik, mit dem berühmten »Largo«.

1. AKT: Der junge König Xerxes schmachtet sehnsüchtig nach der geliebten Romilda. Diese aber will seinem Bruder Arsamene treu bleiben. Auch Arsamene weigert sich, Romilda dem königlichen Bruder zuzuführen, und wird verbannt. Die lustige Atalanta nimmt alles auf die leichte Schulter. Atalanta ist auch die einzige, die kaum auf den Schwur des Xerxes achtet, er wolle den siegreichen Feldherrn Ariodat dadurch ehren, daß er dessen Tochter Romilda einem königlichen Fürsten zur Frau gebe.

2. AKT: Amastris hört von der angeblichen Treulosigkeit ihres Verlobten Xerxes. Der tolpatschige Diener Elviro will einen Brief Arsamenes an Romilda forttragen, läßt ihn sich aber von Atalanta abluchsen. Diese Schelmin zeigt den Brief Xerxes und behauptet, Arsamene habe verliebt an sie selbst geschrieben. Doch auch, als Xerxes frohlockend der Romilda solchen »Beweis« zeigt, wird diese an Arsamene nicht irre, weil sie das Spiel zu durchschauen glaubt. Am Abend befiehlt Xerxes einem Hauptmann, keinen Menschen in Ariodats Haus einzulassen. Dieser Hauptmann aber ist – seine eigene Verlobte, die er in ihrer Verkleidung nicht erkennt.

3. AKT: Als Xerxes zu Romilda schleichen will, wird er daran gehindert. Nun gibt Xerxes vor, ein Bote des Königs zu sein. Natürlich wird Arsamene dieser königliche Schwiegersohn. Xerxes muß zu seiner Verlobten zurückkehren.

PERGOLESI

Giovanni Battista P. (1710–1736, Italiener) war vor allem Opernkomponist; doch nicht weniger berühmt ist sein »Stabat mater«.

Die Magd als Herrin

Intermezzo in zwei Szenen
Text von Gennaro Antonio Frederico. Neufassungen von H. Albert, R. Kleinmichel, H.M. Schletterer, F. Reuter, H. Stüwe u.a.

Personen:

Uberto, ein alter Junggeselle (Baßbuffo)
Serpina, seine Magd (Sopran)
Vespone, Diener (stumme Rolle).

Ort und Zeit: Ubertos Zimmer, um 1730
Uraufführung: 28.8.1733, Neapel, Teatro San Bartolomeo.

Die damalige ernste, mit antikem Bildungsballast überfrachtete, reichlich gespreizte Oper begann den Italienern langweilig zu werden. Daher führte man in den Pausen der ernsten Oper ›Intermezzi‹ auf, um das Publikum zu erheitern. Ein solches Intermezzo in zwei Szenen ist »Die Magd als Herrin«. Aus dem Intermezzo entwickelte sich mit der Zeit die komische Oper.

Sehr einfach und derb ist die Handlung dieses Spielchens von Pergolesi. Die hübsche Magd spielt sich als Herrin in des alten Uberto Hause auf und geht darauf aus, die Frau des reichen Junggesellen zu werden. Der stumme Diener Vespone wird als gefährlich aussehender kriegerischer Hauptmann verkleidet und als Serpinas Bräutigam vorgestellt. Er verlangt von Uberto eine hohe Mitgift und beginnt zu randalieren, als dieser nicht gleich einwilligen will. Uberto läßt sich einschüchtern; da ihm zudem sein schönes Geld als Mitgift zu schade ist und ihm leid tut, daß die knusprige Magd einen so gräßlichen Soldaten heiraten soll, heiratet er sie lieber selbst. Serpina hat gesiegt.

So einfach die Handlung, so schlicht die Musik. Man könnte sagen: unpersönliche Schablone. Aber einmal entspricht diese Schablone dem oberflächenhaften Gang des Stückes, zum andern wird sie meisterhaft gehandhabt. In dem kleinen Orchester (nur Streicher und Cembalo!) kichert und poltert es je nach dem Geschehen auf der Bühne, kleine musikalische Motive jagen einander frech-heiter und schein-gemütvoll. Es sind klingende Ornamente, tönendes Zierwerk eines italienischen Rokoko-Schlößchens. Ein weiteres Merkmal der Musik Pergolesis in diesem Werk ist, daß im Gegensatz zur Homophonie der *opera seria* kleine kurzgliedrige Motive (siehe Beispiel) erscheinen, die häufig während ganzer Szenen dominieren und dadurch geradezu musikalisch-dramatisch wirken.

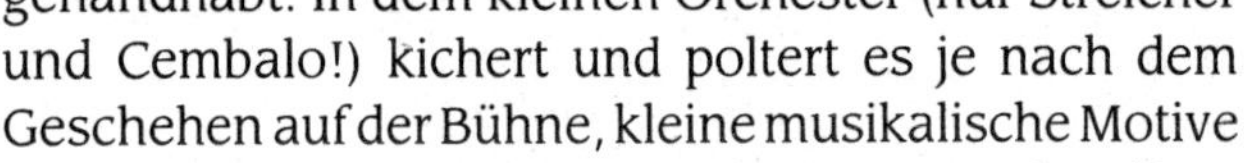

GLUCK

Christoph Willibald G., geb. 1714 in der Oberpfalz, lange Jahre in Prag, Italien, London, Wien, Paris und wieder in Wien, dort 1787 gestorben.

Orpheus und Eurydike

Oper in drei Akten. Text von Raniero Calzabigi

Personen:
Orpheus (Alt, neuerdings Tenor)
Eurydike, seine Frau (Sopran)
Amor (Sopran)

Ort und Zeit: Griechenland, Altertum
Uraufführung: 5. Oktober 1762 in Wien

Mit achtundvierzig Jahren führte Gluck seine erste ›Reformoper‹ auf. Dreißig Jahre habe er seine Kraft »an zahllose Opern italienischer Manier verschwendet«, sagt er von sich selbst. Diese italienische Manier bestand zu jenen Zeiten darin, daß die dramatische Wahrheit des Textes gegenüber der Musik völlig in den Hintergrund getreten war und daß die Musik selbst nur für die Stimmgewalt der Sänger und für die Koloraturgeschmeidigkeit der Sängerinnen geschrieben wurde. So schrieb z.B. Mestastasio, der berühmte Textdichter des Jahrhunderts, unmögliche Handlungen, versah sie aber mit lyrischen Einzelheiten von hoher dichterischer Schönheit. Die Komponisten ließen nun die Handlung in einem ›trockenen Sprechgesang‹ *(Secco-Rezitativ)* herunterhaspeln, nur die lyrischen Einzelheiten wurden sorgfältiger vertont. Freilich, die Komponisten wollten auch in diesen Arien usw. nichts ausdrükken, sondern lediglich Gelegenheit zum Schönsingen *(belcanto)* bieten.

Solchem Arien-Singen setzte Gluck seine Forderungen nach größerer dramatischer Wahrheit in Handlung und Musik entgegen. Erste Frucht dieser Einsicht ist die Oper ›Orpheus und Eurydike‹. Gluck wollte nicht die Formen der italienischen Oper *(Arie, Rezitativ)* oder den Belcanto zerstören, sondern das Vorhandene mit einem neuen Geist erfüllen. Der italienische Dichter Calzabigi lieferte ihm die geeignete Handlung; der Text war von Schwulst, Widersinn und Spielereien frei, einheitlicher Atem wehte durch das Geschehen.

1. AKT: Orpheus klagt mit Nymphen und Hirten über den Tod seiner Gattin Eurydike. Amor bringt ihm die Kunde, daß er zur Unterwelt hinabsteigen und seine Gattin zurückholen dürfe, es sei ihm aber verboten, sich nach Eurydike umzusehen.

2. AKT: An der Pforte der Unterwelt weisen die Furien den bittenden Orpheus mit einem harten »Nein« zurück. Doch die Schönheit seines flehenden Gesanges öffnet ihm das Tor. Selige Geister geleiten ihn zu Eurydike.

3. AKT: Auf dem Wege zur Oberwelt verzweifelt Eurydike an ihrem Gatten, weil er sich nicht nach ihr umsieht. Liebevoll wendet sich Orpheus um, da sinkt

Eurydike tot zu Boden. Als Orpheus sich selbst den Tod geben will, erweckt Amor Eurydike zu neuem Leben. Am Tempel Amors klingt das Werk in freudigen Gesängen aus.

Wie kunstvoll und dramatisch Gluck in seiner Musik vorgeht, zeigt bereits der Aufbau. Der eigentliche Höhepunkt liegt im zweiten Akt; zu diesem Höhepunkt führt in langsamer Steigerung die Musik des ersten Aktes, während die des dritten Aktes die dramatische Erregung allmählich wieder abklingen läßt. Arien, Rezitative und Chöre werden zueinander in Beziehung gesetzt. Die Arien selbst sind kurz, aber schlagkräftig: der Sänger singt nicht nur um des Wohlklangs, sondern zugleich um des Ausdrucks willen. In den Rezitativen wird nicht mehr »dahergeplappert«; vielmehr spinnen sie die Stimmung der Arien weiter. Und die Chöre und Balletts *(Pantomimen)* sind völlig in die Handlung einbezogen. Handlung aber ist bei Gluck stets ein seelischer, kein äußerer Vorgang.

Sanft und schmerzensreich erklingen die Chöre des ersten Aktes, immer wieder vertieft durch die sich in unablässiger Steigerung hineinmischenden Klagen Orpheus'. Starr, unheilverkündend ertönt im zweiten Akt der Gesang der Furien. Immer beweglicher und süßer werden die flehenden Weisen des Einsamen,

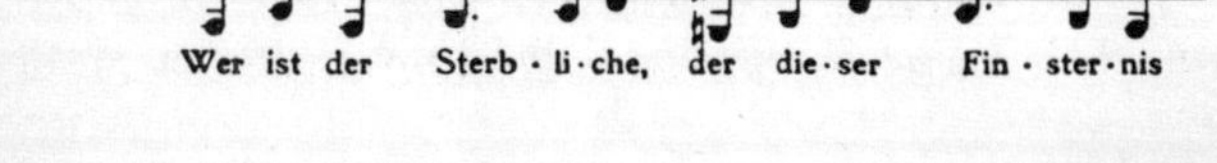

und je inniger diese Lieder bitten, desto mehr wandeln sich die Gesänge der Furien ins Lyrische. So wird auch der Gesang seliger Geister und die strahlende Schönheit der Musik vorbereitet, die den Eintritt des Orpheus in die Unterwelt malen. Innig, selig und traurig zugleich die Gesänge der zur Welt schreitenden Gatten. Überall nimmt das Orchester Anteil an dem Geschehen; dramatische Wahrheit nicht nur in Handlung und Gesang, sondern auch in der Sprache der Instrumente.

Iphigenie in Aulis

Oper in drei Akten. Text von du Roullet

Personen:

Agamemnon, König von Sparta (Bariton)
Klytämnestra, seine Gemahlin (Mezzosopran)
Iphigenie, beider Tochter (Sopran)
Achill (Tenor)
Patroklos (Baß)
Kalchas, Oberpriester (Baß)
Arkas, Befehlshaber der Leibwache (Tenor)

Ort und Zeit: Griechenland, vor dem trojanischen Krieg
Uraufführung: 19. April 1774 in Paris

Gluck war darauf gefaßt, »Paris und Helena« abgelehnt und bekämpft zu sehen. Doch die vollkommene Gleichgültigkeit gegenüber seinen neuen Schaffensgrundsätzen vermochte er nicht zu ertragen. Er ging nach Paris, wo damals der Kampf zwischen den nach Italien blickenden »Buffonisten« und ihren Gegnern, die in der von Lully und Rameau geschaffenen französischen Nationaloper ihr Heil erblickten, in vollem Gange war. Es war ein ähnlicher Kampf, wie ihn Gluck selber führte: den Buffonisten setzten die Antibuffonisten die Forderung nach dramatischer Wahrheit entgegen. Allerdings war die gerühmte französische Nationaloper mit ihrer dramatischen Wahrheit bereits zum Schema erstarrt; Äußerlichkeiten waren wichtiger als innere Wahrheit. So gab Gluck mit seinem neuen Werk »Iphigenie in Aulis« weder dem einen noch dem anderen recht.

Agamemnon will das von den Göttern für eine glückliche Ausfahrt der Griechenflotte geforderte Menschenopfer – seine Tochter Iphigenie – umgehen. Drohend verlangen die Krieger das Opfer. Immer wieder weigert sich Agamemnon, schwankt aber zwiespältig hin und her. Achill, der Verlobte Iphigenies, droht mit Gewalt. Nun aber will Iphigenie selbst das Opfer. Als am Strande von Aulis der Götterbefehl ausgeführt werden soll, stürzt Achill mit seinen Scharen herbei. Aber die Göttin Artemis entrückt die Jungfrau: diese solle nicht sterben, sondern sich als Priesterin den Göttern weihen.

Die wachsende Erfüllung der musikalischen Formen mit allgemeinmenschlichem Gehalt durch *Gluck* hatte allmählich zur Erweiterung der Formen selbst geführt. Schon die Ouvertüre leitet ohne Unterbrechung in das Werk ein. Wieder sind die Rezitative ausdrucksvoll vom Orchester begleitet, wieder setzt sich die lyrisch liedhafte Stimmung des »Orpheus« durch, wieder werden aus den alten Sing-Arien neue Lied- und Ausdrucks-Arien. Eine ganz neue Art der Arie ist fast ungewollt entstanden in einigen großen Monologen des Agamemnon und der Klytämnestra. Waren diese seelisch aufwühlenden Gesänge überhaupt noch Arien? Und vor allem: die dramatisch erregten Chöre, die immer selbständiger in die Handlung eingreifen und sie stellenweise zu einem Chordrama machen, wirkten neu und unerhört. Vergessen war der alte Gegensatz zwischen Buffonisten und Antibuffonisten. Begeisterte Verehrer der Kunst Glucks nannten sich Gluckisten, die Fahnenträger der italienischen Oper aber scharten sich um den bedeutenden *Piccini* und nannten sich Piccinisten. Erbittert und gehässig wurde gestritten, bis nach allerlei Ränken endlich die Kunst Glucks den Sieg davontrug mit der »Iphigenie auf Tauris«.

Iphigenie auf Tauris

Oper in vier Akten. Text von François Guillard

Personen:

Iphigenie, Oberpriesterin der Diana (Sopran)
Orest, ihr Burder (Bariton)

Pylades, sein Freund (Tenor)
Thoas, König der Skythen (Baß)
Diana (Sopran)

Ort und Zeit: Tauris, nach Beendigung des trojanischen Krieges
Uraufführung: 18. Mai 1779 in Paris

Glucks Bearbeitung der aulidischen Iphigenie hat den ursprünglichen Schluß: – Heirat Achill-Iphigenie so abgewandelt, daß die tauridische Iphigenie sich zwanglos anschließt. Nach Tauris, wo Iphigenie als Priesterin wirkt, werden Orest und Pylades verschlagen. Orest hat seine Mutter getötet, weil sie seinen Vater ermordete. König Thoas will die beiden Fremden den Göttern opfern, da er Unheil ahnt. Iphigenie gibt Pylades frei; denn Orest, von den Furien gehetzt, will sterben. Doch bei der Opferung verrät sich Orest. Iphigenie erkennt den Bruder, und der herbeieilende Pylades rettet die Geschwister vor dem Zorn des Königs.

Der »lyrische Dramatiker« Gluck hat in dieser Musik sein Höchstes gegeben. Eigentlich Neues tritt nicht hinzu, aber alles ist vertieft und mit reifer Meisterschaft gestaltet. Sturm und Stille schildert das in der Oper unmittelbar einmündende Vorspiel. Von zuchtvoller, wenn auch freudigster Glückseligkeit der Schlußchor. Wieder dienen die Arien ganz dem seelischen Ausdruck, wieder sind die Rezitative eingereiht in den inneren Ablauf. Iphigenies Klage um den scheinbaren Tod des Bruders mit den eingestreuten Weisen von glücklicherer Zeit wirkt besonders ergreifend. Der grauenvolle Chor der Furien wird von keiner ähnlichen

Schöpfung überboten. Gluck hat besonders die einzelnen Personen musikalisch scharf gezeichnet. Ein Beispiel dafür, wie deutlich die musikalische Ausdrucksweise Glucks geworden ist: Orest singt nach seinen Verzweiflungsausbrüchen: »Die Ruhe kehrt in mein Herz zurück.« Zu diesen Worten behält aber das Orchester das unruhvoll gehetzte Motiv des Vorhergehenden bei – eben weil die Ruhe trotz der Worte Orests nicht in sein Herz zurückkehrt. Richard Wagners spätere psychologische Musikdramatik wird an dieser Stelle vorbereitet.

HAYDN

Joseph H. (1732–1809) war dreißig Jahre lang Kapellmeister beim Fürsten Esterhazy in Eisenstadt, lebte seit 1790 als Freischaffender und als (besonders in England) geschätzter Dirigent. Schrieb Meisterwerke auf allen Gebieten der Musik, u.a. 24 Opern und Singspiele.

Es ist immer wieder das gleiche Bild: Haydn-Opern werden ausgegraben, textlich und musikalisch bearbeitet, aufgeführt, verschwinden nach kurzer Zeit von der Bühne und machen anderen Opern oder Singspielen Haydns Platz, die dann das gleiche Schicksal erleiden. Dabei handelt es sich zuweilen um wahre Delikatessen, wie von dem an musikalischem Ausdruck reichen Meister vokaler und instrumentaler Werke nicht anders zu erwarten. Ob das geringe Echo auf den Publikumsgeschmack zurückgeht oder auf zu geringe wirkliche Haydn-Pflege, sei dahingestellt.

Der Apotheker

Komische Oper. Text nach Goldoni

Personen:

Sempronio, Apotheker (Bariton)
Mengone, in Diensten bei dem Apotheker (Tenor)

Grilletta, Sempronios Mündel (Sopran)
Volpino, ein junger, reicher Geck (Mezzosopran)
Lehrjungen, Hausgesinde, Nachbarn

Ort und Zeit: Italien, 18. Jahrhundert
Uraufführung: 1768

Dieses Werk zeichnet sich durch gestochene musikalische Charakterisierung aus, nicht nur in der »Türkenszene«, sondern in den fein abgesetzten Gesangsstilen des großtuenden Apothekers und des scheu und listig zugleich wirkenden Mengone. Gleich drei Bewerber hat die junge Grilletta: den Apotheker, seinen Gehilfen Mengone und den Lebemann Volpino. Den Apotheker glaubt man ausschalten zu können, doch wirft er die verkleideten Mengone und Volpino hinaus. Als Volpino als »türkischer Pascha« auftritt, ist der Apotheker zwar beeindruckt, weigert sich aber, auf Grilletta zu verzichten. Die »Türken« zerschlagen daraufhin die Apotheke und lassen erst davon ab, als der Apotheker entsagt, dem Mengone seine Grilletta gibt und Volpino für den Mobiliarschaden aufkommt.

Die Welt auf dem Monde

Heitere Oper in zwei Akten und einem Vorspiel
Text von Carlo Goldoni
Textliche Bearbeitung von Wilhelm M. Treichlinger, musikalische Neufassung von Mark Lothar

Personen:

Buonafede, ein reicher Kaufmann (Baß)
Clarissa, seine Tochter (Sopran)
Lisetta, seine Haushälterin (Mezzosopran)
Ein Doktor aus Bologna (Bariton)
Leandro, Clarissas Liebhaber (Tenor)
Hans Wurst, genannt Cecco, sein Diener (Tenor)
Vier Zanni/Spaßmacher (je zwei Tenöre und Bässe)
Vier Marionetten (Zwei Soprane und zwei Baritone)

Ort und Zeit: Venedig 18. Jahrhundert
Uraufführung: 3. August 1777 auf der Schloßbühne des Fürsten Esterházy in Eisenstadt

In der vorliegenden Form wurden u.a. aus Arien Ensemblesätze und aus anderen Werken Haydns wurde verschiedenes entnommen und maßvoll zusammengebaut. Zunächst das Übliche: reicher Kaufmann will dem jungen Leandro die hübsche Clarissa nicht geben. Der Diener Cecco, die in ihn verliebte Haushälterin und ein bestochener Doktor wollen helfen. Aber der Kaufmann läßt sich nicht für dumm verkaufen. Da gibt ihm der Doktor eine Medizin, die ihm eine Reise auf den Mond ermöglichen soll. Der Trank wirkt, der Kaufmann erwacht und sieht in einen »Spiegel«, der die schrecklichen Leiden eines unglücklichen Liebespaares widergibt. Abermals entdeckt er den Betrug; erst die Erwägung, daß alle über seine angebliche Mondreise lachen würden, stimmt ihn zugunsten der Liebenden.

CIMAROSA

Domenico C. (1749–1801, Italiener) schrieb u.a. etwa 80 Opern, lebte meist, von kurzen Unterbrechungen abgesehen (Petersburg, Wien) in Italien. Wegen Teilnahme an einem Aufstand 1798 in Neapel zum Tode verurteilt, jedoch begnadigt.

Von den zahlreichen Bühnenwerken Cimarosas ist heute nur noch *Die heimliche Ehe* (Wien 1792) als lebensfähig bekannt. Dieser Zweiakter lebt von der flüssigen Melodik und einprägsamen Kurzmotivik dieses Rokoko-Komponisten, zehrt textlich jedoch allzusehr von der Verwechslungs- und Täuschungstechnik der damaligen italienischen Bühne. Im Grunde ist der Inhalt einfach und harmlos; doch man fand in jener Zeit Freude daran, die Einfachheit mit einem Netz witziger Verwicklungen zu überziehen. – Ein Graf wirbt um die Tochter eines Kaufmanns. Als diese ihn abweist, versucht er es bei ihrer Schwester. Diese aber hat sich heimlich mit dem Buchhalter ihres Vaters vermählt. Den Buchhalter aber liebt die Schwester des Kaufmanns. Um sich vor den Werbungen des Grafen und der Kaufmannsschwester zu retten, beschließt das heimliche Ehepaar, zu fliehen. Inzwischen aber hat sich die erste Tochter nun doch in den anfänglich abgewiesenen Grafen verliebt. Sie wird eifersüchtig auf die vom Grafen umworbene Schwester und beschuldigt sie eines Verhältnisses mit dem Grafen. Wütend läßt der Kaufmann die Tür zur Kammer der

Beschuldigten sprengen – und findet sie mit dem Buchhalter. Die heimliche Ehe ist entdeckt. Der Graf heiratet die zuerst umworbene Tochter, und alles löst sich in Freuden. Cimarosa bevorzugt in seinen Kompositio-

nen kleine musikalische Motive, die Heiterkeit und Schwärmerei auszudrücken vermögen. Die zahlreichen und immer wieder auftauchenden Motive charakterisieren eindrucksvoll die jeweiligen Personen im Handlungsverlauf.

MOZART

Wolfgang Amadeus M. wurde 1756 in Salzburg als Sohn eines hervorragenden Musikers geboren. Als Sechsjähriger bezauberte er die Wiener und Münchener Gesellschaft durch sein Klavierspiel, mit elf Jahren erhielt er vom kaiserlichen Hof einen Opernauftrag, mit zwölf Jahren wurde er Hofkapellmeister in Salzburg. Reisen durch Deutschland, Frankreich, Italien und die Schweiz waren ein einziger Triumphzug für den glänzenden Klavierspieler. Seit seinem 21. Jahr lebte er in Wien; aber selbst als seine großen Meisterwerke (Opern, Sinfonien, Konzerte, Kammermusik, Sonaten, Messen usw.) längst veröffentlicht waren, war sein Dasein ein ständiger Kampf. Gestorben 1791 in Wien.

Man wird Mozarts Meisterwerke erst dann in ihrer ganzen Weite und Tiefe zu erleben vermögen, wenn man sich freimacht von der immer noch herumgeisternden Vorstellung, der Tondichter sei ein zierlich gepuderter, heiterer Liebling der Götter gewesen. Wohl war er auch das; aber in dem zierenden Gewand steckte ein Mensch, der am eigenen Leibe und Gemüt tiefes Leid erfahren hatte und der – als echter Künstler – den Zwiespalt seiner Zeit ahnungsvoll und hellseherisch erkannte. Mozart war ein *echter* Rokokomensch: er atmete trunken die Blütendüfte des schönheitsdurstigen Lebens der »vornehmen Gesellschaft«; gleichzeitig jedoch spürte er, wie diese Welt an ihrer schreienden sozialen Ungerechtigkeit langsam zugrunde ging – und dem Zusammenbruch gefaßt entgegentänzelte. Daran mag es liegen, daß Mozart in seinen Meisteropern – und nur von diesen sprechen wir hier, nicht von den zahlreichen halb- oder ganz vergessenen Nebenwerken – sich zwar den überkommenen, formal gerundeten Vorbildern anschließt (vor allem der italienischen Opera seria), aber jeder Figur und jeder Situation musikalisch ein unverwechselbares warmes Leben einflößt. Ansätze zu einer solchen seelischen Wärme fand er u.a. im deutschen Singspiel, das er dann selbst auf einmalige Höhen gehoben hat.

Die Entführung aus dem Serail

Singspiel in drei Aufzügen
Text von Stephanie dem Jüngeren

Personen:

Selim Bassa (Sprechrolle)
Constanze (Sopran)
Blondchen, ihre Zofe (Sopran)
Belmonte (Tenor)
Pedrillo, sein Diener (Tenorbuffo)
Osmin, Aufseher über das Landhaus des Bassa (Baß)

Ort und Zeit: Landgut des Bassa in Kleinasien, Mitte des 16. Jahrhunderts
Uraufführung: 16.7.1782, Wien, Burgtheater

1. AUFZUG: Der junge Spanier Belmonte ist seiner von Seeräubern entführten und an den Bassa Selim verkauften Braut Constanze nachgereist, um sie aus dem Serail (Harem) zu entführen. Vorerst scheitert seine Absicht an der mißtrauischen Wachsamkeit des bösartigen, fetten Aufsehers Osmin. Dafür merkt er aber, daß Constanze (Unterredung zwischen ihr und dem Bassa) ihn noch liebt. Sein ebenfalls gefangener Diener Pedrillo bringt ihn als Baumeister in den Palast.

2. AUFZUG: Constanzes Zofe Blondchen treibt den sie umwerbenden Osmin zur Verzweiflung. Der Bassa droht Constanze mit Martern, wenn sie ihn nicht erhöre; aber sie bleibt standhaft. Von Pedrillo erfährt Blondchen (und von ihr Constanze), daß Belmonte zu heimlicher Rettung erschienen sei. Osmin wird von Pedrillo durch betäubenden Wein betrunken und wehrlos gemacht, und die Paare Constanze-Belmonte und Blondchen-Pedrillo prüfen in einem entzückend-heiteren Quartett ihre Liebe und Treue.

3. AUFZUG: In der Mitternachtsstunde gibt Pedrillo das vereinbarte Zeichen (Romanze) zur Flucht. Constanze und Belmonte eilen davon, doch Blondchen und Pedrillo werden von dem wieder nüchtern gewordenen Osmin ertappt, die Geflüchteten zurückgebracht und vor den Bassa geführt. Da stellt sich heraus, Belmonte ist der Sohn eines Mannes, der den Bassa befeindet hat. Alles scheint verloren. Doch der Bassa verzeiht und läßt alle in ihre Heimat zurückziehen. (Ende des 18. Jahrhunderts sah die innerliche verfaulende »Gesellschaft« das Gute nur noch bei nichteuropäischen, insbesondere morgenländischen Völkern.)

So frisch die Musik im allgemeinen auch ist, wirkliche musikdramatische Zeichnung haben die meisten Figuren noch nicht; dagegen sind einige Ensemblesätze bereits prächtig erfühlt (Trinkszene Osmin-Pedrillo, erstes Zusammentreffen der vier Liebenden).

Doch mit dem Osmin steht die erste großartige Charakterfigur Mozarts auf der Bühne. Seine Bösartigkeit und unfreiwillige Komik, seine rasende Wut und plumpe Unbeholfenheit sind musikalisch vollendet gespiegelt. Ein Blick auf seine Zorn-Arie »Solche hergelaufne Laffen« mag das zeigen: das ist gewiß noch Arie im italienischen Sinne, doch dieses Kollern und Drohen ist eben doch mehr als bloße Gesangsfertigkeit. Und wenn das Orchester Osmins Wutausbruch »Erst geköpft, dann gehangen«, mit Janitscharenmusik unterstreicht, dann ist der dramatische Einklang von Melodie, Bewegungsantrieb, Klang und Handlung überwältigend.

Bei den nun folgenden, von Mozart auf italienische Texte komponierten Opern gilt es zu bedenken, daß sie vielfach noch immer in Übersetzungen aufgeführt werden, die der musikdramatischen Wort-Ton-Kunst Mozarts nicht gerecht werden, ja, die Werke textlich und musikalisch stellenweise geradezu verfälschen.

Auch wer meint, in der Oper bedeute *jede* Übersetzung nur einen Notbehelf, wird einer der zahlreichen Neuübersetzungen den Vorzug geben, wenn sie die alten Texte übertreffen. Als frühes Beispiel sprachlich sinnvoller Übertragung sei etwa Siegfried Anheißers *Figaro*-Verdeutschung genannt. Doch übersehe man nicht das Beharrungsvermögen, das die liebgewonnenen Fassungen von früher vorzieht, zumal mancher Vers von ihnen sprichwörtlich verwendet wird.

Figaros Hochzeit

Oper in vier Aufzügen
Text von Lorenzo da Ponte (nach Beaumarchais)

Personen:

Graf Almaviva (Bariton)
Gräfin Rosine (Sopran)
Figaro, Kammerdiener (Baß)
Susanna, Kammerzofe, seine Braut (Sopran)
Cherubino, Page (Sopran)
Marcellina, Beschließerin im Schloß (Mezzosopran)
Bartolo, Arzt (Baß)
Basilio, Musikmeister (Tenor)
Don Curzio, Richter (Tenor)
Antonio, Gärtner (Baß)
Barbarina, seine Tochter (Sopran)

Ort und Zeit: Grafenschloß bei Sevilla, Ende des 18. Jahrhunderts
Uraufführung: 1.5.1786, Wien, Burgtheater

Der Lustspieldichter Beaumarchais kannte die Nöte des einfachen Mannes in Frankreich so gut wie den gewissenlosen, ausbeuterischen Adel. In seinen Lustspielen geißelte er die unerträglich gewordenen Verhältnisse und hat damit ein wenig zum Ausbruch der französischen Revolution von 1789 beigetragen. Sein 1781 erschienenes Schauspiel *Die Hochzeit des Figaro* war verboten worden; die gemilderte Bearbeitung von da Ponte mit der Musik Mozarts ging dagegen unangefochten über die Bühnen. Gemildert war die Textfassung, nicht aber der Gehalt, und diesen Gehalt hat Mozart vertont, die Heiterkeit, doch auch das revolutionäre Grollen (hierfür liefert die brodelnde Ouvertüre schon für sich allein den Beweis). Nur so kann man diese musikalische Komödie mit ihren Verwechslungen und Täuschungen, Überraschungen und Verwirrungen in ihrer eigentlichen künstlerischen Bedeutung verstehen – und erleben.

1. AUFZUG: Susanna und Figaro treffen Vorbereitungen für ihre heute stattfindende Hochzeit: sie probiert ihr Hütchen, er mißt das ihnen zugedachte Schlafzimmer aus. Dabei erfährt er, der Graf habe diesen Raum bestimmt, weil sein eigenes Zimmer nicht weit davon entfernt ist ... Figaro versteht: es gilt Susanna. »Will mein Herr Graf den Tanz mit mir wagen? ... Ich spiel ihm auf!« Das ist Revolte. Noch sind Figaro die Hände gebunden: einst hat er Marcellina ein Heiratsversprechen gegeben. Daran erinnert ihn jetzt Bartolo: heiraten oder zahlen! Susanna bleibt allein; da kommt der Page Cherubino, den der Graf entlassen hat. Susanna soll beim Grafen für ihn bitten. Geschwind ver-

steckt er sich, als er den Grafen kommen hört, und wird Zeuge, wie der Graf Susanna mit Liebeswerbungen umgarnen will. Aber nun muß sich der Graf verstekken; denn der Musikmeister Basilio erscheint, um seinerseits für den Grafen bei Susanna zu werben. Als der Graf hört, daß man über Liebeleien des Pagen mit Susanna, ja selbst mit der Gräfin spricht, kommt er wütend aus seinem Versteck, entdeckt nun auch Cherubino und beginnt ein Verhör. Da jedoch treten Figaro sowie Burschen und Mädchen auf, um dem Grafen zu danken, daß er auf das alte Herrenrecht der »ersten Nacht« verzichtet habe. Graf Almaviva spürt den Spott; aber noch will er einen letzten Versuch bei Susanna machen. Cherubino wird zwar »begnadigt«, soll aber sofort abreisen, um eine Leutnantsstelle anzutreten.

2. AUFZUG: Die Gräfin, Susanna und Figaro verabreden einen Plan, wie sie den Grafen beschämen können. Der Graf ist bereits durch eine List Figaros auf den Gedanken gebracht worden, die Gräfin werde mit Cherubino ein Stelldichein im Garten haben. Gleichzeitig soll Susanna zum Schein dem Grafen eine Zusammenkunft versprechen, zu der aber Cherubino als Mädchen verkleidet erscheinen wird. Als Cherubino in seine Verkleidung geschlüpft ist, pocht der Graf an die Tür. Und nun entwickelt sich ein tolles Durcheinander: Susanna verbirgt sich hinter einem Vorhang, Cherubino im Schlafzimmer der Gräfin. Diese weigert sich aufzuschließen, der Graf geht mit ihr, um Werkzeug zu holen, Susanna läßt Cherubino aus dem Schlafzimmer, dieser springt zum Fenster hinaus, Susanna verschließt sich im Schlafzimmer. Bei der Rückkehr

gesteht die Gräfin, im Schlafzimmer sei Cherubino; aber heraus kommt Susanna. Als Figaro in diesem Augenblick Susanna abholen will zum Hochzeitsfest, erscheint der Gärtner mit der Klage, jemand sei aus dem Fenster gesprungen, habe die Blumen zertreten und ein Papier verloren. Figaro weiß aber alles zurechtzurücken, wobei ihm die Gräfin und Susanna durch Zeichen und Winke helfen. Um aber die Verwirrung nicht enden zu lassen, treten Marcellina, Bartolo und Basilio auf und verlangen von Figaro die Erfüllung des Eheversprechens.

3. AUFZUG: Susanna verspricht dem Grafen das von Figaro geplante Stelldichein; doch wird Graf Almaviva durch eine Bemerkung mißtrauisch. – Bei der Verhandlung über Figaros Eheversprechen kommt zutage, daß Marcellina seine Mutter und Bartolo sein Vater ist. Eine Sorge weniger! Aber dann wird er eifersüchtig, als er sieht, daß Susanna dem Grafen bei der Hochzeitsfeier einen Brief zusteckt. (Es ist die von der Gräfin diktierte Einladung zum Stelldichein.)

4. AUFZUG: Allgemeines Verwechslungsstelldichein im Garten. Der als Mädchen angezogene Cherubino hält die verkleidete Gräfin für Susanna, will ihr einen Kuß geben, küßt aber des Grafen Wange und vermeidet so eine Ohrfeige, die unbeabsichtigt dem eifersüchtigen Figaro zugute kommt. Wütend macht Figaro der »Gräfin« (es ist die verkleidete Susanna) eine Liebeserklärung, die Susanna mit einer Ohrfeige beantwortet, an deren Qualität er spürt, wen er in Wirklichkeit vor sich hat. Der Graf glaubt nun, seine

Frau auf Abwegen ertappt zu haben, ruft Leute, öffnet den Pavillon, in dem die Gräfin als »Susanna« wartet, will das »Verhältnis Gräfin-Figaro« kundtun – und wird nun selbst bloßgestellt. Natürlich wird ihm von der liebenden Gräfin verziehen. Susanna und Figaro aber feiern nun ihr Hochzeitsfest.

Mozarts Musik läßt die Vorgänge auf der Bühne und in den einzelnen Personen großartig Klang werden. Prachtvoll gegeneinandergestellt die Welt des leichtfertigen Grafen und des grimmig-listigen Figaro – beide als Vertreter sich bekämpfender Schichten. Nicht minder stark die musikalische Zeichnung des Pagen Cherubino, der »vielleicht kein Kind mehr ist, aber auch noch kein Mann« (Beaumarchais). Als Einzelgestalten muten die übrigen Personen freilich musikalisch noch etwas schablonenhaft im Sinne der älteren Oper an. Um so meisterhafter werden sie mit ihren äußeren Verlegenheiten und inneren Verstrikkungen dort ineinander verflochten, wo sie auch handlungsmäßig zueinander in Beziehung treten: in den unübertrefflichen Ensemblestellen (Terzette, Quartette usw.). Das sind nicht mehr nur schönklingende Dinge, sondern musikalisch-seelische Gruppenbilder erlesener Art (insbesondere der zweite Aufzug). Dazu tritt gelegentlich eine gewisse Hintersinnigkeit in der Themenverwendung. Wenn z.B. Susanna auf Figaros Frage, wie denn das mit ihr und dem Grafen sei (1. Aufzug), ihre Antwort beginnt »Willst alles Du wissen«, so singt sie das auf einer Melodie, die der Graf am Ende der Oper wieder aufnimmt zu den Worten »Frau Gräfin, Verzeihung«. Hat er auch in Hinblick auf Susanna um Verzeihung zu bitten? Ist da doch mehr geschehen, als gesagt wird? Sagt die Musik mehr als die Worte? Diese scheinbar so zierlich glatte, aber unverkennbar drohende, enthüllende, alles wissende Musik.

Don Giovanni

Oper in zwei Akten – Text von Lorenzo da Ponte

Personen:

Don Giovanni (Bariton)
Der Komtur (Baß)
Donna Anna, dessen Tochter (Sopran)
Don Octavio, ihr Bräutigam (Tenor)
Donna Elvira, von Don Giovanni verlassen (Sopran)
Leporello, Diener Don Giovannis (Baß)
Masetto, ein Bauer (Baß)
Zerlina, dessen Braut (Sopran)

Ort und Zeit: Stadt in Spanien, nach 1600
Uraufführung: 29.10.1787, Prag, Stände-Theater

Eine komische Oper, ein heiteres Spiel – doch mit allen seelischen Abgründen, die sich unter echtem Humor bergen. Sicht- oder mehr hörbar werden sie vor allem in Mozarts Musik. Denn sosehr den heiteren

Mozart ein vergnügliches Spiel um den aus der Sage und dem altspanischen Schauspiel bekannten Frauenverführer Don Juan gereizt haben mag – sein Genius ahnte hinter dem Oberflächenspiel den uralten Gegensatz zwischen den freischweifenden Forderungen des starken Einzelnen und den festgelegten Geboten gewordener Sitte. Der Schauplatz des inneren Geschehens wird musikalisch abgegrenzt durch die mahnenden, kaum noch irdischen Akkorde, die die Gestalt des Komturs umkleiden, und auf der anderen Seite durch die federnde, schnellende, zuweilen aber auch nachdenkliche Melodik des Don Giovanni. Dazwischen finden Platz die unpersönlichen Weisen des wohlanständigen Don Octavio, der altjüngferlichen Donna Elvira, der ihrer persönlichen Leidenschaftlichkeit wie dem allgemeinen Sittengebot gleicherweise verhafteten Donna Anna, des vor Angst schnatternden Dieners Leporello und der ebenso kindlichen wie weibchenhaften Zerlina. So scharf die Musik diese Charaktere im einzelnen umreißt – in den Ensemblestellen (vom Duett bis zum Vielgesang) werden sie meisterhaft zueinander in Beziehung gesetzt.

1. AKT: Der Diener Leporello wartet mürrisch (»Keine Ruh bei Tag und Nacht«) im Garten eines Sevillaner Komturs auf seinen Herrn, der sich bei Donna Anna eingeschlichen hat und in der Dunkelheit für ihren Verlobten Don Octavio gehalten zu werden hofft. Aber die junge Dame hat den Betrug entdeckt: halb vermummt kommt Don Giovanni in den Garten. Donna Anna versucht ihn festzuhalten. Auch der Komtur ist durch die Geräusche geweckt worden und eilt

aus dem Hause. Als er Don Giovanni einen Feigling schilt, sticht ihn dieser im Zweikampf nieder. Herr und Diener verschwinden, Donna Anna und der zu Hilfe geholte Don Octavio schwören Rache.

Verwandlung. Es gilt eine neue Eroberung – aber als Don Giovanni mit seinem Diener der Schönen naht, erkennen die drei einander: es ist die von Don Giovanni einst verlassene Donna Elvira. Geschickt macht sich der Herr aus dem Staube und überläßt die Dame dem Diener. Leporello singt nun Elvira ein ganzes Register Tausender von seinem Herrn verführter Schönen aus aller Herren Ländern vor. Beleidigt geht Elvira davon. Das Brautpaar Zerlina und Masetto zieht mit jungen Bauern und Bäuerinnen trällernd des Weges. Schon ist Don Giovanni zur Stelle, lädt die Hochzeitsgesellschaft in seinen Palast, läßt den mißtrauischen Masetto durch Leporello davonschleppen und macht sich an die vor Angst und Verlangen bebende kleine Zerlina (»Reich mir die Hand, mein Leben«). Im entscheidenden Augenblick kommt Elvira und warnt die Kleine. Don Giovanni bezeichnet sie als verrückt und entfernt sich, während Elvira das Mädchen in ihre Obhut nimmt. – Donna Anna und Don Octavio treffen Don Giovanni und bitten ihn ahnungslos um Unterstützung ihres Rachewerkes. Wieder tritt Elvira anklagend dazwischen; doch als Don Giovanni sie »ritterlich« hinweggeleitet, erkennt ihn Donna Anna als Mörder ihres Vaters. – Don Giovanni gibt Leporello Anweisungen für das Fest (»Champagner-Arie«) und betritt mit Leporello den Palast. Verfolgt von dem eifersüchtigen Masetto, erscheint Zerlina. Sie versucht den Bräutigam zu beruhigen; doch der verbirgt sich ängstlich, als er Don Giovanni nahen hört. Der Verführer beginnt sein Spiel erneut, wird auch nicht verlegen, als er in der Laube Masetto entdeckt, lädt die beiden zum Tanz ein und geht in seinen Palast zurück. Octavio, Anna und Elvira erscheinen maskiert und schwören Rache. Vom Fenster aus erblickt Don Giovannio die drei Masken und fordert sie auf, an seinem Fest teilzunehmen. Unter den Klängen eines heiteren Menuetts betreten die drei Verschworenen das Haus.

Verwandlung. Im Tanztrubel des Festsaals begrüßt Don Giovanni stolz die drei Vermummten. Doch dann findet er schnell Gelegenheit, die sich nur schwach wehrende Zerlina in ein Nebengemach zu ziehen. Nach einem Weilchen hört man Zerlinens Hilferuf. Alles stürzt zu der verschlossenen Tür. Don Giovanni tritt heraus und bedroht seinen Diener, weil dieser der Kleinen habe Gewalt antun wollen. Aber sein Spiel ist durchschaut. Die drei Rächer werfen ihre Masken ab, alles wendet sich gegen den Verführer ... doch dessen Degen schafft Raum: Don Giovanni und Leporello entkommen.

2. AKT: Vor Elviras Haus. Don Giovanni singt Elvira ein Ständchen, und Leporello, als Herr verkleidet, macht dazu die entsprechenden Gebärden. Überglücklich kommt Elvira herbei und macht mit Leporello, den sie ja nach seiner Verkleidung für Don Giovanni halten muß, einen nächtlichen Spaziergang. Als Leporello verkleidet, bringt Don Giovanni der Zofe Elviras ein Ständchen. Da nahen die aufgebrachten Bauern mit Masetto und fragen den angeblichen Leporello nach seinem Herrn. Während Don Giovanni sie

nach allen möglichen Richtungen schickt, verprügelt er den zurückbleibenden Masetto. Dessen Jammergeschrei ruft Zerlina herbei, und sie findet genügend weibliche Möglichkeiten, den Geschundenen zu trösten.

Verwandlung. (Die Handlung verliert jetzt an Zielstrebigkeit.) Leporello hat – noch immer in Verkleidung – Elvira in Donna Annas Gartensaal geführt (warum eigentlich?). Donna Anna und Octavio kommen klagend hinzu. Jetzt will Leporello entwischen, läuft aber Zerlina und Masetto in die Arme. Als Octavio und Masetto ihm ans Leben wollen, wirft er seine Verkleidung ab und erzählt schnatternd eine Menge Geschichten, bis es ihm gelingt, zu entfliehen.

Verwandlung. Auf einem Kirchhof erzählt Don Giovanni seinem Diener lächelnd ein Abenteuer mit Leporellos Liebchen. Da ertönt es wie Geisterstimme von einem Standbild: »Verwegner, gönne Ruhe den Entschlafnen.« Aber Don Giovanni erschrickt nicht. Das ist doch ... ja, das ist das Grabmal des von ihm getöteten Komturs. Spöttisch läßt er den Toten durch Leporello zum Nachtmahl einladen, wiederholt die Einladung selbst und nimmt die Zusage mit spöttischer Verbeugung entgegen.

Verwandlung. Don Giovanni speist bei Musik zur Nacht und wird von Leporello bedient. Donna Elvira – aus Liebe oder aus einem anderen Grunde – kommt, um Don Giovanni zu warnen. Der aber antwortet mit einem kecken Lied. Entsetzt will Elvira den Raum ver-

lassen, prallt aber mit einem Schrei an der Tür zurück und entflieht durch eine andere. Neugierig öffnet Leporello die erste Tür – schlägt sie aber erschreckt wieder zu. Gewaltig pocht es an der Tür. Leporello weigert sich zitternd, zu öffnen. Da öffnet Don Giovanni selbst – seiner Hand entfällt der Leuchter. In bläulichweißem Licht steht der tote Komtur auf der Schwelle. Don Giovanni faßt sich, läßt durch Leporello ein weiteres Gedeck auflegen, bittet den Toten zu Tisch. »Bereue«, mahnt der Tote. »Nein«, antwortet Don Giovanni und reicht unerschrocken dem Marmorbild die Hand. Schon fühlt er Todeskälte in sich einströmen; aber bereuen? Nein! Der Komtur verschwindet, unter Blitz und Donner versinkt Don Giovanni in den Boden.
Nach guter alter Operngepflogenheit kommen die Überlebenden noch einmal zusammen, halten eine zufriedene Totenrede und berichten, was sie nun jeder zu tun gedenken. Befreiendes Lachen beendet das Spiel.

Zur Ergänzung des anfangs über die Musik Gesagten die zwei vorstehenden Notenbeispiele zur Kennzeichnung der musikalischen Spannweite: das Andante gibt eine Andeutung von der düsteren Jenseitigkeit der

Komturgestalt und ihrer Sinnbildhaftigkeit; das Presto (Champagner-Arie) hält den Grundzug des freizügigen Don Giovanni blitzartig fest.

Cosi fan tutte

Komische Oper in zwei Akten
Text von Lorenzo da Ponte

Personen:

Fiordiligi und ihre Schwester Dorabella (beide Sopran)
Ferrando (Tenor)
und Guglielmo (Bariton)
Offiziere
Alfonso, Marchese (Baß)
Despina, Kammermädchen (Sopran)

Ort und Zeit: Neapel um 1720
Uraufführung: 26.1.1790, Wien, Burgtheater

Eine Feinschmecker-Oper, deren musikalische Sprache nicht so leicht eingeht wie die der übrigen Meisteropern Mozarts. Sie besteht aus ganzen Ketten erlesen geformter und durchgestalteter Einfälle, funkelt von Ironie und Spott, ist beziehungsreich, klingt zauberhaft, hat aber nicht deren ansprechende Unmittelbarkeit. *Cosi fan tutte,* das heißt »So machen's alle Frauen«. Nun, die Männer machen es nicht anders.

1. AKT: Die beiden Offiziere Ferrando und Guglielmo schwören nicht nur auf ihre Verlobten, sondern gehen mit dem alten Spötter Alfonso gar noch eine Wette auf deren Treue ein. – Verwandlung. Auf einer mondscheinüberglänzten Terrasse sitzen die Schwestern Fiordiligi und Dorabella und schwärmen von ihren Verlobten. Alfonso stürzt herein mit der Nachricht, Ferrando und Guglielmo müßten ins Feld. Auch die beiden Offiziere nahen mit bekümmerten Mienen, lassen sich Treue schwören und nehmen »schmerzlich« Abschied. – Verwandlung. Die kecke Zofe Despina sucht mit lockeren Reden die Schwestern zu trösten; aber die rauschen empört davon. Alfonso nähert sich der Zofe: er habe zwei Albanier, die gern die Schwestern kennenlernen möchten. Despina ist Feuer und Flamme, aber die wieder eintretenden Schwestern tun entrüstet, obwohl sie sich die Liebeserklärung der »Albanier« (es sind die verkleideten Verlobten) immerhin anhören. – Verwandlung. Die Schwestern spazieren im nächtlichen Garten. Die »Albanier« dringen ein, beklagen die Grausamkeit der Schönen, trinken Gift und stürzen »tot« zu Boden. Da werden die Schwestern weich, schreien nach Despina, und diese ruft – als Arzt verkleidet – die »Toten« wieder ins Leben zurück. Kühn verlangen sie einen Kuß, und es fehlte nicht viel ...

2. AKT: Despina gibt ihren Herrinnen eine Gebrauchsanweisung für den Umgang mit Männern. Die beiden hören aufmerksam zu und wählen – natürlich »nur zum Scherz« – jede einen der Albanier, wobei sie sich jedesmal den Verlobten der anderen aussuchen. – Verwandlung. Ein Ständchen der »Albanier« läßt das Herz der beiden Schönen schmelzen: Alfonso

legt die Hände der neuen Paare zusammen. Guglielmo hat bei Ferrandos Braut Dorabella zuerst Erfolg, während Fiordiligi zunächst unerbittlich bleibt. Guglielmo triumphiert. Aber dann macht auch er ein langes Gesicht; denn (Verwandlung) als Ferrando schwört, sich zu töten, wenn er nicht erhört werde, gibt auch Fiordiligi nach ... und ach, wie gern! Alfonso hat recht behalten, und so stimmen denn die beiden Offiziere mit Alfonso ein trübes Terzett an: »So machen's alle.« – Die Hochzeit mit den »Albaniern« wird vorbereitet, Despina macht in Verkleidung den Notar. Da hört man draußen Militärmusik, Alfonso sieht aus dem Fenster: die ersten Verlobten kommen heim! Schnell stürzen die »Albanier« aus dem Saal, kommen aber sogleich als Ferrando und Guglielmo wieder, toben blutrünstig herum, als sie die Hochzeitsvorbereitungen sehen, und brüllen ihre Bräute an. Aber Alfonso bringt alles wieder ins Gleis: »Ihr tatet nur, wie es in der Frauen Natur.«

Die Zauberflöte

Oper in zwei Akten – Text von Emanuel Schikaneder

Personen:

Sarastro (Baß)
Tamino (Tenor)
Königin der Nacht (Sopran)
Pamina, ihre Tochter (Sopran)
Papageno (Baß)
Papagena (Sopran)
Monostatos, ein Mohr (Tenor)
Sprecher (Baß)

Priester (Bässe)
Drei Damen der Königin (Sopran und Alt)
Drei Knaben (Sopran und Alt)

Ort und Zeit: Morgenland in sagenhafter Zeit
Uraufführung: Wien, 30.9.1791, Theater an der Wien

Die *Zauberflöte* ist die erste wirkliche deutsche Volksoper – unbewußte politische Großtat eines künstlerischen Genies. Mit der Französischen Revolution war die Axt an den morschgewordenen Baum der alten »Gesellschaft« gelegt, an die Stelle von Adel und Geistlichkeit trat mehr und mehr der Bürger, das Volk – und noch in den ersten Jahren dieses Umwandlungsprozesses schrieb Mozart seine Volksoper. Wenn sich die *Zauberflöte* bis heute jugendfrisch gehalten hat, so liegt das ganz gewiß nicht am Text. Denn der Wiener Theaterdirektor und Volksschauspieler Schikaneder hat bei der Abfassung des Textbuches vielerlei durcheinandergeworfen, was nicht zueinander gehört, angefangen von freimaurerischen Bräuchen und Gedanken bis hin zu allereinfachsten Späßen; der Stoff stammt aus verschiedenen Dichtungen, wurde nicht einheitlich geknüpft und mußte sogar in letzter Minute

anders geformt werden, als geplant war, weil ein Konkurrenztheater während der Arbeit ein ähnliches Stück aufführte. Der Text ist also schlimm. Aber was macht das angesichts der Fülle herrlicher Musik, die Mozart über ihn ausgegossen hat! Für alles fand er den rechten Ton: schlichteste Melodien für die Welt des einfachen Menschen (Papageno, Papagena), feierliche Klänge für die Welt abgeklärter Weisheit (Sarastro und die Priester), verwirrende Linien für die Welt des Unterirdischen (Königin der Nacht, Monostatos). Und das alles trifft sich und verschmilzt in Tamino, dem Suchenden und mutig Fortschreitenden. Die Musik ist nicht nur verschieden im Ausdruck, sondern auch in der Form, die beim leichten Tanzliedchen beginnt, alle möglichen Stufen durchläuft und beim kunstvollen Fugato endet. Bewunderns- und liebenswert, wie das Ganze doch als ein einziger, schlacken- und nahtfreier Guß wirkt. Den musikalisch Geschulten erfreut auch das Einfachste in seiner Reinheit, der Ungeschulte nimmt das Kunstvolle auf, ohne sich dessen bewußt zu werden – Schöneres und Größeres läßt sich von einer Volksoper nicht sagen.

1. AKT: Tamino wird von einer Schlange verfolgt und sinkt ohnmächtig zu Boden. Drei Damen der »Königin der Nacht« töten die Schlange und verschwinden wieder. Beim Erwachen erblickt Tamino einen lustigen Menschen in einem Federkleid: Papageno. Die drei

Damen kehren zurück und fordern Tamino auf, die von dem Mohren Monostatos geraubte Pamina, Tochter ihrer Königin, zu retten. Die Königin erscheint selbst und bittet um Rettung ihres Kindes. Als Schutz- und Zaubermittel erhält Tamino eine Zauberflöte, Papageno ein Glöckchenspiel. – Verwandlung. Der Mohr Monostatos bringt die der Gefangenschaft entflohene Pamina zurück. Da erscheint Papageno, erschrickt vor dem Mohren, der Mohr vor dem Vogelmenschen, und beide rennen davon. Doch Papageno kehrt als erster wieder und berichtet Pamina, daß Rettung nahe; beide gehen, Tamino zu suchen. – Verwandlung. Drei Knaben führen Tamino vor den Weisheitstempel und ermahnen ihn: »Sei standhaft, duldsam und verschwiegen.« Tamino geht zu einer Tür des Palasttempels; doch ein drohendes »Zurück!« tönt ihm entgegen. Nicht anders geht es bei der zweiten Tür. Die dritte aber öffnet sich von selbst, ein Priester tritt heraus und erprobt Tamino. Stimmen aus der Höhe verkünden, daß Pamina lebe. Beglückt eilt Tamino davon, sie zu suchen. Kurz darauf erscheinen Pamina und Papageno; doch Monostatos ist ihnen auf den Fersen, will sie durch die Sklaven binden lassen – da läßt Papageno sein Glöckchenspiel ertönen, die Sklaven müssen wider Willen tanzen, und hüpfen davon. – Umgeben von seinen Priestern schreitet Sarastro auf Pamina zu und beruhigt sie. Auch Tamino, den der Mohr herbeischleppt, wird wohlwollend aufgenommen.

2. AKT: Sarastro und die Priester wollen Tamino und Papageno auf ihren menschlichen Wert prüfen. – Zwei Priester nehmen die erste Prüfung vor. Tamino ist

bereit; doch Papageno will auf Weisheit verzichten und sagt erst ja, als man ihm ein Weibchen namens Papagena in Aussicht stellt. Den alleingelassenen Weisheitssuchern erscheinen die drei Damen und wollen sie gegen Sarastro mißtrauisch machen. Trotz vorlauter Entgleisungen Papagenos bleiben die beiden standhaft. – Verwandlung. Die Königin der Nacht verlangt von Pamina, sie solle Sarastro töten; denn »der Rache Wut kocht in ihrem Herzen«. Als die Königin verschwunden ist, kommt Monostatos; er hat alles gehört und stellt seine Forderung: entweder solle sich Pamina ihm zum Liebchen geben oder er verrate alles Sarastro. Dieser aber erscheint im rechten Augenblick als Retter. Monostatos will es nun »bei der Mutter versuchen«. Sarastro aber verscheucht Paminens Bedenken vor einer Bestrafung; denn »in diesen heil'gen Hallen kennt man die Rache nicht«. – Verwandlung. Papageno besteht die Probe nicht: einem alten Weibe gegenüber (es ist die verkleidete Papagena) schwatzt er. Tamino dagegen bleibt standhaft und sagt kein Wort zu der ihn anflehenden Pamina, obwohl er sie damit aufs tiefste kränkt. – Verwandlung. Vor versammelter Priesterschaft muß Tamino von Pamina Abschied nehmen, auch diese Probe besteht er. Papageno dagegen trifft wieder die »Alte«; sie wirft ihre Verkleidung ab, steht als Vogelweibchen vor ihm; aber ein Priester reißt sie aus Papagenos Armen. – Verwandlung. Pamina will sterben, da sie an Taminos Liebe verzweifelt. Drei Knaben trösten sie und führen sie hinweg. – Verwandlung. Zur Rechten ein furchtbares Feuer, zur Linken ein gefährlicher Wasserfall – den schmalen Pfad dazwischen muß Tamino durchschreiten. Aber es ist ihm vergönnt, den Weg mit Pamina gemeinsam zu gehen. Er bläst seine Zauberflöte, und das Paar gelangt unversehrt durch Feuer und Wasser zum Tempel. – Verwandlung. Da Papageno die Prüfung nicht bestanden und Papagena nicht bekommen hat, will er sich erhängen. Doch die drei Knaben erinnern ihn an sein Glöckchenspiel. Kaum erklingt es, da erscheint das Vogelweibchen. Ohne Umschweife wird nun beschlossen, eine ganze Menge Papagenos und Papagenas in die Welt zu setzen; beide rennen davon, um sogleich ans Werk zu gehen. – Mit ihren drei Damen und Monostatos erscheint die Königin der Nacht: Sarastros Tempel soll überfallen, Pamina befreit und Monostatos zur Frau gegeben werden. Aber unter Donner und Blitz müssen die finsteren Mächte weichen: in einer Strahlensonne erscheinen Sarastro, die Priester, die drei Knaben, Tamino und Pamina: »Es siegte die Stärke und krönet zum Lohn / Die Schönheit und Weisheit mit ewiger Kron'«.

Auch der Mozart-Verehrer wird sich damit abfinden müssen, daß die anderen Opern des Meisters trotz hoher Schönheiten im einzelnen kaum einen festen Platz auf unseren Bühnen erobern werden. Dabei haben zahlreiche Bearbeiter von Rang wieder und wieder versucht, das eine oder andere Werk zu retten. Wir nennen hier: *Apoll und Hyazinth* (1767!), *Die Heuchlerin aus Liebe* (1769), *Lucio Silla* (1772), *Die Gärtnerin aus Liebe* (1774), *Der Hirt als König* (1775), *Idomeneo* (1781), *Titus* (1781).

CHERUBINI

Luigi Ch. (1760–1842. Italiener, lebte meist in Paris) komponierte schon als Dreizehnjähriger, Schüler von Sarti, 1784–86 als Dirigent in London, später in Paris. Schrieb Kirchenmusik, Kammermusik, Opern.

Medea

Oper in drei Akten – Text von Nicolas Etienne Framéry (Pseudonym: Benoit Hoffmann)

Personen:

Kreon, König von Korinth (Bariton)
Kreusa (Circe), seine Tochter (Sopran)
Jason, Argonautenführer (Tenor)
Medea, seine Geliebte (Sopran)
Neris, ihre Vertraute (Sopran)
Eucharis, Kreusas Freundin (Sopran)
Hauptmann (Baß)
Argonauten, Gefolge von Kreon, Mädchen, Volk von Korinth, drei Eumeniden, zwei Kinder Jasons und Medeas

Ort und Zeit: Korinth, in sagenhafter Vorzeit
Uraufführung: 13. März 1797 in Paris

Cherubinis wichtigstes Werk ist »Medea«, dessen Text sich eng an das antike Drama von *Euripides* anschließt. Mit dieser Oper, die *Beethovens,* aber auch *Wagners* Bewunderung erweckte, erlebte der klassische Stil eine Wiedergeburt.

Medea hatte einst mit ihren Zauberkünsten dem geliebten Jason dazu verholfen, in Kolchis das »goldene Vlies« zu erbeuten. Nun ist sie dem nach Griechenland Heimgekehrten in sein Vaterland nachgefolgt. Doch Jason ist Medeas überdrüssig und hat sich Kreusa, der Tochter des Königs von Korinth, zugewandt. Medea ist aus Korinth verbannt worden. Ihre beiden Söhne, die ihrer Liebe mit Jason entsprossen sind, werden aber am Hofe von Korinth und in der Nähe des Vaters erzogen. Während der Hochzeit von Jason und Kreusa erscheint Medea aufs neue in Korinth und unterbricht durch ihr Auftreten jäh die feierliche Zeremonie. Medea versucht, den Geliebten für sich zurückzugewinnen. Jason weist sie jedoch schroff ab. Kreon verbannt Medea abermals. Dann überläßt man ihr die Kinder, um von ihnen Abschied zu nehmen. Bis zum nächsten Morgen hat Medea die Stadt zu verlassen. Während dieser kurzen Frist fertigt Medea, um sich zu rächen, ein vergiftetes Nachtgewand für Kreusa an und läßt es ihr als Abschiedsgeschenk zukommen. Jasons verzweifelte Klage verkündet ihr den Tod der Kreusa – aber sein Schmerz treibt sie zu weiteren Rachetaten. Sie tötet ihre beiden Knaben, an denen Jason so leidenschaftlich hängt, und berichtet Jason höhnisch von dieser grausigen Tat.

Der Wasserträger

Oper in drei Aufzügen – Text von Jean Nicolas Bouilly

Personen:

Graf Armand, Parlamentspräsident (Tenor)

Constance, seine Gemahlin (Sopran)
Micheli, Savoyarde, Wasserträger (Baß-Bariton)
Daniel, sein Vater (Baß)
Antonio, Michelis Sohn (Tenor)
Marzelline, Michelis Tochter (Sopran)
Semos, Pächter (Tenor)
Rosette, seine Tochter (Sopran)
Hauptmann der Wache (Bariton)

Ort und Zeit: Paris und das Dorf Gonesse, 1617
Uraufführung: 16.1.1800, Paris, Théâtre Feydeau

Die sorgfältig bearbeitete Musik dieser einzigen heute noch bekannten Cherubini-Oper ist – von einigen Ensembles und Orchesterstücken abgesehen – im wesentlichen lyrisch, das heißt undramatisch und damit für uns nicht mehr recht wirksam. Zu seiner Zeit aber sah sich das französische Volk (ein Jahrzehnt nach der großen Revolution) im Titelhelden der Oper verkörpert; daher der ungeheure Erfolg des *Wasserträgers.* Erwähnt werden muß das Werk vor allem deshalb, weil es die erste der sogenannten »Menschheitsopern« ist. Ihre Wirkung spürt man im *Fidelio,* in *Die Stumme von Portici* bis hin zu Wagner-Régenys *Günstling.*

Der Wasserträger Micheli verbirgt den von Mazarin verfolgten Parlamentspräsidenten Armand und dessen Gemahlin in seinem Haus. Den haussuchenden Söldnern gegenüber gibt er den im Bett versteckten Armand als seinen alten tauben Vater und die Gräfin Armand als seine Tochter aus. Michelis Sohn Antonio, der vom Lande gekommen ist, um seine Schwester Marzelline zu seiner Hochzeit zu holen, soll nun auf seinen Paß die Gräfin als seine Schwester mit aus Paris herausnehmen. Am Tor der Stadt ergeben sich aber Schwierigkeiten. Da erscheint als Retter in der Not der allgemein bekannte Wasserträger, der die Gräfin als seine Tochter bezeichnet. Micheli behauptet, den Grafen Armand, auf dessen Haupt ein hoher Preis gesetzt wurde, in der Nähe des Tores gesehen zu haben. Die geldgierigen Söldner stürzen sogleich davon, und der Wasserträger kann den in dem Wasserwagen verborgenen Armand entwischen lassen. Doch die Verfolgung setzt ein. Auf dem Dorfe, in dem Antonio seine Hochzeit feiern will, verbirgt er den Grafen in einem hohlen Baume. Als die Gräfin in Bäuerinnentracht ihrem Mann Essen bringen will, wird sie von zudringlichen Soldaten belästigt. Armand schießt aus seinem Baum auf die Soldaten und wird natürlich entdeckt. Gerade soll er abgeführt werden, da eilt der Wasserträger herbei. Mit einigen edlen Bürgern ist er zur Königin gegangen, hat Armands Unschuld bewiesen und einen Freibrief erhalten. Jubel und Fröhlichkeit. Doch Micheli singt:

»Ja, laßt uns, Freunde, fröhlich sein.
Doch denkt dabei der großen Lehre,
Daß unser Leben elend wäre,
Wenn wir uns nicht der Menschheit weih'n!«

BEETHOVEN

Ludwig van B., geb. 1770 in Bonn, gest. 1827 in Wien, entstammt einer Musikerfamilie, gab schon als Kind Konzerte mit eigenen Kompositionen. Mit 22 Jahren kam er nach Wien (Weiterbildung u.a. bei Haydn), wo er bis zu seinem Tode blieb. Von Adelskreisen wurde ihm eine Rente ausgesetzt. Seine großartigsten Werke schrieb er im Zustand völliger Ertaubung. Hauptwerke: Sinfonien, Konzerte, Schauspielmusik, Kammermusik, Klaviermusik, die »Missa solemnis«, Lieder, eine Oper.

Fidelio

Oper in zwei Akten
Texte nach Bouilly von Sonnleithner und Treitschke

Personen:

Don Fernando, Minister (Bariton)
Don Pizarro, Gouverneur eines Staatsgefängnisses (Bariton)
Florestan, ein Gefangener (Tenor)
Leonore, seine Gemahlin, unter dem Namen Fidelio (Sopran)
Rocco, Kerkermeister (Baß)
Marzelline, seine Tochter (Sopran)
Jacquino, Pförtner (Tenor)

Ort und Zeit: In einem spanischen Staatsgefängnis bei Sevilla, Ende des 18. Jahrhunderts
Uraufführung: 20.11.1805, Wien, Theater an der Wien

Der Glaube an »die Menschheit« hatte sich im Zuge der Französischen Revolution politisch durchgesetzt. Künstlerisch schlug er sich u.a. nieder in den sogenannten Menschheitsopern, vor allem in Cherubinis *Wasserträger* (1800) und Beethovens *Fidelio* (1805). Besonders fesselnd, daß sich im *Fidelio* der Allgemein-Glaube in einer starken Ich-Persönlichkeit widerspiegelt: nicht in ruhigen breiten Zügen, sondern in fast vulkanischen Felsbrocken. Mittel zu solcher Gestaltung ist vor allem das Orchester. Es ist zwar im allgemeinen so besetzt wie das Mozarts; doch arbeitet Beethoven vielfach sinfonisch. Aus einem Thema, einem Motiv, einem Motivteilchen entwickelt er nach sinfonisch-dramatischen Gesetzen das Geschehen einer ganzen Szene. Daher ist im *Fidelio* die Orchestersprache ebenso beredt und wichtig wie die Gesangsstimme; doch auch der Gesang ist, wie unser Beispiel zeigt, von großartiger szenischer Anschaulichkeit.

Nicht minder fesselnd, wie Beethoven für jede Personengruppe den entsprechenden Ausdruck findet; man vergleiche nur die geradezu kleinbürgerliche Musik, die etwa Marzelline und Jacquino begleitet, mit der seelisch-dramatischen Tiefe von Florestans Gesängen.

1. AKT: Der Pförtner Jacquino wirbt um Marzelline, die Tochter des Kerkermeisters Rocco. Diese aber denkt neuerdings immer nur an den jungen Fidelio, den Rocco vor einiger Zeit als Gehilfen eingestellt hat. Eben kehrt Fidelio von einem beschwerlichen Gang zurück, belobt von Rocco, der Fidelio gern als Schwiegersohn haben würde, eifersüchtig beobachtet von Jacquino. Fidelio aber ist die als Mann verkleidete Gemahlin des Staatsgefangenen Florestan, den sie befreien möchte. Jetzt benutzt sie Roccos gute Stimmung und bittet ihn, bei der Gefangenenbetreuung helfen zu dürfen. Er willigt ein; nur zu einem besonderen Gefangenen dürfte er sie nicht mitnehmen. Fidelio-Leonore ahnt, wer das ist. – Verwandlung. Im Gefängnishof gibt Gouverneur Pizarro Anweisungen. Da bringt ihm Rocco ein Schreiben, in dem er vor einer Gefängnisuntersuchung durch den Minister gewarnt wird. Sofort ist sein Plan gefaßt: ein Trompeter soll blasen, wenn ein Wagen naht, Rocco soll im tiefsten Kerker ein Grab ausheben für den Gefangenen Florestan, den der Minister keinesfalls finden darf. »Dann werd ich schnell vermummt mich in den Kerker schleichen, ein Stoß! – und er verstummt« (vergl. das Notenbeispiel). Pizarro stürmt davon. Trüber Ahnungen voll naht Fidelio-Leonore. Auf ihr Bitten läßt Rocco die Gefangenen in den Gefängnishof; sie sind alle unschuldig Verfolgte. Rocco teilt Fidelio mit, daß er ihm beim Grabausheben behilflich sein dürfe. Pizarro

kehrt zurück und tobt, weil die Gefangenen im Freien sind. Doch es gelingt, ihn zu beruhigen.

2. AKT: Florestan liegt in seinem Kerker. Halb wahnsinnig geworden durch sein Los und die Trennung von Leonore, singt er von seinem Leid; dann fällt er in Ohnmacht. Rocco und Fidelio treten ein, um das Grab zu schaufeln. Beim Lichtschein erkennt sie ihren Gemahl. Fast ohnmächtig reicht sie ihm einen Trunk Wasser. Da naht Pizarro. Er gibt sich Florestan zu erkennen: »Pizarro, den zu stürzen wolltest, steht nun als Rächer hier!« Er will ihn niederstechen. Fidelio springt dazwischen, wird beiseite geschoben, wirft sich abermals dazwischen, schreit »Töt' erst sein Weib!« Einen Augenblick erstarrt alles, dann dringt Pizarro auf beide ein. Aber Leonore hält ihn mit einer Pistole in Schach. Da hört man das Trompetensignal: Rettung, der Minister naht! – Verwandlung. Auf dem Platz vor dem Gefängnis schenkt der Minister allen die Freiheit (»Es sucht der Bruder seine Brüder und kann er helfen, hilft er gern«). In Florestan erkennt der Minister seinen totgeglaubten Freund. Pizarro wird verhaftet. Ein machtvolles Finale auf Gattenliebe und Menschlichkeit beschließt das Werk.

BOIELDIEU

François Adrien B. (1775–1834, Franzose), hat nur in der Jugend wirklichen Musikunterricht genossen. Später verließ er sich auf sein ursprüngliches Musikantentum und ein paar Winke bedeutender Komponisten. Lebte meist in Frankreich (nur 1803–1811 als »Hofkompositeur« in Petersburg).

Die weiße Dame

Komische Oper in drei Akten – Text von Eugène Scribe

Personen:

Gaveston, Verwalter der ehemaligen Grafen von Avenel (Baß)
Anna, sein Mündel (Sopran)
Georg Brown, Offizier (Tenor)
Dickson, Pächter (Tenor)
Jenny, seine Frau (Sopran)
Margarete, alte Dienerin der Grafen von Avenel (Sopran)
Friedensrichter (Baß)
Ein Knecht (Baß)

Ort und Zeit: Schloß Avenel in Schottland, 1759
Uraufführung: 10.12.1825, Paris, Opéra Comique

Eine im Grunde ganz einfache, schlichte Musik, deren Arien, Cavatinen, Chöre usw. sich durch Eingängigkeit auszeichnen. Der eigentliche Reiz dieses zuweilen als »überholt« bezeichneten Werkes liegt darin, daß hier mit sparsamen Mitteln prächtige Wirkungen erzielt werden.

1. AKT: Der englische Offizier Georg Brown hört bei dem Pächter Dickson, den er um Nachtquartier gebeten hat, eine Ballade von der »weißen Dame« und wird dabei seltsam an seine Kindheit erinnert.

2. AKT: Der Verwalter Gaveston will im Schloß wichtige Familienpapiere der Grafen von Avenel in seinen Besitz bringen; doch sein Mündel Anna, der diese Papiere von der letzten Gräfin anvertraut wurden, gibt sie nicht heraus. – Georg Brown kommt ins Schloß, um die »weiße Dame« kennenzulernen. Tatsächlich erscheint sie ihm in der Nacht und befiehlt ihm, am nächsten Tage bei der Versteigerung des Schlosses ihren Anweisungen zu gehorchen. – Verwandlung. Bei der Versteigerung wird der Pächter Dickson vom Verwalter Gaveston überboten; diesen aber überbietet Georg Brown, wie ihm die Stimme der »weißen Dame« befiehlt.

3. AKT: Georg wird im Ahnensaal als der neue Herr ehrfurchtsvoll begrüßt. Er wird immer unruhiger: alles kommt ihm irgendwie bekannt vor. Gaveston und der Friedensrichter treten ein und wollen den Kaufpreis sehen; aber Georg hat keinen Pfennig. Da erscheint die »weiße Dame« und überreicht ihm als dem letzten Sproß des Grafengeschlechts den Familienschatz. Die »weiße Dame« ist natürlich Anna und wird – ebenso natürlich – Georgs Frau.

KREUTZER

Konradin K. (1780–1849) war in verschiedenen Städten Kapellmeister; erst in Riga, wo er auch gestorben ist, konnte er sich ständig festsetzen. Heute noch bekannt durch viele Männerchöre; von seinen dreißig Opern ist nur das »Nachtlager« nicht vergessen.

Das Nachtlager von Granada

Romantische Oper in zwei Aufzügen – Text nach Kind von Karl Johann Braun, Ritter von Braunthal

Personen:

Ein Jäger (Bariton)
Ambrosio, ein Hirte (Baß)
Gabriele, seine Nichte (Sopran)
Gomez (Tenor)
Vasco und Pedro, Hirten (beide Baß)
Graf Otto, deutscher Ritter (Baß)
Ein Alkalde (Bariton)

Ort und Zeit: Altes Maurenschloß in Granada, 1550
Uraufführung: 13.1.1834, Wien, Theater in der Josefstadt

Weltberühmtes Stück aus dieser Oper ist das Chor-Gebet: »Schon die Abendglocken klangen«, wie denn überhaupt die Stärke des Werkes in den Chören liegt.

Großartig auch der nächtliche Monolog des Jägers. »Die Nacht ist schön.« Die meisten Sologesänge wirken heute kaum noch von der Bühne, während sie ohne die sichtbare Handlung (also im Rundfunk) einen merkwürdig beruhigenden Zauber ausüben.

1. AKT: Gabriele liebt den jungen Gomez, soll aber den finsteren Vasco heiraten. Ein Jäger, der sich verirrt hat, tritt zu den Traurigen, verliebt sich in das hübsche Mädchen, muß aber hören, daß sie einen anderen liebt. Die hinzukommenden Hirten sehen eben noch, wie der Jäger Gabriele auf die Stirn küßt. Der Fremde bittet um ein Nachtlager. Sein Gold verlockt den wütenden Vasco: er beschließt, den Jäger nachts umzubringen.

2. AKT: Gabriele singt in der Nacht vor dem verfallenen Maurenschlosse, in dem der Jäger schläft, eine maurische Romanze, um ihn zu warnen. Als die drei Mörder eindringen, erschlägt der Jäger den Vasco und hält sich die anderen vom Leibe. Inzwischen hat Gomez das Gefolge des Prinzregenten herbeigeführt. Die Jäger erkennen in dem Fremden ihren Herrn. Entsagend legt der Prinzregent Gabrielens Hände in die des jungen Gomez.

AUBER

Daniel François Esprit A. (1782–1871, Franzose) war ursprünglich Kaufmann, dann auf Anraten Cherubinis Musiker. Er hat insgesamt 47 Opern geschrieben.

Die Stumme von Portici

Große historische Oper in fünf Akten
Text von Eugène Scribe und Germain Delavigne

Personen:
Alfonso, Sohn des Vizekönigs (Tenor)
Elvira, spanische Prinzessin (Sopran)
Lorenzo, Alfonsos Vertrauter (Tenor)
Selva, Offizier der Leibwache (Baß)
Masaniello, Fischer (Tenor)
Fenella, seine Schwester (stumm)
Pietro, Borella, Moreno, Fischer (Bässe)

Ort und Zeit: Neapel und Portici, 1647
Uraufführung: 29.2.1828, Paris, Grand Opéra

Eine der besten, gegenwärtig sträflich vernachlässigten, großen Opern Frankreichs, schwungvoll und dramatisch im Orchester, in den revolutionären Massenchören, in der großartigen Verknüpfung, in den flammenden Steigerungen (eine Barkarole wird zum wilden Rachechor). Schon die Ouvertüre mit ihren schneidenden Septimenakkorden, den rasenden

Sechzehnteln und dem scheinbar so schlichten, in Wahrheit unwiderstehlich mitreißenden aufrühreri-schen Marschthema (Beispiel) wirft die ersten Zünd-

funken in das knisternde Gebälk. Kampf des unterdrückten Fischervolkes gegen Tyrannenmacht heißt der Grundgedanke, und Aubers Musik bringt ihn so stark zum Ausdruck, daß nach der ersten Aufführung in Brüssel (1830) die Zuhörer aus dem Theater gestürzt sein und zusammen mit der Menge die öffentlichen Gebäude in Brand gesetzt haben sollen: damit begann die Loslösung Belgiens von Holland. Aber auch echte Tragik steckt in den Einzelschicksalen.

1. AKT: Prinz Alfonso soll seine fürstliche Braut Elvira heiraten, aber er denkt an die stumme Fischerin, die er sich erobert hat. Der Hochzeitsaufzug wird gestört durch Wachen, die ein stummes Mädchen verfolgen, das aus dem Gefängnis entflohen ist, wohin sie Alfonsos Vater, der Vizekönig, hat bringen lassen. Die Stumme erkennt in Alfonso ihren Verführer. Da soll sie festgenommen werden, doch kann sie entkommen, weil die Menge sich zusammenrottet.

2. AKT: Masaniello, heimlicher Führer der unterdrückten neapolitanischen Fischer, wartet unruhig auf seine verschwundene stumme Schwester Fenella. Wenn ihr etwas zugestoßen ist ... Ein wilder Freiheitsgesang (mit seinem Freunde Pietro) tönt auf. Fenella erscheint, vertraut sich ihrem Bruder an. Nun erst recht

Rache und wiederum Rache! Die vorüberziehenden Truppen werden getäuscht durch eine vom Einzelgesang zum Massenchor gesteigerte Barkarole gegen den Meertyrannen Neptun; aber die Menge weiß, wer in Wirklichkeit gemeint ist.

3. AKT: Auf dem Markt zu Neapel soll Fenella gerade festgenommen werden. Da erscheint Masaniello mit seinen Freunden und sticht den befehligenden Offizier nieder. Nun muß der Kampf offen ausgetragen werden. Allgemeines Gebet. Der Aufstand bricht los.

4. AKT: Masaniello hat gesiegt, aber ihn, der die Freiheit wollte, bekümmern Plünderung und Ausschreitung. Während Fenella einschlummert, geht er mit den Hauptverschworenen in ein Nebenzimmer: diese verlangen Alfonsos Tod. Alfonso und Elvira auf der Flucht bitten Fenella um Schutz. Widerstrebend gibt sie ihnen eine Verkleidung. Auch der wiedererscheinende Masaniello verspricht, die Flüchtigen zu schützen und stellt sich sogar mit der Axt den mordgierigen Freunden entgegen. Der Magistrat von Neapel sendet ihm Schlüssel und Purpur. Die Freunde aber brüten Rache.

5. AKT: Siegesfest. Die Verschwörer trinken, auch Masaniello; aber seinem Wein haben die Mißvergnügten Gift beigemischt. Lärm: Alfonso führt neue Truppen heran. Alles schreit nach Masaniello. Doch der ist kaum bei Sinnen. Erst Fenellas Weinen gibt ihm vorübergehend neue Kraft. Er stürzt sich in die Schlacht. Elvira erscheint: Masaniello hat ihr das Leben gerettet, ist aber von seinen Freunden erstochen worden. Fenella wirft einen schmerzlichen Blick auf den als Sieger nahenden Alfonso, dann stürzt sie sich ins Meer.

Fra Diavolo

Komische Oper in drei Akten – Text von Eugène Scribe

Personen:

Fra Diavolo, unter dem Namen »Marquis von San Marco« (Tenor)
Lord Cookburin, ein reisender Engländer (Bariton)
Pamella, seine Gemahlin (Mezzosopran)
Lorenzo, Dragoneroffizier (Tenor)
Matteo, Gastwirt (Baß)
Zerline, seine Tochter (Sopran)
Giacomo (Tenor) und Beppo (Baß), Banditen
ein Bauer (Baß)
ein Müller (Baß)
ein Soldat (Tenor)

Ort und Zeit: Gasthaus bei Terracina (Sizilien), Anfang des 19. Jahrhunderts
Uraufführung: 28.1.1830, Paris, Opéra Comique

Leicht beschwingt und straff sind die Chöre, anfeuernd das durchsichtig geführte Orchester wie dies besonders in der Ouvertüre bei den Themen des Räuberhauptmanns und seiner Jäger (siehe Beispiel 1 und 2) zum Ausdruck kommt.

1

2

1. AKT: Wenn der Offizier Lorenzo die 10 000 Piaster hätte, die auf den Kopf des Räubers Fra Diavolo gesetzt sind, könnte er seine Zerline heimführen, die der Wirt Matteo einem reichen Bauern geben will. Schimpfend naht ein englisches Paar, das auf der Fahrt ausgeraubt wurde. Sogleich beginnt die Räuberjagd. Inzwischen erscheint der Räuberhauptmann als »Marquis«, macht der ältlichen Engländerin den Hof und stiehlt ihr dabei ein Schmuckstück. Ein Bandit teilt ihm mit, man habe nur den Schmuck, nicht aber das Geld der Reisenden erbeutet. Die Soldaten schaffen alles wieder herbei, und Lorenzo erhält 10 000 Piaster Belohnung: er kann heiraten!

2. AKT: Die Engländer werden durch Zerlines Schlafzimmer in ihren Raum geführt. Also müßten die auf der Lauer liegenden Banditen mit Fra Diavolo erst sie umbringen, damit sie zu den Engländern gelangen können. Es klopft: Lorenzo mit seinen Soldaten. Ihn und den Engländer bittet der »Marquis« um Diskretion: er sei zu einem Stelldichein gekommen, zu Zerline, wie er Lorenzo sagt, zur Lady, wie er dem Engländer erklärt.

3. AKT: Diavolo versteckt einen Zettel mit Anweisungen in einem hohlen Baum. Seine beiden Helfershelfer holen den Zettel und mischen sich unter die Bauern und Bäuerinnen. Aber Beppo und Giacomo trällern im Rausch das Liedchen, das Zerline abends zuvor im Bett gesungen hat. Sie werden festgenommen, man findet den Zettel und zwingt sie, Fra Diavolo das vereinbarte Zeichen zu geben. Dieser erscheint, Lorenzo entreißt ihm das Gewehr und schießt ihn nieder.

WEBER

Carl Maria von W. (1786–1826) war in Wien Schüler von Abt Vogler, mit achtzehn Jahren Kapellmeister in Breslau, weiterhin in Karlsruhe, Stuttgart, Mannheim, Darmstadt. 1813–1816 Kapellmeister in Prag. 1817 bis zu seinem Tode Leiter der Deutschen Oper in Dresden. Er schrieb Opern, Orchesterwerke, Kammer- und Klaviermusik, Lieder.

Der Freischütz

Romantische Oper in drei Akten
Text von Friedrich Kind

Personen:

Fürst Ottokar (Bariton)
Kuno, Erbförster (Baß)
Agathe, seine Tochter (Sopran)
Ännchen, eine junge Verwandte (Sopran)
Max (Tenor) und Kaspar (Baß), Jägerburschen
Eremit (Baß)
Samiel, der schwarze Jäger (Sprechrolle)
Kilian, reicher Bauer (Baß)

Ort und Zeit: Böhmen, nach dem Dreißigjährigen Kriege
Uraufführung: 18.6.1821, Berlin, Schauspielhaus

Nach Mozarts *Zauberflöte* – und dem Herzen des Volkes vielleicht noch näherstehend – *die* deutsche volkstümliche Oper großen Stils. Das liegt gewiß nicht an der Handlung oder am Wort; denn diese sind vielfach schwach und dürftig. Entscheidend ist vielmehr, daß in Webers Musik der Wald mit seinem Raunen und Rauschen, seinem gedämpften Licht und heimlich-unheimlichen Dunkel, mit Schönheit und Schatten Klang geworden ist. Um solches verwirklichen zu können, greift Weber in allen seinen Formen (Szenen, Chöre, Arien, Tänze) zurück auf Urgestalt und Urgehalt des deutschen Liedes, das ja auch waldgeboren ist. So wird er in seiner Musik allgemeinverständlich, selbst dort, wo er – die besondere Färbung der Instrumente ausnutzend – ins Musikdramatische vorstößt (etwa in der Kennzeichnung der »finstren Mächte«). Die ersten vier Takte der Ouvertüre mit ihrer liedhaften Hornweise über webenden Streichern legen die naturhafte Waldstimmung des Ganzen unverrückbar fest.

1. AKT: Beim Preisschießen ist der Bauer Kilian Schützenkönig geworden, nicht der Jägerbursche Max. Dem verzweifelten Max redet der Förster Kuno gut zu, aber vergeblich; denn wenn er demnächst beim herkömmlichen Probeschuß versagt, muß er auf Kunos Tochter und die Nachfolge als Förster verzichten. Da bietet sich ihm der finstere Jägerbursche Kaspar als Helfer an: mit einer seiner »Freikugeln« läßt er Max, den er zuvor weintrunken gemacht hat, einen mächtigen Adler vom nächtlichen Himmel schießen. Nun hat er Max so weit: dieser verspricht, um Mitternacht in die Wolfsschlucht zum Gießen von Freikugeln zu kommen.

2. AKT: Zu der geliebten Agathe und ihrer schalkhaften Verwandten Ännchen kommt auf einen Augenblick Max. Er ist unruhig, redet sich aus, daß er in der Wolfsschlucht noch einen erlegten Hirsch holen müsse. Die Mädchen wollen ihn hindern, die verrufene Schlucht aufzusuchen, doch er reißt sich los. – Verwandlung. Kaspar ruft in der Wolfsschlucht den wilden Jäger um Beistand an. Dann erscheint Max. Er glaubt, seine tote Mutter und Agathe warnend vor sich zu sehen, macht sich aber von diesen Vorstellungen los und gießt Kaspar Freikugeln: sechs treffen unfehlbar, aber die siebente gehört dem Bösen.

3. AKT: Um sich beim Fürsten in gutes Licht zu setzen, hat Max fast alle Freikugeln auf der Jagd verschossen. Nun bittet er Kaspar um die seinen. Doch der verschießt seine Kugeln auf kleines Getier ... Max bleibt nur die unheilvolle siebente Kugel. – Verwandlung. Von trüben Ahnungen gequält sitzt Agathe im Forsthaus. Auch die Scherze Ännchens verfangen nicht. Die Brautjungfern nahen (»Wir winden dir den Jungfernkranz«), aber statt der Brautkrone bringt man Agathe versehentlich die Totenhaube. – Verwandlung. Max muß nun den Probeschuß tun. Doch statt des vom Fürsten gewiesenen Ziels (eine weiße Taube) trifft die siebente Freikugel – Kaspar. Max soll wegen des sündhaften Kugelgießens verbannt werden. Doch ein alter Emigrant überzeugt den Fürsten, daß der Brauch des Probeschusses zu solchen bösen Machenschaften verleiten könne; »drum finde nie der Probeschuß mehr statt«. Max soll sich ein Jahr lang bewähren als der, der er immer war. Allgemeiner froher Jubel.

MEYERBEER

Giacomo M. (1791–1864), geboren in Berlin als Jakob Liebmann Beer. Um eine reiche Erbschaft zu erhalten, hat er den Namen Meyer seinem Familiennamen hinzugefügt. Er war u.a. Schüler von Clementi und (zusammen mit Carl Maria von Weber) Abt Vogler; wirkte in Paris, London, Italien, dann wieder in Paris, endlich in Berlin.

Meyerbeer ist der Hauptvertreter der »Großen Französischen Oper« mit ihrem mächtigen Prunk und Gepräge der Handlung, der Bühneneffekte und der Musik. Gewiß zum großen Teil ein Theaterdonner; aber seine Kunst der italienisch gefärbten Melodieführung, des französisch geschärften Rhythmus' und deutscher Gestaltungssicherheit hat begreiflicherweise Richard Wagner beeindruckt. Leider sind es in der Regel nur Einzelauftritte, Einzelszenen und Einzelensembles, denen man Bewunderung zollt. Die Mehrzahl seiner Opern würde wohl nur dann einen festen Platz in den Spielplänen unserer Opernhäuser erhalten, wenn sie durch erhebliche Straffungen und Kürzungen dem gegenwärtigen Geschmack angepaßt würden. Gerade in jüngster Zeit ist es jedoch wieder zu Neuinszenierungen von Opernwerken Meyerbeers in der Bundesrepublik gekommen.

Die Hugenotten

Große Oper in fünf Akten
Text von E. Scribe und E. Dechamps

Personen:

Margarete von Valois, Königin von Navarra (Sopran)
Saint-Bris, katholischer Edelmann (Baß)
Valentine, seine Tochter (Sopran)
Urbain, Page der Königin (Sopran)
Nevers, katholischer Edelmann (Bariton)
Cossé, katholischer Edelmann (Tenor)
Tavannes, katholischer Edelmann (Baß)
Raoul de Nangis, hugenottischer Edelmann (Tenor)
Marcel, sein Diener (Baß)
Bois Rosé, Soldat (Tenor; drei Mönche, katholische und hugenottische Edelleute, Hofdamen, Soldaten und Volk

Ort und Zeit: Paris und Umgebung, August 1572
Uraufführung: 29.2.1836, Paris, Grand Opéra

Margarete von Valois, die Schwester des Königs von Frankreich, bemüht sich um eine Versöhnung zwischen der katholischen Hofpartei ihres Bruders und den hugenottischen Edelleuten. Sie versucht, die verfeindeten Parteien durch eine Ehe zwischen dem hugenottischen Edelmann Raoul de Nangis und Valentine St. Bris, der Tochter des Führers der katholischen Hofpartei, zu einigen. Raoul, der zwar Valentine heimlich liebt, sieht in ihr jedoch die Braut des katholischen Grafen Nevers und schlägt daher die Hand der ihm zugedachten Valentine aus. Zu spät erkennt er seinen Irrtum, als Valentine nun tatsächlich die Gräfin Nevers wird. Als er Valentine im Palais Nevers aufsucht, um ihr eine Erklärung abzugeben, wird er Zeuge eines furchtbaren Schwures der katholischen Partei. Sie hat beschlossen, die Hugenotten während der nächsten Bartholomäus-Nacht mit Feuer und Schwert auszurotten. Raoul will seine Glaubensgenossen warnen, wird an dieser Absicht aber durch das rückhaltslose Geständnis von Valentine, die Raoul ihre Liebe offenbart, gehindert. Als jedoch die Sturmglocken ertönen und Feuerschein durch die Fenster dringt, entreißt sich Raoul Valentines Umarmungen und stürzt sich in den Kampf. Valentine folgt ihrem Geliebten, um ihr Los mit dem seinigen zu teilen. In einer Salve der Verfolger bricht sie mit Raoul und dem getreuen Diener Marcel – den Ruf »Hugenotten« auf den Lippen – zusammen. Das musikalische Leitmotiv der Oper ist der Choral »Ein feste Burg ist unser Gott«.

Die Afrikanerin

Große Oper in fünf Akten – Text von Eugène Scribe

Personen:

Don Pedro, Rat des Königs von Portugal (Baß)
Don Diego, Admiral (Baß)
Ines, seine Tochter (Sopran)
Anna, ihre Vertraute (Sopran)
Vasco da Gama, Marineoffizier (Tenor)
Don Alvar, Mitglied des Rates (Tenor)
Großinquisitor (Baß)

Selica (Sopran)
Nelusco (Bariton)
Oberpriester des Brahma (Baß)
Marineoffiziere, Bischöfe, Räte, Matrosen, Priester des Brahma, Inder und Inderinnen

Ort und Zeit: Lissabon und Indien, Ende des 15. Jahrhunderts – Uraufführung: 28.4.1865, Paris, Grand Opéra

Der portugiesische Seeheld Vasco da Gama ist als einziger Offizier dem Untergang einer Expeditionsflotte entgangen. Mit ihm kommen die indische »Sklavin«, in Wirklichkeit Königin Selica und ihr »Sklave«, in Wirklichkeit Feldherr Nelusco, nach Lissabon. Als er eine neue Flotte fordert und sich dabei anmaßend gebärdet, wird er ins Gefängnis geworfen. Die ihn liebende Admiralstochter Ines befreit ihn um den Preis einer Ehe mit dem Präsidenten Pedro. Dieser rüstet nun selbst eine neue Flotte, bestimmt Nelusco zum obersten Steuermann und wird von diesem mit sämtlichen Schiffen und Ines in einen Schiffbruch vor dem gesuchten Lande gesteuert. Die weißen Männer werden von den Indern niedergemacht, die Frauen, unter ihnen Ines, sollen den Gifttod sterben. Selica, nunmehr wieder Herrscherin, rettet Vasco, will den Dankbaren zu ihrem Gemahl erheben – da muß sie erkennen, daß Vascos Liebe zu Ines größer ist als seine Dankbarkeit. Völlig niedergedrückt läßt sie die beiden Liebenden ins Vaterland zurückkehren, läßt sich unter einem Manzanillobaum nieder und stirbt durch das ausströmende duftende Gift der herabrieselnden Blüten.

ROSSINI

Gioachino Antonio R. (1792–1868, Italiener) studierte in Bologna vor allem Mozart und Haydn. Dann ging das Opernschreiben los: jedes Jahr gleich mehrere Werke. Zwei Jahre lang war er auch Direktor der Italienischen Oper in Paris.

Der Barbier von Sevilla

Komische Oper in zwei Akten
Text nach Beaumarchais von Cesare Sterbini

Personen:
Graf Almaviva (Tenor)
Figaro, sein Barbier (Bariton)
Dr. Bartolo (Baß)
Rosine, dessen Mündel (Sopran)
Marzelline, ihre Erzieherin (Alt)
Basilio, Musikmeister (Baß)

Ort und Zeit: Sevilla, 18. Jahrhundert
Uraufführung: 20.2.1816, Rom, Teatro Argentina

Rossini soll diese Oper in knapp drei Wochen geschrieben haben. Nun, geschadet hat ihr das nicht; denn die Musik ist aus einem Guß, schwungvoll, heiter, sangbar, bezaubert mit ihrem echt italienischen »Brio« heute nicht minder als vor hundert Jahren.

Die Personen der Handlung sind uns bereits aus *Figaros Hochzeit* bekannt, die ja inhaltlich gewissermaßen eine Fortsetzung des »Barbiers« bildet. Freilich ist Figaro (vergleiche besonders seine federnde Cavatine »Ich bin das Faktotum der schönen Welt«) hier noch ein heiterer Schlingel und noch nicht der heimliche Aufrührer der Mozart-Oper.

1. AKT: Dr. Bartolo will sein Mündel Rosine heiraten. Graf Almaviva bringt Rosine ein Ständchen und versichert sich bei der Gelegenheit der Hilfe des Barbiers Figaro. – Verwandlung. In Bartolos Haus verspricht Figaro der bekümmerten Rosine, ihr zu helfen. Bartolo hört höchst ungern, daß Almaviva in Sevilla sei; doch der Musikmeister Basilio erklärt, er werde den Grafen durch Verleumdung bei Rosine unmöglich machen (Verleumdungs-Arie). Das hört Figaro und teilt es Rosine mit. Plangemäß erscheint Almaviva als Soldat verkleidet und verlangt Quartier. Doch er übertreibt, die vorüberziehende Wache will den Lärmenden verhaften, er weist sich aus und bleibt ungeschoren.

2. AKT: Jetzt hat sich Almaviva als Musiklehrer verkleidet und will so Basilio »vertreten«. Bartolo ist mißtrauisch und läßt sich daher während des Unterrichts im gleichen Raum von Figaro rasieren. Unvermutet kommt der richtige Musiklehrer Basilio ins Haus. Eine Stange Gold bringt ihn zum Schweigen. Bartolo aber ist unruhig, eilt zum Notar, um ihn zur Hochzeitszeremonie zu holen. Rosine wird schnell erklärt, ihr Geliebter heiße nicht, wie sie bisher glaubte, Lindoro und sei ein schlichter Student, sondern Almaviva und sei ein

Graf. Da kommt auch schon der Notar, der Hochzeitsvertrag wird aufgesetzt, von Rosine und Almaviva unterschrieben – und Bartolo kommt in doppelter Hinsicht zu spät.

Hinter diesem Meisterwerk treten die zahlreichen anderen Opern weit zurück. Dazu gehören: der textlich arg geschusterte *Wilhelm Tell* (1829), *Die Italienerin in Algier* (1813), *Ein Türke in Italien, Die diebische Elster, Die seidene Leiter, Aschenbrödel* u.a. Nach der Mitte unseres Jahrhunderts setzte eine Flut von Neubearbeitungen ein, denen freilich der erhoffte Erfolg versagt blieb. Am ehesten scheint sich zu halten *Die Liebesprobe* (1812). Ein von Verehrerinnen umworbener Graf stellt sich, als sei er grausig verschuldet, treibt in Verkleidung als »Gläubiger« seine Schulden ein, doch rettet ihn die liebende Clarissa, verkleidet als »Hauptmann« vor seinem »Gläubiger«. Witzig umbaut sind die Hauptpersonen durch die Verehrerinnen und einige Ganz- oder Halbkünstler.

DONIZETTI

Gaetano D. (1797–1848, Italiener) war ursprünglich Offizier. Der Erfolg einer Oper brachte ihn endgültig zur Musik. Lebte zeitweilig in Neapel, bald in Mailand, bald in Paris und auch in Wien. Hinterließ rund siebzig Opern.

Donizetti wählte sich anfangs den geschwind, viel, aber auch spritzig elegant schreibenden Rossini zum Vorbild und erreichte auch sehr oft dessen sprudelnde, federnde Melodik. Doch ihm erwuchs bald in dem vier Jahre jüngeren Bellini eine beachtliche Konkurrenz, und schon stellte sich Donizetti um auf einen weniger oberflächenhaften, dafür sorgfältig geschliffenen Stil.

In den ersten Jahrzehnten des 20. Jahrhunderts waren bei uns in der Hauptsache zwei Donizetti-Opern bekannt – und sei es nur durch deren Ouvertüren: *Lucia di Lammermoor* und *Die Regimentstochter.* Inzwischen ist eine förmliche Wiederausgrabungswelle über uns hinweggegangen, deren Dauerwirkung freilich abzuwarten bleibt. Zahlreiche Namen, zuvor nur den Fachleuten bekannt, stehen mehr oder weniger lange auf den Theaterzetteln; aber gerade die einst beliebteste Oper Donizettis erscheint in mancher Spielzeit überhaupt nicht mehr (»Regimentstochter«). Uns will scheinen, als habe Donizetti sein Bestes in komischen Opern gegeben. Nachfolgend eine Auswahl der gegenwärtig bekanntesten Werke.

Der Liebestrank

Komische Oper in zwei Akten von Felice Romani

Personen:

Adina, eine junge reiche Pächterin (Sopran)
Nemorino, junger Landmann (Tenor)
Belcore, Sergeant (Bariton)
Dulcmara, Quacksalber (Baß)
Gianetta, Wäscherin (Sopran)
Landleute, Soldaten, Diener, Notar

Ort und Zeit: italienisches Dorf, Anfang 19. Jahrhundert
Uraufführung: 12.5.1832, Neapel, Teatro della Canobbiana

Diese erst seit einiger Zeit in Deutschland wieder in den Spielplan aufgenommene Oper hat an Aufführungshäufigkeit zuweilen die meisten Bühnenwerke Wagners und Verdis übertroffen. Der erstaunliche Schwung der Melodien über leicht überschaubaren Harmoniewendungen, das reizvolle Auszeichnen belustigenden Geschehens, dazu anmutig geformte Einzelheiten – alles ist wie aus einem Guß und macht den Bericht wahrscheinlich, demzufolge Donizetti das Werk in weniger als einer Woche komponiert haben soll.

Die reiche Pächterin Adina scheint den schüchternen Verehrer Nemorino völlig zu übersehen und ihre Neigung dem siegessicheren Sergeanten Belcore zu schenken. Als Nemorino Zeuge wird, wie die Angebetete ihren Freundinnen die Geschichte von Tristan und Isolde samt dem Zaubertrank erzählt, läuft er zum Quacksalber, der ihm einen Liebestrank verkauft –

allerdings nur gegen das Handgeld, das Nemorino empfängt, als er sich zu den Soldaten anwerben läßt. Nachdem er zwei Flaschen getrunken hat und sich mutig unter den Mädchen bewegt, wird Adina am Tage der Hochzeit mit Belcore eifersüchtig, hört von dem Preis, den Nemorino bezahlen mußte, kauft den Schein vom Werber zurück und nimmt nun doch Nemorino, zumal dieser soeben einen schönen Batzen von einem reichen Onkel geerbt hat.

Lucia di Lammermoor

Tragische Oper in drei Akten
Text von Salvatore Cammarano

Personen:

Lord Henry Ashton (Bariton)
Lucia di Lammermoor, seine Schwester (Sopran)
Edgar von Ravenswood (Tenor)
Lord Arthur Buklaw (Tenor)
Raimund Bidibent, Lucias Erzieher (Baß)
Alisa, Lucias Vertraute (Mezzosopran)
Norman, Befehlshaber der Ravenswooder Soldaten (Tenor)
Adelige, Bewohner von Lammermoor und Ravenswood, Diener, Jäger usw.

Ort und Zeit: Schottland um 1700
Uraufführung: 26.9.1835, Neapel, Teatro San Carlo

Die nicht wie üblich im Geschwindschritt, sondern diesmal sehr sorgfältig gearbeitete Oper (mehrfache

Neufassungen) zählt zu Donizettis besten Werken. Berühmt Lucias Wahnsinns-Arie (mit Flöte), Edgars Todesweise (fast schon Verdi!) und das großartige Sextett mit Chor aus dem zweiten Akt.

1. AKT: Lord Ashtons Schwester Lucia liebt den nach Frankreich aufbrechenden Edgar, den Todfeind ihres Bruders. Sie soll sich aber mit Lord Buklaw vermählen, weil sonst das Familiengut zugrunde geht.

2. AKT: Als Lucia von ihrem Bruder hört, wenn sie Buklaw nicht heirate, sei Edgars Leben gefährdet, und ihr zudem durch einen gefälschten Brief Edgars angebliche Treulosigkeit bewiesen wird, willigt sie in die verhaßte Ehe mit Buklaw ein. Als der Ehevertrag unterzeichnet werden soll, kehrt Edgar unerwartet zurück. Angesichts des angeblichen Verrats verflucht er Lucia und ihr ganzes Haus.

3. AKT: Lucia ist unter dem Geschehen zusammengebrochen und wahnsinnig geworden; sie ersticht sogar ihren Gatten. Als Edgar endlich über die wahren Umstände unterrichtet wird, die zum Wahnsinn und schließlich zum Tode Lucias geführt haben, macht er seinem Leben ein Ende.

Don Pasquale

Komische Oper in drei Akten
Text nach Angelo Anelli vom Komponisten

Personen:

Don Pasquale, alter Junggeselle (Baß)
Ernesto, sein Neffe (Tenor)

Dr. Malatesta, Arzt (Bariton)
Norina, junge Witwe (Sopran)
Notar (Baß)

Ort und Zeit: Rom, 18. Jahrhundert
Uraufführung: 3.1.1843, Paris, Théâtre Italien

Funkelnder Witz und tiefer Humor geistern durch die Musik dieser Oper, und zwar in den gesungenen Partien wie in der Instrumentation (Bläser!).

1. AKT: Damit ihn sein Neffe Ernesto nicht beerbe, will der alte Junggeselle Don Pasquale heiraten. Dr. Malatesta geht scheinbar auf Pasquales Absichten ein und bringt ihm seine angebliche Schwester Sofronia als Braut. Diese ist aber in Wirklichkeit Norina, die der Neffe liebt. Da man diesen nicht ins Vertrauen gezogen hat, fühlt er sich verraten. – Verwandlung. Ernesto hat Sofronia-Norina einen traurigen Abschiedsbrief geschrieben. Malatesta bringt Norina-Sofronia den Brief und berät mit ihr die Scheinheirat.

2. AKT: Ernesto klagt um seine verratene Liebe. Pasquale läßt schleunigst den Heiratsvertrag aufsetzen. Aber der Notar ist kein richtiger Notar. Die junge »Frau« beginnt sogleich ihren »Ehemann« zu peinigen.

3. AKT: Pasquale hält die Schimpfereien und Verschwendungssucht seiner jungen »Frau« nicht mehr aus. Ein fingierter Brief berichtet ihm zudem noch von ihrer Untreue, ja, er überrascht sie mit Malatesta bei einer (gespielten) Untreue. Jetzt hat er genug: schleunigst gibt er die Zänkerin seinem Neffen zur Frau – um sie loszuwerden und ihn zu ärgern. Auch als er hört, daß man ihn übertölpelt hat, wird er nicht zornig: auf jeden Fall ist er von jedem Heiratswunsch geheilt.

LORTZING

Albert L. (1801–1851) war Sänger und Schauspieler in Aachen, Köln, Detmold und Leipzig. Hier ein Jahr Kapellmeister, dann in Wien und vorübergehend wieder in Leipzig. Schließlich Kapellmeister an dem neugegründeten Friedrich-Wilhelmstädtischen Theater in Berlin. Lebte meist in sorgenvollen Verhältnissen. Schrieb vor allem Volksopern.

Lortzings Bühnenwerke sind der Inbegriff der deutschen kleinen Volksoper. Seine Texte schrieb er sich zumeist selbst, weil er aus langer praktischer Erfahrung als Sänger und Schauspieler genau wußte, was das Publikum brauchte, und weil er das Theaterhandwerk beherrschte. Seine Musik, bald gemütvoll und bald heiter, bald schwärmerisch und bald witzig-boshaft, ist so eingängig, daß sie keiner besonderen Erläuterung bedarf, zumal Lortzing seinen Ausdrucksstil vielfach aus dem Schlicht-Liedhaften empfängt. Dabei darf freilich nicht übersehen werden, daß in dieser Einfachheit sehr viel Kunstvolles, an Mozart Geschultes steckt. Jene ganz Gescheiten, die Lortzing gern zum kleinbürgerlichen, mittelständischen Musiker erklären möchten, kennen weder seine oft ausgezeichneten Partituren noch achten sie einen wesentlichen Zug des Deutschen: die gemüthaft-heitere Innigkeit.

Alle Versuche, auch die Nebenwerke zu retten, sind fehlgeschlagen. Doch die Meisteropern sind noch heute jugendfrisch wie vor hundert Jahren.

Zar und Zimmermann

Komische Oper in drei Akten
Text nach dem Französischen vom Komponisten

Personen:

Peter Michaelow, Zar von Rußland (Bariton)
Peter Iwanow, Zimmergeselle (Tenor)
van Bett, Bürgermeister von Saardam (Baß)
Marie, seine Nichte (Sopran)
General Lefort, russischer Gesandter (Baß)
Lord Syndham, englischer Gesandter (Baß)
Marquis von Chateauneuf, französischer Gesandter (Tenor)
Witwe Brown (Alt)

Ort und Zeit: Saardam in Holland, 1698
Uraufführung: 22.12.1837, Leipzig

1. AKT: Zimmerleute auf der Werft. Unter ihnen zwei Russen: Peter Michaelow (der unerkannt den Schiffbau studierende Zar) und Peter Iwanow, der aus der russischen Armee desertiert ist. Es gibt eine Eifersuchtsszene zwischen Iwanow und Marie, der Nichte des Bürgermeisters van Bett. – Der russische Gesandte teilt dem Zaren mit, daß sich seine Feinde wider ihn erheben. Sogleich läßt Michaelow alles zur Abreise vorbereiten. Jetzt erscheint die eigentliche (musikalisch glänzend gezeichnete) Hauptperson der Oper: der aufgeregte Bürgermeister van Bett (»O sancta justitia«). Er soll einen Mann namens Peter ausfindig machen. Aufgeblasen und dumm wie er ist, macht er sich auf Anraten des ebenso aufgeblasenen engli-

schen Gesandten an Peter Iwanow, der nun glaubt, er werde wegen seines Desertierens gesucht. Der französische Gesandte hat dagegen den Zaren erkannt und verhandelt heimlich mit ihm.

2. AKT: Beim Volksfest in einer Schenke sitzen an zwei getrennten Tischen zwei Verhandlungsgruppen: Zar, russischer Gesandter und französischer Gesandter an dem einen, Iwanow, Bürgermeister und Engländer am anderen. Die einen halten die anderen für lustige Vögel; denn jede Gruppe glaubt oder weiß, daß sie den richtigen Zar am Tische hat. Daher ergibt sich an Iwanows Tisch ein seltsames Durcheinander, während am Zarentische der Franzose nicht nur geschickt verhandelt, sondern gleichzeitig noch mit Marie kokettiert, was Iwanow geziemend in Wut bringt. Die größten Dummheiten macht natürlich der Bürgermeister. Um das Maß vollzumachen, kommt ein Offizier, der jeden Fremden ohne zureichenden Ausweis verhaften soll. Da ist der Bürgermeister in seinem Element (»Oh, ich bin klug und weise«). Leider kommt er jedesmal an den Falschen; dreimal tönt es ihm entgegen: »Gesandter des Königs von Frankreich (von Rußland, von England)«. Schließlich kommt er an den Zaren; doch vor dessen Zorn verkriecht er sich unter den Tisch.

3. AKT: Der brave Bürgermeister hat eine Huldigungskantate an den »Zaren« gedichtet. die er in einer lustigen, musikalisch köstlichen Szene einstudiert. – Peter Michaelow denkt wehmütig an seine Jugend als Königskind (»Einst spielt ich mit Szepter«), dann trifft

er die letzten Reisevorbereitungen. Peter Iwanow, dem die Kantate dargebracht wird, hat erst noch eine Eifersuchtsszene mit Marie, dann nimmt er die Kundgebung der Menge huldvoll entgegen; denn er weiß nicht recht, ob er nicht vielleicht doch selbst der Zar ist. Alle sagen es jedenfalls ... Ein Kanonenschuß erdröhnt, im Hintergrund sieht man den wirklichen Zaren inmitten eines glänzenden Gefolges an Bord seines Schiffes; er verabschiedet sich von den Saardamern. Geschwind stellt sich der Bürgermeister um, will die Kantate nun an den richtigen Mann bringen, aber da fällt der Vorhang.

Der Wildschütz

Komische Oper in drei Akten
Text nach Kotzebue vom Komponisten

Personen:

Graf von Eberbach (Bariton)
Gräfin (Sopran)
Baron Kronthal, ihr Bruder (Tenor)
Baronin Freimann, des Grafen Schwester (Sopran)
Nanette, ihr Kammermädchen (Mezzosopran)
Baculus, Schulmeister (Baß)
Gretchen, seine Braut (Sopran)
Pankratius, Haushofmeister (Bariton)

Ort und Zeit: Gut des Grafen, um 1800
Uraufführung: 31.12.1842, Leipzig

Höhepunkt der hervorragend gearbeiteten, gleichwohl volkstümlich ansprechenden Musik dieser Oper sind die witzig-gemütvolle Ouvertüre (in ihr fällt sogar der verhängnisvolle Schuß, durch den der Schulmeister zum Wildschützen wird) und die humorgeladene, geschliffene Billardszene.

1. AKT: Dörfliches Verlobungsfest des ältlichen Schulmeisters Baculus mit Gretchen. Da wird er durch einen Brief des Grafen seines Schulmeisterpostens enthoben – weil er gewildert habe. Jetzt will er Gretchen aufs Schloß schicken, damit sie um Gnade bitte. Die Kleine möchte schon gern, aber nun wird Baculus eifersüchtig: er kennt den Grafen. Nachdenklich geht er mit seiner Braut davon. Als Student verkleidet kommt die junge Witwe Baronin Freimann (Schwester des Grafen) mit ihrer Zofe Nanette. Als sie von den Nöten des Schulmeisters erfährt, will sie an Gretchens Stelle »als Mädchen gekleidet« (Baculus hält sie ja für einen Studenten) ins Schloß gehen. Während draußen die »Verkleidung« vor sich geht, erscheinen der Graf und sein Schwager Kronthal (der sich allen, auch seiner Schwester gegenüber, als Stallmeister ausgibt.) Die beiden sind sogleich bezaubert von Gretchens appetitlichem Aussehen, aber dann noch mehr von der »als Mädchen verkleideten« Studentenbaronin Freimann. Der Graf lädt Gretchen, die Baronin und ihre Zofe auf sein Schloß ein.

2. AKT: Zur gähnenden Langeweile ihrer Dienerschaft liest die Gräfin in einem Nebenzimmer laut aus ihrem geliebten griechischen Dichter Sophokles vor. Baculus fragt den Haushofmeister Pankratius, wie er

sich bei der Gräfin einschmeicheln könne. Nur durch Sophokles, lautet die Antwort, und beide gehen, um die erforderlichen Vorbereitungen zu treffen. Die Gräfin glaubt, der »Stallmeister« (der ja ihr Bruder ist) liebe sie; aber dessen Erregung erklärt sich daraus, daß er draußen die Stimme der verkleideten Baronin hört; schleunigst schlüpft er hinaus. Der zurückkehrende Baculus hat sich vorbereitet: seine Sophokles-Zitate stimmen die Gräfin gnädig. Freilich wettert nun der Graf dazwischen, der Baculus nicht mehr zu sehen wünscht, der Stallmeister kommt zurück, auch die als Schulmeistersbraut herausgeputzte Baronin, es gibt ein großes Durcheinander, da Graf und Baron gleichermaßen in die »Braut« verliebt sind, und da es draußen regnet, dürfen Baculus und »Braut« die Nacht im Schloß verbringen. Die Gräfin begibt sich zur Ruhe, die »Braut« nimmt eine Handarbeit vor, der Schulmeister setzt sich mit einem Choralbüchlein in einen Lehnstuhl, und Graf und Baron beginnen eine Billardpartie, in der sie gewissermaßen um die »Schulmeistersbraut« kämpfen (musikalisch eine Meisterszene der deutschen komischen Oper). Allem Hin und Her und Lärm und Gerede ein Ende zu machen, holt die Gräfin die angebliche Braut in ihr Schlafgemach, sehr zum Vergnügen des Schulmeisters, der sie ja für einen Studenten hält. Der Baron versucht nun, dem Schulmeister seine »Braut« für 5000 Taler abzukaufen. (Komische Arie des Baculus »Fünftausend Taler«).

3. AKT: Baculus führt dem Baron-Stallmeister seine richtige Braut vor und will die 5000 Taler. Aber der wollte ja die andere! Und die kommt im rechten

Augenblick, gesteht ihm den Verkleidungsbetrug – und ihre Liebe. Den Liebeskuß sieht die Gräfin – und entläßt den »Stallmeister«. Er geht, und der Studentenbaronin naht der ebenfalls verliebte Graf; sie küßt ihn. Abermals ist die Gräfin empört. Jetzt klärt sich alles auf: der Stallmeister ist der lange durch die Welt gereiste Bruder der Gräfin, die falsche Schulmeistersbraut und der verkleidete Student ist des Grafen Schwester. Und Baculus? Er braucht nicht begnadigt zu werden; denn als er sich als Wildschütz betätigte, hat er keinen Rehbock, sondern seinen eigenen Esel erschossen.

Undine

Romantische Zauberoper in vier Akten
Text nach Fouqué vom Komponisten

Personen:

Bertalda, angenommene Tochter des Herzogs (Sopran)
Ritter Hugo von Ringstetten (Tenor)
Kühleborg, Wasserfürst (Baß)
Tobias, alter Fischer (Baß)
Marthe, sein Weib (Alt)
Undine, ihre Pflegetochter (Sopran)
Pater Heilmann (Baß)
Veit, Hugos Schildknappe (Tenor)
Hans, Kellermeister (Baß)

Ort und Zeit: In und bei Burg Ringstetten, Mitte des 15. Jahrhunderts
Uraufführung: 21.4.1845, Magdeburg

Eine wirklich geschlossene Wirkung hat Lortzing mit seiner Undinen-Musik nicht erreicht, obwohl er durch Leitmotive – die wichtigsten sind die Bläseroktaven Kühleborns und die flehende Streicherweise Undines – das Ganze ziemlich zusammenhält. Dennoch hat sich diese Märchenoper durch ihren volkstümlichen Grundton immer wieder zahlreiche Freunde erworben.

1. AKT: Das Kind der alten Fischersleute ist einst im See ertrunken; aber eines Abends fanden sie vor der Tür ein anderes Kind, »das anscheinend im Wasser gelegen haben mußte«: Undine. Sie ist jetzt die Braut des Ritters Hugo, der die Verlockungen des Ritterfräuleins Bertalda hinter sich gelassen hat. Zur Hochzeitsfeier kommt auch der Wasserfürst Kühleborn als angeblicher Weinhändler. Der Knappe Veit schwatzt betrunken mit Kühleborn und behauptet, Undine werde nur »geprellt«, Bertalda sei nicht vergessen. Kühleborn schwört Rache. Undine erkennt Kühleborn, will ihn erschreckt fortschicken; doch er bleibt.

2. AKT: Auf Schloß Ringstetten. Trinkszene Veit-Hans. Undine erzählt Hugo, daß sie eine Nixe sei. Er kann sich eines Erschreckens nicht erwehren; doch: wenn sie – wie sie sagt – auch keine Seele habe, so solle sie durch seine Liebe eine gewinnen. Mit Kühleborn (diesmal als Gesandter von Neapel) erscheint Bertalda, prächtig und verliebt in Hugo. Aber sie ist zu Tode beleidigt, als Hugo ihr sein junges Weib vorstellt. Kühleborn warnt Undine; aber sie glaubt fest an Hugo. Hochmütig erklärt Bertalda, sie gedenke sich mit dem

König von Neapel zu vermählen und sich nicht mit einer »niederen Wahl« zu begnügen. Dieser Seitenhieb auf Undine erzürnt den Wasserfürsten Kühleborn. Und als sie gar verlangt, Undine solle ein Fischerlied singen, wallt er auf und singt von einem Fischermädchen, das einst den Herzog schlafend fand und mit auf sein Schloß nahm; dieses Fischermädchen aber sei – Bertalda. Mit Hilfe der alten Fischersleute und eines herzoglichen Schriftstücks beweist er die Richtigkeit seines Zornliedes. Alles will sich auf ihn stürzen; er aber versinkt drohend in einen Springbrunnen des Gartens.

3. AKT: Hugo und Undine haben Bertalda zu sich genommen. Doch Bertalda verlockt den Ritter, und er kann nicht widerstehen. Schließlich sagt er sich roh von dem »Kobold« Undine los. Kühleborn steigt aus den Fluten des Sees und holt die untröstliche Undine in sein und ihr Reich zurück.

4. AKT: Hugo träumt im Schloßgarten unruhig von Undine. Doch Trompetengeschmetter aus dem Festsaal bringt ihn wieder in die »Wirklichkeit« zurück. Der Kellermeister Hans und der Knappe Veit kommen trunken aus dem Schloß. So recht gefällt ihnen die Eheschließung Hugo-Bertalda nicht. In ihrer Trunkenheit heben sie den schweren Stein vom Brunnen, in dem Kühleborn hausen soll – rennen aber verschreckt davon; denn dem Brunnen entsteigt Undine und schreitet langsam ins Schloß. – Verwandlung. Festtrubel im Saal. Doch beim letzten Schlag der Mitternachtsglocke erdröhnt Kühleborns Motiv, die Lichter erlöschen, Undine betritt den Saal. Wie im Traum geht

Hugo auf sie zu, umarmt sie. Ein Donnerschlag: die beiden versinken im Boden. Der Saal stürzt ein, Wasserfluten dringen in den Raum. Kühleborn, Hugo und Undine erscheinen vereint in bläulichem Licht: dem Ritter ward verziehen um Undines willen. »Vernehmt's, ihr Seelenvollen, so rächen sich die Seelenlosen.«

Der Waffenschmied

Komische Oper in drei Akten
Text nach Ziegler vom Komponisten

Personen:
Hans Stadinger, Waffenschmied (Baß)
Marie, seine Tochter (Sopran)
Graf von Liebenau (Bariton)
Georg, sein Knappe (Tenor)
Ritter Adelhof (Baß)
Irmentraut, Mariens Erzieherin (Alt)
Brenner, Gastwirt (Tenor)

Ort und Zeit: Worms, 16. Jahrhundert
Uraufführung: 31.5.1846, Wien, Theater an der Wien

Im Gegensatz zur *Undine* verzichtet Lortzing auf Leitmotivik. An ihre Stelle setzt er Erinnerungsweisen, so die (bereits in der Ouvertüre auftretende) Arie des Ritters Liebenau »Du läßt mich kalt von hinnen scheiden«. Im ganzen gibt sich die Musik noch volkstümlicher als in den früheren Werken, ist reich an Liedkompositionen (am bekanntesten: »Auch ich war ein Jüngling mit lockigem Haar«).

1. AKT: Konrad Graf von Liebenau und sein Knappe Georg arbeiten verkleidet in der Werkstatt des Waffenschmieds und Tierarztes Stadinger. Als Geselle Konrad, aber auch in seiner Kleidung als Graf, wirbt er verstohlen um Stadingers Tochter Marie. Von dem heimlichen Herumstreifen des Grafen will Stadinger nichts wissen; daher gibt er Georg, der ja des Grafen verkleideter Knappe ist, den Auftrag, den Grafen zu verjagen, falls er in seiner Abwesenheit etwa versuchen sollte … Konrad verabredet mit Georg, daß er sich in der Nacht endgültig Klarheit verschaffen will, ob Marie den »Schmiedegesellen« Konrad oder den Grafen Konrad liebt. – Der dicke Ritter Adelhof will verhindern, daß der Graf sich mit Marie einläßt; dieser solle ja das reiche Fräulein von Katzenstein heiraten. Vor dem Wortschwall von Mariens Erzieherin Irmentraut räumt er schleunigst das Feld. – Marie ist trotz Irmentrauts Widerspruch entschlossen, dem Grafen um des »Schmiedegesellen« willen den Abschied zu geben: ihr Herz sei schon versagt, erklärt sie ihm, als er am Abend im Grafengewand erscheint. Innerlich frohlockend, wahrt er den äußeren Schein: »Du läßt mich kalt von hinnen scheiden?« Schleunigst muß der Graf verschwinden: Stadinger kehrt zurück, sucht den unwillkommenen gräflichen Werber und bringt mit Lärmen und Toben Männlein und Weiblein durcheinander. Endlich wird Ruhe. Marie kommt noch einmal, um Konrad durch die Tür gute Nacht zu sagen, doch der rührt sich nicht, steht er doch als Graf draußen im Gar-

ten, wie Marie eben sieht. Leise Zweifel melden sich, ob sie nicht besser ... Doch »Reichtum allein tut's nicht auf Erden«.

2. AKT: Konrad spielt den Eifersüchtigen, weil doch der Graf bei ihr gewesen ist. Aber die Kleine setzt ihm gehörig den Kopf zurecht. Da küßt er sie – und Irmentraut kommt dazu; sie schweigt, als auch sie einen Kuß erhält. Das wiederum sieht Georg. Durch das allgemeine Geschrei angelockt, kommt Stadinger herbei; er versteht nicht, wer wen geküßt hat. In die Verwirrung watschelt auch noch der Ritter Adelhof hinein, warnt vor dem Grafen Liebenau. Allgemeines Durcheinander, am Ende: Konrad muß aus dem Haus. Nur einen Brief soll er Stadinger noch vorlesen. Darin steht, der Graf Liebenau sei gefährlich; Stadinger solle schleunigst Marie dem Gesellen Konrad geben. Erst tobt der Alte, dann lächelt er. Nein, Konrad müsse fort und – Georg habe Marie zu heiraten ... »es muß ihm aber nicht unangenehm sein«. Verwandlung. In den Weinbergen vor der Stadt feiert Stadinger sein Meisterjubiläum. Da bringt Konrad die zitternde Marie, die er dem Grafen Liebenau, als er sie entführen wollte, wieder entrissen habe. Der halbtrunkene Meister flucht, wettert; Marie soll in ein Kloster ... »es muß ihr aber nicht unangenehm sein«. Nein, den Georg soll sie heiraten, ob die beiden wollen oder nicht.

3. AKT: Stadinger hat seinen Rausch ausgeschlafen und will sich berichten lassen, was denn gestern eigentlich los gewesen sei. Aber mitten in dem Bericht seiner Umgebung kommt der dicke Adelhof und droht,

ahnungslos, das ganze Spiel aufzudecken. Man läßt ihn nicht zu Worte kommen, und er zieht ab. So sehr man nun von allen Seiten auf Stadinger einredet – dem Konrad gibt er die Marie nicht. Konrad verläßt das Haus, und bald darauf hört man Lärmen und Toben: der Graf Liebenau will Marie mit Gewalt entführen! Da kommt ein Schreiben vom Magistrat: um des Stadtfriedens willen solle Stadinger dem Konrad Marie zum Weibe geben. Was bleibt dem alten Brummbären anders übrig, als nachzugeben! Ja, »Auch ich war ein Jüngling mit lockigem Haar« ... singt er erinnerungsschwer. Und als er nun entdecken muß, daß der Geselle Konrad und der Graf Liebenau ein und dieselbe Person ist, da versagt er den Verliebten den Segen nicht; »es muß ihnen aber nicht unangenehm sein«.

BELLINI

Vincenzo B. (1801–1835, Sizilianer), studierte in Neapel, schrieb Kirchenmusik, später elf Opern, z.T. für die Mailänder Scala. Seit 1833 in Paris, befreundet mit Chopin.

Erst in jüngerer Zeit findet sich hin und wieder einmal eine Bühne, eines der Hauptwerke Bellinis aufzuführen. Wenn der junge Wagner sich anfangs Bellini zum Vorbild erwählte, wenn Verdi bei Bellinis Streben, von der gesungenen Melodie her musikdramatische Ziele zu verwirklichen, anknüpfte, so spricht das für sich. Auch heute noch sprechen die edlen Gesangslinien des früh verstorbenen Meisters unmittelbar an. Ob das musikdramatische Wollen Bellini bewußt dazu führte, daß er für seine Hauptwerke nordische Stoffe wählte, steht dahin (u.a. *Die Puritaner in Schottland, Norma*).

Norma

Lyrische Tragödie in zwei Akten
Text von Felice Romani

Personen:

Sever, römischer Prokonsul (Tenor)
Flavius, sein Vertrauter (Tenor)
Orovist, Haupt der Druiden (Baß)
Norma, seine Tochter, Druidenpriesterin (Sopran)

Clothilde, ihre Freundin (Sopran)
Adalgisa, junge Priesterin (Mezzosopran)
Normas Kinder, Druiden, Priester, Krieger

Ort und Zeit: Gallien im Jahre 100 (Text mehrfach bearbeitet)
Uraufführung: 26.12.1831, Mailand, Teatro alla Scala

1. AKT: Norma hat in heimlicher LIebe zwei Kinder geboren von dem römischen Prokonsul Sever. Ihr oberpriesterlicher Vater betet um Vernichtung der römischen Besatzung. Norma selbst fleht die Götter an, daß sie Severs Liebe zurückgewönne, der sich der jungen Adalgisa zugewendet hat. Diese wiederum betet um Erlösung von sündiger Liebe, der sie nicht widerstehen kann. – Die drei in Schuld Verstrickten ahnen Unheil, als sie voneinander endlich hören, in welchem Verhältnis sie zueinander stehen. (Großartiges Schlußduett)

2. AKT: In heftigem Zwiespalt entschließt sich Norma, die ursprünglich ihre Kinder töten wollte, diesen doch ein Elternhaus zu geben, indem sie Adalgisa und Sever vermählen möchte. Adalgisa lehnt ab. – Sever zeigt sich als Unterdrücker von unnachsichtiger Strenge. Da gibt Norma das Zeichen zum Kampf gegen die Römer, Sever wird gefangen, als er in den Tempel einbricht, um Adalgisa zu rauben. Norma spricht das Urteil: Sever und »die sündige Priesterin« sollen den Scheiterhaufen besteigen. Im letzten Augenblick bekennt sie sich selbst als die sündige Priesterin und geht mit Sever in den Tod.

ADAM

Charles Adolphe A. (1803–1856, Franzose), Sohn eines Pariser Konservatoriumsprofessors. Nach dem Welterfolg seines »Postillon« einige Jahre in Petersburg und dann in Berlin. 1848 Nachfolger seines Vaters am Konservatorium.

Der Postillon von Lonjumeau

Komische Oper in drei Akten
Text von de Leuwen und Brunswick

Personen:

Chapelou, Postillon (Tenor)
Madelaine, Wirtin (Sopran)
Bijou, Schmied (Baß)
Marquis von Corcy, Intendant (Tenorbuffo)
Bourdon, Chorist (Baß)

Ort und Zeit: 1. Akt im Dorfe Lonjumeau, 1756,
2. und 3. Akt bei Fontainebleau, 1766
Uraufführung: 13.10.1836, Paris, Opéra Comique

Eine mit leichter Hand geschriebene Musik, in der es einfach und artig zugeht; freilich, so anmutig und witzig kann nur schreiben, wer sein Handwerk beherrscht.

1. AKT: Am Abend seines Hochzeitstages mit der Wirtin Madelaine wird der Postillon Chapelou von

einem durchreisenden Marquis und Theaterintendanten für eine eilige Fahrt in Anspruch genommen. Als der Marquis ihn die Romanze »Freunde, vernehmet die Geschichte« singen hört, verpflichtet er ihn für sein Theater in Paris. Chapelou schlägt ein, fährt mit dem Marquis davon und läßt Madelaine im Stich.

2. AKT: Zehn Jahre später. Madelaine hat eine reiche Erbschaft gemacht, nennt sich Frau von Latour und lebt in Fontainebleau. Der Marquis will ihr mit seinen Opernsängern (darunter Chapelou als »Saint Phar« und der ehemalige Dorfschmied Bijou als Chorführer) ein Ständchen bringen. Chapelou-Saint Phar ist in Frau von Latour verliebt (ohne sie als seine Frau Madelaine zu erkennen) und will sie durch eine Scheinheirat gewinnen. Ein verkleideter Chorsänger soll den Priester spielen. Doch der Marquis, der glaubt, Frau von Latour wolle ihn selbst heiraten, schickt einen richtigen Priester, von dem sie sich mit Chapelou zusammengeben läßt.

3. AKT: Der Marquis hat von dem verängstigten Bijou erfahren, daß Chapelou schon verheiratet war. Er sperrt Chapelou, Bijou und den Chorsänger in das Brautgemach. Die beiden Choristen können entfliehen. Zu Chapelou kommt die als Kammerzofe verkleidete Frau von Latour ... und in ihr erkennt er seine Madelaine. Diese läßt »vor Schreck« die Kerze fallen und spielt wechselnd im Dunkeln die Rolle der Frau von Latour und die der Madelaine. Die Geschichte geht gut aus: die gleiche Frau darf man bekanntlich ungestraft zweimal heiraten.

GLINKA

Michail Iwanowitsch G. (1804–1857, Russe) studierte Musik in Berlin. Schrieb Orchesterwerke, Kammermusik, Klavierstücke, Lieder, zwei Opern.

Das Leben für den Zaren

(Iwan Sussanin)

Oper in fünf Akten – Text von Baron von Rosen

Personen:

Iwan Sussanin, Bauer im Dorf Domnin (Baß)
Antonida, seine Tochter (Sopran)
Bogdan Sobinjin, ihr Verlobter (Tenor)
Wanja, ein Waisenknabe, von Sussanin angenommen (Alt)
Ein polnischer Heerführer (Bariton)

Ort und Zeit: Dorf Domnin, Kloster, Moskau 1613
Uraufführung: 9.12.1836, Petersburg

Nach einer langen Zeit der vom russischen Hof verursachten Ausländerei trat Glinka mit dieser heimatlichen Oper hervor. Damit gilt er als Schöpfer der russischen Nationaloper. Eine solche Musik zu schreiben, war damals immerhin ein Wagnis. Sehr fein scheidet Glinka die beiden widerstrebenden Kräfte Russen und Polen auch in der Musik: den Polen werden Tanzformen ihrer Heimat gesellt (Polonaise, Krakowiak, Mazurka), das russische Element äußert sich in Liedern, die zu großartigen Ensembles gesteigert werden.

1. AKT: Beinahe hätte die Hochzeit im Dorf Domnin verschoben werden müssen. Denn dem Bericht über den russischen Sieg über die Polen folgen beunruhigende Nachrichten über neue kriegerische Unternehmungen der Feinde; sogar ein neuer Zar soll gewählt werden. Neuer Zar wird aber der Gutsherr Romanow. Beruhigt kann der Bauer Iwan Sussanin seine Tochter Antonida mit Sobinjin zusammengeben.

2. AKT: Bei den erneut gegen die Russen ziehenden Polen herrscht anfängliche Freude im Lager. Die Nachricht von der militärischen Niederlage und der Zarenwahl verursacht Bestürzung. Man beschließt, den neuen Zaren zu überfallen.

3. AKT: Sussanins Haus wird umstellt, die Hochzeitsfeier nimmt ein jähes Ende. Der Bauer läßt sich scheinbar bereden, den Polen den Weg zum Zaren zu zeigen. Heimlich aber schickt er seinen Pflegesohn Wanja zum Zaren, ihn zu warnen.

4. AKT: Wanjas Botschaft kommt zur rechten Zeit. Alle verlassen mit dem Zaren das Kloster, in dem dieser sich aufhält. – Sussanin hat die Polen in eine weglose Eiswüste geführt, offenbart ihnen frohlockend seine List. Er wird von den Wütenden getötet.

5. AKT: In Moskau wird der neue Zar begeistert begrüßt. Gefeiert werden aber auch Wanja und Antonida, die Kinder des opferbereiten Sussanin.

NICOLAI

Otto N. (1810–1849) entfloh als Jüngling seinem brutalen Vater, fand Gönner und wurde Organist an der preußischen Gesandtschaft in Rom. Dort studierte er die italienische Oper, wurde 1841 Hofkapellmeister in Wien und anschließend in Berlin. Seine italienischen Opern sind vergessen, nicht aber »Die lustigen Weiber von Windsor«.

Die lustigen Weiber von Windsor

Komisch-phantastische Oper in drei Akten
Text nach Shakespeare von S.H. Mosenthal

Personen:

Sir John Falstaff (Baß)
Herr Fluth (Bariton)
Frau Fluth (Sopran)
Herr Reich (Bariton)
Frau Reich (Mezzosopran)
Anna, deren Tochter (Sopran)
Fenton, ihr Geliebter (Tenor)
Junker Spärlich (Tenor)
Dr. Cajus (Baß)

Ort und Zeit: Windsor, Anfang des 17. Jahrhunderts
Uraufführung: 9.3.1849, Berlin, Königliche Oper

Nach seinen Triumphen mit italienischen Opern wandte sich Nicolai bewußt einer anderen Aufgabe zu: wie Mozart wollte er italienische Geschmeidigkeit mit deutscher Innigkeit verbinden. Es steht außer Zweifel, daß ihm das in den »Lustigen Weibern von Windsor«, einer der besten deutschen komischen Opern, gelungen ist. Von den weichen Hornklängen zu raunenden Streichern in der Ouvertüre über die bald schmelzend-innigen und bald zierlich-kecken Arien bis zu den glänzend gebauten Ensemblesätzen zieht sich das

einigende Band, das italienisches Opernbrio und deutsches Empfinden zusammenhält. Höchst bemerkenswert auch die Bildhaftigkeit der Orchestersprache. Unser Beispiel gibt wieder, wie sich der fettwanstige Ritter Falstaff mit anmutig sein sollenden Bewegungen auf seine geliebte Frau Fluth zuwälzt. – Ein Vergleich mit Verdis »Falstaff«: Verdi hat eine kostbare Kammeroper geschrieben. Nicolai dagegen eine nicht minder kostbare Volksoper.

1. AKT: Der Meistersäufer, Meisterfresser und Meisterschnorrer Falstaff hat an Frau Fluth und Frau Reich je einen Liebesbrief geschrieben. Die beiden lustigen Frauen beschließen, ihm einen tüchtigen Streich zu spielen. – Herr Fluth und Herr Reich erscheinen mit dem radebrechenden Franzosen Cajus und dem einigermaßen verblödeten Junker Spärlich. Die beiden werben um Anna Reich, deren Vater den Junker Spärlich, deren Mutter aber den Dr. Cajus begünstigen. Ein dritter Bewerber, der von Anna geliebte Fenton, wird von Herrn Reich grob abgewiesen. – Verwandlung. Frau Fluth erwartet in ihrem Zimmer den Ritter Falstaff zum »Stelldichein«, zu dem sie ihn durch ein Brieflein bestellt hat. Aber auch ihrem Mann ist durch Frau Reich ein Brieflein zugesteckt worden, das ihn »warnt«; denn die lustigen Weiber wollen den Ritter Falstaff für seine Keckheit und Herrn Fluth für seine ständige Eifersucht bestrafen. Falstaff tritt siegesgewiß ein; doch das »Stelldichein« wird gestört: mit Freunden und Nachbarn naht der »gewarnte« Herr Fluth. Zitternd verbirgt sich Falstaff hinter einem Wandschirm. Die Eindringenden durchsuchen aufgeregt das ganze Haus. Inzwischen wird Falstaff in einem großen Waschkorb versteckt und mitsamt der schmutzigen Wäsche von den Knechten in einen Mühlgraben geworfen. Natürlich ist die Hausdurchsuchung ergebnislos, und Fluth muß seine Frau um Verzeihung bitten, daß er dem »Warnbrief« Glauben geschenkt hat.

2. AKT: Im Wirtshaus gewinnt Falstaff bei einem Humpen Wein neuen Mut, zumal Frau Fluth sich in einem neuen Briefchen untröstlich stellt. Zwei Zecher

trinkt der Dicke unter den Tisch und läßt sie feierlich »begraben«. Da kommt ein Herr Bach (der verkleidete Fluth) und bittet Falstaff um Hilfe: er werbe vergeblich um eine Frau Fluth, hoffe sie aber gewinnen zu können, wenn erst einmal der Ritter Falstaff sie erobert habe. Großartig verspricht Falstaff, sein Bestes zu tun, und erzählt das gestörte Stelldichein vom Vortage. Fluth-Bach kann seinen Zorn kaum verbergen und schwört heimlich Rache. – Verwandlung: Gartenszene. Erst erscheint Spärlich, dann Cajus: beide wollen sich Anna nähern. Aber sie erleben von ihrem Versteck aus nur, wie sich Anna mit Fenton trifft. – Verwandlung: Wieder ist Falstaff bei Frau Fluth, wieder kommt Herr Fluth. Diesmal wird Falstaff in ein Nebenzimmer gebracht, und Herr Fluth, der durch sein Toben letzthin nichts erreicht hat, tritt jetzt beherrscht auf. Da bringen die Knechte einen Waschkorb; wie ein Panther stürzt sich Fluth auf den Korb, durchwühlt den Inhalt und findet – gebrauchte Wäsche, sonst nichts. Beschämt steht er vor seiner Frau. Um sich Luft zu machen, verprügelt er ein altes Weib, das aus dem Nebenzimmer gehumpelt kommt; die Alte verläßt schreiend das Haus ... es war der verkleidete Falstaff.

3. AKT: Die Ehefrauen Fluth und Reich haben ihren Männern alles erzählt. Unter allgemeinem Gelächter wird beschlossen, Falstaff heute nacht zu einer Maskerade in den Park von Windsor zu bestellen und ihm tüchtig mitzuspielen. Das Ehepaar Reich verbindet damit – ohne daß man sich verständigt – einen anderen Plan: Frau Reich gibt Anna ein rotes Elfengewand, damit Dr. Cajus sie erkenne; Herr Reich aber wünscht,

daß Anna als grüner Elf für Spärlich erkennbar wird und mit ihm in einer Kapelle getraut werde. Und Anna? Sie schickt Cajus das grüne und Spärlich das rote Gewand. – Verwandlung: Im Park zu Windsor trifft der mit einem Hirschgeweih gezierte Falstaff Frau Fluth – und Frau Reich. Gleich zwei Frauen wollen ihm ihre Liebe schenken? Wie er sich gerade brüstet und mit den Frauen kost, erscheinen Geister und Elfen, an ihrer Spitze Titania (Anna) und Oberon (Fenton). Titania und Oberon schreiten langsam davon; die Nachtgespenster aber zwicken und zwacken Falstaff, daß er aufbrüllt. Mitten im Trubel »erkennen« sich Cajus und Spärlich an ihren grünen bzw. roten Gewändern und rennen Hand in Hand zur nahen Kapelle, um sich – wie jeder glaubt – mit Anna trauen zu lassen. Endlich lassen die Nachtgeister von Falstaff ab und sind wieder Bürger und Bürgerinnen von Windsor. Der verdutzte Fettkloß gewinnt seine Laune wieder, als er zu einem tüchtigen Trunk eingeladen wird. Stotternd eilen Cajus und Spärlich herbei: sie haben geheiratet, weil einer den andern für Anna hielt. Anna aber erscheint mit Fenton: die zwei haben *wirklich* geheiratet.

FLOTOW

Friedrich von F. (1812–1883), Sohn eines Rittergutsbesitzers, erhielt seine musikalische Ausbildung in Paris. 1855 Hoftheater-Intendant in Schwerin. Später lange Jahre auf seinem Landgut bei Wien.

Flotow ist ein Jahr früher als Wagner geboren und im gleichen Jahr wie dieser gestorben; doch größere Gegensätze als die zwischen ihm und Wagner sind kaum denkbar. Flotow gefällt sich zuweilen in platten Rührseligkeiten; doch sollte man nicht überhören, daß seine meisterhaft gesetzten komischen Szenen den Vergleich mit den besten französischen Vorbildern auszuhalten vermögen.

Alessandro Stradella

Romantische Oper in drei Akten
Text von W. Friedrich (Riese)

Personen:

Stradella, ein Sänger (Tenor)
Bassi, reicher Venezianer (Baß)
Leonore, sein Mündel (Sopran)
Malvolino (Baß) und Barbarino (Tenor), Banditen

Ort und Zeit: Venedig (1. Akt) und Gegend bei Rom, 1675
Uraufführung: 30.12.1844, Hamburg

1. AKT: Der reiche Venezianer Bassi will sein Mündel Leonore heiraten. Sie liebt aber den Sänger Stradella und läßt sich von ihm während eines Maskenfestes in einer Gondel entführen. (Musikalisch am stärksten die Lagunen- und Karnevalsmusik.)

2. AKT: Während Stradella und Leonore in einer ländlichen Kirche getraut werden, schleichen die beiden Banditen Barbarino und Malvolino herbei; sie haben beide – ohne voneinander zu wissen – von Bassi den gleichen Auftrag: Stradella zu ermorden und Leonore zu Bassi zurückzubringen. (Das Zusammentreffen der beiden Spitzbuben ist musikalisch das beste Stück der Oper). Bei der Hochzeitsfeier singen sie ein komisches Trinklied. Als aber Stradella eine gefühlvolle Cavatine singt, schmelzen die harten Herzen der Banditen. Barbarino und Malvolino schließen sich Stradella an.

3. AKT: Bassi ist höchstpersönlich ins Haus Stradellas gekommen, um zu sehen, was die Banditen ausrichten. Durch immer höhere Geldangebote zieht er sie wieder auf seine Seite: die drei verbergen sich, um Stradella zu überfallen und zu erstechen. Doch dieser probt gerade eine neue (musikalisch fade) Arie. Den sich heranpirschenden Verschwörern treten ob solch herrlichen Gesangs die Tränen in die Augen; sie lassen ihre Dolche fallen und sinken in die Knie (musikalisch überaus witzige Szene). Die Macht des Gesanges hat gesiegt, und auch Bassi wird verziehen.

Martha oder Der Markt zu Richmond

Romantisch-komische Oper in vier Akten
Text nach Saint Georges von W. Friedrich (Riese)

Personen:

Lady Harriet Durham (Sopran)
Nancy, ihre Vertraute (Mezzosopran)
Lord Tristan Mickleford, Harriets Vetter (Baß)
Lyonel (Tenor) und Plumkett, Pächter (Baß)
Der Richter von Richmond (Baß)

Ort und Zeit: Richmond und Schloß der Lady, Anfang des 18. Jahrhunderts
Uraufführung: 25.11.1847, Wien, Kärntnerthor-Theater

1. AKT: Um Lady Harriets Langeweile zu vertreiben, empfiehlt ihre Dienerin Nancy, sie solle sich einmal verlieben. Aber in wen? Da hört man von draußen den Gesang der Mägde, die auf den Markt von Richmond ziehen. Schnell sind die Frauen dabei, sich zu verkleiden und sich auf dem Markt als Mägde zu verdingen. Auch der überaus vornehme Lord Tristan muß mitmachen. – Verwandlung. Die Pächter Lyonel und Plumkett warten auf die Mägde. Lyonel erzählt von einem Ring, der von seinem Vater stammt; wenn er einmal in Gefahr komme, solle er den Ring an die Königin senden. Die Mägde erscheinen, preisen ihre Fähigkeiten an (reizende Stimmführungen in dieser Szene: »Ich kann nähen, ich kann mähen, ich kann säen, Faden drehen«). Harriet und Nancy verpflichten sich scherz-

haft Lyonel und Plumkett als Mägde. Aber der Scherz wird ernst: durch Handschlag haben sie sich unweigerlich für ein Jahr gebunden, entscheidet der Richter.

2. AKT: In der Pächterwohnung. Die beiden neuen »Mägde« lehnen jede Arbeit ab. Plumkett und Nancy brummen sich an, während Lyonel seine Magd »Martha« (Harriet) sehr rücksichtsvoll behandelt. Die beiden Männer wollen die Mägde im Spinnen unterweisen (sehr hübsches, vor allem im Orchester reizend gesetztes Spinnquartett). Nancy wirft ihr Spinnrad um und eilt lachend hinaus, verfolgt von Plumkett. Lyonel aber ist so verliebt, daß er der »Magd Martha« Hand und Besitz bietet. Sie singt ihm zwar auf sein Bitten ein Lied (»Letzte Rose«), doch seine Liebe verschmäht sie. Noch einmal gibt es eine kurze heitere Auseinandersetzung, als Plumkett mit Nancy zurückkehrt – dann verlassen die Männer den Raum, und die Mädchen riegeln sich ein. Nach einer Weile klopft es am Fenster: Lord Tristan holt die beiden Frauen.

3. AKT: Plumkett erkennt vor einer Waldschänke in Nancy, die mit Damen der Königin auf der Jagd ist, seine Magd und will sie mit Gewalt fortführen; die Speere der Jägerinnen halten ihn zurück. Lyonel tritt auf, singt traurig vor sich hin, bricht verzweifelt in die schmalzig-kitschige Arie aus: »Martha, Martha, du entschwandest.« Harriet naht, wird von Lyonel erkannt und angefleht, ihm zu folgen. Und als er sie zornig als seine Magd bezeichnet, läßt ihn die feine Dame festnehmen ... Den Ring aber hat er schnell noch Plumkett zustecken können.

4. AKT: Plumkett hat den Ring an die Königin geschickt; es stellt sich heraus, daß Lyonel ein Grafensohn ist. Jetzt, ach wie so traut, wäre Harriet nicht abgeneigt, ihn zu heiraten. Aber als sie ihn durch ihr Lied »Letzte Rose« in seine Pächterstube gelockt hat, weist er sie als falsche Sirene ab. Plumkett und Nancy dagegen schwatzen sich schon allmählich zusammen. – Verwandlung. Vor Plumketts Hause spielt man den »Mägdemarkt zu Richmond«. Freunde und Bekannte haben sich dementsprechend gekleidet. Harriet und Nancy haben sich wieder als Mädge angeputzt und bieten ihre Dienste an. Auf Lyonels Frage, was sie könne, antwortet Harriet: allem Glanz entsagen, um wieder seine Magd zu werden. Große Rührung und Doppelhochzeit.

WAGNER

Richard W. (1813–1883), war der Sohn eines Polizeiaktuars: nach dessen Tode heiratete seine Mutter den Schauspieler Friedrich Geyer (wahrscheinlich der natürliche Vater Richards). Späte musikalische Ausbildung. 1834 Kapellmeister in Magdeburg, dann in Königsberg und Riga. 1839–1842 unter elenden Umständen in Paris. 1842 Hofkapellmeister in Dresden, floh 1848 wegen angeblicher revolutionärer Umtriebe in die Schweiz. 1861 wieder in Deutschland, Ludwig II. von Bayern rief Wagner nach München. Cosima von Bülow (natürliche Tochter von Liszt) wurde Wagners zweite Frau. 1871 Übersiedlung nach Bayreuth, 1872 Grundsteinlegung des Festspielhauses, 1876 die ersten Aufführungen. W. starb in Venedig und wurde im Garten seiner Bayreuther »Villa Wahnfried« beigesetzt.

Die Zeit ist vorüber, in der man Wagner den »Revolutionär der Musik« nannte. Das ist er nie gewesen; vielmehr hat er vollendet, was andere vor ihm angebahnt haben – insbesondere das romantische Kunstideal, alle Künste unter einem einheitlichen Grundgesetz zu beurteilen, ja, sie zu einem Gesamtkunstwerk zusammenzufassen, das heißt, Wort und Ton, Bild und Gebärde, Drama und Musik zu einer Einheit zu verschmelzen. Die musikalischen Mittel zu solchem Streben fand er bereits vorgebildet; so z.B. bei Weber das Leitmotiv, bei Marschner den dramatisch geführten

Sprechgesang, bei Liszt und Berlioz die verfeinerte Orchestersprache. Aber es ist überhaupt gefährlich, in Wagner vor allem den Musiker sehen zu wollen. Am höchsten stand ihm das Drama, das Gesamtdrama – ein Gedanke, dem er alles untergeordnet hat. Nicht sogleich; denn seine frühen Werke sind Große Opern jener Gattung, die er später so leidenschaftlich (und vielfach ungerecht) bekämpft hat. Auch seine Werke sind langsam gewachsen und geworden. Seine sogenannten »Leitmotive« (musikalische Formen und Formeln, die bei bestimmten Anlässen immer wieder auftauchen, das innere und äußere Geschehen »leiten«) sind freilich etwas Besonderes, sind nicht schablonenhafte Erinnerungstakte, sondern tönende Urformeln zur klanglichen Versinnbildlichung bestimmter Urkräfte – nicht anders als Wagners noch heute vielfach verkanntes und verlachtes Bestreben, auf den Ursinn der Urworte zurückzugreifen.

Rienzi, der letzte der Tribunen

Große tragische Oper in fünf Akten
Text vom Komponisten

Personen:

Cola Rienzi, päpstlicher Notar (Tenor)
Irene, seine Schwester (Sopran)
Stefano Colonna (Baß)
Adriano, sein Sohn (Mezzosopran)
Paola Orsini (Baß)
Raimondo, päpstlicher Legat (Baß)

Baroncelli (Tenor) und Cecco del Vecchio (Baß), römische Bürger
Ein Friedensbote (Sopran)
Herold (Tenor)

Ort und Zeit: Rom, Mitte des 14. Jahrhunderts
Uraufführung: 20.10.1842, Dresden

Während frühere Opern, wie *Die Feen* und *Das Liebesverbot* , fast vergessen sind, wird *Rienzi* zuweilen aufgeführt. Leider eben nur zuweilen; denn trotz vieler schwacher Stellen (Wagner selbst und später seine Frau Cosima haben Umarbeitungen versucht) kann dieses Werk immer noch stark wirken, zumal wenn man den revolutionären Kern scharf herausarbeitet. Freilich gehört es nach seinem etwas ungeschlachten Text und der oft grobdrähtigen Musik ganz und gar in den Bereich der »Großen Oper«, und der haftet (nicht immer mit Recht) der Geruch von etwas Unerfreulichem an. Wenn einmal die Zeit kommt (und sie kommt bestimmt), in der man die Angst vor allzu feinen kritischen Nasen verliert, dann wird Wagners *Rienzi* mit anderen Werken seiner Gattung wieder häufiger auf dem Spielplan erscheinen.

In der Ouvertüre hat Wagner die verschiedenen Hauptthemen des Werkes verarbeitet, so vor allem Rienzis Gebet (1) und den Triumphmarsch (2), siehe Notenbeispiel.

1. AKT: Rom seufzt unter dem wüsten Treiben der großen Adelsgeschlechter. Rienzis Schwester Irene wird von Orsini geraubt, aber von Adriano Colonna gerettet. Nicht das Volk und nicht der päpstliche Legat, sondern nur Rienzi kann die streitenden Parteien Colonna-Orsini trennen. Spottend ziehen die adeligen Herren fort, um vor Roms Toren ihre Kämpfe fortzusetzen. Auf das Drängen des Volkes und der Kirche verspricht Rienzi, dem Adelstreiben ein Ende zu setzen: Trompetenstöße sollen den Beginn des Aufstandes verkünden. Adriano Colonna liebt Irene und schließt sich Rienzi an. Trompetenstöße: der Umsturz wird vollzogen, Rienzi läßt das Volk die Freiheit beschwören.

2. AKT: Großer Friedensempfang Rienzis. Auch die Adeligen huldigen Rienzi; doch haben sie beschlossen, ihn zu töten. Orsini führt den Dolchstoß; aber Rienzi hat sich durch ein Panzerhemd geschützt. Die Führer der Verschworenen, Orsini und Colonna, werden zum Tode verurteilt, jedoch von Rienzi begnadigt.

3. AKT: Die Adeligen sind geflohen und führen nun ein großes Heer gegen die Stadt. Das Volk zürnt Rienzi wegen seiner Milde; doch alles folgt ihm, als er zum Kampf aufruft. Die römischen Bürger ziehen in die Schlacht und besiegen den Adel. Als der alte Colonna

tot hereingetragen wird, flucht sein Sohn Adriano dem Volkstribunen. Triumphzug Rienzis und Irenens zum Kapitol.

4. AKT: Rienzis Forderungen haben Kaiser und Papst verstimmt, die Bürger halten Rienzi für einen Verräter, weil er den Adeligen gegenüber zu milde gewesen sei. Noch einmal entfaltet Rienzi die Macht seiner Rede, stimmt die Mißvergnügten um. Aber als die Kirche ihn in Bann schlägt, verlassen ihn alle – bis auf Irene, obwohl Adriano sie für sich gewinnen will.

5. AKT: Irene will das Schicksal des um die Freiheit Roms betenden und kämpfenden Rienzi teilen. Sie weist auch Adriano zurück, der sie aus dem brennenden Kapitol retten will. – Verwandlung. Rienzi spricht von einem Erker des Kapitols zu dem wütenden Volk. Umsonst. Man bewirft ihn und Irene mit Steinen, schürt das Feuer. An der Spitze des Adels dringt Adriano herein, will Irene retten, wird aber mit ihr und Rienzi von den Trümmern des Kapitols erschlagen. Die Adeligen hauen auf das durch eigene Schuld führerlos gewordene Volk ein.

Der Fliegende Holländer

Romantische Oper in drei Akten
Text vom Komponisten

Personen:

Daland, ein norwegischer Seefahrer (Baß)
Senta, seine Tochter (Sopran)
Mary, ihre Amme (Mezzosopran)

Erik, ein Jäger (Tenor)
Der Steuermann Dalands (Tenor)
Der Holländer (Bariton)

Ort und Zeit: Norwegische Küste, 17. Jahrhundert
Uraufführung: 2.1.1843, Dresden

Vorbild für die Wortdichtungen waren verschiedene Fassungen der Holländer-Sage (u.a. Heine); Anstoß war wohl die stürmische Seefahrt von Riga nach London; die Formensprache stammt noch aus der überkommenen Oper. Aber Wagner ist ein eigener geworden. Das spürt man nicht nur aus der Art, wie er die neugewonnene leitmotivische Technik einsetzt, sondern mehr noch daran, daß er alle Formen mit musikdramatischem Geist zu erfüllen sucht (restlos gelungen ist es noch nicht). Gedankliche und musikalische Keimzelle dieser Opern-Großballade ist die Ballade Sentas. Sie enthält auch die beiden entscheidenden Motive: den düster-hohlen Holländerruf (1. Beispiel) und Sentas Erlösungsmotiv (2. Beispiel); damit klingt

1 Nicht schnell

2 Langsam

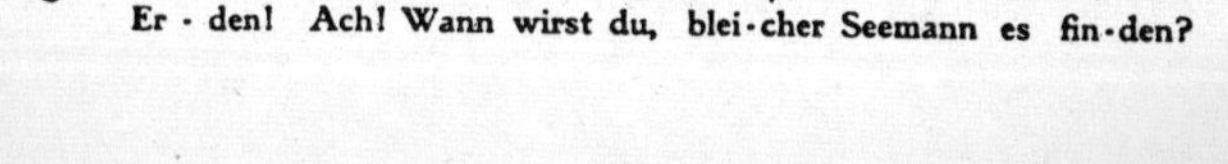

zum ersten Male auch in voller Klarheit der Erlösungsgedanke Wagners auf. Zugleich sind die Einzelpersonen erstmalig bei Wagner wirkliche Persönlichkeiten geworden – in der Dichtung wie in der Musik. Nicht »Individualitäten«, sondern echte Persönlichkeiten, die sich zwar scharf voneinander abheben, gleichzeitig aber Vertreter bestimmter Lebenskreise sind.

1. AKT: Widrige Winde haben den norwegischen Seemann Daland gezwungen, kurz vor seinem Heimatorte einen Nothafen aufzusuchen. Während sich die Mannschaft zur Ruhe begibt, erscheint ein Gespensterschiff. Dessen Kapitän steigt an Land und beklagt sein Unheil: zu ewigem Umherstreifen ist er verurteilt, bis ihn einst die Treue eines Weibes erlöst. Dem erwachenden Daland bietet der Fremde unermeßliche Schätze, wenn er ihm seine Tochter zur Frau gibt. Daland schlägt ein; mit günstigem Wind segelt er davon, das Gespensterschiff folgt.

2. AKT: Dalands Tochter Senta findet an den Spinnliedern der Mädchen keine Freude mehr. Sie starrt das an der Wand hängende Bild des »Fliegenden Holländers« an. Ergriffen von seinem Geschick singt sie die Ballade von »dem bleichen Mann«, steigert sich in den Wunsch, daß sie den Ruhelosen erlösen möchte. Nichts fruchten die Mahnungen der Amme Mary, nichts die Bitten des sie liebenden Jägers Erik – sie ahnt ihre Aufgabe und bleibt fest. – Als Dalands Heimkehr gemeldet wird, stürzt alles hinaus. Nur Senta verweilt in tiefem Sinnen unter dem Bild. Da öffnet sich die Tür: der »bleiche Seemann« steht vor der Träumenden! Sie

hat kaum ein paar Begrüßungsworte für den Vater. Der zieht sich schlau zurück, weil er hofft, die beiden würden sich finden. Sie finden sich, aber in einem tieferen Sinne als der geldgierige Daland meint.

3. AKT: Lustig kommen die Mädchen zum Hafen, um den fremden Seefahrern »Speis' und Trank« zu bringen. Doch tiefes Schweigen liegt über dem Gespensterschiff. Erst als die anfangs geängstigte Menge Spottlieder singt, wird auf dem Schiff ein spukhaftes Treiben lebendig. Alles läuft furchtsam davon. Noch einmal wirbt Erik um Senta: habe sie ihm nicht ewige Treue geschworen? Das hört der Holländer. Wild läßt er sein Schiff zur Abfahrt bereitmachen. Viele Frauen haben ihm die Treue gebrochen und wurden zu ewiger Verdammnis verurteilt. Senta aber soll gerettet werden; denn noch habe sie ihm nicht vor Gott Treue geschworen. Erik hat das Volk herbeigerufen, will gegen den Fremden angehen. Da verkündet er, wer er ist: der Fliegende Holländer! Eingeschüchtert weicht die Menge zurück. Das Gespensterschiff segelt davon. Senta aber ringt sich durch: »Preis' deinen Engel und sein Gebot! Hier steh ich, treu dir bis zum Tod!« Damit stürzt sie sich ins Meer. Das Schiff des Holländers versinkt, der Rastlose ist erlöst.

Tannhäuser und der Sängerkrieg auf der Wartburg

Romantische Oper in drei Akten
Text vom Komponisten

Personen:

Hermann, Landgraf von Thüringen (Baß)
Tannhäuser (Tenor)
Wolfram von Eschenbach (Bariton)
Walther von der Vogelweide (Tenor)
Biterolf (Baß)
Heinrich der Schreiber (Tenor) und Reinmar von Zweter (Baß)
Ritter und Sänger
Elisabeth, Nichte des Landgrafen (Sopran)
Venus (Sopran)
Ein junger Hirt (Sopran)
Vier Edelknaben (Sopran und Alt)

Ort und Zeit: Hörselberg, Waldtal und Wartburg bei Eisenach, Anfang des 13. Jahrhunderts
Uraufführung 19.10.1845, Dresden

Weite Teile des Werkes sind immer noch »Große Oper«; freilich mit neuem Geist erfüllt, zu musikalisch geschlossenen Szenen gestaltet und vielfach leitmotivisch durchgearbeitet. Gegenüber dem *Holländer* ist die Sprache der Musik im allgemeinen gelöster geworden. Aber Musikdramatisches im späteren Sinne verwirklicht im *Tannhäuser* nur die Romanerzählung (ein ausgebautes Gegenstück zu Eriks Traumerzählung im *Holländer*). Zwei Welten stehen sich gegenüber: die festgegründete Glaubens- und Sittenwelt des christlichen Mittelalters (versinnbildlicht durch den Chor der Pilger) und die des heidnischen Schweifens (klanggeworden im Verlockungsmotiv der Liebesgöttin Venus; vgl. die beiden Notenbeispiele). Dazwischen steht der

lebensdurstige Mensch Tannhäuser, den die Frommheit Elisabeths von Leidenschaft und Unruhe erlöst.

1. AKT: Ermattet von der Sinnenschwüle des Hörselberges liegt Tannhäuser zu Füßen der Liebesgöttin Venus. Im Traum hört er Glocken, die ihn zurückrufen auf die Erde. Wohl vermag Venus ihn zu einem Preislied auf ihre Liebe zu bringen; doch ihre Lockungen sind schwächer als Tannhäusers Sehnsucht. Und als sie gar droht, rafft er sich auf: »Mein Heil ruht in Maria!« ruft er aus und spricht damit das Zauberwort. Mit einem Schlage ist der Venusberg verschwunden. Tannhäuser steht in einem Waldtal zu Füßen der Wartburg. Das frühlingsfrische Lied eines jungen Hirten, der weihevolle Chor frommer Rompilger erschüttern ihn bis ins Innerste. So finden ihn der Landgraf und seine ritterlichen Sänger. Ihre Freude über seine Wiederkehr ist nicht stark genug, Tannhäusers Gewissen zu beruhigen; weiterziehen will er, büßen. Da findet Wolfram von Eschenbach das erlösende Wort: »Bleib bei Elisabeth!« Bei diesem Namen fällt alles Vergangene von

Tannhäuser ab. Freudig folgt er den Rittersängern auf die Wartburg.

2. AKT: Zum ersten Male seit Tannhäusers rätselhaftem Verschwinden betritt Elisabeth, des Landgrafen Nichte, die Sängerhalle, froh, den heimlich Geliebten

wiederzusehen. Behutsam führt Wolfram den Heimgekehrten zu ihr. Zart und keusch klingt das Liebesgeständnis der beiden auf. Tannhäuser reißt sich los, um sich für den Sängerwettstreit vorzubereiten. Gütigverstehend errät der Landgraf Elisabeths innere Verfassung. Die Gäste ziehen auf. Landgraf Hermann weist den Sängern die Aufgabe, das wahre Wesen der Liebe zu besingen. Als Preis stellt er Elisabeths Hand in Aussicht. Das Los entscheidet: »Wolfram von Eschenbach, beginne!« In weihevollem Gesang preist er die Liebe, frei von allen irdischen Wünschen. Gegen ihn singt Tannhäuser von Wonnen, die man in der Liebe schlürfen müsse. Heftig treten ihm verschiedene Rittersänger entgegen; aber selbst der besonnene Wolfram vermag die Erregung nicht zu schlichten: gereizt schleudert Tannhäuser sein Liebeslied auf Frau Venus in den Streit. Da entfliehen die Frauen vor dem, der »im Venusberg geweilt«, und die Männer entblößen ihre Schwerter gegen den Frevler. Gerettet wird er nur durch das Dazwischentreten Elisabeths; offen gesteht sie jetzt ihre Liebe zu Tannhäuser und bittet in tiefstem

Schmerz, ihm den Weg zur Buße nicht zu versperren. Nun erst ahnt Tannhäuser, was er durch sein Lied verscherzt hat. Zerknirscht greift er nach dem Hoffnungsanker, den der Langraf ihm weist: eine Bußfahrt nach Rom.

3. AKT: Vor einem Marienbilde im Wartburgtal liegt betend Elisabeth. Entsühnte Pilger kehren von Rom zurück; Elisabeth bricht beinahe zusammen, als sie Tannhäuser nicht unter ihnen erblickt. Wolframs Hilfe weist sie ab; sterben will sie, im Himmel für Tannhäuser um Gnade bitten. Als sie gegangen ist, läßt sich Wolfram traurig auf einem Rasenhügel nieder. Es wird Nacht. Da naht Tannhäuser, gebrochen und vernichtet. Der Papst hat ihn nicht von seiner Sünde freigesprochen. Ihm werde, so lautet des Papstes Fluch, ebensowenig Erlösung zuteil, wie sich der päpstliche Krummstab mit frischem Grün schmücken könne. (Diese Romerzählung ist musikdramatischer Höhepunkt des Werkes.) Nun weiß Tannhäuser nur noch einen Weg: den zu Frau Venus. Wie von Sinnen ruft er die Liebesgöttin herbei. Sie erscheint, will ihn wieder aufnehmen. Erregt sucht der treue Wolfram den einstigen Freund zurückzuhalten; aber erst sein Ausruf »Elisabeth« vermag den Zauber zu brechen. Die heidnische Göttin versinkt, ihre Macht ist zu Ende. Da nahen Ritter von der Wartburg; auf einer Bahre tragen sie die tote Elisabeth: »Heilige Elisabeth, bitte für mich!« sind Tannhäusers letzte Worte; sterbend sinkt er zu Boden. Erlöst – denn ein neuer Pilgerzug aus Rom naht, bringt den Krummstab des Papstes. Der Stab hat frisches Grün getrieben: »Der Gnade Heil ward dem Sünder beschieden.«

Lohengrin

Romantische Oper in drei Akten
Text vom Komponisten

Personen:

Heinrich der Vogler, deutscher König (Baß)
Lohengrin (Tenor)
Elsa von Brabant (Sopran)
Herzog Gottfried, ihr Bruder (stumme Rolle)
Friedrich von Telramund, brabantischer Graf (Bariton)
Ortrud, seine Gemahlin (Mezzosopran)
Heerrufer des Königs (Baßbariton)

Ort und Zeit: Antwerpen, erste Hälfte des 10. Jahrhunderts
Uraufführung: 28.8.1850, Weimar

Mit dem *Lohengrin* hat die deutsche Oper als Gattung ihren Höhepunkt erreicht. Das Werk beschließt eine lange Entwicklung und leitet zugleich einen neuen Abschnitt ein. Vom Einzelgesang bis zum Massenchor sind noch alle Formen der überkommenen Oper erhalten; zugleich aber ist das Werk durchzogen von Besonderheiten, die das kommende Musikdrama in sich schließen. So haben die Tonarten ihre scharf umrissene Bedeutung (C-Dur für König Heinrichs männliche Diesseitigkeit, A-Dur für die lichte Gralswelt, fis-Moll für die verworrene Düsternis Ortruds, die zarten B-Dur-Tonarten für Elsa usw.) und sind aufeinander bezogen. Zum anderen tritt das Lied als gestaltbildende Kraft in Erscheinung (Szene im Brautgemach) und bestimmt in wachsendem Maße die übrigen Gesänge. Zudem wird nun die Technik der Leitmotive immer mehr entwickelt (unser Beispiel gibt das bekannte »Nie sollst du mich befragen« mit seiner bedeutungsvoll verwendeten Zweiteilung).

1. AKT: Am Scheldeufer hält König Heinrich Gerichtstag. Einen Nachfolgestreit gilt es zu schlichten. Graf Telramund klagt gegen Elsa, die Tochter des verstorbenen Herzogs von Brabant, die habe ihren Bruder getötet, um »eines geheimen Buhlen zu pflegen«; als nächster Verwandter des früheren Herzogs erhebt er Anspruch auf das Land. Der König lädt Elsa vor. Aber auf die Anklage antwortet sie nur mit träumerischen Gesängen von einem herrlichen Ritter, Telramund ist bereit, sich im Zweikampf einem Gottesurteil zu unterwerfen. Wer aber kämpft für Elsa? »Des Ritters will ich warten, er soll mein Streiter sein!« Der Heerrufer lädt den unbekannten Streiter; mehrfach verhallt der Ruf ungehört. Doch ein inbrünstiges Gebet Elsas zwingt ihn herbei: auf der Schelde naht ein Nachen, von einem Schwan gezogen. Darin steht ein unbe-

kannter Held. Er entläßt den Schwan, tritt vor den König und weist Telramunds Klage als unberechtigt zurück. Dieser ist zwar unruhig geworden, nicht aber feig. Mutig tritt er zum Kampfe an. Der fremde Ritter besiegt ihn, schenkt ihm aber das Leben. Eine Bedingung hatte der Sieger Elsa gestellt: nie dürfe sie fragen, wer er sei und wie er heiße.

2. AKT: Aus dem Palast erklingen frohe Festweisen. Telramund aber sitzt mit seiner Gemahlin Ortrud im Dunkel des Burghofes. Wütend klagt er Ortrud falscher Vorspiegelungen an. Doch mit kaltem Hohn weist sie seine Vorwürfe zurück, träufelt ihm langsam das Gift der Verleumdung ins Ohr: der Fremde sei ein Zauberer, den man nur überwinden könne, wenn man ihm seinen Namen entlocke. Das aber könne nur Elsa; sie gelte es zu gewinnen. Um das zu erreichen, fleht sie heuchlerisch Elsa um Mitleid an und wird wirklich von ihr in den Palast eingelassen. Triumphierend ruft Ortrud die alten Götter zum Rachewerk. – Langsam wird es Tag. Der Heerrufer verkündet: »Telramund sei in Acht und Bann, der »fremde, gottesgesandte Mann« aber werde heute Elsa als Gemahlin heimführen und dann sogleich dem König in den Krieg folgen. Elsa zieht mit ihren Frauen (darunter auch Ortrud) zum Münster. Vor der Münstertür stellt sich ihr Ortrud überraschend entgegen: ihr gebühre der Vortritt als der Gemahlin eines hochgeachteten und allbekannten Mannes; wer aber sei denn dieser Fremdling, den »ein Schwan gezogen an das Land?« Mit würdiger Ruhe antwortet Elsa. König Heinrich und der Fremde nahen mit ihren Rittern; der Zug ordnet sich, man schreitet auf

das Münster zu ... Da tritt Telramund vor, klagt den König an, den Fremden, das Gottesurteil. Die zornigen Worte des einst Hochangesehenen machen Eindruck, und der Fremde muß seine ganze Kraft aufbieten, um die aufgetauchten Zweifel zu beseitigen. In der allgemeinen Verwirrung gelingt es Ortrud und Telramund, auf Elsa einzureden und sie schwankend zu machen. Zwar rafft sie sich noch einmal auf, beteuert ihre von allen Zweifeln freie Liebe; doch das Unheil nimmt seinen Lauf.

3. AKT: Elsa und ihr Gemahl werden ins Brautgemach geführt. Zum ersten Male sind die beiden ohne Zeugen, ganz allein ihrer Liebe hingegeben. Elsa scheint alle Unruhe abgelegt zu haben. Doch gerade in ihrer tiefsten Liebe wird sie unsicher. Könnte ihr Gemahl nicht so unvermutet wieder fortziehen, wie er gekommen? Könnte sie ihn – wie Ortrud ihr zuflüsterte – halten, wenn sie seinen Namen wüßte? Vorsichtig beginnt ihr Fragen, ernst weist der Ritter sie zurecht. Aber dann stürzt es aus ihr heraus: wer er ist, woher ist er gekommen, wie ist sein Name? In diesem Augenblick dringt Telramund mit Freunden ein, um den durch die Frage (wie er meint) wehrlos Gewordenen zu töten. Doch ein Schwertstreich streckt ihn tot zu Boden. Tot freilich ist nun auch das junge Glück. Auf des Ritters Weisung führen Frauen die fast ohnmächtige Elsa vor des Königs Gericht, wo ihre Fragen beantwortet werden sollen. – Verwandlung: Am Ufer der Schelde, wie im ersten Akt. Vor König und Gericht rechtfertigt sich der Ritter, daß er Telramund erschlagen. Dann beantwortet er Elsas Fragen. Aus fernem

Land sei er von der Gralsritterschaft zur Verteidigung einer unschuldig Verklagten ausgesandt worden. Er selbst sei der Sohn des Gralskönigs, sein Name »Lohengrin«. Wie die Gralsritterschaft zur Hilfe Unschuldiger verpflichtet sei, so sei der einzelne gebunden, ohne Säumen heimzukehren, wenn sein Name bekannt werde. Erschüttert flehen alle Lohengrin an; er aber steht unter einem höheren Gebot, weist auf den Schwan, der gekommen, ihn zu holen. Da stürzt Ortrud triumphierend in den Kreis: sie sei es gewesen, die Elsas Bruder in einen Schwan verwandelt habe. »Erfahrt, wie sich die Götter rächen.« Zu kurzem Gebet sinkt Lohengrin auf die Knie. Dann zieht er den entzauberten Schwan ans Land: es ist Gottfried, Elsas Bruder. Während alles in freudigem Erstaunen die Umarmung der Geschwister bejubelt, sinkt Ortrud tot zu Boden. Plötzlich macht sich Elsa frei, schaut sich um nach Lohengrin – nur noch in der Ferne kann sie ihn erblicken; statt des Schwanes zieht eine Taube den Nachen davon. Entseelt gleitet sie in die Arme ihrer Frauen.

Tristan und Isolde

Handlung in drei Aufzügen
Text vom Komponisten

Personen:

König Marke (Baß)
Tristan (Tenor)
Isolde (Sopran)
Brangäne (Mezzosopran)
Kurwenal (Bariton)
Melot (Tenor)
Ein Hirt (Tenor)
Ein Steuermann (Bariton)
Junger Seemann (Tenor)

Ort und Zeit: Irische See, Cornwall, Bretagne; Mittelalter
Uraufführung: 10.6.1865, München

Mit dem *Tristan* wird in der europäischen Musikgeschichte ein völlig neuer Ton angeschlagen, ein Ton, der in der jüngsten Musik unserer Tage noch stark mitschwingt. Insbesondere harmonisch bedeutet dieses »fruchtbare Werk« (Wagners eigene Worte) einen tiefen Einschnitt. Hatte Wagner im *Lohengrin* die Tonarten zu festen Trägern besonderer Geistes- und Glaubenswerte erhoben, so wird aus solcher Klarheit nun Aufspaltung, bewußtes Verschwimmen, Auflösung, Verdämmern. Die Künstlerpersönlichkeit Wagners war stark genug, ein solches scheinbares Auseinanderstreben und (andererseits) gegenseitiges Durchdringen überlegen zu meistern und einheitlich zu binden. Aber schwächere Nachfahren und kühle Musik-Rechner haben das Gewand mit dem Leib verwechselt und sind vielfach zu völliger Loslösung von einem bestimmenden Mittelpunkt gelangt. Selbst die Zwölftonmusiker (einer ihrer bedeutendsten, Arnold Schönberg, ist vom *Tristan* ausgegangen) können sich auf dieses Werk berufen, das in den ersten sieben Takten des Vorspiels bereits alle zwölf Töne der Halbtonleiter verwendet. Nur – um es anders zu sagen – bei Wagner ist innere Notwendigkeit, wo bei manchen Modernen

nüchterne Möglichkeitsrechnung steht. (Nebenbei: der Sprung von der *Lohengrin-* zur *Tristan*-Musik erscheint weniger unvermittelt, wenn man weiß, daß zwischen den beiden Werken das *Rheingold,* die *Walküre* und die erste Hälfte des *Siegfried* komponiert wurden.)

1. AKT: In einem Zelt, geborgen vor den Blicken der Seeleute, sitzt Isolde mit ihrer treuen Dienerin Brangäne auf dem Versteck von Tristans Schiff. Die irische Königstochter wähnt sich verhöhnt durch das Lied, das ein junger Seemann von seiner irischen Magd singt. Zornig fährt sie auf, läßt das Zelt öffnen, so daß man Tristan, inmitten der Mannschaft, am Steuer erblickt. Isolde schickt Brangäne zu Tristan mit dem Befehl, er

solle zu ihr kommen. Tristan lehnt ruhig ab, aber sein Waffenmeister Kurwenal singt einen grollenden Sang: Tristan lasse sich nicht befehlen. Schmerzlich bewegt erzählt Isolde der Dienerin ihr Leid: Tristan hat ihren Verlobten Morold im Kampf erschlagen, ist aber selbst verwundet und von Isolde gepflegt worden; wohl entdeckte sie, daß »Tantris«, wie der Verwundete sich nannte, ihren Verlobten getötet hatte, doch als sie den Tod rächen wollte, traf sie Tristans Blick ... Tristan ist heimgekehrt und hat seinen Oheim Marke selbstentsagend von der irischen Königstochter berichtet, ist selbst als Brautwerber für König Marke ausgezogen und bringt ihm nun die Braut. Isolde wähnt ihre Liebe von Tristan verschmäht und sinnt auf Rache. Als Kurwenal die Frauen sich zur Landung bereitmachen heißt, antwortet sie: nur, wenn Tristan zuvor vor sie trete. Dann befiehlt sie fieberhaft Brangäne, einen Pokal Wein zu richten und einen Todestrank hineinzumischen. Tristan naht. Blutschuld wegen Morolds Tod müsse zwischen ihnen ausgeglichen werden, verlangt Isolde. Doch nicht mit dem von Tristan gereichten Schwert will sie ihn töten. Den Becher gibt sie ihm; aber sie selbst trinkt den Rest des Weines. Beide erwarten den Tod, sehen sich verzückt in die Augen, bekennen leidenschaftlich ihre Liebe ... Brangäne hat nicht den Todes-, sondern den Liebestrank beigemischt! Kaum ihrer Sinne mächtig schreiten Tristan und Isolde dem harrenden König entgegen.

2. AKT: Im nächtlichen Garten wartet Isolde, bis die Hörner der ausziehenden Jäger verklingen, befiehlt Brangäne, Tristan das verabredete Zeichen zu geben,

und gibt es, als diese zögert und vor einem Verrat durch Tristans Freund Melot warnt, mit wehendem Schleier selbst. Brangäne besteigt den Wachturm, Tristan stürzt herbei. Ein Liebeszwiegesang unirdischer Schönheit erklingt ... Da eilt Kurwenal in den Garten: Melot habe den König Marke gewarnt, die Jagd sei nur zum Schein veranstaltet, die Jäger nahen ... Zu spät! Erschüttert steht König Marke vor seinem zerbrochenen Eheglück, vor der Untreue des treuesten Freundes. Tristan kann und will ihm nicht antworten: Unbegreifliches läßt sich nicht begreifbar machen. An Melot wendet er sich, den Freund, der ihn eifersüchtig verriet. Er zieht das Schwert, doch läßt er es fallen und stürzt sich in Melots Schwert, um zu sterben.

3. AKT: Todwund liegt Tristan im Garten seiner Burg Kareol. Der treue Kurwenal hat ihn über See hierhergeführt und Botschaft zu Isolde geschickt, nur sie könne Tristan heilen. Ein Hirt schaut aus nach dem Schiff, das sie bringen soll. Eine traurige Weise bläst er auf der Schalmei – zum Zeichen, daß noch kein Schiff zu sehen ist. Tristan fiebert und rast, Leben und Tod verwirren sich ihm, immer wieder »Isolde, Isolde«. Als ihm Kurwenal berichtet, er habe nach ihr geschickt, jagt Tristan ungeduldig auch ihn auf die Warte. Doch immer noch ertönt die traurige Weise. Tristan verflucht die Welt und den Trank, der sein Elend schuf. Da, der Hirt stimmt eine lustige Weise an! In höchster Erregung schickt Tristan seinen Waffenmeister zum Strand, Isolde sicher an Land zu geleiten. Und als er Isoldes Stimme hört, rafft er sich mit letzter Kraft auf, wankt der Geliebten entgegen. Aber das war zuviel:

noch kann er sie umarmen, dann stürzt er tot zu Boden ... Ein zweites Schiff nahe, berichtet erregt der Hirt. Kurwenal erkennt Marke und Melot und läßt in höchstem Grimm den Burgeingang verrammeln. Taub ist er für Brangänens Zuruf, wütend springt er Melot entgegen, schmettert ihn tot zu Boden; doch den Rasenden trifft tödlich das Schwert von Markes Leuten. Und Marke war doch nur gekommen, dem »Freunde höchste Treue zu bewähren«. Als er von Brangäne erfuhr, daß ein Zaubertrank Ursache der »Untreue« von Freund und Frau gewesen sei, wollte er Verzeihung bringen und auf Isolde verzichten. Da schlägt die bis dahin ohnmächtige Isolde die Augen auf, blickt Tristan ins Antlitz, wähnt ihn lebendig, steigert sich in einen schon nicht mehr diesseitigen Liebesgesang und haucht ihr Leben über Tristans Leiche aus.

Die Meistersinger von Nürnberg

Oper in drei Akten – Text vom Komponisten

Personen:

Hans Sachs, Schuster (Baßbariton)
Veit Pogner, Goldschmied (Baß)
Kunz Vogelgesang, Kürschner (Tenor)
Konrad Nachtigall, Spengler (Baß)
Sixtus Beckmesser, Stadtschreiber (Baß)
Fritz Kothner, Bäcker (Tenor)
Balthasar Zorn, Zinngießer (Tenor)
Ulrich Eisslinger, Gewürzkrämer (Tenor)
Augustin Moser, Schneider (Tenor)

Hermann Ortel, Seifensieder (Baß)
Hans Schwarz, Strumpfwirker (Baß)
Hans Foltz, Kupferschmied (Baß)
Walther von Stolzing, ein junger Ritter aus Franken (Tenor)
David, Sachsens Lehrbube (Tenor)
Eva, Pogners Tochter (Sopran)
Magdalene, Evas Amme (Mezzosopran)
Ein Nachtwächter (Baß)

Ort und Zeit: Nürnberg, um die Mitte des 16. Jahrhunderts. – Uraufführung: 21.6.1868, München.

Im *Tristan* rätseldunkle symbolisierende Einzelschicksale, in den *Meistersingern* taghelle Gemeinschaft. Wagner hat hier nicht nur den Nürnberger Handwerks- und Singmeistern des 16. Jahrhunderts, sondern dem deutschen Bürgersinn überhaupt ein zeitloses Denkmal gesetzt – dem deutschen Bürger mit allen seinen Stärken und Schwächen. Daß er dabei eigene Wunschträume und Erlebnisse mit hineingewirkt hat, spürt man allerorten. Der überlegene Hans Sachs ist das Abbild dessen, was Wagner nicht war und doch sein wollte. In Walther von Stolzing zeichnet er sich selbst als jungen Dichter und Komponisten. Und mit der Gestalt Beckmessers, des kritischen Gegenspielers, wollte er seinen schärfsten und gefährlichsten Kritiker Hanslick in Wien treffen.

Die Musik umschließt zwei Hauptkennzeichen des *Lohengrin* und des *Tristan*. Klar, festgegründet und beziehungsreich stehen die Tonarten im musikalischen Raum, als scharfe Umrisse der ihnen zugewiesenen Personenkreise und Stimmungen; das geht so

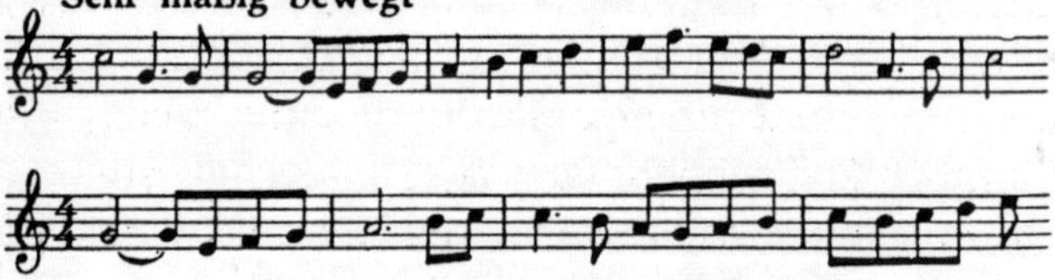

weit, daß der erste und der Schlußaufzug auf C-Dur ruhen, während das Nachtstück des zweiten Aufzugs auf Fis, dem von C am weitesten entfernten Ton, aufgebaut ist. Unser Beispiel gibt die schlichten Linien der wesentlichen Meistersinger-Themen wieder. Dem *Tristan* wiederum entstammt das unablässige Fluten und Wogen der Themen, Motive und Motivteilchen, die sich sinnvoll ineinander verschlingen. Das Ganze ist überzogen von ausgeglichenem Humor und heiterem Spott (insbesondere die Karikierung allzu überlieferungsgebundener Singweisen).

1. AKT: In der Katharinenkirche umwirbt der Ritter von Stolzing mit schmachtenden Blicken das Goldschmiedstöchterlein Eva Pogner. Ernstlich bewerben kann sich aber um sie, wie ihn Evas Amme Magdalena bedeutet, nur ein Meister. Wie man aber Meister wird, das soll ihm David, der Lehrbube von Hans Sachs, erklären. Das ist nun freilich eine dornige Paragraphenlehre, aus der Stolzing nicht klug wird. Er versucht den abkürzenden Weg. Als der Goldschmied Pogner eintritt mit dem Stadtschreiber Beckmesser (der Eva im Preissingen gewinnen möchte, sich aber Evas selbst nicht sicher fühlt), da bittet ihn der ihm wohlbekannte Stolzing kurzerhand, in die Meistersingerzunft aufgenommen zu werden; dann kann er sich

am Preissingen beteiligen – und Evas ist er sicher, wie er weiß. Inzwischen haben sich alle Meister zur Zunftberatung zusammengefunden. Pogner erklärt den Sinn des Preissingens: um die Singekunst zu ehren, will er seine Tochter Eva mit reichem Gut an denjenigen geben, der im Preisgesang siegt; wohl darf sie ihre Hand dem Sieger verwehren, »doch nie einen andern begehren«. Das eben ist's, was Beckmesser fürchtet, dieses »verwehren«. Er wird bissig, doch es nützt ihm nichts. Und noch ein Ärger für Beckmesser: Stolzing möchte in die Singezunft aufgenommen werden – fürwahr, der möchte Eva besser zusagen. Also wehrt sich Beckmesser gegen den Antrag. Doch wieder wird er überstimmt. Stolzing wird befragt, bei wem er gelernt habe: am stillen Herd zur Winterszeit habe er Walther von der Vogelweide gelesen. Da werden auch die Meister bedenklich; doch Hans Sachs setzt die Prüfung durch. Stolzings Probelied, schwärmend von Lenz und Liebe, widerspricht aber den festgesetzten Regeln der Meisterzunft. Beckmesser als »Merker« weist dem Prüfling Fehler über Fehler nach, wird von Hans Sachs zurechtgewiesen, weil er übereifrig einen Mitbewerber und Mitfreier ausschalten wolle; aber diesmal bleiben die Meister fest: der Junker hat versungen und vertan.

2. AKT: Auf der Gasse zwischen den Häusern von Sachs und Pogner. Johannisnacht. Die Lehrbuben tanzen. Magdalene fragt David nach dem Ausgang der Zunftsitzung, sie eilt erschrocken wieder ins Haus. Pogner kommt in tiefem Sinnen mit Eva. Soll er mit Sachs sprechen? Lieber nein! Er begibt sich zur Ruhe. Magdalene flüstert Eva die schlimme Kunde zu, beide

folgen Pogner. Hans Sachs rückt seinen Schusterschemel vor die Werkstatt, will arbeiten, kann nicht – was war das nur mit dem Lied des Ritters, so fremd und doch so nah! Eva naht, will schmeichelnd Hans Sachs ausfragen; aber der ergreift zum Schein die Partei der Meister. Unmutig geht sie davon und muß nun auch noch von Magdalene hören, daß Beckmesser Eva ein Ständchen bringen will. Da erscheint Stolzing. Jubelnd wirft sich ihm Eva in die Arme, beschwichtigt seinen Zorn auf die Meister. Wäre es nicht gut, zu fliehen? Hans Sachs hat sich in seine Werkstatt zurückgezogen. »Üble Dinge, die ich da merk': eine Entführung gar im Werk?« Inzwischen hat Eva mit Magdalene die Kleider getauscht; diese soll Beckmessers Ständchen in Evas Kleidern vom Fenster aus entgegennehmen, sie selbst aber will mit Stolzing entfliehen. Doch müssen sich die Liebenden verbergen; denn Beckmesser erscheint zum Ständchen. Auch Sachs hat seinen Platz wieder eingenommen, singt ein grobes Schusterlied von »Eva aus dem Paradies«. Beckmesser wütet: er will doch ein Ständchen singen! Man einigt sich: Beckmesser wird singen, Hans Sachs aber jeden Fehler mit einem Schlag auf das Schuhleder anmerken. Aus einfachen Schlägen und mündlichen Unterbrechungen wird ein streitender, lärmender Zwiegesang, die in ihrer Ruhe gestörten Bürger kommen ärgerlich aus den Häusern, in der Dunkelheit wütet einer gegen den anderen, nur David erwischt den richtigen: Beckmesser, der – wie er glaubt – seiner Magdalene ein Ständchen bringt. Mitten in die Prügelszene tönt gewaltig das Horn des Nachtwächters. Alles eilt davon, Hans Sachs zieht Stolzing in sein Haus.

3. AKT: Morgen des entscheidungsreichen Tages. In der Schusterstube sitzt Hans Sachs. Schwer ist es, zu entsagen: seine stille Liebe zu Eva, sein »einfältig Dichten« – alles überrannt von der jugendlichen Unbekümmertheit des Junkers von Stolzing ... David bittet um Verzeihung wegen der nächtlichen Prügelei. Sachs hört ihn kaum, läßt ihn friedlich-freundlich, nachdem der Lehrbube sein »Sprüchlein« gesungen hat. – Was für eine Unrast ist doch in der Welt: »Wahn, überall Wahn«. Noch einmal erinnert sich der Schusterdichter an die Vorgänge von gestern abend – dann schüttelt er alles ab: »Nun aber kam Johannistag!« Stolzing tritt in die stille Stube. Und Sachs lehrt ihn, behutsam die Erzählung des Junkers lenkend und deutend, die wahren Regeln der Kunst, schreibt die gedichtete Traumerzählung auf. Die Männer gehen, sich für das Fest umzukleiden. Beckmesser lugt herein. Jämmerlich zerschunden hüpft er hin und her. Da fällt sein Blick auf das Geschriebene: »Ein Werbelied von Sachs!« Dem eintretenden Sachs hält er das Geschriebene hin: also auch er werbe um Eva! Nein, kommt die Antwort; und zum Beweis der Wahrheit schenkt er Beckmesser das Papier und schwört, nie sich rühmen zu wollen, dieses Gedicht gemacht zu haben. Jetzt hat der Merker endlich ein gutes Werbelied, rennt eiligst davon, es auswendig zu lernen. Eva in herrlichem Festgewand betritt den Raum, weil »der Schuh sie drückt«. Und als Stolzing wiederkehrt und berauscht vom Anblick der Geliebten einen dritten Vers seines Preisliedes singt, da umarmt Eva fassungslos den Meister. Der aber führt sie Stolzing zu. »Von Tristan und Isolde kenn ich ein traurig Stück« – Markes Los will er nicht teilen. Magda-

lene und David erscheinen. Erst wird David durch einen Backenstreich zum Gesellen gemacht, dann wird nach alten Brauch die neue Weise des Junkers getauft (herrliches Quintett).

Verwandlung. Festwiese vor den Toren Nürnbergs. Die Lehrbuben tanzen, bis die Meistersinger, nach Berufen geordnet, aufziehen und ihre festgelegten Plätze einnehmen. Als letzter – Hans Sachs. Ihn begrüßt die Menge mit seinem Lied »Wach auf«. Die Werbung beginnt. Beckmesser schaut verstohlen immer wieder in sein Papier, kann die Worte nicht behalten und verdreht beim Singen auf eine unmögliche Melodie den Text derart, daß alles in Gelächter ausbricht. Wütend deutet er auf Sachs: von ihm sei das Lied. Doch Sachs hat einen Zeugen: Walther von Stolzing tritt in den Kreis und singt sein Lied. Einstimmig wird ihm der Preis zugedacht. Aber Walther will zwar Eva, nicht jedoch die Meisterkette. Erst als Sachs ihn belehrt, welche Verdienste gerade die kleinen Meister um die deutsche Kunst haben, läßt er sich die Kette umlegen. Den Lorbeerkranz des Siegers aber drückt Eva dem gütigen, weisen, entsagenden Hans Sachs aufs Haupt.

Der Ring des Nibelungen

Der Umfang dieses Gesamtwerkes (Rheingold, Walküre, Siegfried und Götterdämmerung) ist so riesenhaft, seine gedankliche Verdichtung geht so weit, die dem

Altgermanischen angenäherte Wortfügung wirkt im ersten Augenblick so fremdartig, die Musik ist so eng geknüpft, daß der Hörer sich ruhig fragen darf, ob Wagner das Werk nicht überlastet habe. Im Sinne der Oper ist das ganz gewiß der Fall; doch mit Maßstäben der Oper darf man an den »Ring« nicht herangehen. Er will vielmehr an sich selbst gemessen und vor allem in Ruhe und Besonnenheit erlebt werden. Wagner hatte zu seiner Zeit durchaus recht, wenn er das Ganze als Ganzes und möglichst nur in Bayreuth aufgeführt wissen wollte. Inzwischen hat man das Gesamtwerk wieder und wieder aufgeführt, so daß der Hörer, der dieses oder jenes Einzeldrama besucht, im Einzelteil unwillkürlich das Ganze noch einmal erlebt.

Außer ein paar Fachleuten, die immer wieder die speergewaltigen Frauen auf der Bühne oder die germanischen Reckengestalten verspotten, wird wohl kein Mensch mehr glauben, hier gehe es um altertümelndes Heldengetöse und um nichts weiter. Im »Ring« wird eine Welt geschaffen, werden Mensch und Schicksal gegeneinandergestellt, geht eine Welt an sich selbst zugrunde. Es gibt kaum ein Werk der Dichtkunst, das mit so wenigen Strichen so überzeitlich und für uns Heutige so besonders eindringlich den dramatischen Gegensatz von Macht und Liebe darstellt, wie es im »Ring« geschehen ist. Wer das Gold (als Sinnbild äußerer Macht über andere) angreift, ist dem Untergang verfallen, sei er Gott oder Mensch, sei er gut oder böse ... Damit ist der alles durchdringende Grundgedanke des Werkes ausgesprochen. Alles Sichtbare ist nur Sinnbild, Sinnbild allerdings einer furchtbaren Wahrheit.

Einige Worte zur Musik. Wagner faßt zusammen, was er insbesondere im *Tristan* und in den *Meistersingern* sich erarbeitet hat. Jedem Lebenskreis werden ganze Motivkreise zugeordnet. Wie sie zusammenklingen, sich verflechten, sich wandeln (melodisch, harmonisch, rhythmisch, klanglich), sich bekämpfen oder ergänzen – das spricht deutlicher noch als die Dichtung. Wesentlich verstärkt und vergrößert, d.h. klanglich umgestaltet, ist das Orchester gegenüber dem früheren Wagner-Orchester, das sich nur wenig von der Besetzung eines Beethoven-Orchesters unterscheidet. Dennoch ist nichts überladen instrumentiert; zu beachten der vielfach bestimmende Klang der tiefen (zum Teil neu eingeführten) Bläser. Der aufmerksame Hörer wird einen Unterschied erkennen: vom dritten *Siegfried*-Akt an nimmt die musikdramatische Dichte des Ausdrucks zu: nach dem zweiten »Siegfried«-Akt hat Wagner zunächst den *Tristan* und die *Meistersinger* vertont, bevor er mit der Komposition des *Ringes* fortfuhr.

Das Rheingold

Vorabend zu dem Bühnenfestspiel
»Der Ring des Nibelungen«

Ein Akt in vier Szenen – Text vom Komponisten

Personen:

Wotan (Baßbariton)
Donner (hoher Baß)
Froh (Tenor)

Loge (Tenor)
Fricka (tiefer Sopran)
Freia (hoher Sopran)
Erda (Alt)
Alberich (hoher Baß)
Mime (Tenor)
Fasolt (hoher Baß)
Fafner (tiefer Baß)
Woglinde und Wellgunde (hohe Soprane)
Flosshilde (tiefer Sopran)

Ort: Auf dem Grunde des Rheins, freie Gegend auf Bergeshöhen, unterirdische Klüfte Nibelheims
Uraufführung: 22.9.1869, München

Auf dem Grunde des Rheins spielen drei Rheintöchter in den Fluten, lüstern beobachtet von dem schlammgeborenen Alberich. Sein brünstiges Werben verspotten sie und necken ihn mutwillig. Da glänzt es plötzlich auf: das Gold des Rheines. Alberich wird neugierig: was ist's mit dem Gold? Die Antwort: »Der Welt Erbe gewänne zu eigen, wer aus dem Golde schüfe den Ring, der maßlose Macht ihm verlieh«; aber »nur wer der Minne Macht entsagt ..., nur der erzielt den Zauber, zum Reif zu zwingen das Gold«. Das ist etwas für den Schwarzalben: mit unheimlicher Behendigkeit klettert er auf das Felsenriff, verflucht die Liebe, raubt das Rheingold, um Macht zu gewinnen. Dunkel wird es ...

Freie Gegend auf Bergeshöhen. Auch Göttervater Wotan singt im Traum von ewiger Macht. Da weckt ihn die Göttermutter Fricka, weist auf die Burg, die Riesen ihm gebaut, erinnert an den ausbedungenen Preis: Freia, die Göttin ewiger Jugend, muß den Riesen ausgeliefert werden! (Also ein ähnlicher, wenn auch verfeinerter Vorgang wie in der ersten Szene.) Schon nahen die Riesen Fafner und Fasolt, den Preis ihrer Arbeit in Empfang zu nehmen. Freia fleht, die Götter Froh und Donner vermögen sie nicht zu schützen; als Gott der Verträge muß Wotan seinen eigenen Vertrag erfüllen, hofft aber auf den listigen Loge. Endlich scheint der gleißende, schillernde Gott des Feuers und Geistes, belobt umständlich die Riesen ob ihrer tüchtigen Arbeit, läßt beiläufig die Geschichte von dem geraubten Rheingold einfließen, von der unermeßlichen Macht, die den Besitzer des zu schmiedenden Ringes erwartet ... Und Fafner wird aufmerksam; während Fasolt mehr geneigt ist, sich mit der Schönheit des Weibes zufrieden zu geben, macht Fafner knurrend den Vorschlag: Wotan solle ihnen das Gold verschaffen; dann wollen sie auf Freia verzichten. Und schon stampfen die Riesen davon, schleppen aber Freia als Pfand mit sich.

In Nibelheims unterirdischen Klüften. Alberich hat den kunstreichen Schmied Mime den Ring fertigen lassen und beherrscht nun das dunkle Reich materieller Macht. Auch einen unsichtbar machenden Tarnhelm hat Mime angefertigt, den Alberich nun ebenfalls an sich reißt. Den jammernden Mime finden Wotan und Loge, die nach Nibelheim niedergefahren sind, um den Ring zu gewinnen. Alberich tritt den Lichtgöttern mit giftigem Haß entgegen, aber Loge verleitet ihn zu allerlei Großsprechereien, und als sich Alberich, um die Zauberkraft des Tarnhelms zu beweisen, in eine Kröte verwandelt, ergreifen ihn die Götter und bringen ihn an die Oberwelt.

Wieder auf Bergeshöhen. Der gefesselte Alberich muß auf Wotans Geheiß alle seine Schätze herbeischaffen lassen. Als ihm Wotan aber auch den Ring entreißt, stößt Alberich eine entsetzliche Verwünschung aus: wer je den Ring besitzt, den treffe Verderben. Kaum ist Alberich verschwunden, da nahen die Riesen mit Freia, um das Gold zu holen. Das Maß wird gestellt nach Freias Gestalt, der Goldschatz wird um sie gehäuft. Noch sieht man ihr Haar: der Tarnhelm muß es decken. Fasolt, verliebt in die Göttin, erspäht noch »ihres Auges Stern«. Der Ring an Wotans Hand soll den Spalt schließen. In höchstem Zorn verweigert der Gott den Reif. Da taucht aus der Tiefe die alleswissende Erda empor, warnt Wotan vor dem Ring: »Ein düsterer Tag dämmert den Göttern.« Er wirft den Ring von sich. Und schon wirkt Alberichs Fluch: als Fasolt den Ring ergreift, wird er von seinem Bruder Fafner erschlagen. Ein Gewitter zieht auf, vertreibt das »schwüle Gedünst«. Klar und mächtig liegt die Götterburg da. »Walhall« nennt Wotan den neuen Wohnsitz und führt die Götter über einen Regenbogen der Burg zu.

Die Walküre

Erster Tag des Bühnenfestspiels
»Der Ring des Nibelungen«

Drei Akte – Text vom Komponisten

Personen:

Wotan (Baßbariton)
Fricka (tiefer Sopran)
Brünhilde (Sopran)

Siegmund (Tenor)
Hunding (Baß)
Sieglinde (Sopran)
Acht Walküren (Sopran und Alt)

Ort: Hundings Hütte, wildes Felsengebirge, Walkürenfelsen – Uraufführung: 26.6.1870, München

1. AKT: Bei Gewitter und Sturm stürzt Siegmund auf der Flucht vor Verfolgern und Wetter in Hundings Hütte, wirft sich ermattet auf ein Lager. Ihm naht Hundings Weib Sieglinde, labt ihn. Tief schauen sich die beiden in die Augen, schicksalhaft müssen sie einander lieben. Siegmund reißt sich los, will seine Flucht fortsetzen, um Sieglinde kein Unheil zu bringen. Doch ruft sie: »So bleibe hier! Nicht bringst du Unheil dahin, wo Unheil im Hause wohnt.« Gewappnet betritt Hunding seine Hütte, beobachtet mißtrauisch die beiden: »Wie gleicht er dem Weibe!« Beim Mahl erzählt Siegmund seine Geschichte: mit dem Vater zog er einst auf Jagd. Bei der Heimkehr fanden sie das Haus verbrannt, die Mutter tot, die Zwillingsschwester war verschwunden. Auch Vater und Sohn wurden verfolgt. Im Walde verlor Siegmund des Vaters Spur (der Vater ist Wotan). Ein Mädchen rief ihn einst zur Hilfe; doch wieder erntete er Weh, mußte waffenlos fliehn. Da erhebt sich finster Hunding: »Zur Rache war ich gerufen ... und kehre nun heim, des Frevlers Spur im eigenen Haus zu erspähn.« Für die Nacht sei ihm Schutz gewährt; aber morgen werde er mit ihm kämpfen. Er geht ins Schlafgemach, gefolgt von Sieglinde. Verzweifelt bleibt Siegmund allein: wenn er ein Schwert hätte, wie sein Vater ihm eines versprochen! Da kommt Sieglinde leise

zurück: ein Schwert will sie ihm weisen. Das habe einmal ein »Greis im grauen Gewande« (Wotan) in den Stamm der Esche gestoßen, die Hundings Hütte stützt. Nur dem solle es gehören, der es herauszuziehen vermöchte. Bisher haben alle Männer vergeblich an dem Schwertgriff gezogen. Siegmund springt zu dem Eschenstamm, er greift den Schwertknauf. »Notung« tauft er die Waffe, reißt sie mit einem Ruck aus der Esche. Und nun nennt er seinen wahren Namen: Siegmund. Sieglinde jauchzt auf: dann ist er ihr Zwillingsbuder. In brünstiger Glut zieht Siegmund die Schwester an sich und stürzt mit ihr davon.

2. AKT: In einem wilden Felsengebirge erteilt Wotan der Walküre Anweisung für den bevorstehenden Kampf: Hunding falle! Doch da naht Fricka, die Hüterin der Ehe. Was weiß sie von Wotans planenden Gedanken und Zielen! Sie sieht nur Ehebruch und Blutschande, verlangt Siegmunds Tod. Wotan, Hüter der Verträge, muß nachgeben, gibt der Walküre neue Weisung. Als sie erschrocken ihn anfleht, vertraut er ihr sein Leid: der Götter Ende naht, wenn Alberich den Ring zurückgewinnt (vergl. die Vorgeschichte in »Rheingold«). Die neun Walküren, die ihm Erda gebar, sollen Helden als Kämpfern gegen Alberich beistehen; vor allem Helden wie Siegmund. Aber nun hat ihn Fricka in ihrer kurzsichtigen Starrheit wehrlos gemacht. Nichts will er mehr als das Ende, das Ende. Siegmund falle. Als die Walküre zu widersprechen wagt, wiederholt er zornig den Befehl. – Siegmund stützt die auf der Flucht ermattete bräutliche Schwester, geleitet sie zu einem Lager. Im Dunkel tritt die

Walküre zu ihm, verkündet ihm den Tod. Sein trotziges Aufbäumen, seine Liebe zur Schwester und Braut erweckt der Walküre Mitgefühl und Verstehen: entgegen Wotans ausgesprochenem (innerlich aber widerstrebend gegebenem) Befehl will sie ihm im Kampfe beistehen. Schon ertönt Hundings Horn, Siegmund stürmt ihm mit dem Schwert in der Hand entgegen. Sieglinde erwacht, sieht die beiden kämpfen, sieht, wie die Walküre ihren Schild über Siegmund hält. Doch in einer Feuerlohe steigt Wotan empor, streckt seinen Speer aus: an ihm zerschellt Siegmunds Schwert, und Hunding stößt ihn nieder. Verächtlich wendet sich Wotan zu Hunding, heißt ihn, Fricka berichten, daß der Gott den Vertrag gehalten. Hunding sinkt tot zu Boden. Die Walküre Brünnhilde hat hastig die Stücke des zerschmetterten Schwertes aufgenommen und Sieglinde fortgeführt. In aufflammendem Zorn verfolgt Wotan die Flüchtigen.

3. AKT: Auf hohem Felsen versammeln sich die Walküren. Als letzte naht Brünnhilde mit Sieglinde. Ein frisches Pferd will sie sich leihen für die Flucht; doch keine der Walkürenschwestern wagt es, Wotans Zorn zu trotzen. Sieglinde ist allem gegenüber gleichgültig: sie erwartet Wotan und den Tod . Doch als Brünnhilde ihr weissagt: »Den hehrsten Helden der Welt hegst du, o Weib, im schirmenden Schoß«, ist sie bereit, in den

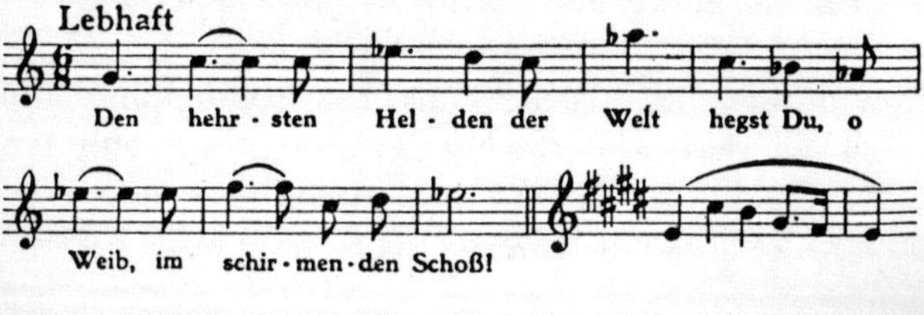

Wald zu fliehen, in dem Fafner den Nibelungenschatz hütet. Vor dem heranstürmenden Wotan verbirgt sich Brünnhilde zunächst, doch dann tritt sie hervor, ihre Strafe auf sich zu nehmen. Aber entsetzt weicht sie zurück, als sie Wotans Gebot vernimmt: er werde sie einschläfern, und wer sie finde, dem gehöre sie als Weib; Walküre sei sie nicht mehr. Aber Brünnhilde weiß ihre Worte wohl zu setzen: habe sie doch nur getan, was Wotan zu tun verwehrt gewesen. Wenn sie schon nur noch Weib sein dürfe, dann solle wenigstens nur ein Held ihr nahen: ein loderndes Feuer solle ihren Leib umbrennen, ein Feuer, das nur der Tapferste zu durchschreiten wage. Gerührt gewährt Wotan den Wunsch. Loge ruft er herbei, daß er die Feuer entfache. »Wer meines Speeres Spitze fürchtet, durchschreite das Feuer nie!« Diese Worte singt er auf den Klängen eines Motivs, das später Siegfried zugeteilt wird. Schlafend liegt Brünnhilde auf dem umloderten Felsen, wehmütig wendet sich Wotan von ihr ab.

Siegfried

Zweiter Tag des Bühnenfestspiels
»Der Ring des Nibelungen«

Drei Akte – Text vom Komponisten

Personen:

Siegfried (Tenor)
Mime (Tenor)
Der Wanderer (Baßbariton)

Alberich (Baß)
Fafner (Baß)
Erda (Alt)
Brünnhilde (Sopran)
Stimme des Waldvogels (Sopran)

Ort: Mimes Höhle, Wald vor Neidhöhle, wildes Felsengebirge, Walkürenfels
Uraufführung: 16.8.1876, Bayreuth

1. AKT: In seiner Höhle sinnt Mime verzweifelt darüber nach, wie er den Ring der Macht erringen könne. Fafner hütet ihn, hat sich mit Hilfe des Tarnhelms in einen Drachen verwandelt. Nur das Schwert Notung vermag ihn zu fällen; aber Notung liegt in Stücke zerschmettert vor Mime. Ein Weib hatte einst die Stücke zu ihm gebracht; einen Knaben gebar sie, starb an der Geburt und ließ Mime Knaben und Schwertstücke zurück. Seit Jahren bemüht sich Mime, das Schwert zu schweißen – es gelingt nicht. Und wer soll es schweißen, wenn er, der kunstreichste Schmied, es nicht vermag? Da stürmt Jungsiegfried aus dem Wald in die Höhle, zerbricht ein sorgfältig geschmiedetes Schwert und tobt über den Schmied. Wissen will er von Mime, wer seine Eltern waren. Widerwillig spricht Mime von Sieglinde und der Geburt des Knaben; Siegfried sollte er genannt werden, hatte die sterbende Mutter geboten. Ergriffen lauscht der Jüngling; und doch – Beweise will er sehen. Da schleppt Mime die Schwertstücke herbei. Laut jauchzt Siegfried auf: Stücke von seines Vaters Schwert! Die muß ihm Mime schmieden! Jubelnd stürzt er zurück in den Wald, und Mime sitzt wieder da mit seiner alten Not: »Vernagelt bin ich ganz«. – Ein

Wanderer (Wotan) tritt in die Höhle, läßt sich von Mime nicht abweisen. Drei Fragen solle Mime an ihn richten, dann werde auch er den Schmied nach drei Dingen fragen. Wer die Fragen nicht beantworten kann, soll sein Leben verwirken. (Diese »Wissenswette« ist ein Kunstgriff des Komponisten, die Vorgeschichte des »Siegfried« zu erzählen). Der Wanderer beantwortet alle Fragen Mimes: in der Erde Tiefe wohnen die Nibelungen, auf der Erde Rücken die Riesen, auf wolkigen Höhen die Götter. Auch Mime weiß viel zu erwidern auf des Wanderers Fragen: Wotans Lieblingsgeschlecht waren die Wälsungen. Fafner kann nur mit Notung getötet werden. Aber auf die dritte Frage, die er selbst hätte stellen sollen, weiß Mime keine Antwort: Wer schmiedet Notung neu? Der Wanderer gibt sie ihm in rätseldunkler Form: »Nur wer das Fürchten nie gelernt ...« Und dem sei auch Mimes Haupt verfallen. Dann schreitet er davon, läßt Mime schreiend vor Erregung zurück. So findet ihn Siegfried. Er hat das Fürchten nicht gelernt: »Ist's eine Kunst, was lehrtest du sie mich nicht!« Aus all dem Gestammel des Schmiedes wird ihm nur eines klar: das Schwert muß er selbst schmieden, wenn er Fafner fällen und den Hort gewinnen will. Sogleich geht er ans Werk – zum Erstaunen Mimes ganz laienhaft ... aber das Schwert wird geschmiedet, das merkt der Schlaue wohl. Während Siegfried schmiedet, kocht Mime einen giftigen Trank; mit dem will er Siegfried vergiften, wenn Fafner erledigt ist, den Ring für sich selbst gewinnen, die Welt beherrschen ...

2. AKT: Nacht vor Neidhöhle. Alberich umschleicht wie immer des Drachen Gehäuse. Wütend fährt er den

Wanderer Wotan an, glaubt, auch dieser giere nach dem Ring. Doch der kommt, Fafner zu warnen. Fafner aber liegt auf seinen Schätzen: »Ich lieg und besitz, laß mich schlafen.« Der Wanderer geht lachend, Alberich birgt sich im Walde. Siegfried naht, jagt Mime davon, streckt sich wohlig unter einem Baum aus. Sonnenaufgang. An die Mutter denkt Siegfried. Da hört er ein Vöglein, will ihm nach Knabenart auf einem selbstgeschnittenen Rohr antworten, wirft es als untauglich fort und bläst auf seinem Horn eine lustige Weise. Die weckt den Drachen Fafner. Bald fährt ihm Notung ins Herz – Alberichs Fluch hat sich wieder bewahrheitet. Ein Tropfen Drachenblut hat Siegfrieds Ohren für die Sprache der Vögel geöffnet: Ring und Tarnhelm solle er dem Schatz entnehmen, singt ihm das Vöglein zu. Während er in die Höhle geht, springen Alberich und Mime geifernd aufeinander los, verschwinden aber bei Siegfrieds Rückkehr. Jetzt möchte Mime Ring und Tarnhelm erschleichen, umschmeichelt Siegfried; doch der versteht nun auch des Menschen wahres Sinnen hinter heuchelnden Worten: mit dem Schwert schlägt er Mime nieder, Zwerg und Drachen wirft er in die Höhle. Höhnisch lacht Alberich: sein Fluch! Siegfried fragt das Vöglein nach einem »gut Gesell«. Da flattert es vor ihm her, ihm den Weg zur schlafenden Brünnhilde auf dem Felsen zu weisen.

3. AKT: In wildem Felsengebirge beschwört Wotan noch einmal Erda heraus, die Wissende, daß er sich Antwort hole auf sein Fragen, was nun geschehe. Doch »Urmütter Weisheit geht zu Ende!« Wotan will nun das Ende, sendet Erda zurück in die Tiefen. – Siegfried

naht, geleitet von dem Waldvöglein. Wotan stellt sich ihm als »Hüter des Felsens« entgegen, hat Freude an der Unerschrockenheit des Jünglings aus seinem eigenen Geschlecht. Doch fährt er auf, als Siegfried zum Walkürenfels will, hält ihm seinen Speer entgegen, an dem schon einmal das Schwert Notung zerschellte. Doch diesmal zerschlägt Notung den Götterspeer! Ruhig hebt Wotan die Stücke auf: »Zieh hin, ich kann dich nicht halten.«

Auf hohem Fels, von Feuern umlodert, liegt schlummernd eine gewappnete Gestalt. Man hört Siegfrieds Horn, die Feuer verlöschen, Siegfried erklimmt den Felsen, schaut sich staunend um, erblickt das schlafende Wesen, will ihm die Rüstung lösen – und fährt in seligem Erschrecken zurück: »Im Schlafe liegt eine Frau, die hat ihn das Fürchten gelehrt.« Scheu und dann inbrünstig küßt er die Schlafende. Langsam erwacht sie, begrüßt mit feierlichem Gesang das Licht. Jetzt nennt Siegfried seinen Namen: da weiß Brünnhilde, daß Wotan Wort gehalten. Doch Siegfrieds Liebeswerben setzt sie ihren Walkürenstolz entgegen, bis auch sie überwältigt wird von der Liebe ... Was einstiges Göttliches, was künftiges Unheil – »Leuchtende Liebe, lachender Tod«.

Götterdämmerung

Dritter Tag des Bühnenfestspiels
»Der Ring des Nibelungen«

Ein Vorspiel und drei Akte – Text vom Komponisten.

Personen:

Siegfried (Tenor)
Gunther (Bariton)
Hagen (Baß)
Alberich (hoher Baß)
Gutrune (Sopran)
Brünnhilde (Sopran)
Waltraute (Mezzosopran)
Drei Nornen, Drei Rheintöchter (Sopran und Alt)

Ort: Walkürenfelsen, Gunthers Halle in Worms, Wald am Rheinufer
Uraufführung: 17.8.1876, Bayreuth

Vorspiel. Auf dem nächtlichen Walkürenfelsen werfen die Nornen das Seil des Schicksals, singen von Wotan, der um Walhall hat Scheite schichten lassen und des Endes harrt. Was wird daraus werden? Doch das Schicksalsseil reißt – zu Ende ist ewiges Wissen. Die Nornen verschwinden, der Tag bricht an. In Brünnhildes Rüstung und mit dem Walkürenroß Grane tritt Siegfried aus dem Steingemach, in dem er mit Brünnhilde geruht. Nun ist sie Weib, aber der Walkürengeist ist noch lebendig in ihr: »Zu neuen Taten, teurer Helde!« Als Pfand der Liebe steckt ihr Siegfried den Ring an, dann stürmt er davon.

1. AKT: Behaglich und zufrieden sitzt Gunther als König zu Worms in seiner Halle. Doch der finstere Hagen schilt ihn: immer noch sei er unbeweibt. Ihm zieme das herrlichste Weib: Brünnhilde; auf hohem Felsen schlummre sie hinter einer Feuerlohe; durchschreiten könne die nur Siegfried, der den Drachen erschlug und den Nibelungenhort mit dem Ring der Macht gewann. Siegfried müsse durch einen Zaubertrank dahingebracht werden, alles frühere zu vergessen, Brünnhilde für Gunther zu gewinnen und Gunthers Schwester Gutrune zum Weibe zu nehmen. Vom Rhein her hört man Siegfrieds Horn; Hagen ruft den Helden in die Halle. Stolz berichtet der junge Held auf Befragen von seinen Taten; ein Land habe er nicht, nur ein selbstgeschmiedetes Schwert, den Tarnhelm und den Ring – diesen »hütet ein hehres Weib«. Hagen weiß genug, spinnt seine Fäden. Gutrune reicht Siegfried den verhängnisvollen Vergessenheitstrank. Als er das Trinkhorn wieder absetzt, sieht er die Welt mit anderen Augen, begehrt Gutrune zum Weib. Sie solle ihm werden, wenn er Brünnhilde vom Walkürenfelsen hole. Bei diesem Gedanken wird er noch einmal unruhig, doch dann schwört er Gunther Hilfe und besiegelt den Schwur mit Blutsbrüderschaft auf Hagens Speer. Schnell drängt er zur Abfahrt mit Gunther. Hagen hält finster Wacht in der Halle.

Verwandlung. Die Walküre Waltraute naht Brünnhilde mit der Mahnung: nur wenn der Ring den Rheintöchtern zurückgegeben werde, seien Wotan und die alte Welt zu retten. Doch Brünnhilde ist nicht mehr Walküre, sondern nur mehr liebende Frau, weigert sich, von Siegfrieds Ring zu lassen. Verzweifelt stürzt

Waltraute davon. Da lodert das Feuer wieder empor. Siegfrieds Hornruf ertönt, begeistert springt Brünnhilde auf. Doch durch das Feuer dringt ein anderer: es ist dennoch Siegfried, der durch die Kraft des Tarnhelms Gunthers Gestalt angenommen hat. Der Verzweifelten entreißt er den Ring. Für die Nacht teilt er ihr Gemach: doch das Schwert trennt ihn von der Braut des Blutsbruders.

2. AKT: In Gunthers Halle. Vor Tagesanbruch. Hagen im Halbschlaf. Sein Vater Alberich raunt ihm zu von Rache und Macht. »Drum ohne Zögern ziel auf den Reif.« Alberich versinkt. – Es wird Morgen. Siegfried naht als erster, berichtet von der gelungenen Fahrt, dann sucht er Gutrune auf. Hagen weckt die Mannen »zum Streit«. Jubelnd werden Gunther und Brünnhilde begrüßt. Die Walküre blickt düster zu Boden. Doch als sie beim Nahen froher Menschen den Namen »Siegfried« hört, blickt sie auf, starrt dem geliebten Mann ins Antlitz. Der aber erkennt sie nicht, bietet ihr freundlich Willkommen. Fassungslos blickt sie auf Siegfried, auf den Ring an seinem Finger ... Den entriß ihr doch gestern erst Gunther!? Brünnhilde schreit Verrat, Verrat an ihr und Gunther. Hat Siegfried ihr nicht »Lust und Liebe abgezwungen«? Doch Siegfried schwört auf Hagens Speer, niemals Brünnhilde als Mann genaht zu sein. Brünnhilde aber schwört den Gegeneid. Verwundert sucht Siegfried zu scherzen, zieht Gutrune und die Menge mit sich fort. Zu der ermatteten Brünnhilde tritt Hagen, bietet ihr seinen Speer als Rachewerkzeug. Siegfried ist zwar durch Brünnhildes Zauberkraft unverwundbar; »doch träfst du im Rücken ihn ... dort

spart ich den Segen«. Hagen: »Und dort trifft ihn mein Speer!« Unentschlossen und jämmerlich beträgt sich Gunther. Erst als Hagen ihm durch den Ring ungeheure Macht verheißt, eint er sich mit Brünnhilde und Hagen zum Racheschwur.

3. AKT: Wildes Waldtal am Rheinufer. Die drei Rheintöchter spielen in den Fluten und necken den bisher beutelosen Jäger Siegfried. Dann bitten sie ihn um den Ring. Zunächst schlägt er ab, will ihn dann doch geben. Aber jetzt wollen sie ihn nur nehmen, wenn sie ihm sein Geschick vorausgesagt haben: sterben werde er am heutigen Tage. Allzu stolz auf seine Taten weist er ihre Warnungen zurück, behält auch den Ring, nur auf sich selbst bauend. Hornrufe – die Jäger nahen. Hagen lenkt geschickt das Gespräch: Siegfried, der doch die Sprache der Vögel verstehe, möge erzählen von früheren Tagen. Und frei beginnt Siegfried: »Daß Fernes ihm nicht entfalle«, würzt ihm Hagen einen Trank. Siegfried gewinnt sein Gedächtnis zurück, singt von Brünnhildes Liebe ... Da stößt ihm Hagen den Speer in den Rücken: »Meineid rächt ich!« und wendet sich zum Gehen. Noch einmal grüßt der Todwunde Brünnhilde, dann schließt er die Augen für immer. Seine Leiche wird auf einen Schild gehoben und davongetragen.

Verwandlung. Unruhig irrt Gutrune durch die nächtliche Halle. Sie fragt den heimkehrenden Hagen; der gibt roh Antwort. Schon nahen die Männer mit Siegfrieds Leiche. Hagen wird »Mörder« gescholten; er bleibt kalt. Doch als Gunther den Ring verlangt, erschlägt er auch ihn und tritt selbst zu der Leiche, ihr den Ring abzuziehen. Da fährt des Toten Hand drohend in die Höhe, Hagen weicht zurück. Brünnhilde naht, verachtet das Streiten und Jammern um den Erschlagenen. Einen Scheiterhaufen läßt sie am Ufer errichten, dann tritt sie zu Siegfried, nimmt den Ring, steckt ihn an den Finger. Mit einer Fackel entzündet sie den Scheiterhaufen, auf den Siegfrieds Leiche gelegt wird. Sie schwingt sich auf ihr und Siegfrieds Roß und sprengt in die Flammen. Der Scheiterhaufen bricht zusammen, der Saal brennt, der Rhein tritt über die Ufer, überschwemmt die Brandstätte. Die Rheintöchter tauchen auf, halten jubelnd den Ring empor. Hagen stürzt auf sie zu und versinkt in den Wassern. Und droben am Himmel brennt nun auch Walhall, der Götter Burg. Götterdämmerung ...

Parsifal

Ein Bühnenweihfestspiel in drei Akten
Text vom Komponisten

Personen:

Amfortas (Bariton)
Titurel (Baß)
Gurnemanz (Baß)
Parsifal (Tenor)
Klingsor (Baß)
Kundry (Sopran)
Erster und zweiter Gralsritter (Tenor und Baß)
Vier Knappen (Sopran und Tenor)
Klingsors Zaubermädchen (Sopran)
Die Brüderschaft der Gralsritter (Tenor und Baß)
Jünglinge und Knaben (Tenor, Alt und Sopran)

Ort: Auf dem Gebiet und in der Burg der Gralshüter »Monsalvat« (nördliches Gebirge im gotischen Spanien), Klingsors Zauberschloß (Südgebirge, dem arabischen Spanien zugewandt)
Uraufführung: 26.7.1882, Bayreuth

Mehr als dreißig Jahre lang hat sich Wagner mit dem Parsifal-Stoff beschäftigt und der endgültigen Wortfassung daher alles in verdichteter Form anvertraut, was ihn ein Leben lang bewegte. Daher die Fülle der Gedanken, die Tiefe des Erlebens, die Verklärung der Sprache, die Knappheit des dramatischen Baues, die Klarheit des musikalischen Geschehens. In der Musik stehen sich zwei Welten gegenüber: die des Grals mit Weisen, die an Tonleitern und Tonarten-Lichte gebunden sind, hebt sich deutlich ab gegen die der Zauber- und Sinnenwelt Klingsors mit ihren leidenschaftlichen, aufwühlenden, lockenden Motiven. Beiden Kreisen gehören an (oder treten nahe) Kundry und Amfortas, und bei diesen Figuren überschneiden sich die beiden Klangwelten geradezu schmerzhaft. Die Leitmotiv-Technik tritt gegenüber dem »Ring« ganz beträchtlich zurück; wohl ist sie stets gegenwärtig, doch sparsam, beschränkt auf Wesentliches. Besonders beachtenswert die Instrumentation: herrschten im »Ring« – entsprechend dem Stoff – vielfach die Bläser (insbesondere die Blechbläser), so ist das »Parsifal«-Orchester vor allem auf stark besetzten Streichern und Holzbläsern aufgebaut; das gibt einen samtenen Klang, der durch den »verdeckten Orchesterraum« in Bayreuth noch runder wirkt.

1. AKT: Waldlichtung im Gralswald. Der greise Gralsritter Gurnemanz und zwei Knappen verrichten ihr Morgengebet. Zwei Gralsritter berichten, daß die Schmerzen ihres Königs Amfortas wieder stärker werden. Da naht die wilde, unzähmbare Gralsbotin Kundry, reicht Gurnemanz hastig ein Fläschchen mit Balsam für Amfortas und wirft sich ermattet auf den Boden. Amfortas wird herbeigetragen zum Bad im See. Stöhnend vor Schmerzen begrüßt er den Waldmorgen. Seinen stillen Dank wehrt Kundry unruhig ab. Amfortas wird zum See getragen. Den Knappen, die »das wilde Tier« Kundry beschimpfen, wehrt Gurnemanz: treu diene sie dem Gral, doch »wann oft lange sie uns ferne blieb, dann brach ein Unglück wohl herein« – wie damals, als Amfortas den heiligen Speer verlor und mit der unheilbaren Schmerzenswunde zurückkehrte. Titurel, des Amfortas Vater, hatte einst durch Himmelsboten die Schale empfangen, aus der Christus beim letzten Abendmahl trank, und auch den Speer, der des Heilands Seite am Kreuz durchbohrte. Diesen »Heiltümern« baute Titurel ein »Heiligtum«, die Gralsburg, in der die reinen Ritter des Grals wohnen. Auch Klingsor wollte Gralsritter werden, wurde aber als Sündiger abgewiesen. Zornig entsagte er der Liebe und schuf nicht weit vom Gralsgebiet einen Zaubergarten mit »teuflisch holden Frauen«. Ein Ritter nach dem andern ging dem Gral verloren durch die Künste der Blumenmädchen Klingsors. Da brach endlich Amfortas gegen Klingsor auf – doch er verlor in Klingsors Zaubergarten den heiligen Speer. Seither will sich die Wunde, die ihm mit dem Speer geschlagen wurde, nicht schließen. Erst ein »reiner Tor, durch Mitleid wis-

send« werde ihn heilen, so lautet die Weissagung. (Unser Beispiel gibt das verklärte Thema der Verheißung). – Lärmen, Rufe ... Ritter und Knappen bringen einen sterbenden Schwan und den Jüngling, der ihn erlegte. Stolz ist der Jüngling auf seine Schießkunst; doch als Gurnemanz ihm bedeutsam das starrende Blut und das gebrochene Auge des Schwanes weist, da zerbricht er reuevoll den selbstgefertigten Bogen. Auf Gurnemanz' Fragen weiß er kaum zu antworten: »glänzenden Männern« sei er nachgelaufen, die Welt habe er durchzogen, sich mit dem selbstgeschaffenen Bogen gegen wilde Tiere und »große Männer« gewehrt – das ist alles. Aber Kundry weiß mehr noch: den vaterlosen Knaben habe die Mutter fern von der Welt erzogen, ihn absichtlich unwissend gelassen, damit er nicht in die Händel der Welt verstrickt werde; nun sei sie tot, »dich Toren hieß sie mich grüßen«. In tiefem Nachdenken steht Gurnemanz: sollte dieser Jüngling der verheißene »reine, unwissende Tor« sein? In unbestimmter Hoffnung schreitet er mit dem Knaben dem Gral entgegen. Kundry aber versinkt in magischen Schlaf.

Verwandlung. In der Gralsburg. Gurnemanz führt den Jüngling in die Halle und tritt zu den hereinschreitenden Gralsrittern. Weihevoll wird der verhüllte Gralskelch auf einen erhöhten Platz gestellt, Ritter tragen Amfortas herein. Titurel (»im Grabe lebend durch des Heilands Huld«) singt aus der Tiefe: »Enthüllet den

Gral!« Aber Amfortas schreit auf, weigert sich; denn der Anblick des Grals verleiht neue Lebenskraft, er aber will sterben. Endlich nimmt er die heilige Handlung vor, enthüllt den Gral. Der beginnt von innen her zu glühen, ein Lichtschein überflutet den Gralshüter Amfortas, Stimmen aus der Höhe, dann ein Verklingen, Verlöschen ... Schweigend ergriffen, gepeinigt, hat der Jüngling alles mit angesehen, die Schmerzensklage des Amfortas gehört, aber er bleibt stumm. Ärgerlich weist ihn Gurnemanz hinaus; der Jüngling »ist doch eben nur ein Tor«, wird nicht durch Mitleid wissend.

2. AKT: In seinem Zauberschloß weckt Klingsor die schlafende Kundry zu neuem sündhaften Tun. Sie will nicht; aber er weiß ihre Sinne zu reizen, schildert die Schönheit des Knaben, der eben in den Garten eingedrungen ist. Kundry verschwindet.

Verwandlung. Erstaunt und unbeholfen sieht der Jüngling im Zaubergarten den Spielen der Blumenmädchen zu. Aber ihr Locken begreift er nicht. Da erscheint Kundry, nur leicht verhüllt, scheucht die Mädchen fort und beginnt das Verführungswerk. Vom Tode seines Vaters berichtet sie ihm, von der Mutter, der das Leid um den verlorenen Knaben das Herz brach, »und Herzeleide starb«. Sanft tröstet sie den vor Reue fast vergehenden Jüngling, bietet ihm »als Muttersegen letzten Gruß – der Liebe ersten Kuß«. Parsifal – jetzt erinnert er sich, daß ihn die Mutter einst so genannt – saugt den Kuß Kundrys in sich hinein. Dann springt er plötzlich auf: »Amfortas!« entringt es sich seinen Lippen ... jetzt begreift er die unheilvolle, nicht heilende Wunde des

Gralskönigs. Alles begreift er, alles – auch seine Sendung. Kundrys Werben und Flehen weist er zurück um seiner Sendung willen: zum Gral will er zurück, Amfortas zu retten, da verflucht die enttäuschte Kundry seine Wege und ruft Klingsor. Der Zauberer wirft den heiligen Gralsspeer gegen Parsifal; aber die Waffe bleibt über dessen Haupt stehen. Indem Parsifal den Speer ergreift und mit ihm ein Kreuzeszeichen macht, versinkt der Zaubergarten.

3. AKT: Seit langen Jahren lebt Gurnemanz als Einsiedler fern der Burg in einer Klause. An einem Karfreitagmorgen findet er die erstarrte Kundry wie tot im Gebüsch, bringt sie ins Leben zurück. Als sie erwacht, ist sie nicht mehr die wilde Gralsbotin: dienen will sie, dienen; demütig schreitet sie in die Hütte. Mit geschlossenem Helm und gesenktem Speer naht ein Ritter in schwarzer Rüstung. Gurnemanz, dessen Fragen nur mit stummen Gebärden beantwortet werden, verweist ihm seinen Aufzug: am heiligen Karfreitag in Waffen! Still legt der Ritter seine Rüstung ab, rammt den Speer in den Boden und kniet betend vor ihm nieder. Da erkennt Gurnemanz die Waffe: es ist der heilige Speer, und der schwarze Ritter ist der Schwanentöter von damals. Parsifal berichtet von seinem Suchen nach dem Gral, den er nicht fand. Auch Gurnemanz berichtet: Titurel ist gestorben, die Ritterschaft siecht dahin. Heute aber will Amfortas zur Totenfeier von Titurel noch einmal seines Amtes walten. Gurnemanz führt Parsifal zum heiligen Quell, salbt ihn zum König des Grals. Und Parsifal vollzieht an Kundry die Taufe. – Karfreitagszauber ... Die drei rüsten sich zum Gang auf die Gralsburg.

Verwandlung. Amfortas wirft sich an der Bahre seines toten Vaters Titurel nieder. Dann wendet er sich an die Ritter, reißt sein Gewand auf: »Tötet den Sünder mit seiner Qual!« Da naht Parsifal mit Gurnemanz und Kundry. Mit dem heiligen Speer berührt er die Wunde Amfortas'. Wie entzückt schaut der Geheilte auf den Speer. Parsifal aber schreitet zum Weihtische und waltet seines neuen Amtes als Gralshüter. Entseelt und entsühnt gleitet Kundry tot zu Boden.

VERDI

Giuseppe V. (1813–1901, Italiener), Sohn eines Schenkwirtes, errang mit 26 Jahren seinen ersten großen Opernerfolg (der Mailänder Konservatoriumsdirektor hatte den jungen Verdi als Schüler abgelehnt!). Bald konnte Verdi ganz seinem Schaffen leben – zumeist auf seinem Mustergut Sant' Agatha. Vorübergehend Mitglied des italienischen Einheitsparlaments; lebte auch mehrere Jahre in Paris.

Verdi nimmt in der italienischen Operngeschichte einen ähnlichen Platz ein wie Wagner in der deutschen: beide Meister haben das Vorhandene zusammengerafft und zu einmaliger Gipfelhöhe emporgetragen. Es ist dabei nicht entscheidend, daß Wagner vieles Alte zerschlagen und Neues an dessen Stelle setzen wollte, während Verdi ganz bewußt auf dem Alten aufgebaut hat; denn erreicht haben sie beide (jeder auf seine Art) das gleiche. Daß Verdi betont nationale Werke geschaffen hat, sollten gerade die nicht vergessen, die Wagner gern »nationalistische Absichten« unterstellen. Im übrigen hat die Verwurzelung im heimatlichen Kunst- und Volksgut stark dazu beigetragen, daß die Werke beider hoch genug wuchsen, um in der ganzen Welt gesehen und geachtet zu werden.

Die beiden Großen sind in ihren Hauptschöpfungen nicht mehr Opernkomponisten, sondern Musikdramatiker; dabei liegt die Betonung bei Wagner auf dem Drama, bei Verdi auf der Musik, ja, eigentlich auf dem Gesang der menschlichen Stimme. Allerdings nicht so sehr im Sinne des alten italienischen Schön-Gesangs als dem eines neuen Ausdrucks-Gesangs. Trotz dieser Bevorzugung der menschlichen Stimme hat Verdi das Orchester sehr sorgfältig behandelt und läßt es am dramatischen Geschehen selbständig teilnehmen; das aber geschieht niemals »sinfonisch«, so genau auch Verdi seinen gleichaltrigen großen Zeitgenossen Wagner studiert hat.

Wesentliches Merkmal von Verdis Melos ist ein gespannter Rhythmus. Diese bald tänzerischen, bald gelösten Rhythmen vermag er so zu beseelen, ja, zu »verkörperlichen«, daß wir in ihnen eine Parallele zu Wagners mehr thematisch und harmonisch bestimmten Leitmotiven erblicken dürfen.

Die neuerliche Suche oder Sucht, auch Nebenwerke großer Meister auf die Bühne zu bringen, hat auch bei Verdi nicht haltgemacht. Obwohl anzunehmen ist, daß es sich zum Teil um vorübergehende modische Erscheinungen handelt, wollen wir in gebotener Kürze auch manche dieser Nebenwerke erwähnen.

Die auch an anderen Stellen mehrfach erwähnte Tatsache, daß viele deutsche Übersetzungen ausländischer Opern das wahre Bild der Werke verzerren oder gar verfälschen, möge der Hörer auch bei Verdi nicht vergessen. Von den neueren Bearbeitungen hat sich bisher nur ein Teil bewährt und durchgesetzt.

Nabucco (Nebukadnezar)

Oper in vier Akten
Text von Temistocle Solera

Personen:

Nabucco, babylonischer König (Bariton)
Fenena, seine Tochter (Sopran)
Abigail, Sklavin, angeblich erstgeborene Tochter Nabuccos (Sopran)
Zaccaria, hebräischer Oberpriester (Baß)
Anna, seine Schwester (Sopran)
Oberpriester des Bal (Baß)
Abdallo, babylonischer Offizier (Tenor)
Ismael, Enkel Sedecias, des Königs von Jerusalem (Tenor)
Babylonische und hebräische Krieger, Frauen, Volk usw.

Ort und Zeit: Jerusalem und Babylon, 568 v. Chr.
Uraufführung: 9.3.1842, Mailand, Teatro alla Scala

»Jerusalem«. Der hebräische Königsenkel Ismael rettet die in Jerusalem als Geisel festgehaltene babylonische Königstochter Fenena, als diese von den Hebräern beim Ansturm der Babylonier getötet werden soll.

»Der Gottlose«. In Babylon will die erstgeborene, allerdings von einer Sklavin stammende Tochter Nabuccos, Abigail, ihre Halbschwester Fenena von der Thronfolge ausschließen. Babylonier und Hebräer schreien gegeneinander. Da tritt Nabucco hinzu, verspottet beide Parteien und verlangt, daß er als Gott angebetet werde. Ein Blitz schmettert ihn zu Boden und verwirrt seinen Geist.

»Die Prophezeiung«. Auf Drängen Abigails hat man dem wahnsinnigen Nabucco ein Vernichtungsurteil gegen Fenena und die Hebräer abgerungen. Der hebräische Oberpriester ermutigt sein Volk durch die Prophezeiung, die Unterdrücker würden vernichtet.

»Das zerbrochene Götzenbild«. Nabucco hört von der geplanten Hinrichtung seiner Tochter Fenena, betet in einem lichten Augenblick für ihr Leben. Da fällt der Wahnsinn von ihm ab. Er nimmt die Todesurteile zurück und läßt Baals Götzenbild zerbrechen.

Stark politisch bestimmt war auch die Thematik der nun folgenden Opern Verdis, und sie wurden von den Zuhörern auch so verstanden. Dahin gehören *Ernani* (1844), eine textlich etwas verworrene Oper mit Karl V., die *Schlacht von Legnano* (1843), wo Barbarossa als der Unterdrücker erscheint, ferner die Empörer-Oper *Die sizilianische Vesper* (1855) und *Ein Maskenball* (1859), in weiterem Umfang auch die Thronräuber-Oper *Macbeth* (1847 und 1865).

Macbeth

Oper in vier Akten
Text nach Shakespeare von Francesco Maria Piave

Personen:

Duncan, König von Schottland
Macbeth (Bariton) und Banquo (Baß), Feldherren

Lady Macbeth (dramatischer Alt)
Macduff, schottischer Edler (Tenor)
Malcolm, Duncans Sohn (Tenor)
Fleance, Banquos Sohn
Ein Arzt (Baß)
Kammerfrau (Alt)
Ein Diener Macbeths, ein Mörder, ein Herold (sämtlich Baß)

Ort und Zeit: Schottland, Mitte des 11. Jahrhunderts
Uraufführung: 14.3.1847, Florenz, Teatro della Pergola

Noch nicht der Verdi, der heute in unserer Vorstellungswelt lebt, obwohl bereits die elfte Oper des Meisters. Doch zeichnen sich an einigen genial vollendeten und vielen noch nicht ganz gelungenen Stellen musikalische Besonderheiten ab, die für den Stil von Verdis künftigem Schaffen entscheidend wurden. Bezeichnend insbesondere die musikdramatisch sichere Wahl der Stimmen: Bässe, Bariton und Alt beherrschen die durch den düsteren Stoff bedingte Klangfärbung.

Dem Feldherrn Macbeth haben Hexen geweissagt, er werde König sein in Schottland; doch auch aus Banquos Nachkommenschaft würden Könige auf dem schottischen Throne sitzen. Angestachelt von seiner krankhaft ehrgeizigen Gemahlin, läßt er den König umbringen, als dieser in Macbeths Schloß zu Gast weilt. Der neue König Macbeth muß nun auch den zweiten Schritt tun: Banquo fällt als nächstes Opfer des ehrgeizigen Wahns. Bei einem Festmahl erscheint Banquos Geist dem von Gewissensbissen gepeinigten

Macbeth. Noch einmal befragt er die Hexen. Die Antwort: er werde herrschen, solange nicht der Wald von Birnam gegen ihn vorrücke; und ihn werde keiner überwinden, der vom Weibe geboren ist. Macbeths Ruhe hält nicht lange an: wieder erscheint ihm Banquo mit anderen Geistern, und nur der unheimlichen Dämonie seines Weibes gelingt es, ihm Widerstandskraft einzuflößen. Doch nun ist es auch mit Lady Macbeths Kraft zu Ende: als Schlafwandlerin geht sie in Wahnvorstellungen umher und stirbt schließlich im Wahnsinn. Jetzt kehren die nach England geflohenen Feinde Macbeths zurück und belagern sein Schloß. Die Soldaten tragen Zweige aus dem Wald von Birnam und rücken so langsam gegen das Schloß vor! Macbeth sieht das Ende seiner Macht, nicht aber – vertrauend auf den Spruch der Hexen – das Ende seines Lebens. Doch im Kampf erschlägt ihn Macduff, der nicht vom Weibe geboren, sondern aus dem Mutterleib geschnitten wurde.

Lange Zeit als *die* Opern Verdis galten: *Rigoletto, Der Troubadour* und *La Traviata.*

Rigoletto

Oper in vier Akten – Text nach Victor Hugo von Francesco Maria Piave.

Personen:

Herzog von Mantua (Tenor)
Rigoletto, sein Hofnarr (Bariton)
Gilda, Rigolettos Tochter (Sopran)
Giovanna, Gildas Gesellschafterin (Alt)
Graf von Monterone (Baß)
Graf von Ceprano (Baß)
Gräfin Ceprano (Sopran)
Marullo, Kavalier (Bariton)
Borsa, Höfling (Tenor)
Sparafucile, Bandit (Baß)
Maddalena, seine Schwester (Mezzosopran)

Ort und Zeit: In und bei Mantua, 16. Jahrhundert
Uraufführung: 11.3.1851, Venedig, Teatro Fenice

Die allbekannten Arien dieser Oper (etwa »Ach, wie so trügerisch«, »Freundlich blick ich auf diese und jene«, »Holdes Mädchen, sieh mein Leiden« usw.) sind alles andere als geträllerte Schlager, wie man unter dem Eindruck unzureichender Übersetzungen oft meint. Sie sind bewußt gestaltete Oberfläche, unter der das eigentliche Drama dumpf und unausweichlich brodelt, bis es zum Ausbruch kommt. Diesen musikdramatisch entscheidenden Gegensatz vollendet zu gestalten, war Verdi nur möglich, weil er zuvor seine Kräfte an zahlreichen Opernkompositionen geschult und nun hier in der Gestalt des Rigoletto einen tiefmenschlichen, uns heute mehr denn je erschreckenden Doppelcharakter vor sich hatte: einen Mann, der als Hofnarr bösartig, als Vater jedoch besorgt und gütig ist. Beispiel für die zugleich opernhafte und musikdramatische Gestaltung bildet vor allem das zerfetzte Gespräch zwischen Rigoletto und dem sich als rächenden Mörder anbietenden Sparafucile über einem düsteren Marschthema der tiefen Orchesterstimmen (siehe Notenbeispiel).

1. AKT: Bei einem seiner rauschenden Feste erzählt der leichtlebige Herzog von Mantua einem seiner Höflinge, daß er demnächst das Abenteuer mit der ihm noch unbekannten Spröden, die er in der Kirche gesehen, zu Ende bringen will, entflammt sich aber gleichzeitig an der vorübergehenden Gräfin Ceprano. Sein Vertrauter Marullo berichtet den Höflingen, der Hofnarr Rigoletto halte sich im verborgenen ein Liebchen. – Mit Rigoletto beredet der Herzog, wie man die Gräfin Ceprano verführen könne; der Narr schlägt bösartig vor, den Grafen entweder ins Gefängnis zu setzen oder ihm den Kopf abzuschlagen. – Der alte Graf Monterone verschafft sich mit Gewalt Zutritt in den Saal, beschuldigt den Herzog, seine Tochter ehrlos gemacht zu haben. Statt des Herzogs antwortet ihm Rigoletto,

indem er ihn lächerlich macht. Da stößt Monterone den »Fluch des weinenden Vaters« gegen ihn aus.

2. AKT: Nachts vor Rigolettos Haus. Der Fluch hat Rigoletto ins Herz getroffen: hat er doch selbst eine Tochter, die er ängstlich vor dem Herzog verbirgt. Der Bandit Sparafucile tritt zu Rigoletto, bietet ihm seinen Degen an, wenn er einen Feind aus dem Wege zu räumen habe. Noch weist der Narr das Angebot zurück, beklagt seine durch die Menschen verdorbene Seele und seinen von Natur mißgestalteten Körper. Doch dann vergißt er alle Not beim Wiedersehen mit seiner Tochter Gilda. Gildas Gesellschafterin läßt inzwischen einen »jungen Studenten« (den Herzog) heimlich ins Haus, und dieser hört aus seinem Versteck, daß Gilda die Tochter Rigolettos ist. Kaum ist Rigoletto gegangen, da vereinen sich Gilda und der Student zu heißen Liebesschwüren. Gilda blickt dem Geliebten nach, singt eine (dramaturgisch belanglose) Liebesarie (»Teurer Name«) und geht langsam ins Haus. Leise schleichen die vermummten Höflinge herbei, um für den Herzog »das Liebchen Rigolettos« zu entführen. Da werden sie von dem unruhig zurückkehrenden Narren überrascht. Sie erklären ihm jedoch, es gelte, die Gräfin Ceprano zu entführen. Auch er wird mit einem Tuch über das Gesicht vermummt, hält die Leiter – und wird so zum Mithelfer bei der Entführung seiner Tochter. Zu spät erkennt er den Trug: »Ha, jener Fluch des Alten!«

3. AKT: Während der Herzog noch klagt über den Verlust seiner geliebten Gilda, berichten ihm die Höflinge, sie hätten für ihn das »Liebchen Rigolettos« ent-

führt. Geschwind eilt er zu der Entführten, ihren Schmerz galant zu trösten. Rigoletto tritt ein, spielt den Lustigen, sucht aber zu erfahren, was mit Gilda geworden ist. Schließlich schreit er seine Qual heraus: »Ich will meine Tochter!« Die Höflinge erstarren: seine Tochter! Da stürzt Gilda aus dem Nebengemach. In hoheitsvollem Zorn weist Rigoletto alle hinaus: er will allein sein mit der Tochter. Während sie ihm stockend von ihrer Schande erzählt, wird Monterone durch den Saal geführt. Vor des Herzogs Bild bleibt er stehen: da sein Fluch bisher nicht gewirkt hat, nimmt er ihn zurück und wünscht dem Herzog ein langes Leben. Aber nun will Rigoletto den Rächer spielen.

4. AKT: Der Herzog sucht in Verkleidung die Behausung des Banditen Sparafucile auf, um ein kleines Abenteuer mit dessen Schwester Maddalene zu erleben. Rigoletto glaubt, seine Tochter von ihrer Liebe heilen zu können, wenn er sie Zeugin von des Herzogs treuloser Flatterhaftigkeit werden läßt. In Männerkleidern soll sie dann fliehen; er selbst werde folgen, sobald er noch eine notwendige Aufgabe erledigt habe. Dann betritt er das Haus des Banditen, übergibt ihm das für einen Mord geforderte Geld, und Sparafucile ist bereit, den in seinem Hause schlafenden »Offizier« – wie er meint – umzubringen. Doch die in den hübschen »Offizer« verliebte Schwester bringt den sonst auf »geschäftliche Korrektheit« bedachten Sparafucile dazu, den »Offizier« zu verschonen und sich nach einem anderen Opfer umzusehen. Gilda, in Männerkleidern, ist entschlossen, dieses andere Opfer zu sein: sie klopft an die Tür, es wird geöffnet, Sparafucile

stößt sie nieder ... Wenig später naht Rigoletto, empfängt »seinen Mann« in einem Sack, triumphiert – da hört er den Herzog ein Liedchen trällern. Erregt öffnet er den Sack und findet seine zu Tode getroffene Tochter: »Ha, jener Fluch des Alten!«

Der Troubadour

Oper in vier Akten – Text von Salvatore Cammarano

Personen:

Graf von Luna (Bariton)
Ferrando, sein Vasall (Baß)
Gräfin Leonore (Sopran)
Inez, ihre Vertraute (Sopran)
Manrico, ein Troubadour (Tenor)
Ruiz, sein Freund (Tenor)
Azucena, Zigeuner (Alt)

Ort und Zeit: Biscaya und Arragonien, 15. Jahrhundert
Uraufführung: 19.1.1853, Rom, Teatro Apollo

Ein reichlich verwirrtes Textbuch ohne echte dramatische Handlung. Daß sich Verdi dennoch an dem Stoff enzünden konnte, liegt vor allem daran, daß er hier einige scharf geprägte Charaktere und das unverhüllte Gegensatzpaar Liebe-Haß fand. Dementsprechend will die Musik nicht als zusammenhängendes Ganzes, sondern in ihren für sich bestehenden Einzelheiten aufgefaßt werden. Vielfach handelt es sich bei den Arien und Ensembles um rhythmisch straffe Tanz-

oder Marschbilder, geladen mit einer Leidenschaft, die auch hundert Jahre nach der Uraufführung noch nichts von ihrer ursprünglichen Kraft verloren hat. – Die einzelnen Akte hat Verdi mit Überschriften versehen.

1. AKT: »Der Zweikampf«. – Im Vorzimmer des Schlosses erzählt Ferrando, ein Hauptmann des Grafen Luna, den Wachen eine unheimliche Geschichte aus dem Grafenhaus. Der alte Graf Luna hat eine Zigeunerin, die angeblich einen seiner Söhne verhexte, verbrennen lassen. Die Tochter der Zigeunerin wollte sich rächen, indem sie ein Kind des Grafen in den brennenden Scheiterhaufen schleuderte; doch in ihrem Rachedurst verwirrten sich ihre Sinne, und sie verbrannte ihr eigenes Kind. Der alte Graf glaubte nie recht an den Tod seines Sohnes und ließ den anderen, den jetzigen Grafen Luna, schwören, nach seinem Bruder und der Zigeunerin zu suchen. – Verwandlung. Leonore spricht zu ihrer Vertrauten Inez von ihrer Liebe zu dem Troubadour Manrico; dann verlassen die Frauen den nächtlichen Garten. Graf Luna erscheint, eifersüchtig auf Manrico. Dessen Ständchen lockt Leonore aus dem Hause; in der Dunkelheit wirft sie sich Luna in die Arme und gesteht ihm ihre Liebe. Doch weicht sie entsetzt zurück, als Manrico naht und sie erkennt, daß sie den falschen Bewerber umarmt hat. Jäh lodert Lunas Zorn auf; denn Manrico ist nicht nur sein glücklicher Nebenbuhler, sondern, wie er jetzt sehen muß, auch ein alter Feind von ihm. Beide ziehen ihre Schwerter; vergeblich versucht Leonore, den Zweikampf zu verhindern.

2. AKT. »Die Zigeunerin«. – Die Zigeunerin Azucena wird wieder von ihren Erinnerungen an das Geschehene gequält. Zum ersten Male berichtet sie Manrico vom Tode ihrer Mutter und von der Verwechslung der Kinder. Manrico hat sich bisher für ihren Sohn gehalten, fragt erregt ... doch Azucena beschwichtigt ihn. In jenem Zweikampf hatte er Lunas Leben geschont, weil »zu ihm eine innere Stimme sprach«; doch in einem späteren Gefecht war Luna mit seinen Leuten über ihn hergefallen und hatte ihn für tot liegengelassen. Jetzt kommt Botschaft, daß Manrico die Verteidigung einer Feste übernehmen soll; gleichzeitig erfährt er, daß Leonore, die Manrico für tot hält, in ein Kloster gehen will. Da stürmt er davon. – Verwandlung. Durch den Klosterhof schreiten Nonnen mit Leonore, die heute ihr Gelübde ablegen soll. Da stürzt Graf Luna mit seinem Gefolge aus einem Versteck, um sie zu entführen. In höchster Not wird sie befreit – von Manrico, der gleichfalls seine Leute auf die Lauer gelegt hatte.

3. AKT: »Der Sohn der Zigeunerin«. – Azucena wird in das Lager Lunas geschleppt und erkannt; sie habe damals den Grafensohn ins Feuer geworfen. Kurzerhand wird sie zum Feuertod verurteilt. – Verwandlung. In der Feste sind Leonore und Manrico vereint, doch werden sie von unbestimmten Ahnungen gequält. Ruiz bringt die Nachricht, Azucena sei gefangen und solle verbrannt werden. Um die Mutter zu retten, entschließt sich Manrico zu einem Ausfall. (Berühmte Stretta »Lodern zum Himmel seh ich die Flamme«.)

4. AKT: »Das Hochgericht«. – Aus dem Kerkerturm hört Leonore ein Miserere und Manricos Stimme. Sie fleht den Grafen Luna um Gnade für Manrico; doch erst

als sie sich selbst als Preis bietet, willigt er ein. Heimlich saugt sie Gift aus einem Ring, um Luna um den Preis zu bringen. – Verwandlung. Im Kerker gelingt es Manrico, die halb wahnsinnig gewordene Azucena in Schlaf zu singen. Leonore bringt ihm die Freiheit. Er ahnt den Preis und weist »die Verräterin« zurück. Da offenbart sie ihm, daß sie Gift genommen habe, und stirbt. Luna hat ihr letztes Geständnis gehört. Wie von Sinnen schickt er Manrico zur Richtstätte und reißt Azucena ans Fenster, damit sie die Hinrichung ihres Sohnes mit ansehe. Doch er erstarrt, als er ihre Worte hört: »Er war dein Bruder!«

La Traviata

Oper in drei Akten
Text nach Dumas' »Cameliendame«

Personen:

Violetta Valery (Sopran)
Flora, ihre Freundin (Sopran)
Annina, Violettas Dienerin (Mezzosopran)
Alfred Germont (Tenor)
Alfreds Vater (Bariton)
Gaston von Létorières (Tenor)
Baron Douphal (Bariton)
Marquis von Orbigny (Bariton)
Dr. Grenvil, Arzt (Baß)
Josef, Violettas Diener (Tenor)
Floras Diener (Bariton)
Kommissionär (Baß)

Ort und Zeit: Paris und Umgebung, Mitte des 19. Jahrhunderts
Uraufführung: 6.3.1853, Venedig, Teatro Fenice – Eine vielbewunderte Umarbeitung stammt von Walter Felsenstein.

Nach der Uraufführung dieser Oper war das Publikum enttäuscht, weil die Musik nichts von dem Schwung der früheren Werke in sich trug. Heute sehen wir längst, daß *Rigoletto,* der *Troubadour* und *La Traviata* innerlich als Dramen von Liebe und Schuld zusammengehören; der Unterschied der »Traviata«-Musik zu den anderen Opern besteht nur darin, daß in ihr nicht lodernde Leidenschaften, sondern zarte Seelenregungen gestaltet werden.

»La Traviata« heißt auf deutsch »Die vom Wege Abgekommene«. Der Titel zeigt also bereits an, daß es sich um ein Geschehen in der Halbwelt handelt.

1. AKT: Alfred Germont ist durch seinen Freund Gaston bei Violetta, die er seit langem aus der Ferne liebt, eingeführt worden. Ein Anfall ihrer Krankheit zwingt sie, sich von der rauschenden Gesellschaft vorübergehend zurückzuziehen. Alfred tritt zu ihr und erklärt ihr seine selbstlose Liebe. Solche Worte hört die Halbweltdame zum ersten Male. Sie ist ergriffen und gestattet Alfred wiederzukommen, wenn die Camelie, die sie ihm überreicht, verwelkt sei.

2. AKT: Violetta hat ihrer bisherigen Welt den Rükken gekehrt und lebt mit Alfred auf einem Landgut. Eines Tages erfährt Alfred durch die Dienerin Anna,

Violetta müsse ihr Eigentum verkaufen, damit sie weiterhin die Kosten des Haushalts bestreiten kann. Sogleich fährt er nach Paris, um Geld aufzutreiben. In der Zwischenzeit erscheint bei Violetta sein Vater. Zwar ist er erstaunt, eine innerlich anständige Frau in Violetta zu finden und nicht ein leichtes Halbweltdämchen, aber er bleibt bei seiner Absicht: Violetta möge das Verhältnis mit seinem Sohne Alfred aufgeben, damit der angesehene Verlobte seiner Tochter nicht von der Verlobung zurücktrete. Nach inneren Kämpfen willigt sie ein, schreibt Alfred einen Abschiedsbrief ohne Gründe und reist wieder nach Paris. Kurz darauf kehrt Alfred zurück. Als er den Brief liest, lodert Eifersucht in ihm auf. Des Vaters Bitten vermögen ihn nicht zu bewegen, zumal er auf dem Tisch einen vergessenen Brief findet, in dem Violetta zu einem Halbweltfest bei ihrer Freundin Flora eingeladen wird.

Auf Floras Fest ist auch Alfred erschienen. Er spielt und gewinnt. Als Violetta mit Baron Douphal erscheint, stellt er sich, als sehe er sie nicht. Doch seine Worte werden so bösartig, daß es fast zu einem Zusammenstoß zwischen ihm und Douphal kommt. Während die Gesellschaft zu Tisch geht, fleht Violetta Alfred an, er möge das Fest verlassen. Mit ihr zusammen, ja, erwidert er. Als sie das abschlägt, beleidigt er sie vor der herbeigerufenen Gesellschaft und wirft ihr Geld vor die Füße.

3. AKT: In einem Zweikampf mit Douphal ist Alfred leicht verwundet worden. Sein Vater hat ihm endlich erklärt, aus welchem Grunde Violetta ihn verlassen

hat. Reuig eilt er zu ihr. Doch der Auftritt bei Flora war zuviel für die durch eine heimtückische Krankheit seit langem Geschwächte. Violetta hat nur noch wenige Stunden zu leben. Noch einmal glaubt sie an Glück, als Alfred ihr leidenschaftlich seine Liebe bekennt; dann aber sinkt sie in die Kissen zurück und stirbt.

Ein Maskenball

Oper in drei Akten
Text nach Scribe von Francesco Maria Piave

Personen:

Graf Richard (Tenor)
René, sein Sekretär (Bariton)
Amelia, Renés Gattin (Sopran)
Ulrica, Wahrsagerin (Alt)
Oscar, Page (Sopran)
Silvano, Matrose (Bariton)
Samuel und Tom, Verschworene (Baß)
Ein Richter (Baß)
Diener Amelias (Tenor)

Ort und Zeit: Boston und Umgebung, Ende des 17. Jahrhunderts
Uraufführung: 17.2.1859, Rom, Teatro Apollo

Verdi hatte 1857 eine Oper »Gustav III. von Schweden« fertiggestellt. Aber die Zensur in Neapel wollte nicht einen Königsmord auf der Bühne, kritisierte, zensierte, ja, sie fing sogar an, das Stück umzudichten. Da bot Verdi seine Oper der römischen Bühne an. Dort hatte man weniger Bedenken, ließ ein paar Äußerlichkeiten ändern, das Stück in Amerika spielen, und unter dem Titel *Amelia oder Ein Maskenball* hatte das Werk einen ungeheuren Erfolg. Opernstoff und Opernmusik sind hier zum größten Teil Einheit geworden. Die Vertonung umschließt alle Züge des früheren Verdi, doch ist die Sprache reifer, satter, dunkler, dramatischer geworden.

1. AKT: Graf Richard, Gouverneur von Boston, wird von Bürgern und Offizieren, unter die sich auch Verschwörer mischen, in seinem Amtsraum erwartet. Er tritt ein, prüft die amtlichen Schriftstücke, zeigt sich als verständnisvoller Mensch und Beamter. Ein Page reicht ihm auch die Liste der zum nächsten Fest Eingeladenen. Beglückt findet Richard darauf auch den Namen der von ihm heimlich geliebten Frau seines Sekretärs René. Dieser – zugleich sein bester Freund – warnt ihn vor einer Verschwörung. Der vertrauensselige Richard nimmt die Warnung gelassen auf. Als ihm der Richter ein Urteil gegen die Wahrsagerin Ulrica vorlegt und dabei der Page Oscar für Ulrica spricht, will er den Tatbestand selbst prüfen und fordert alle auf, ihm verkleidet zu der Wahrsagerin zu folgen. – Verwandlung. Die Geisterbeschwörung sagt dem Matrosen Silvano allerlei Gutes voraus. Richard (als Fischer verkleidet) steckt dem Matrosen unbemerkt eine Rolle Gold in die Tasche, so daß zum Jubel aller die erste Voraussage bereits Wirklichkeit geworden ist. Da sich Renés Gattin Amelia durch einen Diener ansagen läßt, schickt Ulrica alle fort; doch Richard verbirgt sich. So

hört er, daß Amelia ihn liebt, aber ein Mittel gegen diese Liebe wünscht. Ulrica verschreibt ein Kraut, das Amelia diese Nacht noch unter dem Galgen pflücken muß. Amelia geht verängstigt davon. Hofleute und Verschwörer kommen verkleidet, Richard läßt sich wahrsagen. Wer ihm zuerst die Hand gebe, spricht Ulrica, werde ihn in Kürze ermorden. Die Verschwörer fühlen sich verraten, keiner ergreift des Grafen ausgestreckte Hand; da erscheint René und begrüßt den Grafen mit Handschlag. Daß Richard die Warnung Ulricas in den Wind schlägt, ist selbstverständlich.

2. AKT: Amelia sucht unter dem Galgen das Kräutlein. Richard ist ihr heimlich gefolgt und kommt gerade recht, als ihre Kräfte sie verlassen. Auf sein Drängen gesteht sie ihm ihre Liebe – aber auch ihre Absicht, sich diese Liebe aus dem Herzen zu reißen. Man hört Schritte, Amelia kann gerade noch den Schleier vor das Gesicht ziehen – da erscheint René, um seinen gräflichen Freund zu warnen: die Verschwörer lauern ihm in der Nähe auf. Richard nimmt Renés Mantel, verpflichtet René, den Schleier der Dame nicht zu lüften, und eilt davon. Mordgierig erscheinen die Verschwörer, sind aber ärgerlich und enttäuscht, als sie statt des Grafen seinen Sekretär finden. Dafür wollen sie wenigstens das Gesicht der Dame sehen. René will sie gegen die Zudringlichen mit dem Schwert schützen, da reißt sie den Schleier vom Gesicht. René erstarrt: seine Frau beim Stelldichein mit seinem Freunde. Kaum hört er die spottenden Stimmen der Verschwörer. Er faßt sich, verbündet sich rachsüchtig mit den Verschwörern.

3. AKT: René will Amelia in seinem Arbeitszimmer trösten – vor dem Bilde des Grafen Richard. Noch einmal darf sie in ein Nebenzimmer, sich von ihrem Kinde zu verabschieden. Die Verschwörer erscheinen. René weist ihnen die verräterischen Pläne nach, doch nicht um sie zu verderben, sondern um sich ihnen anzuschließen. Das Los soll entscheiden, wer den Dolchstoß gegen Richard zu führen hat. Die wiederkehrende Amelie muß die Lose ziehen. Auf dem zuerst gezogenen Los steht der Name ...René. In diesem Augenblick überbringt der Page Oscar eine Einladung des Grafen zum Maskenball. – Verwandlung. Graf Richard unterschreibt schweren Herzens einen Erlaß, daß René mit Amelia zusammen das Land verlassen und einen Gesandtenposten übernehmen soll; die Ehe des Freundes will er nicht zerstören. Ein Brief ohne Unterschrift warnt ihn vor einem Mordanschlag auf dem Maskenball; doch Richard ist nicht feige. – Verwandlung. Der Page Oscar will René die Maske des Grafen Richard nicht verraten. Amelia aber erkennt ihn, warnt ihn abermals; doch im Augenblicks des schmerzlichen Abschieds durchbohrt ihn René mit dem Dolch. Der Sterbende schützt den Mörder vor den aufgebrachten Anhängern des Grafen und zeigt René den Erlaß, durch den er höchste Freundestreue bewahren wollte.

Die Macht des Schicksals

Oper in vier Akten – Text von Francesco Maria Piave, zweite Fassung von A. Ghislanzoni

Personen:

Marchese von Calatrava (Baß)
Leonore, seine Tochter (Sopran)
Don Carlos, sein Sohn (Bariton)
Alvaro, ein Inkasproß (Tenor)
Pater Guardian (Baß)
Fra Melitone (Bariton)
Preziosilla, junge Wahrsagerin (Mezzosopran)
Curra, Leonores Kammerzofe (Sopran)

Ort und Zeit: Spanien und (2. Akt) Italien, Mitte des 18. Jahrhunderts
Uraufführung: 10.11.1862, Petersburg; zweite Fassung: 27.2.1869, Mailand, Teatro alla Scala

Ein echter Verdi-Stoff: Liebe und Haß, Fluch und Segen – solche echt dramatischen Gegensätze brauchte Verdi, und hier waren sie vorhanden, so daß er auf die Unklarheit der Handlung kaum achtete.

1. AKT: Leonore erwartet Alvaro, damit sie mit dem Geliebten fliehen kann. Als Alvaro erscheint, betritt auch Leonores Vater den Raum und beschimpft ihn. Alvaro überwindet sich und wirft die schon gezogene Pistole von sich – da löst sich der Schuß und trifft den Marchese tödlich. Sterbend verflucht der Marchese seine Tochter. Alvaro und Leonore fliehen.

2. AKT: Leonores Bruder Don Carlos spürt in Studentenkleidern der geflohenen Schwester nach. In einem Dorfgasthaus beobachtet er mißtrauisch einen jungen Mann (es ist die verkleidete Leonore, die auf der Flucht Alvaro verloren hat). Es gelingt Leonore, zu entkommen. – Verwandlung. Vor einem Kloster. Leonore verlangt vom Pater Guardian, er möge sie als Einsiedlerin in den Klosterkreis aufnehmen, und offenbart ihm, daß sie eine Frau ist. Ihr wird eine in der Nähe gelegene Klausnerei angewiesen; wenn sie in Not komme, solle sie die Glocke läuten.

3. AKT: Alvaro hält Leonore für tot. Aus Verzweiflung ist er Soldat geworden und wurde wegen Tapferkeit zum Hauptmann befördert. In der Nähe eines Kriegslagers rettet er Don Carlos vor einem Überfall durch Meuchelmörder; beide schwören, ohne sich zu kennen, ewige Freundschaft. In der Schlacht wird Alvaro schwer verwundet. Der Freund soll für ihn ein versiegeltes Päckchen mit Briefen ins Feuer werfen. Carlos zögert eine Weile, weil es ihm seltsam vorkam, daß Alvaro zusammenfuhr, als er mit dem Orden von Calatrava ausgezeichnet werden sollte. Doch dann will er das Päckchen vernichten – da fällt das Bild seiner Schwester heraus. – Verwandlung. Der wiederhergestellte Alvaro wird von Don Carlos zum Zweikampf gefordert, weigert sich aber, gegen den Bruder seiner Geliebten den Degen zu ziehen. Erst als er hört, Leonore lebe und Carlos wolle sie töten, greift er zur Waffe. Die Kämpfenden werden getrennt. Alvaro, den die Macht des Schicksals bedrückt, will ins Kloster gehen.

4. AKT: Vor dem Kloster des Paters Guardian. Streit der hungrigen Menge mit dem Fra Melitone. Don Carlos erscheint und verlangt, den Pater Raphael (Alvaro) zu sprechen. Alvaro bleibt allen Beleidigungen gegenüber unbewegt; doch als ihn Carlos ins Gesicht schlägt, ergreift er den von Carlos mitgebrachten Degen und eilt mit dem Freund und Todfeind zum Zweikampf. – Verwandlung. In ihrer Klause betet Leonore um baldigen Tod. Als sie Stimmen hört, schließt sie sich ein. Alvaro und Carlos nahen kämpfend. Leonore läutet die Glocke. Carlos wird schwer verwundet. Alvaro klopft an die Klause; in dem heraustretenden »Klausner« erkennt er – Leonore. Traurig naht sie dem verwundeten Bruder; der aber sticht sie nieder und stirbt. In den Armen von Alvaro und dem herbeigeeilten Pater Guardian haucht Leonore ihr Leben aus.

Don Carlos

Oper in vier Akten – Text nach Schiller
von Jos. Méry und Camille du Locle

Personen:

Philipp, König von Spanien (Baß)
Elisabeth, seine Gemahlin (Sopran)
Don Carlos, Philipps Sohn (Tenor)
Marquis von Posa (Bariton)
Prinzessin Eboli (Mezzosopran)
Der Großinquisitor (Baß)
Graf Lerma (Tenor)
Tebaldo, Page (Sopran)

Ort und Zeit: Spanien, zweite Hälfte des 17. Jahrhunderts
Uraufführung: 11.3.1867, Paris, Grand Opéra; endgültige Fassung: 10.1.1884, Mailand, Teatro alla Scala

In *Don Carlos* setzt sich Verdi zum zweiten Male mit der sogenannten Großen Oper auseinander (der erste Versuch war *Die sizilianische Vesper).* Daß er das Werk siebzehn Jahre später umarbeitet, zeigt schon, daß hier mancherlei Un-verdisches vorliegt. Auch die zweite Fassung ist nicht der Verdi, wie wir ihn sonst kennen; dennoch enthält sie hohe musikalische Schönheiten (stärkste Szene: der Monolog des Königs »Sie hat mich nie geliebt«). – Der Inhalt stimmt in großen Zügen mit Schillers gleichnamigem Drama überein, enthält jedoch manche ausgesprochene Opern-Wirkungen.

1. AKT: Don Carlos, der mit Elisabeth von Valois verlobt war, aber von dieser Verlobung zurücktreten mußte, weil sein Vater aus staatspolitischen Gründen Elisabeth heiratete, liebt seine Stiefmutter noch immer. Sein Freund Marquis Posa will ihn aus dieser für Herz und Leben gefährlichen Lage befreien und rät ihm, sich vom König nach Flandern schicken zu lassen. – Verwandlung. Posa überreicht der Königin einen Brief von Don Carlos, der sie bittet, Posa volles Vertrauen zu schenken. Auf Fürsprache von Posa kommt es zwischen Elisabeth und Carlos zu einer Aussprache. Carlos will anfangs nur bitten, die Königin möge ihm helfen, daß er nach Flandern geschickt werde; doch dann vergißt er sich, umarmt die noch immer Geliebte und stürzt davon. Finster und mißtrau-

isch erscheint der König. Er ist einsam, sucht einen Menschen. In einer Zwiesprache mit Posa gewährt er diesem freien Zutritt zu jeder Stunde, warnt ihn aber zugleich vor der Inquisition.

2. AKT: Carlos wartet im nächtlichen Garten auf Elisabeth, ein Briefchen hat ihn hierher bestellt. Doch es stammt nicht von der Königin, sondern von der in Carlos verliebten Prinzessin Eboli. Als Carlos enttäuscht seine Liebe zur Königin erkennen läßt, droht die eifersüchtige Eboli mit Rache. Zur Vorsicht läßt sich Posa von Carlos alle wichtigen Papiere aushändigen. – Verwandlung. Bei einer Ketzerverbrennung treten sechs Abgeordnete der rebellischen Niederlande vor den König – an ihrer Spitze Don Carlos. Als dieser allzu hitzig die niederländischen Freiheitsforderungen vertritt, will ihn der König verhaften lassen. Den Befehl auszuführen, wagt nur – Marquis Posa, der Freund.

3. AKT: Den König quält der Gedanke an Carlos und Elisabeth. »Sie hat mich nie geliebt.« Der Großinquisitor fordert von ihm den Kopf des »Versuchers Posa«, des Menschen, auf den der König allein noch baute. Er muß nachgeben. Elisabeth beklagt sich: man hat ihre Schatulle geraubt. Da hält er ihr die Schatulle und das Bild von Carlos entgegen, nennt sie eine Buhlerin, verläßt den Raum. Die Eboli gesteht der Königin: sie hat sie beim König beschuldigt (aus Eifersucht) und ist des Königs Geliebte. Elisabeth verbannt sie vom Hofe. – Verwandlung. Posa hat die gefährlichen Briefe von Carlos als die seinen ausgegeben und wird auf des Königs Befehl erschossen. Zu spät erfährt der König

die wahren Zusammenhänge. Als er Carlos aus dem Gefängnis befreien will, schreit ihm dieser seine Verachtung entgegen.

4. AKT: Im Kloster von St. Just verabschiedet sich Carlos, der nach Flandern gehen will, von Elisabeth. Die beiden werden vom König überrascht. Da öffnet sich das Grabmal des verstorbenen Kaisers. Der Tote in Mönchsgestalt zieht Carlos zu sich herein.

Simone Boccanegra

Oper in einem Vorspiel und drei Akten – Text von Francesco Maria Piave, überarbeitet von Arrigo Boito

Personen:

Simone Boccanegra, Erster Doge von Genua (Bariton)
Fiesco, Haupt der Adelspartei (Baß)
Paolo, plebejischer Politiker (Bariton)
Pietro (Baß)
Gabriele Adorno, junger Edelmann (Tenor)
Amelia (Sopran)

Ort und Zeit: Genua und Umgebung Mitte des 14. Jahrhunderts
Uraufführung: Erste Fassung am 12. März 1857 in Venedig; Neufassung am 24. März 1881 in Mailand

Um der leidenschaftlichen, ausdrucksstarken Musik willen wird das Werk zuweilen aufgeführt; die Handlung freilich, die wir nachfolgend umrißhaft nachzeichnen, hat zu allen Zeiten die Bühnen gehindert, sich des Werkes auf die Dauer anzunehmen.

Der vom Volke gewählte Doge Boccanegra hat drei erbitterte Feinde: den Adelsführer Fiesco, den jungen Adeligen Gabriele und den plebejischen Ratsherrn Paolo. Gabriele und Paolo lieben Amelia. Erst spät erfährt Boccanegra, daß Amelia sein Kind ist, das ihm Fiescos Tochter heimlich geboren hatte. Als Gabriele in diese Zusammenhänge eingeweiht wird, will er zwischen dem Dogen und der Adelspartei Frieden stiften. Zu spät. Der als Bewerber um Amelias Hand abgewiesene Paolo hat aus Rache dem Dogen Gift gegeben. Boccanegra kann eben noch Amelia ihrem Großvater, seinem Todfeind Fiesco, zuführen, dann sinkt er tot zu Boden.

Aida

Oper in vier Akten – Text von Antonio Ghislanzoni

Personen:

Der König von Ägypten (Baß)
Amneris, seine Tochter (Mezzosopran)
Aida, eine äthiopische Sklavin (Sopran)
Amonasro, ihr Vater, König von Äthiopien (Bariton)
Radames, ägyptischer Feldherr (Tenor)
Ramphis, Oberpriester (Baß)

Ort und Zeit: Memphis und Theben (Ägypten), Pharaonenzeit

Uraufführung: 24.12.1871, Kairo, in Zusammenhang mit der Eröffnung des Suezkanals

Die Stoffwahl zu dieser Pharaonen-Oper erklärt sich einfach: das Werk wurde zur Einweihung des Suezkanals bestellt und in Kairo am Weihnachtsabend 1871 uraufgeführt. Die Musik geht auf drei Grundbestandteile zurück: auf die französische Große Oper mit ihrem prunkenden Schaustil (wesentliche Vorarbeiten bei Verdi: seine *Sizilianische Vesper* und sein handlungsmäßig an Schiller angelehnter *Don Carlos),* auf den italienischen Gesangsausdruck und auf (allerdings in behutsam gewahrten Grenzen) Wagners leitmotivisches Arbeiten. Diese drei Bestandteile verschmilzt Verdis Schöpferkraft so fugenlos, daß *Aida* seit mehr als ein Jahrhundert eine der am meisten auf-

geführten Opern ist, ohne an künstlerischer Wirkung je eingebüßt zu haben. Wie meisterhaft verinnerlicht Verdi nun zu schaffen weiß, mag unser Beispiel zeigen: in wenigen Tönen wird Aidas Liebe und Liebesleid dargestellt.

1. AKT: Oberpriester Ramphis verkündet dem jungen Krieger Radames, daß die Göttin Isis den Feldherrn

im Kampf gegen Äthiopien auserkoren hat. Versonnen bleibt Radames allein: wäre er doch zu diesem Amt bestimmt! Doch noch eine andere Stimmung beherrscht ihn: seine verheimlichte Liebe zu der äthiopischen Sklavin Aida. So trifft ihn die Königstochter Amneris; sie liebt ihn und heischt Gegenliebe. Als er ausweicht und seine Freude über das Nahen Aidas nicht ganz verbergen kann, wird Amneris argwöhnisch. – Vor König und Priestern meldet ein Bote, der Aufstand der Äthiopier werde angeführt von dem gefährlichen Amonasro (»Mein Vater«, singt Aida leise). Der Name des ägyptischen Feldherrn wird bekanntgegeben: Radames. Begeistert stimmt alles in den Kampfruf ein, selbst Aida jubelt: »Als Sieger kehre heim!« Doch allein geblieben, gibt sie sich widersprechenden Empfindungen hin: soll sie dem Vater oder dem Geliebten den Sieg wünschen? – Verwandlung. Im Vulkantempel wird Radames das heilige Schlachtschwert überreicht.

2. AKT: Inmitten ihrer Liebeslieder singenden Sklavinnen sehnt sich Amneris nach Radames. Aida naht. Amneris entläßt die Sklavinnen. Um sich Gewißheit zu verschaffen, gibt sie vor, Radames sei gefallen. Aida erbleicht, faßt sich aber. Doch als Amneris ruft, Radames lebe, da weiß sie Aidas Jubelschrei richtig zu deuten. Stolz verweist sie die »Sklavin« in ihre Grenzen. Von draußen ertönen Siegesrufe: das Heer kehrt heim! – Verwandlung. Großer Aufzug des siegreichen Heeres (hier feiert die französische Prunkoper in musikalisch glänzendem Stil einen ihrer größten Triumphe). Amneris überreicht dem Sieger Radames den Ruhmes-

kranz. Jede Belohnung dürfe sich Radames erbitten, schwört der König. Radames aber will zuvor die Gefangenen vorführen lassen. Als sie hereinziehen, springt Aida auf eine kriegerische Gestalt zu. »Mein Vater!« Der Gefangene weiß geschickt die Ägypter zu täuschen; sie glauben, er sei Amonasro (der er ja auch ist), während er vom angeblichen Tode Amonasros berichtet. Nun bittet Radames den König um die beschworene Gunst: er möge die Gefangenen freilassen. Amonasro triumphiert; aber die listigen Priester wissen den König zu bestimmen, daß zwar die Gefangenen nicht aber Amonasro und Aida freigegeben werden. Und endlich kann auch die durch Radames' Bitte enttäuschte Amneris triumphieren: der König schenkt Radames ihre Hand. Allgemeiner Jubel – doch die einzelnen Hauptpersonen geben sich widerstrebenden Empfindungen hin.

3. AKT: Amneris wird vom Oberpriester zu innerer Vorbereitung in den Tempel geführt. Draußen harrt Aida auf Radames. Da tritt der Vater zu ihr. Er hat ihre Liebe zu dem ägyptischen Feldherrn längst entdeckt und darauf einen Plan gebaut. Mit Schmeicheln und endlich mit unbeherrschtem Drohen bringt er Aida dazu, Werkzeug für seinen Plan zu sein. Er verbirgt sich, denn Radames naht. Mit gespielter Kälte weist Aida seine leidenschaftlichen Liebesbeteuerungen zurück. Wenn er wirklich nicht Amneris, sondern sie liebe, dann möge er mit ihr fliehen. Anfangs ist Radames entsetzt, bis es Aidas Lockungen gelingt, ihn umzustimmen. Und welchen Weg sollen sie einschlagen, um den Grenzwächtern zu entgehen? Auf diese

wohlberechnete Frage Aidas gibt Radames Antwort – und verrät damit die Aufmarschpläne des ägyptischen Heeres. In wildem Triumph springt Amonasro aus seinem Versteck – seine List ist gelungen. Fast im gleichen Augenblick erscheint Amneris mit dem Oberpriester. Amonasro will sie töten; doch Radames schützt sie und stellt sich den herbeieilenden Wachen, während Aida mit ihrem Vater entflieht.

4. AKT: Verzweifelt läßt Amneris Radames herbeiführen, beschwört ihn, sich vor Gericht zu rechtfertigen und mit ihr die Ehe zu schließen. Beglückt hört er, daß Aida noch lebe, dann läßt er sich trotz Amneris' Flehen ins Gefängnis zurückführen. Aus dem unterirdischen Saal tönt die Stimme des Oberpriesters: »Radames, rechtfert'ge dich!« Dreimal die Frage, dreimal keine Antwort. Das Urteil wird gefällt: Radames soll lebendig begraben werden. Den vom Urteilsspruch zurückkommenden Richtern schleudert Amneris wilde Vorwürfe entgegen. Umsonst. – Verwandlung. In ein kellerartiges Gewölbe wird Radames hinabgelassen, die Priester wälzen einen mächtigen Stein über die Öffnung und schreiten davon. In trauernder Verzweiflung gedenkt der Eingeschlossene der Geliebten. Da tritt sie zu ihm: sie hatte sich in dem Gewölbe verborgen, um mit Radames zu sterben. Ein unirdisch schöner Liebes- und Todesgesang blüht auf, dumpf untermalt von Chören der Priester und Priesterinnen. Amneris naht dem Stein, murmelt ein letztes Gebet.

Othello

Oper in vier Akten – Text von Arrigo Boito

Personen:

Othello, Mohr, venezianischer General (Tenor)
Desdemona, seine Gemahlin (Sopran)
Emilia, ihre Kammerfrau (Mezzosopran)
Jago, deren Mann, Fähnrich (Bariton)
Cassio, Hauptmann (Tenor)
Rodrigo (Tenor)
Lodovico, Gesandter (Baß)
Montano, früherer Statthalter von Zypern (Baß)

Ort und Zeit: Zypern, 15. Jahrhundert
Uraufführung: 5.2.1887, Mailand, Teatro alla Scala

Die Handlung rafft das Geschehen von Shakespeares gleichnamigem Drama so stark zusammen, wie es die Oper, deren Hauptbestandteil ja die Musik bleiben soll, verlangt. Als Bühnenkomponist erreicht Verdi in diesem Werk einen neuen Gipfel. *Aida* ist Höhepunkt der italienisch-französischen *Opern*form, der *Othello* ist einsam ragender Fels der italienischen *Musikdramatik.* Freilich nicht im Sinne Wagners. So sehr auch Verdi seinen deutschen Zeitgenossen studiert haben mag – als er dieses italienische Musikdrama schuf, hat er ihm *seinen* unverkennbaren Stempel eingeprägt. Den entscheidenden Unterschied zwischen den Meistern darf man darin erblicken, daß Wagner vom alten Sprechgesang (Rezitativ) ausgeht und die menschliche Stimme wesentlich in das orchestrale thematischmotivische Geschehen einbezieht, daß Verdi dagegen von der Arie aus schafft, sie immer mehr dem Sprechgesang annähert und das Orchester zwar selbständig führt, es aber zu keiner Zeit der Singstimme überordnet.

1. AKT: Bei gefährlichem Unwetter kehrt der Feldherr Othello siegreich von einem Türkenkrieg heim, jubelnd beglückwünscht vom Volk, gehaßt von dem Fähnrich Jago, dem er bei der letzten Offiziersbeförderung den jetzigen Hauptmann Cassio vorgezogen hat. Kalt und satanisch faßt Jago seinen Racheplan. Zunächst muß Cassio beseitigt werden. Zu diesem Zweck macht er ihn in lustiger Gesellschaft trunken, dann versteht er es, Rodrigo (der wie Cassio Othellos Gemahlin Desdemona anbetet) auf den Trunkenen zu hetzen. Cassio zieht den Degen, und als der frühere Statthalter Montano den Streit schlichten will, verwundet ihn Cassio. Der durch den Lärm herbeigerufene Othello hört Jagos hinterlistigen Bericht und entkleidet Cassio seiner Offizierswürde. Dann entläßt er alle Anwesenden und ist nun endlich seit langer Zeit wieder allein mit seiner abgöttisch geliebten Desdemona.

2. AKT: Scheinheilig rät Jago dem trostlosen Cassio, er möge sich Desdemonas Fürsprache bei Othello bedienen. Als Cassio davongeht, singt Jago in teuflischer Dämonie ein »Glaubensbekenntnis« von abgrundtiefer Gemeinheit. Im rechten Augenblick naht Othello; Jago kann ihn unauffällig auf das Bild im Garten weisen: dort bemüht sich Cassio um Desdemo-

nas Fürsprache. Othellos Eifersucht ist geweckt. Als Desdemona naht und um Begnadigung Cassios bittet, weist er sie ungeduldig zurück. Unschuldig fragt sie ihn nach dem Grund seiner Verstimmung; als er etwas von Kopfschmerz murmelt, will sie ihm ein Tüchlein um den Kopf binden. Wütend wirft Othello das Tuch zu Boden. Die Kammerfrau Emilia hebt es auf, doch Jago entreißt es seiner Frau und steckt es ein. Verwirrt ziehen sich die Frauen zurück. Verwirrt ist aber auch Othello: ist Desdemona schuldig oder nicht, ist Jago ein Freund oder ein Feind? Der träufelt ihm behutsam das Gift des Mißtrauens in die Seele, berichtet von einem Traum Cassios, bei dem dieser allerlei verdächtige Worte im Schlaf gesprochen habe. Othello ist außer sich; aber Beweise verlangt er, Beweise ... Die deutet ihm Jago an: besitze nicht Cassio das Spitzentüchlein, das Othello einst Desdemona als erstes Geschenk der Liebe gegeben habe? Da fährt Othello auf: Rache! Auch Jago singt, aber von einer anderen Rache.

3. AKT: Jago will den »Beweis« bringen, verabredet er mit Othello im Hauptsaal des Schlosses: »Denkt an das Taschentuch!« Desdemona gegenüber heuchelt Othello Kopfschmerz, will das Tüchlein sehen, heißt sie es suchen, als es nicht zur Hand ist. Auch jetzt bittet Desdemona unruhig, doch ahnungslos für Cassio. Das ist zuviel: »Dirne« beschimpft er sie, drängt sie hinaus. Jago meldet Cassios Nahen. Und Othello wird von einem Versteck aus Zeuge eines von Jago geschickt gelenkten Gespräches. Cassio ist ein Schürzenjäger, gibt das harmlos lachend zu; aber durch Jagos doppelsinnig gestellte Fragen muß Othello annehmen, daß

Cassio von einer Liebschaft mit Desdemona spreche. Und nun sieht er in Cassios Händen auch noch das Spitzentüchlein, das Jago dem Cassio zugespielt hat. »Sag, wie ermord' ich sie« – mit diesen Worten tritt Othello aus seinem Versteck hervor, als Cassio gegangen ist. Vergiften will er Desdemona. Aber Jago rät: »... erwürgt sie im Bette, dort, wo sie gesündigt.« – Eine Gesandtschaft von Venedig muß vorgelassen werden; kaum vermag Othello, sie zu empfangen. Befehl vom Dogen: Othello habe sich nach Venedig einzuschiffen. Cassio habe ihn während seiner Abwesenheit auf Zypern zu vertreten. Wieder der Name Cassio! In ihrer Unschuld bittet Desdemona abermals für Cassio. Da schleudert er sie zu Boden. Rufe werden laut gegen den Rasenden. Doch in seinem Zorn jagt er alle davon. Dann bricht er ohnmächtig zusammen. Triumphierend reckt sich Jago auf.

4. AKT: Desdemona bereitet sich mit Emiliens Hilfe auf die Nachtruhe vor, singt ahnungsschwer ein trauriges Lied, entläßt Emilia und legt sich nieder ... Othello schleicht herein (unser Beispiel zeigt, wie greifbar beredt Verdi das Geschehen musikalisch und seelisch

zeichnet; Kontrabässe). Er löscht das Licht, küßt die Schlafende. Wieder werden die Erinnerungen an das Einst in ihm lebendig. Doch dann erwürgt er sie, taub gegen ihre Unschuldsbeteuerungen ... An der Tür klopft es. Emilia ahnte Schreckliches, das Spitzentuch ... Othello stürzt sich auch auf sie. Auf ihren Hilferuf eilen Bewaffnete herbei, alles wird offenbar! Othello ist gebrochen. Dann tritt er zu der ermordeten Geliebten, und ehe es die Umstehenden verhindern können, ersticht er sich.

Falstaff

Lyrische Komödie in drei Akten
Text von Arrigo Boito

Personen:

Falstaff (Bariton)
Alice, seine Frau (Sopran)
Ännchen, ihre Tochter (Sopran)
Frau Quickly (Mezzosopran)
Frau Meg Page (Mezzosopran)
Fenton (Tenor)
Dr. Cajus (Tenor)
Bardolph (Tenor) und Pistol (Baß), beide Falstaffs Diener
Bürger, Volk, Masken, Elfen usw.

Ort und Zeit: Windsor, kurz nach 1400
Uraufführung 9.2.1893, Mailand, Teatro alla Scala

Eine der besten Kammeropern der Geschichte, musikalisch mit dem Silberstift gezeichnet (der freilich auch köstlich-krauses Liniengewirr zustande bringt), von außerordentlicher Kunst der Stimmführung in Orchester, Ensembles, Chören und Soli, flüssig durchkomponiert in wort- und stimmunggezeugtem Parlando, keine »Arien«, dafür groß angelegte Soloszenen. Das Ganze bis in den letzten Takt witzig, spöttisch, kullernd auf dem Untergrund eines weisen Humors.

Der Inhalt geht auf Shakespeares *Heinrich IV.* und *Die lustigen Weiber von Windsor* zurück, ist aber stark verdichtet.

1. AKT: Wie gut, daß Alice Ford und Meg Page in den Fettwanst Falstaff – wie er glaubt – verliebt sind und die Kasse ihrer Männer verwalten; denn der Dicke ist wieder einmal völlig abgebrannt. Schleunigst schreibt er den beiden Frauen zwei Liebesbrieflein; seine Ritterehre (grotesker Gesang) ficht das nicht an. – Die Frauen wollen den ehrenwerten Schnorrer tüchtig foppen. Dr. Cajus, Ännchens heimlicher Liebhaber, Fenton und Ännchen wirken zusammen; gleichzeitig aber auch Falstaffs Diener und Herr Ford, dem die Diener alles verraten haben.

2. AKT: Herr Ford sucht als »Herr Baron« Falstaff auf: er möge für ihn seine Frau Ford erobern (und will ihn dabei ertappen). Doch verrät er sich beinahe, als Falstaff ihm mitteilt, das könne gleich heute geschehen; habe er doch bereits ein Stelldichein verabredet (Alice hat ihm ein Briefchen geschrieben). – Der Schwerenöter singt gerade höchst siegesbewußt Alice in deren Wohnung an, da kommt wütend Herr Ford heim, sucht ben. Mit Erstaunen erkennt der Grundbesitzer Micha seinen Sohn Hans, glücklich durchschaut Marie die List des Geliebten, immer länger wird das Gesicht

Kezals: das also war des »Micha Sohn«, der vertragsgemäß die Marie heiraten soll! Gewaltig ausgelacht wird der auf den Leim gegangene Heiratsvermittler.

3. AKT: Das Bad im Mühlgraben sucht Falstaff durch einen Humpen Wein auszugleichen. Da bekommt er abermals ein Brieflein: diesmal soll das Stelldichein im mitternächtlichen Park von Windsor stattfinden. – Nunmehr sind alle eingeweiht, wollen gemeinsam den Fettkloß verspotten. Kaum hat Falstaff Alice begrüßt, da naht das Heer der Mücken und Wespen, Kobolde und Elfen (verkleidete Bürger und Bürgerinnen), zwikken und zwacken ihn, schütten Hohn und Spott über ihn. Doch auch ein anderer wurde gefoppt: Herr Ford, der in der Nacht seine Tochter Ännchen mit Dr. Cajus verbinden wollte, ist überlistet und gibt Ännchen ihrem geliebten Fenton. Allgemeine Freude und Heiterkeit, aber auch Besinnung und Nachdenklichkeit: große Fuge mit dem Beginn »Alles ist Spaß auf Erden, wir sind geborene Toren« (Notenbeispiel).

OFFENBACH

Jacques O. (geb. 1819 in Köln, gest. 1880 in Paris) ging 1833 ans Pariser Konservatorium, wurde Kapellmeister und Theaterunternehmer. Schrieb eine Oper und zahlreiche Operetten (vergl. den Operettenteil).

Hoffmanns Erzählungen

Phantastische Oper in einem Vorspiel, drei Akten und einem Nachspiel – Text von Jules Barbier und M. Carré

Personen:

Hoffmann (Tenor)
Niklaus, sein Freund (Mezzosopran)
Stella, Olympia, Giuletta, Antonia, ursprünglich von der gleichen Sängerin verkörpert (Sopran)
Lindorf, Coppelius, Dapertutto, Mirakel, vom gleichen Sänger darzustellen (Baßbariton)
Andreas, Cochenille, Pitichinaccio, vom gleichen Sänger zu verkörpern (Tenor)
Spalanzani (Tenor)
Nathanael (Tenor)
Crespel (Baß)
Schlemihl (Baßbariton)
Luther (Baß)
Hermann (Bariton)
Eine Stimme (Mezzosopran)

Ort und Zeit: Nürnberg und Venedig. Anfang des 19. Jahrhunderts
Uraufführung: 10.2.1881, Paris, Opéra Comique

In der Rahmenhandlung sehen wir den Dichter Hoffmann und in den drei Akten erleben wir seine Erzählungen bildhaft. (Wie stark Wirklichkeit und Schein ineinandergreifen, lehrt ein Blick auf das Personenverzeichnis.)

Vorspiel. Hoffmann, der ewig betrunkene, ewig verliebte Dichter, zecht im Kreise seiner studentischen Kameraden. Die Sängerin Stella hat ihm den Schlüssel zu ihrem Zimmer geschickt; doch Lindorf, Hoffmanns ständiger Widersacher, hat ihn abgefangen. Im Dämmerzustand zwischen Wachen und Träumen erzählt Hoffmann von seinen Geliebten.

1. AKT: Der Physiker Spalanzani hat eine Puppe geschaffen, die wie ein Mensch singt und spricht, steht und geht: Olympia. Hoffmann als einziger hält den Puppenautomaten für ein lebendiges Wesen und verliebt sich. Auf einem Fest wird die Puppe der Gesellschaft vorgeführt. Da erscheint Coppelius. Er hat die Augen der Puppe angefertigt und ist dafür von Spalanzani mit einem gefälschten Wechsel bezahlt worden. Um sich zu rächen, zerschlägt er die Puppe. Jetzt erst erwacht Hoffmann aus seinem wunderlichen Liebestraum.

2. AKT: In Venedig. Hoffmann sucht bei der schönen Buhlerin Giulietta Sinnenrausch und Genuß. Doch die

Buhlerin steht im Bunde mit dem Teufel (Dapertutto); ihm hat sie bereits den Schatten ihres Anbeters Schlemihl verschafft, und jetzt verlangt er von ihr auch Hoffmanns Spiegelbild. Obwohl sein Freund Niklaus ihn warnt, bleibt Hoffmann verliebt. In rasender Eifersucht tötet er Schlemihl, der von Giuletta einen Schlüssel zu ihren Gemächern erhalten hat, im Zweikampf. Mit dem Schlüssel will er zu Giulietta; doch die verlacht ihn, steigt in eine Gondel und fährt spottend davon. Endlich kommt Hoffmann zur Besinnung.

3. AKT: Die lungenkranke Antonia ist mit einer herrlichen Stimme begabt; aber sie darf nicht Sängerin werden, weil dann ihre Krankheit schnell zum Tode führen würde. Sie verspricht ihrem Vater Crespel, nicht mehr zu singen. Einen Doktor Mirakel weist Crespel entsetzt aus dem Haus, weil er ihn für schuldig am Tode seiner Frau hält. Antonia muß dem Vater und dem von ihr geliebten Hoffmann abermals versprechen, nicht zu singen. Aber der unheimliche Doktor Mirakel weiß sich bei ihr einzuschleichen, verspottet das Eheglück und stellt ihr vor, welch wunderbares Leben sie als gefeierte Sängerin führen könne. Auch das Bild ihrer Mutter scheint Antonia zu ermutigen, und schließlich singt sie zu Mirakels Geigenspiel. Zu spät eilen Crespel und Hoffmann herbei – Antonia stirbt.

Nachspiel. Die Erinnerungen zu vergessen, betrinkt sich Hoffmann im Kreise seiner studentischen Zuhörer und sinkt unter den Tisch. Lindorf führt Stella herein und weist auf den Bezechten. Angewidert geht sie mit Lindorf davon.

SMÉTANA

Friedrich (Bedřich) S. (1824–1884, Tscheche), Schüler u.a. von Liszt. Einige Jahre Dirigent in Schweden, dann 1866–1874 Kapellmeister am Prager Nationaltheater. Wurde völlig taub und starb im Wahnsinn. Schrieb Orchester-, Kammer- und Klaviermusik und Opern.

Die verkaufte Braut

Komische Oper in drei Aufzügen – Text von K. Sabina

Personen:

Kruschina, Bauer (Bariton)
Kathinka, seine Frau (Sopran)
Marie, beider Tochter (Sopran)
Micha, Grundbesitzer (Baß)
Agnes, seine Frau (Mezzosopran)
Wenzel, beider Sohn (Tenor)
Hans, Michas Sohn aus erster Ehe (Tenor)
Kezal, Heiratsvermittler (Baß)
Springer, Direktor eines Wanderzirkus' (Tenor)
Esmeralda, Tänzerin (Sopran)
Muff, Komödiant (Tenor)

Ort und Zeit: In einem böhmischen Dorf, 1865
Uraufführung: 30.5.1866, Prag, Nationaltheater

Eine der europäischen Volksopern, die so tief im Heimatboden wurzeln, daß sie zu internationalem Höhenrang emporwachsen konnten. Hauptbestandteile der Musik sind nationaltschechische Tänze und Lieder.

1. AKT: Vor einem Dorfwirtshaus herrscht lustiges Frühlingstreiben. Weniger vergnügt sind Marie, die Tochter des reichen Bauern Kruschina, und der arme Knecht Hans, dessen Herkunft niemand kennt. Marie soll nämlich Wenzel, den Sohn des Grundbesitzers Micha, heiraten und will doch ihren Hans zum Manne. Hans wurde aus der Heimat verjagt, als sein Vater sich wieder verheiratete. Kaum sind die Liebenden gegangen, da erscheint der Heiratsvermittler Kezal (die eigentliche Hauptfigur der Oper) mit Mariens Vater Kruschina und dessen Frau Kathinka. Dem unverschämt-großmäuligen Kezal stimmt Kruschina durchaus zu; Frau Kathinka aber wünscht ihre Tochter nicht einfach zu verhandeln, sondern diese soll auch ihr Einverständnis erklären. Marie, der die Heiratspläne auseinandergesetzt werden, will natürlich nicht.

2. AKT: Im Gasthaus lassen die Bauern den edlen Gerstensaft hochleben. Hans trinkt auf sein Mädchen, der Heiratsvermittler auf das bare Geld. Als die Wirtshausstube sich geleert hat, stolpert der junge Wenzel herein. Er ist ein recht alberner Bursche, stottert furchtbar. Marie naht. Da Wenzel sie nicht kennt, sich aber bald in sie verliebt, bringt sie ihn leicht dazu, auf jene »nicht ehrliche, einen andern liebende Marie« zu verzichten. Doch als er sie umarmen will, läuft sie ihm lachend davon – er stotternd hinterdrein. Kezal schleppt den Hans herbei. Er möchte ihn zum Verzicht

auf Marie bewegen und zieht los mit allerlei guten Lehren, die einem rechten Junggesellen die Ehe gar grauslich machen könnten. Hans ist zunächst ärgerlich; dann beschließt er, dem aufgeblasenen Kerl einen Streich zu spielen, und erklärt sich bereit, die Braut zu »verkaufen«. Für dreihundert Gulden verzichtet er auf Marie; freilich unter der wichtigen Bedingung, daß sie niemanden anders als Michas Sohn heiraten dürfe. Da strömt die Menge herbei und wird Zeuge, wie Hans den schändlichen Vertrag unterschreibt.

3. AKT: Vor dem Wirtshaus zieht eine wandernde Zirkusgruppe auf. Sogleich verliebt sich Wenzel in die Tänzerin Esmeralda. Leicht läßt er sich überreden, den betrunkenen Darsteller des Tanzbären zu ersetzen. Die Tanzschritte werden ihm beigebracht. Während er für sich allein seinen Tanz übt, überraschen ihn seine Eltern und Kezal. Sie müssen zu ihrem Schrecken erfahren, daß er nicht die für ihn Bestimmte heiraten will, sondern ein anderes Mädchen, das ihn liebe. Dieses Mädchen – es ist Marie – kommt nun herbeigestürzt, gefolgt von den Eltern. Sie kann es nicht glauben, daß Hans sie verkauft habe. Ein Weilchen Bedenkzeit bittet sie sich aus. Zu der Alleingebliebenen stürmt übermütig der Hans. Natürlich weist sie ihn wütend und gekränkt zurück. Doch er bleibt lustig und froh. Jawohl, der Vertrag sei richtig und unterschrieben. Aber nun die Zeugen herbei! Mit Erstaunen erkennt der Grundbesitzer Micha seinen Sohn Hans, glücklich durchschaut Marie die List des Geliebten, immer länger wird das Gesicht Kezals: das also war des »Micha Sohn«, der vertragsgemäß die Marie heiraten soll! Gewaltig ausgelacht wird der auf den Leim gegangene Heiratsvermittler.

BIZET

Georges B. (1838–1875, Franzose) war bereits mit neun Jahren Konservatoriumsschüler in Paris; dort errang er den Römerpreis. Von seinen Opern hat sich nur *Carmen* auf die Dauer durchgesetzt.

Carmen

Oper in vier Akten
Text nach Mérimée von H. Meilhac und L. Halévy

Personen:
Zuniga, Leutnant (Baß)
José, Sergeant (Tenor)
Moralès, Sergeant (Baß)
Escamillo, Stierfechter (Bariton)
Dancairo (Tenor) und Remendado (Baß), Schmuggler
Carmen, Zigeunerin (Mezzosopran)
Frasquita (Sopran) und Mercedes (Mezzosopran), Zigeunerinnen
Micaëla, Bauernmädchen (Sopran)

Ort und Zeit: Servilla und Umgebung, um 1820
Uraufführung: 3.3.1875, Paris, Opéra Comique

Eine der großen unvergänglichen Nationalopern, die die Welt erobert haben. Bei der Uraufführung wurde sie freilich abgelehnt, weil sich das französische Publikum durch die unverhüllte, leidenschaftliche Sinnlichkeit des Werkes abgestoßen fühlte. Heute streitet man allenfalls darüber, ob man den durchkomponierten oder den gesprochenen Dialog vorziehen soll, nicht aber über die Bedeutung der Oper überhaupt. Die besondere Stärke der Musik liegt darin, daß sie bei aller hinreißenden Leidenschaftlichkeit, allem federnden Schwung und sinnenhaften Glühen mit wachem Kunstverstand gearbeitet ist, sorgfältig charakterisiert, formal geschlossen wirkt und ganz durchsichtig instrumentiert ist.

1. AKT: Auf dem Marktplatz von Sevilla wartet die neugierige Menge auf die Ablösung der Wache und auf die verführerisch schönen Arbeiterinnen der Zigarettenfabrik. Ein junges Landmädchen, Micaëla, fragt nach dem Sergeanten José; da er nicht bei der Wache, sondern bei der Ablösung ist, enteilt sie wieder. Die Ablösung zieht auf. Leutnant Zuniga beginnt sogleich ein Gespräch über die Zigarettenmädchen; das interessiert José wenig, weil er nur an seine Micaëla denkt. Die Fabrikglocke ertönt, die Zigarettenschönen erscheinen – ganz zuletzt Carmen. Sie wird sofort von allen Seiten umworben; doch die Leidenschaftliche hat für langweilige Stutzer nur spöttische Abwehr – und ein Lied von der Liebe, die von Zigeunern stamme. Alles hängt an ihren Lippen; nur José bastelt gleichmütig an seinem Gewehr. Etwas gereizt, aber auch belustigt wirft sie ihm eine Rose zu und eilt lachend mit ihren Gefährtinnen in die Fabrik zurück. José ist verwirrt. Doch Micaëla erscheint zur rechten Zeit, bringt

ihm Brief und Kuß von der Mutter. Sein Gleichgewicht scheint wiederhergestellt. Kaum ist Micaëla gegangen, da stürzen die Zigarettenmädchen schnatternd und schreiend herbei: in einem Streit hat Carmen einem anderen Mädchen einen Messerstich versetzt. José wird zur Untersuchung in die Fabrik geschickt. Er bringt Carmen. Sie spottet über das Verhör. José muß sie binden und soll sie ins Gefängnis führen. Doch sie weiß ihn zu betören, versetzt ihm einen (verabredeten) Stoß und entflieht. José wird festgenommen.

2. AKT: In einer Schmugglerschenke sitzen Zigeunermädchen, unter ihnen Carmen, mit Offizieren beim Wein. Als Carmen erfährt, daß José heute aus dem Gefängnis entlassen wird, will sie ungeduldig die Gäste verabschieden. Da erscheint Spaniens gefeierter Stierkämpfer Escamillo. Mit seinem Strophenlied »Euren Toast kann ich wohl erwidern« (Kehrreim »Auf in den Kampf, Torero«) macht er Eindruck nicht nur auf die Menge, sondern auch auf Carmen. Noch läßt sie ihn im Ungewissen ... Mit dem Torero verlassen alle Gäste die Schenke. Zwei Schmuggler verabreden mit den hübschen Zigeunermädchen, wie sie mit ihrer Hilfe die Grenzwächter täuschen können. Dann wartet Carmen verliebt auf Don José. Endlich kommt er, und sie weiß ihn durch Tanzen und Singen völlig einzufangen. Doch als er aus der Kaserne die Trompetensignale hört, will er der Pflicht gehorchen. Wohl liebt er Carmen (»Rosenarie«), doch ihre zornigen Ausbrüche weist er zurück, weigert sich auch, zu desertieren und Schmuggler zu werden. Eben will er die Wütende verlassen, da naht Zuniga, hofft auf ein Schäferstünd-

chen. José wird eifersüchtig, trotzt dem Befehl seines Vorgesetzten und zieht den Degen. Herbeieilende Schmuggler entwaffnen Zuniga. José aber hat nun keine Wahl mehr: er muß bei den Schmugglern bleiben.

3. AKT: Die Zigeunerschmuggler rasten auf einer Felsenhöhe. Carmen ist Josés bereits überdrüssig geworden, und dieser schämt sich ihres Banditenlebens. Doch: »Von dir mich trennen, Carmen? Sprichst du noch einmal solch ein Wort ...« Drohend erklingt im Orchester das Todesmotiv (Notenbeispiel). – Carmen

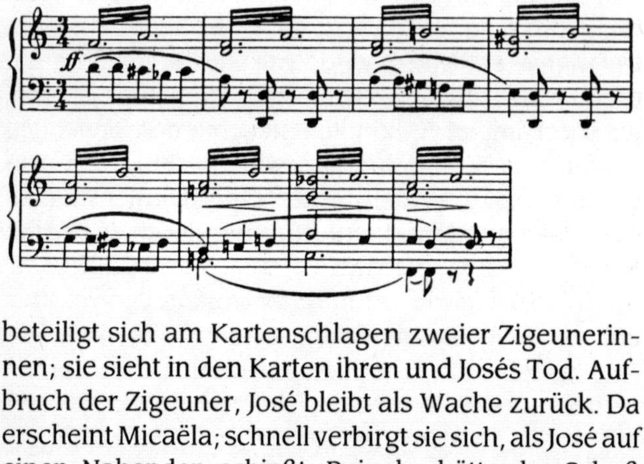

beteiligt sich am Kartenschlagen zweier Zigeunerinnen; sie sieht in den Karten ihren und Josés Tod. Aufbruch der Zigeuner, José bleibt als Wache zurück. Da erscheint Micaëla; schnell verbirgt sie sich, als José auf einen Nahenden schießt. Beinahe hätte der Schuß getroffen. Es ist Escamillo, der lachend José berichtet, daß er Carmen erobern wolle. Zwischen den Nebenbuhlern gibt es eine Messerstecherei. Im letzten Augenblick wird der Stierkämpfer durch Carmen und die Schmuggler gerettet. Escamillo lädt alle zum nächsten Stierkampf ein: »Wer mich liebt, der ist dort!« Verliebt blickt ihm Carmen nach. In ihrem Versteck wird Micaëla gefunden. Sie fleht José an, heimzukommen – zur sterbenden Mutter. Widerstrebend willigt er ein; aber finster droht er Carmen, als sie verzückt aufspringt beim Klang von Escamillos Lied aus der Ferne.

4. AKT: Einzug der Stierkämpfer in die Arena. Carmen erscheint an der Seite Escamillos. Hastig erregt warnen sie zwei Mädchen vor José, der sich in der Menge verborgen halte; doch »Ich bin nicht das Weib, das sich fürchtet«. Sie läßt alle in die Arena gehen und erst zuletzt folgt auch sie. Da vertritt ihr José den Weg. Nicht drohend. Nein, flehend spricht er von seiner Liebe. Kalt, abweisend antwortet Carmen. Immer erregter, dramatischer wird die Auseinandersetzung, aus dem Zirkus erklingt das Jauchzen der Escamillo zujubelnden Menge, und an Carmens freudiger Bewegung erkennt José endlich, wie es steht. Carmen wirft dem einstigen Geliebten seinen Ring vor die Füße. Rasend vor Zorn, zieht José sein Messer und sticht sie nieder, als aus der Arena das »Auf in den Kampf« erklingt.

MUSSORGSKIJ

Modest Petrowitsch M. (1839–1881, Russe), anfangs Gardeoffizier, dann freischaffender Musiker, bald aus Not wieder in Staatsdiensten. Mit Balakirew, Cui, Borodin und Rimskij-Korsakow bildet er die revolutionäre jungrussische Schule. Alkoholische Ausschweifungen haben den genialsten russischen Opernkomponisten vor der Zeit dahingerafft. Außer dem *Boris Godunow* hat M. noch zwei nicht ganz beendete Opern geschrieben: *Der Jahrmarkt zu Sorotschinzi* und *Die beiden Chowansky*.

Boris Godunow

Musikalisches Volksdrama in einem Vorspiel und vier Aufzügen – Text nach Puschkin und Karamsin vom Komponisten

Personen:

Boris Godunow, Zar (Baßbariton)
Feodor und Xenia, seine Kinder (Mezzosopran und Sopran)
Fürst Wassili Iwanowitsch Schuiskij (Tenor)
Andrej Schteschelkalow, Geheimschreiber (Bariton)
Pimenn, Mönch (Baß)
Grigorij, der falsche Dimitrij (Tenor)

Marina Mnischek, Tochter des Wojwoden von Sandomir (Mezzosopran)
Rangoni, geheimer Jesuit (Baß)
Lowitzky, Tschernjakowsky, Jesuiten (Bässe)
Walraam (Baß) und Missail (Tenor), entlaufene Mönche
Chruschtschow, Bojar (Tenor)
Nikititsch, Vogt (Baß)
Schenkwirtin (Mezzosopran)

Ort und Zeit: Rußland (3. Akt Polen), um 1600 – Uraufführung: 8.2. (27.1.) 1874, Petersburg, Marien-Theater

Mussorgskij war, fachlich gesehen, ein Dilettant ohne zureichende musikalische Ausbildung. Aber dieser Dilettant, der die europäische Kunstmusik verachtete, hat Dinge in seine Musik zu bannen vermocht, die selbst ein so ungewöhnlich begabter, kompositionstechnisch überragender Meister wie Rimskij-Korsakow nicht zu bewältigen vermochte. »Mütterchen Rußland in seiner ganzen Weite« wollte er darstellen. Um das zu tun, warf er alle Kunstregeln rücksichtslos über Bord, faßte sein Ziel ins Auge und arbeitete mit jener verbissenen revolutionären Besessenheit, die nur wirklichen Genies eigen ist. Zwar trägt die vorliegende Oper den Namen einer Einzelperson; doch schon der Untertitel »Musikalisches Volksdrama« zeigt, worauf es Mussorgskij in Wirklichkeit ankommt: das Volk als wahren Träger des Ganzen darzustellen. Daher bilden auch die großartigen dramatischen Chöre die eigentlichen Pfeiler des musikalischen Baues; die Solisten sind nur Einzelverkörperungen des

Volkes und seiner Seele. Die musikalische Ausdrucksweise entwächst so unmittelbar dem Boden der Volksmusik, daß wohl nur sehr gute Kenner zu entscheiden vermögen, was Mussorgskij frei geschaffen und was er der Volksmusik (und der altrussischen Kirchenmusik) entnommen hat. Als Beispiel mag gleich das Thema der knappen Orchestereinleitung dienen, das nach Linie und Rhythmus wahrhaft russisch anmutet.

Vorspiel. – 1. Bild. Im Hofe des Jungfrauenklosters zu Moskau treibt ein Vogt die Menge mit der Knute zum Gebet. Es gilt, Boris Godunow zu erweichen, daß er die Zarenkrone annehme. Gehorsam beten und plärren die Bauern. Sobald der Vogt sich abwendet, geht das Schwatzen und Schimpfen wieder los. Der zaristische Geheimschreiber verkündet, daß Boris unerbittlich bleibe. Sogleich stimmt das Volk wieder das Beten an. – 2. Bild. Bei den Krönungsfeierlichkeiten in Moskau drängt sich das Volk: Boris hat sich umstimmen lassen. Gewaltig dröhnen die Glocken Moskaus, die Geschlechter der Bojaren ziehen auf, immer aufgeregter wird das Volk. Nur der Bejubelte selbst, Boris Godunow im Krönungsschmuck des Zaren, ist banger Ahnungen voll; sein Gewissen läßt ihm keine Ruhe.

1. AKT: 1. Bild. Beim Schein eines Lämpchens schreibt der alte Mönch Pimenn an seiner Chronik der russischen Geschichte. Ein raunendes Streichermotiv

begleitet seine Selbstgespräche. In einer Nische schläft der junge Mönch Grigorij. Weltliche Träume von Schönheit und Heldentum umgaukeln seine unruhige, ehrgeizige Seele. Den Erwachenden unterweist Pimenn im rechten Gottesglauben und in der Geschichte Rußlands: ein Zar sitze auf dem Thron, der den rechtmäßigen Thronfolger als Kind habe ermorden lassen. Der weise Alte und der ruhmsüchtige Junge, so abgeschieden sie auch dasitzen, sind nicht allein: aus dem Betsaal vernimmt man den Chor der Mönche, von denen sie nur einen Teil bilden. 2. Bild. In der Schenkstube an der litauischen Grenze singt die Wirtin ein merkwürdiges Liebeslied von einem Enterich. Die entlaufenen Mönche Warlaam und Missail kommen in Begleitung des entflohenen Grigorij singend herein. Während Grigorij leise die Wirtin nach dem Weg über die Grenze fragt, beginnen die beiden anderen ein gewaltiges Saufen. Da – eine Streifwache! Angesichts dieser Gefahr werden sogar die zechenden Mönche einen Augenblick nüchtern. Als der Hauptmann der Wache nichts zu plündern findet, stellt er mit dem Haftbefehl in der Hand ein Verhör an. Da er nicht lesen kann, muß Grigorij den Stekbrief verlesen – es ist sein eigener! Schnell fälscht er den Inhalt, so daß die Beschreibung auf Warlaam paßt. Doch nun kann dieser plötzlich auch lesen. Grigorij wird erkannt. Mit einem Sprung ist er zum Fenster hinaus.

2. AKT: Im Palast klagt des Zaren Tochter Xenia. Doch die Amme singt ein tragikomisches Lied von der Mücke, der junge Thronfolger Feodor macht ein Klatschhändchenspiel vor; vergnügt und ausgelassen

singen die drei ihre Volkslieder. Der Zar Boris tritt ein. Der Gram nagt ihm im Herzen. Er schickt Xenia und die Amme fort; dann öffnet er in banger Vorahnung um seinen frühen Tod sein Inneres. Fürst Schuiskij berichtet von einem aus Polen kommenden Thronforderer, der sich Dimitrij nenne. Bei diesem Namen erbleicht der Zar. Nachdem er seinen Sohn fortgeschickt hat, fragt er Schuiskij, ob damals in Uglitsch auch wirklich der Zarensohn Dimitrij ermordet wurde. Mit scheinheiliger Ruhe schildert der heimtückische Fürst alle Einzelheiten der furchtbaren Tat. Da fehlt nicht der Verwesungsgeruch, nicht die klaffende Wunde im Gesicht des auf Boris Godunows Anstiften erschlagenen Kindes. Solche Worte vermag der von Gewissensbissen zerfressene Geist des Zaren nicht zu ertragen. Kaum kann Boris den Fürsten entlassen – da bricht er zusammen. Als er sich wieder erhebt; ist sein Geist umnachtet. Abgerissene Worte nur vermag er zu stammeln, er sieht das ermordete Kind in einer Ecke des Raumes, es wächst, kommt auf ihn zu – winselnd wirft er sich zu Boden, fleht um Gnade.

3. AKT: 1. Bild. Im polnischen Schlosse zu Sandomir singen die Dienerinnen ein schmachtendes Lied zu Ehren ihrer Herrin Marina Mnischek. Hohl klingt dieser ehrgeizigen Polin das Lied von Schönheit und Liebe. Sie strebt nach Macht und Ehre. In einer »Arie« (Mazurka) offenbart sie, nachdem sie die lästigen Dienerinnen entlassen hat, ihre heimlichen Träume. Den falschen Dimitrij will sie bestricken, damit sie Zarin werde und ihren Fuß auf Rußlands Rücken setzen könne. Leise schleicht der Jesuit Rangoni zu ihr, setzt

ihr mit ölig-glatten Reden, aber auch mit Fluchdrohungen zu: Zarin soll sie werden, damit Rußland dem römischen Glauben gewonnen werde. Dann nahen Magnaten, umwerben die schöne Marina; sie aber schickt sie in den Kampf gegen Rußland. In einem unbewachten Augenblick stürzt Grigorij-Dimitrij der Polin zu Füßen. Sie weist ihn kalt zurück, vermag ihn aber endlich aufzustacheln: Zar will er werden, um Marina zu gewinnen.

4. AKT: 1. Bild. Die Bojaren sitzen zu Gericht über den falschen Dimitrij und beraten über seine Todesart, obwohl sie ihn noch gar nicht haben. Boris tritt herein. Er sieht vor seinem umnachteten Geist noch immer das ermordete Kind und redet irre Worte. Fürst Schuiskij beobachtet ihn lauernd. Als der Zar zum Bewußtsein kommt und die Sitzung eröffnen will, bittet Schuiskij um Gehör für einen alten Mönch. Pimenn wird hereingeführt. Den Zaren faßt der Alte scharf ins Auge – dann beginnt er seine Erzählung. Sie handelt von Uglitsch. Der Zar fährt zusammen. Von einem Wundertäter berichtet der Greis, und dieser Wundertäter ist – das ermordete Zarenkind Dimitrij. Wild schreit Boris um Hilfe, die Gesichte bedrängen ihn. Das Bußkleid und seinen Sohn will er haben. Noch kann er dem herbeigeholten Kinde seine letzten Wünsche zuflüstern, da ertönt hinter der Szene ein Choral der Kirchensänger: »Ein schuldlos Kindlein mußte sterben einst.« Der Wahnsinnige hört aus diesem Christlied nur eine neue Anklage gegen seinen Mord. Noch einmal rafft er sich auf, ist er der Herr; auf seinen Sohn weisend gebietet er: »Hier steht euer Zar.« Dann bricht er tot zusammen.

Schlußbild. Im nächtlichen Walde stürmt ein aufrührerischer Haufe daher. Die entfesselte Meute setzt einen gefangenen Bojaren auf einen Baumstumpf und huldigt ihm mit spöttischen, boshaften Liedern. Ein Blödsinniger wird von Knaben auf die Bühne geschleppt. Man hänselt ihn ein wenig und läßt ihn ein Liedlein singen. Warlaam und Missail nahen mit einem Haßgesang auf den Zaren Boris, steigern die Erregung des Volkes ins Ungemessene. In fugierten Einsätzen beginnt der Chor einen Empörungsgesang: »Frei und ledig ihrer Fesseln stürmisch bricht sich Bahn des Volkes Kraft.« Zwei Mönche, die für den falschen Dimitrij werben, werden verprügelt, nur weil sie lateinisch singen. Da erscheint hoch zu Roß Grigorij-Dimitrij. Und das Volk, das den einen Zaren beseitigen will, jubelt dem neuen entgegen. Auf nach Moskau! Wie von Sinnen stürmt alles dem falschen Zarewitsch nach. Nur der Blödsinnige bleibt zurück, singt leise vor sich hin: »Wehe dir, du armes Volk, du hungernd Volk.«

TSCHAIKOWSKY

Pjotr (Peter) Iljitsch T. (1840–1893, Russe), anfangs im Staatsdienst, seit 1863 ausschließlich Musiker. Schrieb Sinfonien, Konzerte, Opern, Ballette, Klavierwerke usw.

Eugen Onegin

Lyrische Szenen in drei Aufzügen – Text nach Puschkins Versroman »Onegin« vom Komponisten

Personen:

Larina, Gutsbesitzerin (Mezzosopran)
Olga (Alt) und Tatjana (Sopran), ihre Töchter
Filipjewna, Wärterin (Mezzosopran)
Eugen Onegin (Bariton)
Lensky, Dichter (Tenor)
Fürst Gremia (Baß)
Triquet, ein Franzose (Tenor)

Ort und Zeit: auf Larinas Landgut und Petersburg, erste Hälfte des 19. Jahrhunderts
Uraufführung: 29.3.1879, Moskau, Mali-Theater

»Lyrische Szenen« lautet der Untertitel; lyrisch, das heißt, undramatisch ist auch die Musik. Sie treibt das Geschehen nicht, sie unterstreicht es nicht, sondern gibt nur seelische Stimmungen wieder. Aber der

Orchesterzauberer Tschaikowsky bewährt sich in einzelnen Stellen auch hier, so in dem großen Walzer (siehe Notenbeispiel) und in der peitschenden Polonaise.

1. AKT: Larina und Filipjewna sitzen im Garten bei häuslichen Arbeiten. Als die Schnitter heimkehren und vor der Herrin tanzen, kommen Larinas Töchter aus dem Hause. Olga tanzt mit, doch die verträumte Tatjana hält sich abseits. Als aber Olgas Bräutigam Lensky seinen Freund Onegin mitbringt, verliebt sich Tatjana in den gewandten, innerlich müden Weltmann. – Verwandlung. In ihrem Zimmer schreibt Tatjana nachts einen glühenden Brief an Onegin. – Verwandlung. Tatjana harrt im Garten auf Onegin. Dieser schätzt das schlichte Mädchen, fühlt sich jedoch zum Ehemann nicht geeignet. Aus seinen vornehmen Erklärungen hört Tatjana nur eines: die Abweisung ihrer Liebe.

2. AKT: Beim Ball in Larinas Haus ärgert sich Onegin über Lensky, weil dieser ihn in diese fade Gesellschaft eingeladen hat. Scherzhaft rächt er sich an ihm, indem er Olga den Hof macht. Aber Lensky wallt auf und fordert Onegin zum Duell. – Verwandlung. Zum Sekundanten hat Onegin seinen Kutscher gewählt, um die Unsinnigkeit des Geschehens deutlich zu machen. Onegin und Lensky finden aber nicht das befreiende Wort. Und Onegin erschießt, ohne hinzusehen, den Freund.

3. AKT: Nach langen, ruhelosen Wanderjahren erblickt Onegin auf einem glanzvollen Fest die Fürstin Gremia – es ist Tatjana. Diese behandelt ihn sehr kühl. In Onegin aber flammt die Liebe auf. – Verwandlung. In einer Aussprache bekennt Tatjana weinend, daß sie Onegin noch immer liebe. Doch seinen leidenschaftlichen Fluchtplänen setzt sie ihr Pflichtgefühl entgegen. Onegin geht, verzweifelt.

Pique Dame

Oper in drei Aufzügen – Text nach Puschkin von Modest Tschaikowsky (dem Bruder des Komponisten)

Personen:

Hermann (Tenor)
Graf Tomsky (Bariton)
Fürst Jeletzky (Baß)
Czekalinsky, Ssurin, Tschaplitzky, Narumoff, russische Edelleute und Offiziere (Tenor und Baß)
Die Gräfin (Alt)
Lisa, ihre Enkeltochter (Sopran)
Pauline, deren Freundin (Sopran)
Die Gouvernante (Alt)
Mascha, Kammermädchen (Sopran)

Ort und Zeit: Petersburg, um 1800
Uraufführung: 19.12.1890, in Petersburg

Vielleicht ist die Musik dieser Oper nicht ganz so »russisch« wie die in *Eugen Onegin;* dafür wirkt sie in verschiedenen Szenen um so dramatischer.

1. AKT: Mit einem Kameraden trifft Hermann auf der Promenade die von ihm geliebte Lisa; sie ist verlobt mit dem Fürsten Jeletzky. Mit Tomsky unterhält er sich über Lisas Großmutter: die hatte sich einst einem Edelmann hingegeben und dafür das Geheimnis erfahren, wie man im Spiel unfehlbar gewinne. Hermann will der Gräfin dieses Geheimnis entreißen und Lisa doch noch erobern. – Lisa singt mit ihren Freundinnen. Ärgerlich schickt die Gouvernante die Mädchen fort. Da erscheint Hermann. Sie muß ihn vor der Gräfin verbergen; dann wird sie die Seine.

2. AKT: Auf dem Maskenball gibt Lisa Hermann den Schlüssel zum Zimmer der Gräfin; durch dieses Zimmer solle er zu ihr kommen. – Hermann verbirgt sich im Zimmer der Gräfin. Dann zeigt er sich der Alten, fleht sie an, ihm das Spielgeheimnis zu verraten, und bedroht sie schließlich mit der Pistole. Ein Herzschlag macht ihrem Leben ein Ende. Lisa ist gekränkt: um der Karten willen, nicht ihrer Liebe wegen sei er gekommen.

3. AKT: Hermann liest einen Brief Lisas. Der Geist der toten Gräfin erscheint und nennt ihm drei Karten. Drei, Sieben, As! – Am nächtlichen Newa-Ufer erwartet Lisa den Geliebten. Er hat aber nur flüchtige Worte für sie und eilt in den Spielklub. Lisa wirft sich in den Fluß. – Hermann spielt, gewinnt auf Drei, verdoppelt auf Sieben, gewinnt, setzt eine riesige Summe auf As. Niemand will den Einsatz halten. Fürst Jeletzky, der an Hermann die Braut verloren hat, setzt sich an den Tisch. Hermann hebt die Karte: Pique Dame! Hinter einem Stuhl sieht er den grinsenden Geist der Spielgräfin und ersticht sich.

DVOŘÁK

Antonín D. (1841–1904, Tscheche) hat sich von ganz unten emporgearbeitet, später gefördert durch Brahms und Bülow. Wurde dann Konservatoriumslehrer. 1892–1895 in den Vereinigten Staaten, dann in Prag. Bekannt durch Kammermusik und Orchesterwerke; schrieb auch einige Opern.

Rusalka

Lyrisches Märchen in drei Aufzügen
Text von Jaroslav Kvapil

Personen:

Der Prinz (Tenor)
Der Heger (Tenor)
Eine fremde Fürstin (Sopran)
Rusalka (Sopran)
Der Wassermann (Bariton)
Die Hexe Jezibaba (Alt)
Ein Jäger (Tenor)
Ein Koch (Tenor)
Drei Elfen (Sopran und Alt)

Ort und Zeit: Märchenland, Märchenzeit
Uraufführung: 31.1.1901, Prag

Seit einigen Jahren spielt man diese Dvořák-Oper wieder häufiger. Nicht nur um des deutsch anmutenden Stoffes willen, sondern wegen der an Brahms, an Wagner und dem französischen Frühimpressionismus geschulten, dennoch in ihrem Kern unverwechselbar tschechisch-volkhaft gebliebenen Musik. *Rusalka* gehört mit Smétanas *Verkaufte Braut* und Janáčeks *Jenufa* zu den größten tschechoslowakischen Opern, weil sie – wie diese – tief im heimatlichen Boden verwurzelt und strahlend emporgewachsen ist. Künstlerisch ein Meisterwerk.

1. AKT: Die Nixe Rusalka will fort aus ihrem See, fort von ihren Schwestern, will zu den Menschen, wie ein Mensch lieben. Nichts fruchten die Warnungen und Klagen des Wassermanns – Rusalka geht zur Hexe Jezibaba, damit diese ihr helfe. Diese verspricht ihr, sie dem Prinzen, der oft im See badet, zuzuführen, sagt ihr aber voraus: Schmerz werde Rusalka ins Nixenreich zurückbringen, und dann müsse auch der Prinz sterben. Schon hört man Hornklänge. Rusalka wird von dem Prinzen gefunden; er nimmt sie mit sich, obwohl sie stumm bleibt.

2. AKT: Die Hochzeit wird vorbereitet. Der Heger und der Koch machen ihre Bemerkungen nach Volkes Art: der Prinz sei schon nicht mehr so ganz verliebt in die schöne Stumme. Im Schloßteich jammert der Wassermann über Rusalkas Geschick. Auch Rusalka schüttet ihr Herz aus. In ihrer seelischen Not erlebt sie nun auch noch, daß der Prinz sein Herz an die fremde Fürstin verschenkt. Zornig droht der Wassermann dem Prinzen, von dem sich jetzt die Fürstin verächtlich trennt.

3. AKT: Nicht mehr als fröhliche Nixe, sondern als armseliges Geschöpf wohnt Rusalka am See. Nur eines kann sie vor dem Fluch retten, sagt die Hexe: Rusalka müsse den Prinzen töten. Heger und Koch wollen die zaubernde Jezibaba zum Prinzen holen, damit sie die bösen Geister verjage. Doch werden sie vom Fluch des Wassermannes verscheucht. Der Prinz naht. Er ist von Wahnvorstellungen befallen, sucht verzweifelt Rusalka. Sie aber warnt ihn traurig; wenn er sie küßt, muß er sterben. Doch der Prinz zieht sie an sich – und sinkt tot zu Boden.

HUMPERDINCK

Engelbert H. (1854–1921), studierte in Köln, München und Italien. 1881 in Bayreuth. Später Lehrer in Barcelona, Köln, Frankfurt, Berlin.

Hänsel und Gretel

Märchenspiel in drei Bildern – Text von Adelheid Wette (der Schwester des Komponisten)

Personen:

Peter, Besenbinder (Bariton)
Gertrud, sein Weib (Mezzosopran)
Hänsel (Mezzosopran) und Gretel (Sopran), ihre Kinder
Die Knusperhexe (Mezzosopran)
Sandmännchen und Taumännchen (Sopran)

Ort und Zeit: Märchenland, Märchenzeit
Uraufführung: 23.12.1893, Weimar

Trotz stärkster Verehrung für Wagners Werk hat sich Humperdinck für sein eigenes Schaffen einen anderen Weg gesucht: den zur schlichten Seele des einfachen Volkes. In *Hänsel und Gretel* ist ihm das so gelungen, daß man oft nicht weiß, welche Weise von ihm stammt und welches echtes Volksgut ist. Das wirkt um so erstaunlicher, als Humperdinck sein meisterhaftes

satztechnisches Können fast zu verbergen weiß, um den Gesamtstil nicht zu gefährden – am schönsten wohl in dem Abendgebet (vgl. Notenbeispiel), das auch in der – für das Ganze doch wohl überdehnten – Ouvertüre als tragender Pfeiler erscheint.

1. BILD: Hänsel und Gretel tanzen und singen, statt zu flechten und zu stopfen. Bei ihrem ausgelassenen Spiel stoßen sie einen Topf mit Milch vom Brett. Die erboste Mutter schickt sie zur Strafe in den Wald, damit sie Erdbeeren zum Abendessen suchen. Die heitere Stimmung des heimkehrenden Vaters schlägt um, als er von der unüberlegten Handlung seiner Frau hört; denn im Wald da herrscht doch die Knusperhexe, die schon so viele Kinder verzaubert hat. Mann und Frau eilen den Kindern nach.

2. BILD: Im Wald beginnen die Kinder ihr unschuldsvolles Spiel von neuem, finden im Dunkel nicht heim und legen sich unter einen Baum. Sandmännchen schläfert sie ein, Engel halten an ihrem Lager Wacht.

3. BILD: Taumännchen weckt morgens die Kinder. Sie reiben sich den Schlaf aus den Augen und – erblikken ein Knusperhäuschen! Natürlich können sie nicht widerstehen und naschen. Die Hexe fängt sie und will einen Braten aus ihnen machen. Zunächst wird Hänsel in einen Maststall gesteckt. Aber die listigen Kinder übertölpeln das garstige alte Weib und werfen die Hexe in den glühenden Backofen. Mit einem Schlage werden die Pfefferkuchenmännchen an der Hütte zu lebendigen Kindern: die Hexe hatte sie einst verspeist. Und nun kommen auch Vater und Mutter, schließen die geretteten Kinder glücklich in die Arme.

JANÁČEK

Leoš J. (1854–1928), Sprößling einer tschechischen Musikerfamilie, studierte in Wien und Leipzig, leitete dann die Orgelschule in Brünn, erforschte die Volkslieder seiner Heimat, arbeitete über die »Melodie des gesprochenen Wortes«. Schrieb bedeutende Werke auf fast allen Gebieten der Musik.

Den tschechischen Meister Janáček darf man getrost neben seine berühmten Landsleute Smétana und Dvořák stellen. Allerdings wurden seine Bühnenwerke erst in unserem Jahrhundert auch im Ausland bekannt. Seit der Jahrhundertmitte gibt es sogar eine Art Janáček-Bewegung, die versucht, durch sorgfältige Übersetzungen das Bühnenschaffen des Meisters auch im deutschsprachigen Raum heimischer werden zu lassen. Wie schwierig gerade bei Janáček eine werkgerechte Übersetzung ist, geht schon daraus hervor, daß die Opern entsprechend der »Melodie des gesprochenen Wortes« komponiert sind. Musikalisch ist Janáčeks Opernmusik verwurzelt im tschechischen Raum (Volkslied, Volkstanz, volkhaftes Musizieren überhaupt), der immer wieder aufklingt, obwohl die rein künstlerischen Mittel von der russischen, mehr noch von der impressionistisch-französischen Musik angeregt sind.

Außer den nachfolgend skizzierten Werken hört man leider nur hin und wieder *Das schlaue Füchslein, Die Sache Makropulos, Aus einem Totenhaus, Die Aus-*

flüge des Herrn Brouček, sowie das erst drei Jahrzehnte nach Janáčeks Tod aufgeführte *Schicksal*.

Jenufa oder Ihre Ziehtochter

Oper in drei Akten – Text nach Gabriele Preiß

Personen:

Die Alte Burya (Alt)
Laca, ihr Stiefenkel (Tenor)
Stewa, ihr Enkel (Tenor)
Die Küsterin Burya, ihre Schwiegertochter (Sopran)
Jenufa, deren Ziehtochter (Sopran)
Altgesell (Bariton)
Der Dorfrichter (Baß)
Seine Frau (Mezzosopran)
Karolka, ihre Tochter (Mezzosopran)

Ort und Zeit: Gebirgsgegend in Mähren, 19. Jahrhundert
Uraufführung: 21.1.1904, Brünn

Bei der Musik dieser mährischen Volksoper denkt man anfangs an den Verismus, an Mussorgskij – bis man plötzlich das Eigene des hochbegabten Komponisten wahrnimmt. Es besteht darin, daß die gesungene Melodik dem Tonfall und Rhythmus der mährischen Volkssprache abgelauscht ist. Diese Wortmelodik und die selbständige Orchestersprache sind so stark und eigenwüchsig, daß die Volksoper eine Weltoper geworden ist.

1. AKT: Jenufa wartet ängstlich auf das Ergebnis der Ausmusterung. Wenn Stewa zum Militär muß, können sie nicht heiraten, und Jenufas Schande wird offenbar. Da kommt der Stewa. Er braucht nicht Soldat zu werden. Aber so betrunken ist er, daß die Küsterin, ihre Pflegemutter, ihm ein Probejahr befiehlt, ehe er ihre Ziehtochter Jenufa bekommt. Der alleingebliebenen Jenufa sucht Laca die Liebe zu seinem Stiefbruder auszureden. Doch sie wehrt sich. Da fährt er ihr, um sie zu entstellen, mit dem Messer ins Gesicht und stürzt in Verzweiflung und Reue davon.

2. AKT: Ein halbes Jahr später. Jenufa hat ein Kind geboren. Die in ihrem Stolz verletzte Küsterin sucht Stewa zur Ehe zu zwingen. Der aber weint – und macht sich davon, weil er sich inzwischen mit der Richterstochter Karolka verlobt hat. Während Jenufa schläft, nimmt die Küsterin Jenufas Kind und ertränkt es im Mühlgraben. Der in Angst und Qual erwachenden unehelichen Mutter erzählt die Küsterin eine Geschichte von dem »Totgeborenen« und von Stewas Verlobung. Sie solle den treuen Laca nehmen. Gebrochen stimmt Jenufa zu.

3. AKT: Jenufa will mit Laca zur Trauung gehen. Die Gäste sind versammelt. Da kommt ein Knecht: im Mühlgraben wurde ein totes Kind gefunden. Jenufa schreit auf, es sei ihr Kind! Die Küsterin nimmt Schuld und Strafe auf sich. Jenufa gibt Laca frei; doch der will nun erst recht zu ihr stehen. Jetzt lernt Jenufa wahres Leben und wahre Liebe.

Katja Kabanowa

Oper in drei Akten
Text nach Alex. Ostrowskis »Gewitter«

Personen:
Dikoj, ein Kaufmann (Baß)
Boris, sein Neffe (Tenor)
Die Kabanicha, reiche Witwe (Alt)
Tichon, ihr Sohn (Tenor)
Katja, seine Frau (Sopran)
Barbara, Pflegetochter in deren Haus (Mezzosopran)
Kudrjasch, Lehrer (Tenor)
Kuligin, sein Freund (Baß)
Glascha und Fekluscha, Dienerinnen (beide Alt)
Bürger und Bürgerinnen

Ort und Zeit: Kalinow an der Wolga, um 1860
Uraufführung: 23.1.1921, Brünn

Musikalisch gegenüber *Jenufa* verfeinert und vertieft, insbesondere in der Orchestersprache. Hervorzuheben der aus Gefühlsseligkeit ins Visionäre gesteigerte Bericht Katjas sowie die hochdramatische Gewitterszene.

Boris erträgt die Zänkereien seines Onkels nur, um seiner Schwester das Erbteil zu sichern. Zänkisch ist auch die Kabanicha, die in ihrer Eifersucht auf die Schwiegertochter Katja so weit geht, daß sie sie beleidigt und ihrem Sohn Tichon eine längere Abwesenheit einreden will. – Ein wenig überspannt ist Katja schon;

das merkt man, als sie Barbara erst versonnen, dann aber übertrieben-visionär erzählt, sie liebe neben ihrem Mann noch einen anderen, obwohl sie sich gegen so sündhafte Gedanken wehrt. Um stark zu bleiben, verlangt sie, ihr Mann Tichon solle von ihr einen Treueschwur für die Zeit seiner Abwesenheit verlangen. Zunächst lehnt er ab, gibt aber nach, als seine Mutter ihn drängt. Da aber ist es mit Katjas Fassung aus. Immer übler wird die Stimmung, als die Kabanicha sie ständig wieder beleidigt.

Die ewigen Quälereien bringen Katja zur »Verzweiflung«. Als nun Barbara ihr die Möglichkeit zu einem Stelldichein mit dem jungen Boris bietet, willigt sie halb besinnungslos ein. In der Sommernacht gibt sie sich Boris hin, findet dann aber kaum die Kraft, mit ihrer Sünde wieder ins Haus zu gehen.

In einer schrecklichen Gewitternacht gesteht Katja dem heimgekehrten Mann, daß sie schuldig geworden sei, und verläßt das Haus, mehr den tobenden Elementen verwandt als geneigt, die zanksüchtigen Vorwürfe ihrer Schwiegermutter anzuhören.

Diese verlangt grausame Bestrafung der Sünderin. Und Katja erkennt, daß die Beichte ihr nicht geholfen hat. Ein einziges Mal noch will sie Boris treffen – dann wirft sie sich in den tosenden Strom. Der brave Tichon kann den Tod seines Weibes nicht fassen, wird nun erst ein rechter Mann und schreit seine Mutter die Anklage »Mörderin« ins Gesicht. Die aber nimmt ungerührt die »Beileidsbezeugungen« der Leute entgegen.

LEONCAVALLO

Ruggiero L. (1858–1919, Italiener) war lange Jahre Musiklehrer und Klavierspieler in einem Kaffeehaus. Mit dem *Pagliazzi (Bajazzo)* beteiligte er sich an einem Preisausschreiben und wurde sogleich weltberühmt. Seine anderen Opern haben sich bei uns nicht durchsetzen können.

Der Bajazzo

Drama in zwei Akten – Text vom Komponisten

Personen:

Canio, Haupt einer Komödiantentruppe (Tenor)
Nedda, sein Weib (Sopran)
Tonio (Bariton)
Beppo (Tenor), Komödianten
Silvio, junger Bauer (Bariton)

Ort und Zeit: Bei Montalto in Kalabrien, Mariä Himmelfahrt 1865
Uraufführung: 21.5.1892, Mailand, Teatro dal Verme

Der zweite Teil der Ouvertüre besteht aus einem programmatischen Vorspruch, in dem es heißt: »Denn nicht die Märchen allein sind der Zweck der Kunst; auch was er wirklich sieht, schildre der Dichter ... Heut schöpfet der Dichter kühn aus dem wirklichen Leben schaurige Wahrheit.« – Wahrheit, das große Schlagwort um 1890, auf italienisch »verismo«; daher die Bezeichnung »Veristen« für Dichter und Komponisten, deren Ziel es war, die sogenannte wahre Wirklichkeit zu schildern (vgl. auch Mascagnis *Cavalleria rusticana;* im übrigen war der Verismus nicht auf Italien beschränkt und nicht auf die Musik allein).

1. AKT: Canio, der Führer einer Gauklertruppe, lädt mit großem Redeschwall die Bauern zur Vorstellung »heut abend um neune« ein. Als sich der Gaukler Tonio an Canios Frau Nedda heranmachen will, erhält er von Canio eine Ohrfeige. Die Bauern hänseln Canio ob seiner Eifersucht; aber da versteht der Spaßmacher keinen Spaß. Doch dann läßt er sich von den Bauern ins Wirtshaus einladen und geht mit ihnen davon. Der zurückbleibenden Nedda nähert sich Tonio: er weiß, daß sie ihrem Mann untreu ist und hofft, durch dieses Wissen ein Schäferstündchen von ihr erpressen zu können. Aber Nedda verspottet ihn; als er zudringlich wird, schlägt sie ihn mit der Peitsche ins Gesicht. Rache schwörend entfernt er sich. Da schleicht der junge Bauer Silvio heran. Die beiden lieben einander schon lange, und nun will Silvio Nedda bestimmen, die Gauklertruppe zu verlassen und mit ihm zu leben. Beinahe hat er sie überzeugt – da schreit sie auf: Tonio hat Canio herbeigeführt! Silvio flieht, Canio verfolgt ihn. Umsonst, verzweifelt kehrt er zurück. Mit dem Dolch bedroht er die Ungetreue, will den Namen ihres Geliebten wissen. Und wenn der Komödiant Beppo nicht dazwischengesprungen wäre, hätte Nedda ihre

Untreue mit dem Leben bezahlen müssen – und die Vorstellung heute abend wäre unmöglich geworden. Doch »jetzt spielen, wo mich Wahnsinn umkrallt«? Was nützt alles persönliche Leid! »Hüll dich in Tand nur und schminke dein Antlitz! Man hat bezahlt ja, will lachen für sein Geld.«

2. AKT: Ungeduldig harren die Zuschauer, unter ihnen auch Silvio, auf den Beginn der Vorstellung. Endlich ist es soweit. Man spielt eine Eifersuchtskomödie. Colombine (Nedda) harrt in Abwesenheit ihres Mannes Bajazzo (Canio) ungeduldig auf den Liebhaber Harlekin. Endlich erscheint er. Das Schäferstündchen wird gestört: Bajazzo kehrt zurück, Harlekin flieht, und Colombine ruft ihm nach: »Auf die Nacht denn, und für ewig bin ich die Deine.« Das sind die gleichen Worte, die Nedda dem entfliehenden Silvio nachgerufen hatte! Bajazzo-Canio verliert sogleich die mühsam wiedergewonnene Fassung. Das Spiel wird ernst: Bajazzo will den Namen des Entflohenen wissen. Nedda-Colombine spürt, wie Canio-Bajazzo immer mehr seine Rolle vergißt und den Namen des entflohenen Silvio wissen will; sie möchte den Komödienton wieder aufgreifen. Canio aber spielt nicht mehr Komödie, er ist nur noch eifersüchtiger Mann. Die Bauern klatschen begeistert Beifall; halten sie doch für glänzendes Spiel, was in Wahrheit blutiger Ernst ist. Canio zieht das Messer, Beppo will eingreifen, wird aber von dem rachsüchtigen Tonio zurückgehalten. Da sticht Canio zu, und als der entsetzte Silvio auf die Bühne springt, tötet der Eifersüchtige auch ihn. »Geht ruhig heim, das Spiel ist aus.«

PUCCINI

Giacomo P. (1858–1924, Italiener), Sproß einer Musikerfamilie, studierte vor allem bei Ponchielli. Schrieb vorwiegend Opern.

Man mag an Puccinis Musik herumdeuteln, soviel man will – eines ist sicher: sie ist echt in dem Sinne, daß sie genau den Ton trifft, der einem bestimmten Weltbürgertum um 1900 entsprach. Liebe wurde kaum noch erlebt, sondern nur mit Rührung wahrgenommen; der Schreck ging nicht mehr ins Herz, sondern ließ die Nerven erzittern; Leidenschaft war nicht mehr die Sache des Blutes, sondern ein Kitzel des Wissenden, Übermüdeten. Und so ist denn Puccinis Opernmusik zwar nicht oberflächlich, aber doch oberflächenhaft, tönender Spiegel eines überzüchteten Weltbürgertums. Dieses Weltbürgerliche offenbart sich auch darin, daß Puccini die Technik seines Schaffens aus Wagners Leitmotivik, aus der italienischen Gesangstradition, aus dem französischen Klangimpressionismus, aus der japanischen Klangfärbung – kurz, aus aller Welt zusammengesucht hat. Daher auch der Siegeszug seiner Opern durch die ganze Welt. Nur darf man dabei nicht übersehen, daß der Komponist stark genug war, alle diese Einzelzüge zu einem geschlossenen Ganzen zu vereinigen. Gewiß, er war ein Künstler der Dekadenz, aber eben doch ein Künstler – eine Tatsache, die ihn weit über alle Musikrechner hinaushebt und seine Wirkung selbst nach mehr als einem halben Jahrhundert nicht vermindert hat. Die Oper als Gattung hat in Puccini ihren bislang letzten Höhepunkt erreicht. Und das, obwohl sich seine Opern im allgemeinen nicht durch einen großen Zug, sondern durch Stimmungsmalerei und Augenblicksschilderung auszeichnen, klanggeworden durch einen erstaunlichen Reichtum sangbarer Melodien und eine höchst kunstvolle motivische Kleinarbeit im Orchester.

Manon Lescaut

Lyrisches Drama in vier Akten – Text von Luigi Illica, Dom. Oliva, Marco Praga und Giulio Ricordi

Personen:

Manon Lescaut (Sopran)
Sergeant Lescaut, ihr Bruder (Bariton)
Chevalier des Grieux (Tenor)
Geronte, Steuerpächter (Baß)
Edmond, Student (Tenor)
Der Wirt, ein Sergeant der Bogenschützen, ein Seekapitän (sämtlich Baß)
ein Ballettmeister, ein Leuchtturmwärter (beide Tenor), ein Musikmeister (Mezzosopran)
Alte Herren, Mädchen, Bürger, Bürgerinnen, Studenten, Volk usw.

Ort und Zeit: Frankreich und Amerika, zweite Hälfte des 18. Jahrhunderts – Uraufführung: 1.2.1893, Turin

Einen wirklichen Opernerfolg errang Puccini erst mit dieser Oper, deren Stoff übrigens auch Massenet vertonte. Es ist ein Werk für schöne Stimmen. Tanzformen, Madrigal und andere Kleinformen bilden das Gerüst.

1. AKT: Manon, die ihr Bruder ins Kloster sperren will, möchte der reiche Steuerpächter Geronte entführen. Sie aber macht sich mit dem jungen Grieux aus dem Staube.

2. AKT: Nun ist Manon, vermittelt durch ihren Bruder, die Geliebte des Steuerpächters geworden. Doch sagt ihr die dünne Luft des Reichtums nicht zu. Des Grieux, den sie noch immer liebt, will abermals mit ihr das Weite suchen; doch werden sie überrascht. Bei Manon wird der Schmuck gefunden, mit dem sie der Steuerpächter behängt hat; sie wird festgenommen.

3. AKT: Des Grieux will die zur Deportation verurteilte Manon in einem Hafen durch Bestechung freibekommen, kann jedoch den Schiffskapitän nur dahin bringen, daß er auch ihn mitnimmt.

4. AKT: Wieder eine Entführung, diesmal geglückt, aus dem Gefängnis. Doch auf der weiteren Flucht durch die Wüste stirbt die verweichlichte Manon in den Armen ihres Geliebten.

La Bohème

Szenen aus Henri Murgers »Vie de Bohème« in vier Bildern – Text von Giacosa und Illica

Personen:

Rudolf, Dichter (Tenor)
Schaunard, Musiker (Bariton)
Marcel, Maler (Bariton)
Collin, Philosoph (Baß)
Mimi (Sopran)
Musette (Sopran)
Bernard, Hauswirt Alcindor (Baß)

Ort und Zeit: Paris um 1830
Uraufführung: 1.2.1896, Turin, Teatro Regio

Wohl die für Puccini bezeichnendste Oper. Wie die Handlung nicht straff durchgeführt ist, sondern nur einzelne Szenen aneinanderreiht, so gibt die samtene Musik lediglich (vgl. Mimis Thema) klanggebettete Einzelstimmungen von betörendem melodischen Zauber.

1. BILD: Der »Dichter« Rudolf und der »Maler« Marcel frieren elendiglich in ihrer Dachkammer. Auch der »Philosoph« Collin hat kein Geld auftreiben können. Da bringt der »Musiker« Schaunard Speisen, Wein und Geld: ein Engländer hatte ihn als Gesangslehrer für seinen Papageien engagiert. Trinken wollen sie nun daheim, aber das Essen soll am Weihnachtsabend im Café Momus eingenommen werden. Den um die Miete vorsprechenden Hauswirt werfen die vier lustigen Vögel moralisch entrüstet hinaus, nachdem sie ihn listig lockere Reden haben führen lassen. Rudolf will noch einen Artikel für die Zeitung schreiben, die anderen drei gehen inzwischen voraus. Da tritt die arme Näherin Mimi herein, um sich Licht für ihre Kerze zu holen. Man erzählt sich gegenseitig seine belanglose Lebensgeschichte, man spielt ein wenig Verstecken, aber dann gesteht man sich seine Liebe. Mimi folgt mit Rudolf den anderen ins Café Momus.

2. BILD: Auf dem Weihnachtsmarkt kaufen die vier Bohèmiens ein paar Kleinigkeiten (Mimi erhält von Rudolf ein Spitzenhäubchen). Dann geht's ins Café Momus. Gegenseitiges Vorstellen, heiteres Geplauder – da schreit Marcel auf: seine frühere Geliebte Musette, die er noch immer liebt, erscheint am Arm eines alten Gecken. Spitze Bemerkungen fliegen von Tisch zu Tisch, Musette stimmt ein betörendes Walzerlied an, und als sie die Wirkung auf Marcel bemerkt, schickt sie ihren reichen, alten Liebhaber mit einem Schuh zum Schuhmacher und wirft sich in Marcels Arme. Im Triumph wird sie von Collin und Marcel davongetragen, und der zurückkehrende Geck hat zu allem auch noch die Rechnung für die vier Freunde zu bezahlen.

3. BILD: Kleine Schenke neben dem Zollhaus. Von einem schrecklichen Husten geplagt kommt Mimi in der kalten Winternacht und läßt Marcel aus der Schenke holen. Er soll ihr helfen: zwischen Rudolf und Mimi, die nun zusammen wohnen, ist nicht mehr alles in Ordnung. Da Rudolf naht, schickt Marcel sie fort; doch sie verbirgt sich und wird nun Zeuge des Gesprächs. Auf Marcels Vorhaltungen behauptet Rudolf zunächst, Mimi sei flatterhaft; doch dann gesteht er: Mimis Husten ängstigt ihn, sie muß sterben. Da seufzt sie in ihrem Versteck, und Rudolf eilt beschämt zu ihr. Noch einmal finden sich die Herzen in einem Liebesgesang, während Marcel wütend mit der wirklich flatterhaften Musette einen heftigen Streit beginnt.

4. BILD: Rudolf und Marcel sitzen wieder in ihrem alten Dachstübchen. Ihre Mädchen haben sie verlassen, doch denken sie immer wieder an die seligen Tage. Schaunard und Collin kommen mit einem Brot und einem Hering. Man spielt vornehm »Diner«, man wagt sogar ein ausgelassenes Tänzchen. Da tritt hastig Musette ein: Mimi folge ihr, sie sei sterbenskrank! Verstört legt Rudolf Mimi auf das armselige Bett. Musette will ihr eine Freude machen und geht mit Marcel einen Muff kaufen. Collin eilt in die Apotheke und nimmt Schaunard mit. Mimi erwacht noch einmal. Süß und unsagbar traurig klingen die Erinnerungen an das Einst auf; dann fällt die Kranke kraftlos in die Kissen. Die Freunde und Musette kehren zurück, Musette legt Mimi leise einen Muff auf die Decke. Die Kranke erwacht, freut sich über das Geschenk Rudolfs – wie sie

meint – und schläft langsam ein. An den bestürzten Mienen der Freunde erkennt Rudolf, was geschehen ist. Mit einem Schrei wirft er sich über die Tote.

Tosca

Musikdrama in drei Akten
nach Sardou von Illica und Giacosa

Personen:
Mario Cavaradossi, Maler (Tenor)
Cesare Angelotti, ehemaliger Konsul von Rom (Baß)
Baron Scarpia, Chef der Polizei (Bariton)
Floria Tosca, Sängerin (Sopran)
Spoletta, Polizeiagent (Tenor)
Der Mesner (Bariton)

Ort und Zeit: Rom 1800
Uraufführung: 14.1.1900, Rom, Teatro Costanzi

Die Grausamkeiten des Textes werden wesentlich gemildert durch die Musik. In ihren Harmonien und Melodien lebt mehr der Widerschein des Grausamen als das Grausame selbst; gleichzeitig ist vieles so theatralisch vertont, daß der Hörer jederzeit das Gespielte des Spiels wahrnimmt. Wie scharf Puccini zu charakterisieren weiß, lehrt das Motiv des brutalen Scarpia, das leitmotivisch die ganze Oper durchzieht (zu beachten der schnelle Wandel von B- nach E-Dur).

1. AKT: Der frühere Konsul Angelotti ist aus der Engelsburg geflohen und verbirgt sich in einer Kapelle in der Kirche. Da der Mesner Geräusche gehört hat, kommt er herbei, findet aber nichts. Kurz darauf erscheint der Maler Cavaradossi, um an seinem Bild weiterzuarbeiten. Es ähnelt nicht nur Floria Tosca, der Geliebten Cavaradossis, sondern zugleich einer Dame, die in letzter Zeit mehrfach vor der Kapelle gebetet hat, in die Angelotti geflüchtet ist (es ist seine Schwester, die für den Flüchtigen den Schlüssel bereitgelegt hatte). Cavaradossi weist den Eßkorb des Mesners zurück; der stellt ihn für sich beiseite und geht. Angelotti kommt aus der Kapelle. Cavaradossi verspricht ihm Hilfe, schiebt ihn aber sofort in die Kapelle zurück, weil er Tosca kommen hört, und gibt ihm den Inhalt des Eßkorbs. Eifersüchtig ist Tosca: ihr Mario Cavaradossi hat sie lange warten lassen, und das Bild ... ja gleicht es nicht der Atavanti? Mario beruhigt sie und verabredet mit ihr eine Zusammenkunft am Abend. Kaum ist sie fort, da holt er Angelotti, berät mit ihm einen Fluchtplan. Doch ein Kanonenschuß kündet an, daß die Flucht bereits entdeckt ist. Schleunigst eilen die beiden durch die Atavanti-Kapelle zu Marios

Landhaus. Da erscheint Baron Scarpia mit seinen Häschern, um Angelotti zu suchen. Ein Blick sagt ihm alles: das Bild ähnelt der Schwester des Entflohenen, der Maler ist verschwunden, der Eßkorb geleert, in der Kapelle wird ein Fächer der Atavanti gefunden ... Und mit diesem Fächer entfacht er die Eifersucht der zurückkommenden Tosca. Dann schickt er ihr Häscher zur Beobachtung nach. Scheinheilig sinkt er betend in die Knie; aber sein Gedanke ist: »Er für den Galgen, sie für mein Lager.«

2. AKT: Scarpia läßt Tosca zu sich bitten. Angelotti wurde nicht gefunden, aber Cavaradossi als verdächtig festgenommen. Ihn läßt Scarpia hereinführen, damit er aussage, wo Angelotti verborgen sei. Der aber schweigt und gibt auch der eintretenden Tosca einen Wink, zu schweigen. Wütend läßt ihn Scarpa auf die Folter spannen. Inzwischen sucht er Toscas Eifersucht zu schüren. Tosca weicht aus, will sich und Angelotti nicht verraten. Da ertönt ein furchtbarer Schrei des gefolterten Mario. Fast besinnungslos stößt sie hervor: »Im Brunnen hinterm Haus.« Scarpia lächelt, läßt den halbtoten Mario hereintragen. Der weist die Tröstungen der »Verräterin« zurück. Eine unvorhergesehene Nachricht: Napoleon ist nicht geschlagen, sondern hat gesiegt! Unbeherrscht singt Mario ein wildes Triumphlied. Kalt läßt ihn Scarpia zum Tode führen. Zu Tosca gewandt, erklärt er sich bereit, Mario entkommen zu lassen, wenn sie sich als Preis dafür biete. Erst als sie von draußen die Vorbereitungen zur Hinrichtung hört, flüstert sie leise »Ja«. Der Häscher Spoletta erhält von Scarpia Anweisung: Mario solle nur zum Schein

erschossen werden: »Genau wie beim Grafen Palmieri«, sagt er mit besonderem Nachdruck. Der Häscher versteht. Während Scarpia einen Paß für Tosca und Cavaradossi ausschreibt, berührt Tosca zufällig ein auf dem Tisch liegendes Messer ... Als Scarpia den Preis der Freilassung gewinnen will, stößt sie ihm das Messer ins Herz.

3. AKT: Auf der Plattform der Engelsburg. Cavaradossi will noch einen Brief an Tosca schreiben – da erscheint sie selbst, gibt ihm statt aller Worte den Paß. Frei! Schnell unterrichtet sie ihn: nur zum Schein werde er erschossen; daß er nur recht geschickt falle! Die Soldaten stellen sich auf, lächelnd schreitet Mario zum »Tode«, die Schüsse ertönen, geschickt läßt sich Mario hinfallen. Die Soldaten marschieren ab. Tosca ruft leise, dann lauter; ärgerlich tritt sie zu ihm ... Da schreit sie auf: Mario ist tot. »Genau wie beim Grafen Palmieri«. Scarpias Ermordung ist entdeckt, die Häscher nahen. Wild stößt Tosca sie zurück und springt vom Turm in die Tiefe.

Madame Butterfly

Tragödie einer Japanerin in drei Akten
Text von Illica und Giacosa

Personen:

Cho-Cho-San, genannt Butterfly (Sopran)
Suzuki, ihre Dienerin (Mezzosopran)
Linkerton, amerikanischer Marineleutnant (Tenor)

Sharpless, amerikanischer Konsul (Bariton)
Goro (Tenor)
Fürst Yamadori (Tenor)
Onkel Bonze (Baß)
Kate Linkerton (Sopran)

Ort und Zeit: Nagasaki, Anfang des 20. Jahrhunderts
Uraufführung: 17.2.1904, Mailand, Teatro alla Scala

Mag der Hörer von heute das Geschehen dieser Oper nach der politischen Entwicklung Japans im 20. Jahrhundert für geradezu widersinnig halten, es geradezu ablehnen – Puccinis spiegelnde, spiegelglatte Musik schwemmt alle Verstandesbedenken hinweg. Butterflys Liebesweise, um nur eines herauszugreifen (vgl. Notenbeispiel), ist wie das meiste in dieser Oper so

unsagbar süß, meinetwegen: übersüß, daß man sich solcher Melodik widerstandslos überläßt. Zuweilen glaube ich, Puccinis Melodienfülle gerade in diesem Werk habe die moderne »Angst vor der Melodie« in vielen Komponisten hervorgerufen: ähnliches zu erreichen, scheint ihnen wohl unmöglich. (Nur Strawinsky betont immer wieder die Bedeutung der Melodie.)

1. AKT: Der Mädchenhändler Goro zeigt dem amerikanischen Marineleutnant Linkerton das Häuschen, das er für ihn und seine »auf neunundneunzig Jahre«

geheiratete Geisha Cho-Cho-San, genannt Butterfly, bereithält. Der Konsul Sharpless kommt als erster der Hochzeitsgäste; doch die Scheinheirat nimmt er nicht so leicht wie Linkerton. Die Geishas nahen, unter ihnen die »Braut«. Sie erzählt ihre Geschichte, die Hochzeitszeremonien werden vollzogen, alles ist vergnügt, bis Onkel Bonze wütend hinzukommt: er verflucht Butterfly, weil sie Linkertons und ihrer (von ihr ernstgenommenen) Ehe wegen zum christlichen Glauben übergetreten ist. Entsetzt fliehen alle japanischen Gäste, verfluchen Butterfly; und auch der Konsul geht, warnt noch einmal Linkerton. Die verlassene Butterfly hat jetzt nur noch Linkerton und ihre Liebe.

2. AKT: Drei Jahre später. Butterfly harrt der versprochenen Wiederkehr des Geliebten, wird zornig, als ihre Dienerin Suzuki zweifelt. Den Konsul, der mit schlimmer Kunde zu ihr kommt, läßt sie kaum zu Worte kommen. Und den Fürsten Yamadori, der um sie wirbt, weist sie höflich, doch bestimmt zurück: sie sei amerikanisch getraut. Nach Yamadoris Fortgang beginnt der Konsul, einen Brief von Linkerton vorzulesen; aber wiederum läßt ihn Butterfly nicht ausreden vor Entzücken. Da wird er deutlich: wenn nun Linkerton nicht wiederkehre? sie zuckt zusammen, holt ihr blondes Kind ... Der Konsul ist erschüttert, wagt nicht mehr, seinen Auftrag zu erfüllen, und verläßt sie traurig. – Ein Kanonenschuß im Hafen! Aufgeregt holen die Frauen ein Fernrohr, buchstabieren den Namen des einlaufenden Schiffes: es ist das Linkertons, Butterfly triumphiert: er ist doch wiedergekommen! Das Haus wird mit Blumen geschmückt, und wie der Abend herab-

sinkt, stechen die Frauen Löcher in die Papierwände, schauen zum Hafen hinab, warten ...

3. AKT: Der Morgen dämmert, Butterfly hat vergeblich gewartet. Linkerton und Sharpless erscheinen, sprechen mit Suzuki: Butterfly möge auf das Kind verzichten. Suzuki begreift alles, als sie im Garten eine Dame sieht: Linkertons Gemahlin. Während Suzuki mit Kate Linkerton spricht, eilt Linkerton selbst hinweg. Butterfly hat seine Stimme gehört, läuft jauchzend herbei, erblickt die Dame ... und weiß, was das zu bedeuten hat. Linkerton möge selbst das Kind holen, flüstert sie mit erstickter Stimme. Allein geblieben, läßt sie ihrer Verzweiflung freien Lauf. Das Zimmer wird verdunkelt, Suzuki fortgeschickt, Butterfly nimmt einen Dolch – da kommt das Kind. Sie umarmt es leidenschaftlich; dann schickt sie es in den Garten. Über eine spanische Wand hört man den Dolch fallen. Von draußen hört man Linkertons Rufen. Butterfly schleppt sich ihm entgegen, bricht aber tot zusammen.

Turandot

Lyrisches Drama in drei Akten
Text von Giuseppe Adami und Renato Simoni

Personen:

Turandot, chinesische Prinzessin (Sopran)
Altoum, Kaiser von China (Tenor)
Timur, entthronter Tatarenkönig (Baß)
der unbekannte Prinz Kalaf, sein Sohn (Tenor)
Liu, junge Sklavin (Sopran)

Ping, Kanzler (Bariton)
Pang, Marschall (Tenor)
Pong, Küchenmeister (Tenor)
Ein Mandarin (Bariton)

Ort und Zeit: Peking, Märchenzeit
Uraufführung: 25.4.1926, Mailand, Teatro alla Scala

Die letzten Szenen dieser Oper hat Puccini nicht mehr vertonen können; Franco Alfano hat sie nach Skizzen des verstorbenen Meisters zu Ende geführt. Im ganzen ein leicht zwiespältiges Werk, weil der Ausgleich zwischen der Welt um die kalte Prinzessin Turandot und der um die menschlich warme Sklavin Liu (Puccinis edelste Gestalt) musikalisch nicht ganz gelungen ist. Dennoch ein Werk, das durch geschwungene Melodien, starke Chorsätze »chinesisch eingefärbte« Klänge nicht minder bezaubert als durch das bei Puccini nicht eben häufige Streben, an Stelle von Kleinbildern größere Zusammenschau zu geben.

1. AKT: Der »unbekannte Prinz« erblickt die Vorbereitungen zur Hinrichtung eines Turandot-Freiers, der die ihm aufgegebenen drei Rätsel nicht zu lösen vermochte. In der unruhigen Menge findet er seinen alten Vater und die ihn heimlich liebende Sklavin Liu. Das zuvor hämisch spottende Volk wird durch den Anblick des zum Tode Verurteilten von Mitleid bewegt und ruft Turandot um Gnade an. Die Prinzessin erscheint am Fenster, und Kalaf verliebt sich in ihre Schönheit. Auch er will sich als Freier melden. Vergeblich versuchen Ping, Pang und Pong ihn zurückzuhalten und zu warnen.

2. AKT: Ping, Pang und Pong möchten dem Hofe Turandots entfliehen, wo sie doch nur »bessere Henkersknechte« sind, und träumen von einem stillen Leben an lieblichen Lotosteichen. – Verwandlung. Im Kaiserpalast wird Kalaf von Turandot befragt. Die Prinzessin will die an einer Ahnin begangene Untat rächen, indem sie jeden Freier, der ihre Rätsel nicht zu lösen vermag, in den Tod schickt. Doch Kalaf findet die Lösung. Der Kaiser, des Mordens müde, möchte Turandot zwingen, Kalaf zum Gemahl zu nehmen; doch dieser will nicht Zwang, sondern Liebe: wenn Turandot bis zum Morgen seinen Namen errät, soll sein Leben verfallen sein.

3. AKT: Niemand darf schlafen in dieser Nacht; denn der Name des Fremdlings muß gefunden werden. Ruhig und siegesbewußt harrt Kalaf im Schloßgarten der aufgehenden Sonne. Ping, Pang und Pong versuchen, durch Schmeicheln und Drohen dem Fremden seinen Namen zu entreißen. Da werden Timur und Liu herbeigeschleppt. Sie wurden zuletzt mit dem Fremdling gesehen. Liu gibt zu, den Namen zu wissen, verschweigt ihn aber standhaft. Vor Turandots Augen wird sie gefoltert; doch sie ersticht sich mit dem Dolch eines Soldaten. Turandot ist erschüttert von solcher Liebe. – Kalaf entreißt Turandot den Schleier und küßt sie. Weinend gesteht sie, daß sie ihn von Anbeginn gehaßt – und geliebt habe. Nun gibt er sich in ihre Hand und nennt ihr seinen Namen. – Verwandlung. Turandot verkündet vor dem ganzen Hofe, sie wisse den Namen des Fremdlings; er heiße – »Gemahl«.

DEBUSSY

Claude D. (1862–1918, Franzose), Schüler des Pariser Konservatoriums (Römerpreis), galt schon den gestrengen Lehrern als zu modern. Schrieb vor allem Orchester-, Kammermusik- und Klavierwerke.

Pelleas und Melisande

Musikdrama in fünf Akten
Text von Maurice Maeterlinck

Personen:

Arkel, König von Allemonde (Baß)
Genoveva, Mutter des Golo und Pelleas (Alt)
Golo (Bariton) und Pelleas (Tenor), Enkel des Königs
Melisande (Sopran)
Yniold, Sohn Golos aus erster Ehe (Kinderstimme)
Ein Arzt (Baß)

Ort und Zeit: Auf einem nordfranzösischen Schloß, sagenhaftes Mittelalter
Uraufführung: 30.4.1902, Paris, Opéra Comique

Ein Musikdrama, das zwar berühmt und für die musikalische Entwicklung auch bedeutsam ist, jedoch kaum je zu einem regelrechten Bühnenwerk werden wird. Es sei aber erwähnt, weil es, obwohl ohne eigentliche Nachfolger, aus der Musikgeschichte nicht fortgedacht werden kann. Schon Maeterlincks Dichtung ist alles andere als bühnengerecht mit den unbestimmten Farben und der undramatischen Gegensatzlosigkeit. Und der Komponist, Vollender und Überwinder der Spätromantik, Mittelpunkt des französischen Impressionismus und entscheidender Anreger für die Neue Musik, paßt seine Vertonung diesem Verschweben und Verdämmern wahrhaft genial an und gibt dennoch gleichzeitig sich selbst, seine künstlerischen Vorstellungen, sein musikalisch-dichterisches Grunderleben. Alle festen Großformen werden aufgelöst in feingeschliffene Kleinstgebilde; schillernde Harmonien, Ganztonleitern, übermäßige Dreiklänge, Quartenakkorde gehören zu den hauptsächlich verwendeten Mitteln der Darstellung. Kaum schält sich eine greifbare »Melodie« heraus, alles bleibt verschwommen, *soll* verschwommen bleiben, entscheidend ist der flüchtige Augenblick, der vorüberhuschende Eindruck (»Impression«). Das ist meisterhaft gemacht, geht aber stilistisch an den unabdingbaren Erfordernissen der Bühne vorüber und kann nicht von Dauer sein.

Bei einer solchen Musik kommt es selbstverständlich auf das Wort, auf die Satzmelodie an, nicht auf die Handlung. Diese ist denn auch knapp und schnell erzählt. Der finster-ernste Golo hat im Walde die zarte Melisande gefunden und sie heimgeführt. Aus kindlichen Spielereien von Melisande und dem jungen Pelleas, Halbbruder Golos, erwächst eine tiefe, kaum ins Bewußtsein tretende Liebe. Als Golo in eifersüchtigem Zorn den Halbbruder tötet, vergeht auch Melisandes Leben.

MASCAGNI

Pietro M. (1863–1945, Italiener), Schüler u.a. von Ponchielli, dann Kapellmeister an kleinen italienischen Bühnen. *Cavalleria rusticana* machte den Sechsundzwanzigjährigen weltberühmt. Nach der Uraufführung lebte und komponierte er noch fünfundfünfzig Jahre, ohne einen ähnlichen Erfolg wieder zu erreichen.

Cavalleria rusticana

Oper in einem Akt
Text nach Verga von Targioni-Tozzetti und Menasci

Personen:

Santuzza, junge Bäuerin (Sopran)
Turiddu, junger Bauer (Tenor)
Lucia, seine Mutter (Alt)
Alfio, Fuhrmann (Bariton)
Lola, sein Weib (Mezzosopran)

Ort und Zeit: Dorf in Sizilien, Ostern 1880
Uraufführung: 17.5.1890, Rom

Mascagni und Leoncavallo, bis dahin unbekannte kleine Musiker, beteiligten sich um 1890 an einem Preisausschreiben und rückten beide mit einem Schlag in die vorderste Reihe der Opernkomponisten.

Man ist berechtigt, sich zu fragen, ob dieser Erfolg in der Hauptsache auf der Komposition beruht. Entscheidend für den Erfolg dürfte gewesen sein, daß in diesen Werken die Tragik des Alltags auf der Bühne dargestellt wurde, und zwar zu einer Zeit, in der ganz Europa naturalistische Dramen und Romane hervorbrachte. Immerhin, Mascagnis klobige Harmonik, reißerische Melodien und grobschlächtige Orchestersprache entsprechen der Tragik des Alltags in einem sizilianischen Bauerndorf so sehr, daß aus dem Zusammentreffen von Text und gleichartiger Musik ein großer Schlager werden konnte. Naturalistisch zu schreiben lag so in der Luft, daß wohl nicht zufällig in der *Cavalleria* wie im *Bajazzo* die menschliche Stimme in den Ouvertüren zu Hilfe genommen wurde.

Mit frohen Tanzliedern begrüßt das Volk vor der Dorfkirche den Lenz. Zur Schenkwirtin Lucia kommt die junge Santuzza, fragt jammernd nach Lucias Sohn Turiddu. Er hat sie verlassen, weil er in die Fuhrmannsfrau Lola verliebt ist. Eben kommt der Fuhrmann Alfio von einer größeren Fahrt wieder heim, stolz auf sein Gewerbe und stolz auf die vermeintliche Treue seiner Frau. Alles geht in die Kirche. Nur Santuzza bleibt, beichtet Lucia ihre Liebe zu Turiddu, klagt über dessen Untreue. Da erscheint er selbst, weicht Santuzzas Klagen und Vorwürfen aus, kann sich aber nicht verstellen, als er Lolas Stimme hört. Als sie kokett zur Kirche tänzelt, will er ihr folgen. Santuzza stellt sich ihm in den Weg, fleht ihn nochmals an. Doch er jagt sie roh davon und eilt Lola nach. Das war zuviel! Als Alfio vorübergeht, verrät ihm Santuzza, daß ihn Lola mit Turiddu betrügt. Schäumend vor Wut geht Alfio in sein

Haus; entsetzt über das, was sie heraufbeschworen, läuft Santuzza davon. (Die Bühne ist leer, während das berühmte »Intermezzo« gespielt wird.) Nach dem Kirchgang trinken die Bauern bei Lucia einen Becher Wein. Turiddu ist der fröhlichste unter allen. Als Alfio hinzukommt, bietet er auch ihm einen Trunk. Doch der Fuhrmann schlägt ihm den Becher aus der Hand. Jeder weiß, was das zu bedeuten hat. Ernst gehen die Männer, ängstlich die Frauen davon. »Ich erwarte Euch draußen hinterm Garten«, sagt Alfio kalt im Davonschreiten. Verwirrt bleibt Turiddu zurück. Sein Leichtsinn kommt ihm zum Bewußtsein. Er bittet die Mutter um ihren Segen, empfiehlt Santuzza ihrem Schutz – dann zieht er sein Messer und stürzt hinaus. Unheilvolle Stille. Und dann ein jäher Schrei: »Turiddu ward erschlagen! Turiddu ist tot!«

D'ALBERT

Eugen d'A. (1864–1932), in England geborener, in Riga gestorbener Sohn eines deutschen Tanzkomponisten französischer Abstammung. Hatte berühmte Lehrer (u.a. Liszt). Ursprünglich weltberühmter Klavierspieler, dann packte ihn das Kompositionsfieber. Von seinen zahlreichen Opern hat sich nur *Tiefland* dauernd behaupten können.

Abgesehen von seinen beiden Einaktern *Die Abreise* und *Flauto solo,* seinen musikalisch wertvollsten Opern, arbeitete d'Albert im allgemeinen mit Mitteln, die sich in der Welt bereits als durchschlagend erwiesen hatten, angefangen vom italienischen Verismus bis hin zum amerikanischen Jazz und modernen Schlager. Man mag diese künstlerische Bedenkenlosigkeit ablehnen, man mag sich der oft allzu grobdrähtigen Art seiner musikalischen Sprache widersetzen; aber man kann nicht leugnen, daß seine blühende Melodik und der heiße Theater-Atem dieser Musik immer wieder hinreißen.

Tiefland

Musikdrama in einem Vorspiel und zwei Aufzügen
Text nach Guimera von Rudolf Lothar

Personen:

Sebastiano, ein reicher Grundbesitzer (Bariton)
Tommaso, Gemeindeältester (Baß)
Moruccio, Mühlknecht (Bariton)
Marta (Mezzosopran)
Pepa, Antonia und Rosalia, Mägde (Soprane und Alt)
Nuri (Sopran)
Pedro, ein Hirt (Tenor)
Nando, ein Hirt (Tenor)

Ort und Zeit: Pyrenäen und Katalonien, um 1900
Uraufführung: 15.11.1903, Prag, Deutsches Theater

Die Musik dieses Werkes zerfällt in lauter Einzelschilderungen, die miteinander nur das eine Ziel gemeinsam haben: Wirkung zu erzeugen. Dazu trägt das derb geführte Orchester wesentlich bei. Eine lose Verklammerung wird dadurch hergestellt, daß d'Albert eine Reihe von Erinnerungsmotiven an den geeigneten Stellen immer wieder aufklingen läßt. Die beiden wichtigsten – Pedros Schalmeien-Weise und das Wolfsmotiv – seien hier wiedergegeben.

Vorspiel. Zwei Hirten des Hochlandes im Gespräch. Pedro fühlt sich wohl hier oben; aber wenn er abends betet, bittet er Gott um ein Weib. Die Gottesmutter hat ihm im Traum die Erfüllung des Wunsches zugesagt.

Jetzt will er erproben, von welcher Seite das Weib wohl kommen werde, legt einen Stein auf die Schleuder und wirft. Aus der Ferne hört man erregtes Schimpfen. Der Grundbesitzer Sebastiano, den der Stein beinahe getroffen hätte, steigt mit dem Dorfältesten Tommaso und mit seiner Geliebten Marta zu Pedros Hütte hinauf. Er muß eine reiche Braut heiraten, um nicht seine Besitzungen zu verlieren; da er aber nicht auf Marta verzichten mag, will er sie mit dem »Tölpel Pedro« zusammengeben; seine Geliebte könne sie dann immer noch bleiben. Der ahnungslose Tommaso befürwortet die Ehe Marta-Pedro; aber Marta stürzt entsetzt davon, als sie den Plan erfährt. Berauscht blickt ihr Pedro nach, willigt in Sebastianos Heiratsvorschlag ein (zumal er im Tiefland auch noch eine Mühle bekommen soll), grüßt noch einmal seine Berge und eilt Sebastiano nach.

1. AKT: In der Mühle fragen drei Klatschbasen den Müllerknecht Moruccio aus, ob Marta wirklich heirate. Aber der wackere Knecht weiß sich der Fragen zu erwehren. Weiter kommen sie bei der kindlich-harmlosen Nuri; sie hat erfahren, Marta solle einen Hirten heiraten, aber weiter dem Herrn Sebastiano gehören (was Nuri nicht versteht: die Weiber verstehen es um so besser). Gehetzt erscheint Marta, jagt die Spottenden hinaus, schickt auch Nuri fort und geht in ihre Kammer. Moruccio erzählt dem alten Tommaso, was es mit der Heirat auf sich habe; der Alte will es nicht glauben, streitet mit Moruccio. Da erscheint Pedro, gehänselt von den Bauern. Sebastiano befiehlt ihm, sich zur Trauung umzukleiden und läßt Marta rufen, bleibt mit

ihr allein. Da sie glaubt, Pedro habe sich kaufen lassen, vermag sie Sebastians brutal-sinnlichem Werben kaum Widerstand zu leisten. Als Pedro zurückkehrt – er wollte sich nicht als Geck anputzen lassen –, flüchtet sie in Sebastianos Arme. Wild flüstert er ihr zu: »Heut nacht noch komm ich zu dir«, dann schickt er alle zur Trauung. Tommaso bleibt zurück – und erhält Gewißheit über das Liebesverhältnis von Sebastiano und Marta. Er möchte die Trauung verhindern – zu spät: die Getrauten kommen zurück. Pedro schickt alle heim, schließt das Tor. Als Marta dem – wie sie glaubt – gekauften Manne ihre Kammer wehrt, beginnt der verwirrte Pedro, auf seine Weise um sie zu werben. Einen blutbefleckten Taler will er ihr schenken, den einst Sebastiano ihm gab: sein Leben hängt daran; denn mit dem blanken Messer hat er damals einen Wolf getötet. Ergriffen spürt Marta, daß Pedro von ihrer Schande nichts weiß. Da flammt plötzlich Licht in ihrer Kammer auf: Sebastiano ist eingestiegen und erwartet Marta. Nur mit Mühe kann sie den auffahrenden Hirten beruhigen. Das Licht verlischt, verzweifelt setzt sich Marta an den Herd, Pedro läßt sich zu ihren Füßen nieder: »...Still ist alles, der Wolf kommt heut nicht.«

2. AKT: Marta ist wie umgewandelt. Eifersüchtig beobachtet sie Pedro in freundlichem Gespräch mit Nuri. Auch Pedro ist ein anderer geworden; sie spürt es und stürzt ihm nach, als er den Raum verläßt. Da trifft sie den alten Tommaso, der sie zur Rede stellen will. Ihm beichtet sie: als Kind mußte sie auf den Straßen tanzen und wurde dann an Sebastiano verhandelt; nun aber liebt sie Pedro und will ihn gewinnen. Tom-

maso segnet sie erschüttert, rät ihr, Pedro alles zu gestehen, und verläßt die Mühle. Pedro aber hat, als er nun auch alles erfährt, genug vom Tiefland, will wieder in die Berge. Marta reizt ihn, schilt ihn Feigling ... wütend stößt er mit dem Messer nach ihr. Seine Reue und ihr Glücksgefühl über das von ihm vergossene Blut lassen beide erkennen, daß sie einander lieben. Fliehen wollen sie – doch werden sie von Sebastiano und den Bauern aufgehalten. Lustig soll's zugehen bis heute abend, wenn der reiche Vater von Sebastianos Braut kommt. Herrisch befiehlt Sebastiano der eingeschüchterten Marta, zu tanzen. Pedro will dem Auftritt wehren, doch wütend ohrfeigt ihn Sebastiano. Jetzt schreit es Marta heraus: Sebastiano war es, der gestern abend in ihrer Kammer das Licht entzündete. Als Pedro aufbrausend über Sebastiano herfällt, schleppen ihn die Bauern hinaus. Tommaso erscheint: er hat dem Brautvater alles erzählt, es ist aus mit der reichen Heirat, Sebastiano steht vor dem geldlichen Zusammenbruch. In rasender Verzweiflung stürzt er auf Marta zu: nun hat er nur noch sie und die Mühle. Wie von Sinnen will er sie umarmen – da springt Pedro aus der Kammer. Mann gegen Mann beginnt der Kampf, Pedro erdrosselt den »Wolf«. Dann reißt er die Tür auf, ruft die Bauern herein. In rauschhafter Begeisterung stürmt das Paar aus dem Tiefland in die Berge.

STRAUSS

Richard St. (1864–1949), Sohn eines Musikers. 1885 als Nachfolger Bülows Dirigent in Meiningen, anschließend in München, in Weimar, wieder in München, dann in Berlin. Dort 1908 Generalmusikdirektor. 1919–1924 zusammen mit Schalk Leiter der Wiener Staatsoper. Seither lebte er als Freischaffender meist in Garmisch.

Das Gesicht der Operngeschichte in der ersten Hälfte des 20. Jahrhunderts wurde wesentlich geformt durch Richard Strauss. Entscheidend ist dabei nicht so sehr die Art seiner Bühnenkompositionen; denn die reichen von der Wagner-Nachfolge *(Guntram* und *Feuersnot)* bis zur Walzerseligkeit *(Rosenkavalier),* von der Sinfonie-Oper *(Elektra* und *Salome)* bis zur bürgerlichen Musikkomödie *(Intermezzo),* von der Zauberoper *(Frau ohne Schatten)* bis zur Konversationsoper *(Capriccio).* Entscheidend ist vielmehr die einmalige Künstlerpersönlichkeit von genialem Zuschnitt und einzigartiger Begabung. Ob Strauss einen Walzer schrieb oder verschlungene Vielstimmigkeit, ob er Diesseitiges handfest ausmalte oder Bildungswerte ästhetisch nachzeichnete, immer spürt man die Hand eines ungewöhnlichen Meisters. Ob ihn seine angeborene und durch ungewöhnlichen Fleiß immer weiter ausgebildete Kunstfertigkeit nicht dazu verleitete, sich zu zersplittern, steht auf einem anderen Blatt. Auf jeden Fall war er *der* musikalische Repräsentant seiner bürgerlichen wechselvollen Zeit. Und wie es scheint, zerbröckelt nicht nur diese Zeit, sondern mit ihr auch ein Großteil seiner Bühnenwerke, und wehmütig steht man vor vielen Schönheiten mancher Werke, die kaum noch Aussicht haben, dem Opernspielplan auf die Dauer anzugehören. Verloren ist auf jeden Fall der *Guntram* von 1894. Die *Feuersnot* (1901) würde man gelegentlich gern hören; ob aber eine Wiederaufnahme lohnen würde, steht doch sehr dahin.

Salome

Drama in einem Aufzug – Text von Oscar Wilde
(Deutsch von Hedwig Lachmann)

Personen:

Herodes (Tenor)
Herodias (Mezzosopran)
Salome (Sopran)
Jochanaan (Bariton)
Narraboth (Tenor)
Page (Alt)
Fünf Juden (Tenor und Baß)
Zwei Nazarener (Tenor und Baß)
Soldaten, Kappadozier (Baß)

Ort und Zeit: Palast des Herodes in Jerusalem, Beginn der christlichen Zeitrechnung
Uraufführung: 9.12.1905, Dresden

In der Wortdichtung Wildes herrscht Weltuntergangsstimmung. Alles Echte ist tot, es leben nur verzerrte Triebe, gierig sucht man nach Nervenreizungen, bevor es zu spät ist und bevor das Neue, das man nahen spürt, ohne es zu verstehen, heraufkommt. Solches musikalisch nachzugestalten oder vielmehr: auf andere Weise auszudrücken, genügte selbst nicht mehr das größte Wagner-Orchester. Und so schafft Strauss einen vergrößerten und raffiniert verfeinerten Orchesterapparat: immer wieder unterteilte Streicher, Schlagzeuge aller Art, verstärkte Bläsergruppen (allein sechs Klarinetten), Harfe, Celesta, Xylophon, Glockenspiel, Orgel, Harmonium – alles wird herangezogen, um den Klang aufzuspalten für diese gespaltene Welt. Und dementsprechend verändern sich auch die Motive, verzerren sich und verdichten sich, wenn es die Situation erfordert. Auch die menschliche Stimme wird diesem nervenpeitschenden Klanggewebe rücksichtslos eingeordnet (vergl. selbst so verhältnismäßig einfache Stellen wie die Worte des Herodes in unserem Notenbeispiel). Damit war die Sinfonieoper geschaffen.

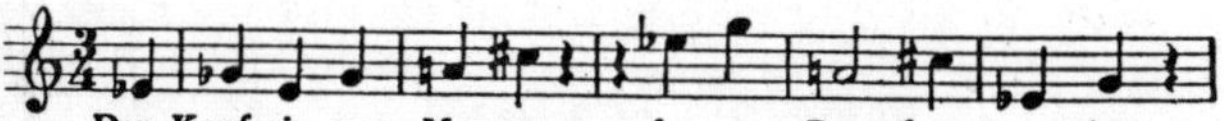

Der römische Hauptmann Narraboth betrachtet verzückt die schöne Prinzessin Salome, wie sie (hinter der Szene) beim festlichen Mahle sitzt, unberührt vom keifenden Streiten der jüdischen Schriftgelehrten, die selbst bei Tisch ihre theologischen Zänkereien nicht lassen können. Aus der unterirdischen Zisterne ertönt die Stimme des von Herodes gefangengehaltenen Propheten Jochanaan. Salome kommt erhitzt in den Palastgarten: »Es ist seltsam, daß mich der Mann meiner Mutter (Herodes) so ansieht.« Als sie des Propheten Stimme hört, ist ihre Neugier geweckt. Leicht überredet sie den verliebten Narraboth, die Zisterne zu öffnen. Jochanaan steigt herauf und predigt der sündigen Welt Buße. Lüstern umbuhlt sie ihn, hört nicht seine Stimme, sieht nur seinen Leib. »Laß mich deinen Mund küssen, Jochanaan.« Immer brünstiger schreit sie es heraus. Angewidert ersticht sich Narraboth. Salome bemerkt es nicht einmal. Jochanaan flucht ihr, steigt wieder hinab. – Herodes stürzt auf die Terrasse, trunken und voller Gier nach Salome. Sein Werben und ihre Abwehr werden übertönt von den Juden, die immer weiterstreiten. Endlich lauscht Salome: Herodes verspricht, ihr zu erfüllen, was sie sich wünscht, wenn sie nur vor ihm tanzen wolle. Einen heiligen Eid läßt sie ihn schwören, dann beginnt sie zu tanzen, einen Schleier nach dem andern fallen lassend. Dann fordert sie: auf einer silbernen Schüssel – den Kopf des Jochanaan! Herodes erschrickt, weigert sich, verspricht ihr die Hälfte des Königreiches. Doch unabänderlich wiederholt sie: »Gib mir den Kopf des Jochanaan!« Da winkt Herodes. Ein Henker steigt in die Zisterne, unheimliche Stille ... Salome erbebt vor Brunst. Endlich streckt der Henker seinen Arm aus der Zisterne empor: auf einer silbernen Schüssel der Kopf des Jochanaan. In wildem Rausch küßt sie den Mund des Kopfes, saugt das rinnende Blut ein, vergeht vor Lust. Unheil ahnt Herodes. Dann rafft er sich auf: »Man töte dieses Weib!« Krachend fahren die Schilde der römischen Soldaten auf die Herodiastochter.

Elektra

Tragödie in einem Aufzug
Text von Hugo von Hofmannsthal

Personen:

Klytämnestra (Mezzosopran)
Elektra und Chrysothemis, ihre Töchter (Sopran)
Aegisth (Tenor)
Orest (Bariton)
Orests Pfleger (Baß)
Die Vertraute (Sopran)
Junger Diener (Tenor)
Alter Diener (Baß)
Aufseherin (Sopran)
Fünf Mägde (Sopran und Alt)

Ort und Zeit: Hof des Königspalastes in Mykene, nach dem Trojanischen Kriege – Uraufführung: 25.1.1909, Dresden

Wie in der *Salome*, so steht auch in *Elektra* ein buhlerisches Weib im Mittelpunkt des Geschehens (Klytämnestra). Und neben ihr die sich vor Rachelust verzehrende, muttermordsüchtige Tochter (Elektra). Was nun aber im altgriechischen Drama schicksalhaft ins Übermenschliche gewandelt und dementsprechend gestaltet wurde, das wird hier in der Fassung Hofmannsthals grauenhafter Nervenreiz. Und Strauss versuchte, jede Seelenregung, jeden Vorgang, jede Bewegung, jeden Gedanken mit äußerster Genauigkeit Klang werden zu lassen. Das Orchester ist selbst gegenüber der *Salome* noch weiter vergrößert, die motivische Arbeit ist von einer kaum zu übertreffenden, mit dem Ohr allein kaum wahrzunehmenden Dichte. Aus diesem Kratzen und Ächzen, aus diesem meisterhaften Wirrwarr großartig gestalteter Klangvisionen heben sich vor allem die Orest-Szenen mit ihrer ruhigen Entschiedenheit wundervoll ab (ähnlich wie die Jochanaan-Szenen in der *Salome).* Eine Weiterentwicklung der Sinfonie-Oper war nach der *Elektra* nicht mehr möglich.

Vor dem Palast schwätzen und keifen die Mägde über die in Lumpen gehüllte bösartige Königstochter Elektra. Kaum sind sie im Haus verschwunden, da naht sie. Besessen ist sie nur von einem Gedanken, den sie auf alle nur erdenkliche Weise ständig wiederholt und sich rauschhaft vor Augen hält: Rache für Agamemnon, ihren Vater, den nach der Heimkehr aus dem trojanischen Kriege ihre Mutter Klytämnestra gemeinsam mit ihrem Buhlen Aegisth ermordet hat. Nichts fruchten die Bitten und Warnungen ihrer weicheren Schwester Chrysothemis; hart, fast unmenschlich stößt sie sie zurück. Klytämnestra naht. Böse Träume hat die buhlerische Gattenmörderin; weiß Elektra kein Mittel? Scheinheilig beginnt die Tochter, kreist die Gefühlswelt der Mutter immer mehr ein; dann schreit sie: erst wenn sie unter dem Rachebeil blute, werde sie ruhigen Schlaf finden! Fast bricht Klytämnestra zusammen; doch da flüstert ihr eine Vertraute etwas ins Ohr – triumphierend schreitet die Königin davon. Elektra ist verwirrt: was hat die Mutter so siegessicher gemacht? Chrysothemis bringt die Lösung: Ihr Bruder Orest, für den Elektra das rächende Mordbeil bewahrt hat, sei in der Verbannung gestorben. Nach der ersten Verzweiflung faßt sich Elektra, will durch Schmeicheln und Drohen Chrysothemis für das Rachewerk gewinnen, und als die Schwester sich weigert, jagt Elektra sie davon. In grauenvoller Hast beginnt sie, in einer Ecke des Hofes nach dem Rachebeil zu graben. Ein Fremder betritt den Hof, läßt sich durch Elektra nicht vertreiben, berichtet von Orests Tod, und als er ihren tiefen Schmerz wahrnimmt, gibt er sich zu erkennen: er selbst ist Orest, hat das Gerücht von seinem Tode aussprengen lassen, um die Mörder seines Vaters in Sicherheit zu wiegen. Elektra jubelt auf, segnet den zur Rache erschienenen Bruder. Mit seinem Pfleger betritt Orest den Palast. Wie ein ruheloses Tier schreitet Elektra auf und ab. Ein Schrei Klytämnestras ... »Triff noch einmal!« kreischt die rachgierige Schwester Orests. Und Orest erschlägt die Mutter. Ahnungslos kommt Aegisth herangeschlendert, verwundert über die ungewohnte Freundlichkeit, mit der Elektra ihn in den Palast geleitet. Auch ihn trifft das Beil Orests. Chrysothemis und die Mägde eilen herbei, Elektra die Botschaft von der vollzogenen Rache zu bringen. Doch entsetzt fahren sie zurück: im Übermaß der Freude ist Elektra wahnsinnig geworden. Einen grauenvollen Rachetanz führt sie auf – dann bricht sie entseelt zusammen.

Der Rosenkavalier

Komödie für Musik in drei Aufzügen
Text von Hugo von Hofmannsthal

Personen:

Die Feldmarschallin Fürstin Werdenberg (Sopran)
Baron Ochs von Lerchenau (Baß)
Octavian, genannt Quinquin, ein junger Herr aus großem Haus (Mezzosopran)
Herr von Faninal, ein reicher Neugeadelter (Bariton)
Sophie, seine Tochter (Sopran)
Jungfer Marianne Leitmetzerin (Sopran)
Valzacchi, ein Intrigant (Tenor)
Annina, seine Begleiterin (Alt)
Sänger, Haushofmeister, Polizeikommissar, Wirt, Notar usw.

Ort und Zeit: Wien, Mitte des 18. Jahrhunderts
Uraufführung: 26.1.1911, Dresden

Eine Lustspieloper mit klarem musikalischen Aufbau, geschlossenen Szenen, mit Lied, Arie und Walzer. Nach den Übersteigerungen der vorangehenden Bühnenwerke atmet man auf, nimmt mancherlei Rührseligkeit in Kauf, hört über manche schwache Stelle auch in der Musik hinweg, läßt sich vom Ganzen bezaubern. Meisterhaft wiederum der Satz und das Vermögen, bestimmte Situationen und Stimmungen unverkennbar zu umreißen, sei es durch traumhaft-unwirkliche und schwebende Klänge (erstes Notenbeispiel, Thema

der silbernen Rose), sei es durch handfest gezeichnete Walzermelodien (zweites Beispiel). Alles in schmelzenden Wiener Wohllaut getaucht, aber, wenn es sein muß, auch höchst realistisch geschildert (das Vorspiel ist eine Darstellung der ersten Liebesnacht des jungen Octavian mit der reifen Feldmarschallin).

1. AKT: Im Zimmer der Feldmarschallin. Der junge Octavian ist noch berauscht vom Erlebnis der Nacht, verträumt und wissend die leise alternde Feldmarschallin. Behutsam muß man sein; denn niemand weiß, wann der Feldmarschall von seiner Reise heimkehren wird. Getöse in den Vorzimmern, schleunigst muß sich Octavian im Schlafzimmer verbergen. Es naht zwar nicht der Feldmarschall, aber der aufgeblasene, grobschlächtige Baron Ochs von Lerchenau. Mit vielem Schwadronieren begrüßt er seine Cousine. Einen Brautwerber brauche er für seine Hochzeit mit Sophie, der Tochter des reichen Faninal; er berichtet gleichzeitig unverblümt von seinen zahlreichen Liebschaften, verguckt sich in die appetitliche Kammerzofe der Feldmarschallin (den verkleideten Octavian), bleibt auch zum »Lever« und läßt sich unbekümmert um Haarkünstler, Modeberatung, Bittsteller, Sänger – und was sonst zu einem »Lever« gehört – durch einen Notar einen eigenwilligen Heiratsvertrag aufsetzen. Endlich bleibt die Feldmarschallin allein, betrachtet

wehmütig im Spiegel die ersten Falten ihres Gesichtes, ist auch durch den wiederkehrenden Octavian nicht aufzumuntern. In jugendlichem Trotz geht er davon. Sinnend und entsagend schickt ihm die Feldmarschallin die silberne Rose ins Haus zur Übergabe an die Braut des Lerchenauers.

2. AKT: Im Hause Faninals. Aufgeregt wartet der frisch geadelte, reiche Hausherr auf den vornehmen Bräutigam. Seine Tochter Sophie ist in sich gekehrt. Mit einer silbernen Rose in der Hand betritt Octavian den Raum und hält eine wohlabgezirkelte Ansprache an die Braut. Ergriffen schauen die beiden jungen Menschen einander an. Aber schon erscheint, umwedelt vom Brautvater, der zukünftige Herr Schwiegersohn, Baron Ochs von Lerchenau. Sogleich betätschelt der kennerisch die junge Braut. Seine unverschämte Art macht Octavian und Sophie zu Verbündeten: gegen den »Kerl« und für ihre aufkeimende Liebe. Sophie reißt sich los und bleibt mit Octavian allein, während die anderen im Nebenzimmer den Heiratsvertrag unterzeichnen wollen. Die beiden gestehen einander ihre Liebe, besiegeln sie mit einem Kuß. Valzacchi und Annina, ein Intrigantenpaar, stürzen aus einem Versteck, halten die jungen Leute fest, rufen den Lerchenauer. Octavian reizt ihn so lange, bis er wohl oder übel den Degen ziehen muß. Wild brüllt er auf, als er einen leichten Stich in den Arm erhält, beruhigt sich aber schnell bei einer Flasche Rotwein und noch mehr, als ihm Annina ein Brieflein »von dem bewußten Mariandl« zusteckt. Die »Zofe« der Feldmarschallin will zum Stelldichein kommen! »Mit mir ... keine Nacht

dir zu lang« – selbstzufrieden singt er ein Walzerlied vor sich hin.

3. AKT: Zimmer mit Bettraum in einem zweifelhaften Wiener Lokal. Octavian mit seinen Helfern (u.a. auch dem Intrigantenpaar) bereitet alles zum »Stelldichein« mit Ochs vor, verschwindet – und betritt sogleich wieder am Arm Lerchenaus den Raum, verkleidet als Zofe. Der Lerchenauer ist ein geiziger, dafür besonders zudringlicher Liebhaber, die »Zofe« stellt sich weinselig. Ochs wird handgreiflich – da schrecken ihn Erscheinungen: aus den Ecken, von den Wänden, vom Fußboden, von überall her schaut es. Und dann noch die Ähnlichkeit der Zofe mit dem »verfluchten Bub«! Nun stürmt auch noch Annina herein mit vier »Papa« plärrenden Kindern, der Wirt erscheint, die Kellner, selbst die Polizei. Octavian weist sich heimlich aus, kleidet sich um ... Zu alledem auch noch Sophie mit ihrem Vater Faninal, der ob solcher Situation seines hochverehrten Schwiegersohns in Ohnmacht fällt und weggetragen werden muß. Und als letzte: die Frau Fürstin Feldmarschall! Dem Polizeioffizier erklärt sie, alles sei nur ein Scherz gewesen. Jetzt wird dem Lerchenauer nicht nur die Gleichung Octavian-Marianne klar, sondern auch manches andere; aber das Maul wird ihm gestopft. Hilflos steht Octavian zwischen der Feldmarschallin und Sophie. Jugend gehört zu Jugend ... entsagend geht die Fürstin, überläßt die Jungen ihrer Liebe. Nach einer Weile kehrt sie zurück: am Arme Faninals. Ihn wird sie zum Trost für das Überstandene in ihrem offenen Wagen heimfahren. Octavian und Sophie folgen den beiden, Hand in Hand.

Ariadne auf Naxos

Oper in einem Vorspiel und einem Aufzug
Text von Hugo von Hofmannsthal

Personen:

Der Tenor als Bacchus (Tenor)
Die Primadonna als Ariadne (Sopran)
Zerbinetta (Sopran)
Scaramuccio (Tenor)
Harlekin (Bariton)
Truffaldin (Baß)
Brighella (Tenor)
Der Komponist (Sopran)
Ein Musiklehrer (Bariton)
Ein Tanzmeister (Tenor)
Perückenmacher (hoher Baß)
Offizier (Tenor)
Lakai (Baß)
Der Haushofmeister (Sprechrolle)

Personen in der Oper:
Ariadne, Bacchus, Zerbinetta, Harlekin, Scaramuccio, Brighella, Truffaldin, Najade und Echo (Sopran)
Dryade (Alt)

Ort und Zeit: Wien, Barockzeit – Uraufführung der ersten Fassung: 25.10.1912, Stuttgart, Kleines Haus des Hoftheaters; Uraufführung der neuen Fassung: 4.10.1916, Wien, Hof-Oper

Eine Oper für Kenner und Liebhaber, zart und durchsichtig in der Instrumentation (nur 36 Musiker), köstlich im Satz, mit edel geschwungenen Gesangslinien, geformt nach alten und ältesten Mustern, innig und heiter – aber nur für Kenner und Liebhaber. Dazu kommt die spielerische Zerrissenheit des Textes. Man rechnet die Musik der »Ariadne« zu den schönsten Offenbarungen von Strauss; als Oper, d.h. in die Breite wirkendes musikalisches Bühnenspiel, hat sie sich ihren Bewundererkreis immer wieder erobern müssen.

Vorspiel. Im Palast eines Neureichen soll eine Oper gegeben werden und eine Posse. Was soll man zuerst aufführen, lautet die Streitfrage. Sie wird beantwortet mit einer neuen Anordnung: beides gleichzeitig. Der junge Komponist ist außer sich, doch die süße Possenspielerin Zerbinetta bringt ihn dahin, »alles mit anderen Augen zu sehen«.

Haupthandlung. Ariadne wurde auf einer Insel von Theseus verlassen und ersehnt den Tod. In ihren Klagegesang und den Gesang der sie beschirmenden Naturwesen greifen die Possenreißer ein und versuchen einzeln und insgesamt, Ariadne eine leichtere Auffassung von der Liebe beizubringen. Umsonst, sie müssen verschwinden. – Strahlender, männlicher Gesang vom Felsen. Ist es Theseus? Nein, das kann, so meint Ariadne, nur der überirdische Todesbote sein. Aber es ist Gott Bacchus. Allmählich vollzieht sich eine innere Wandlung: Mensch und Gott schaffen eine neue, irdische und überirdische Liebe. Ein letzter spöttischer Versuch Zerbinettas verweht vor der Allgewalt des Zwiegesangs von Ariadne und Bacchus.

Neben den besprochenen vier Meisterwerken und der *Arabella* vermögen die übrigen Bühnenwerke von Strauss nur schwer bestehen. Das auszusprechen, fällt schwer; denn die anderen Opern enthalten ergreifende und bezaubernde musikalische Schönheiten, die um ihrer selbst willen erhalten zu werden verdienten. Aber die Texte, meist ästhetisch verspielt oder mindestens allzusehr »Bildungstexte«, teilweise auch zeit- oder situationsgebunden, werden diesen Werken kaum einen Dauerplatz im Spielplan erlauben.

Arabella

Lyrische Komödie in drei Aufzügen
Text von Hugo von Hofmannsthal

Personen:

Graf Waldner (Baß)
Adelaide, seine Frau (Mezzosopran)
Arabella (Sopran) und Zdenka (Sopran), ihre Töchter
Graf Lamoral (Baß)
Graf Dominik (Bariton) und Graf Elemer (Tenor), Arabellas Verehrer
Mandryka, reicher Gutsbesitzer aus der Walachai (Bariton)
Matteo, Jägeroffizier (Tenor)
Die Fiakermilli (Koloratursopran)
Eine Kartenlegerin (Sopran)

Ort und Zeit: Wien 1860
Uraufführung: 1.7.1933, Dresden

Ein Versuch, den »Rosenkavalier«-Erfolg zu erneuern. Aber das Hotelmilieu mit allerlei Operettenfiguren ist doch wohl ein wenig peinlich.

1. AKT: Faschingsdienstag in Wien. Wenn sich Arabella nicht mit einem »soliden Bewerber« verheiratet, ist es geldlich um die Familie Waldner geschehen. Der Graf Waldner spielt, die Gräfin befragt Kartenlegerinnen, Arabella wartet inmitten der schwärmenden Freier auf den »Einen«, die Schwester Zdenka läuft aus Sparsamkeitsgründen als Knabe herum. Der Jägeroffizier Matteo liebt Arabella, wird aber kühl behandelt. Der »Knabe« Zdenka wiederum liebt den Matteo, schreibt ihm aber Briefe, angeblich von Arabella, um ihn zu trösten. Waldner hatte Arabellas Bild an einen alten reichen Regimentskameraden geschickt ... Doch es kommt dessen Neffe Mandryka. Mit seinen Geldscheinen, seinem Stallgeruch und seiner Ursprünglichkeit bringt er in das unbezahlte Hotelzimmer der Waldners neue Hoffnungen.

2. AKT: Auf dem Fiakerball sehen sich Arabella und Mandryka: Liebe auf den ersten Blick. Arabella nimmt mit einem Tanz Abschied von ihren Verehrern und fährt glücklich ins Hotel. Matteo erhält von Zdenka den Schlüssel zu Arabellas Zimmer. Mandryka aber hat alles gehört und stürzt verzweifelt in die Arme der Fiakermilli. Doch nun wird sogar Papa Waldner energisch: man begibt sich zur Untersuchung ins Hotel.

3. AKT: Nach einigem tragischen Hin und Her stellt sich heraus: Zdenka hat dem Matteo zwar Arabellas Schlüssel gegeben, doch die Geliebte, die er im Dunkel der Nacht gewann, war nicht Arabella, sondern der »Knabe« Zdenka. Doppelhochzeit.

BLECH

Leo B. (1871–1958) studierte in Berlin bei Humperdinck. Wurde Kapellmeister in Aachen, Prag, Berlin, Riga, Stockholm. Zuletzt Generalmusikdirektor der Städtischen Oper Berlin.

Versiegelt

Komische Oper in einem Akt
Text von Richard Batka (nach Raupach)

Personen:

Braun, Bürgermeister (Bariton)
Else, seine Tochter (Sopran)
Frau Gertrud, eine junge Witwe (Mezzosopran)
Frau Willmers, wohnt im gleichen Hause (Alt)
Bertl, ihr Sohn, Ratsschreiber (Tenor)
Lampe, Ratsdiener (Baß)
Nachbar Knote (Baß)
Der Schützenmeister (Sprechrolle)
Nachtwächter, Bürger, Bürgerinnen

Ort und Zeit: eine deutsche Kleinstadt, um 1830
Uraufführung: 4.11.1908, Hamburg

Ein köstlicher, immer wieder bezaubernder Einakter mit plaudernd geführten Stimmen, sprudelnden Einfällen und einer vorzüglichen Verarbeitung.

Frau Willmers hat einen Sohn und einen altertümlichen Schrank, denen der Bürgermeister Braun offenbar nicht wohlgesinnt ist: den Sohn will er als Schwiegersohn unmöglich machen, den Schrank pfänden lassen. Frau Gertrud, eine hübsche junge Witwe, ist bereit, den Schrank bei sich zu verstecken. Kaum ist das geschehen, da kommt der Ratsdiener Lampe, um eine Botschaft des (in Frau Gertrud verliebten) Bürgermeisters auszurichten, sieht den Schrank in Frau Gertruds Wohnung und eilt zu Frau Willmers, um sich Gewißheit zu verschaffen. Inzwischen trifft der Bürgermeister ein, erhofft sich bei Frau Gertrud ein Schäferstündchen, muß sich aber in dem Schrank verstekken, weil Lampe zurückkehrt. Dieser versiegelt nun den Schrank und läuft ins Bürgermeisteramt, um seinem Herrn und Meister mitzuteilen, daß sich anscheinend ein Liebhaber im Schrank verborgen halte (er hat nämlich ein Rumoren gehört). Der Eingesperrte wird nun von den beiden Frauen, seiner Tochter und ihrem Liebsten dahingebracht, seine Einwilligung zur Eheschließung der beiden jungen Leute zu geben. Er steigt aus dem Schrank, will aber nun seinerseits auch einen Spaß haben und heißt die glücklichen Jungen, in den Schrank zu steigen. Frau Gertrud läßt den Schützenmeister wissen, der Bürgermeister sei bei ihr an einem sehr merkwürdigen Ort anzutreffen. Alles eilt schadenfroh herbei, der Schrank wird geöffnet – heraus kommen errötend die beiden Jungen. Der Bürgermeister weidet sich an der Verblüffung, macht aber nun seinerseits Ernst, indem er die Lippen der schalkhaften Frau Gertrud mit einem Kuß versiegelt. So gibt es noch ein zweites Paar.

SCHÖNBERG

Arnold Sch. (1874–1951) begann als Autodidakt, nahm später Unterricht bei A. von Zemlinsky. Mußte sich längere Zeit mit untergeordneten Arbeiten durchschlagen (Instrumentierungen, Gelegenheitsarbeiten für Kabarett usw.), unterrichtete vorübergehend in seiner Vaterstadt Wien, lehrte dann am Sternschen Konservatorium in Berlin, ging 1933 nach den USA, wo er gestorben ist. Schrieb Lieder, Kammer-, Orchester-, Klaviermusik, Chorwerke.

Für sein Opernschaffen finden sich bereits in den »Gurre-Liedern« und in »Pierro lunaire« Ansätze. Weitergebildet im Opernsinne sind die »Erwartung« und die »Glückliche Hand«. In der »Glücklichen Hand«, Wien 1924, Text von Schönberg, geht kaum etwas vor. Der »Mann« singt nur wenig, die ihn umgebenden Schatten sind stumm. Der Mann schneidet Grimassen, deren Wechselspiel von roten, grünen und gelben Lichtern begleitet wird. Aus zwölf Löchern im Hintergrund schauen sechs Männer und sechs Frauen, der Chor, in dem gleichzeitig »gesungen, geflüstert, kraftvoller geflüstert« wird. – In der *Erwartung,* Prag 1924, Text von Marie Pappenheim, tritt nur eine Frau (Mezzosopran) auf, die im nächtlichen Walde den Geliebten sucht, mit dem Fuß an seine Leiche stößt und über ihn hinsinkt. Das sind aus der Konvention gelöste Konstruktionen, die sich auch durch Schönbergs ringenden Ernst und seine innere Einsamkeit nicht beleben.

Der große Denker unter den modernen Musikern hat dann ein gedankenloses Spiel mit der Dichte seiner Musik beehrt. *Von heute auf morgen,* Text von Max Blonda, Frankfurt 1930. Ein bürgerliches Ehepaar sieht ein Bohèmepärchen, möchte es diesem gleichtun, findet sich aber bei Milchkaffee wieder zusammen. Wieder verzichtet Schönberg in völliger Abkehr von der Oper auf die Besonderheiten der Singstimme, führt Menschen- und Instrumentalstimme in gleicher Weise, zieht musikalisch alles zusammen, was die Wagnerische und nachwagnerische Oper erweitert hatte, verdichtet die Musik auf strenge Kleinstgebilde, die nicht harmonisch, sondern linear gebunden sind – für das geschulte Gehör erstaunlich. Kaum ein lebender Musiker ist von Schönbergs musikalischem Schaffen unbeeinflußt geblieben.

Moses und Aron

Oper in drei Akten (Fragment)

Personen:

Moses (Sprechrolle)
Aron (Tenor)
Ein junges Mädchen (Sopran)
Eine Kranke (Alt)
Ein junger Mann (Tenor)
Der nackte Jüngling (Tenor)
Ein anderer Mann (Bariton)
Ephraimit (Bariton)

Ein Priester (Baß)
Stimme aus dem Dornbusch (6 Soprane)
Knaben (3–6 Alt)
Vier nackte Jungfrauen, Knaben, Bettler und Bettlerinnen, einige Greise, die 70 Ältesten, die 12 Stammesfürsten, Chor, Tänzer, Tänzerinnen, Statisten aller Art

Ort und Zeit: Der Auszug des Volkes Israel aus Ägypten
Uraufführung: 6. Juni 1957 in Zürich

1932 hat Schönberg das Werk nach der Vollendung des zweiten Aktes ruhen lassen. Mit Ehrfurcht steht auch der Schönberg-Gegner vor diesem tief erfühlten und großartig geplanten Werk, das den alten Menschheitszwist zwischen Gottglauben (Moses) und Materialismus (Aron) behandelt. Mit Erschütterung hört man, wie der Musiker Schönberg seine Kunst der Zwölftonreihe bis in wahrhaft Un-erhörtes vortreibt und zugleich längst überwunden geglaubte Romantik in Aussage und Mitteln wieder lebendig wird. Ein mächtiges, ein ergreifendes Gedanken- und Musikbruchstück, Zeugnis einer gespaltenen Zeit und einer zerrissenen, ringenden Persönlichkeit, aber doch sinnbildhaft, daß gerade dieses Werk Bruchstück bleiben mußte. Die Fachleute wird es noch Jahrzehntelang beschäftigen, eine Hörergemeinde wird es wohl kaum gewinnen können. – Moses, der gottgläubige und Aron, der wunderwirkende Willens- und Tatmensch, sollen die Israeliten aus Ägypten führen. Das Volk wird nicht durch Moses, sondern durch Aron, als dieser sichtbare Wunder vollbringt, in Bewegung gesetzt.

Aron und das Volk warten auf Moses, der seit vierzig Tagen auf dem Berge Sinai die Gebote Gottes niederschreibt. Um das Volk nicht ungeduldig werden zu lassen, stellt Aron ein goldenes Kalb auf, das freudig umjubelt und umtanzt wird. Bei seiner Rückkehr zerstört Moses dieses Kalb, aber auch die Gesetzestafeln. Aron führt das Volk weiter, Moses hält Gericht. Der Tatmensch Aron hat seine Aufgabe erfüllt, doch dabei das Volk von Gott entfernt. Die weitere Wanderschaft ist sehr mühselig und bedeutet Läuterung.

RAVEL

Maurice R. (1875–1937, Franzose), vortrefflicher Pianist, lebte zumeist seinem Schaffen, schrieb Klavier-, Kammer- und Orchestermusik, Konzerte und Bühnenwerke.

Der viel experimentierende, zwischen schlichtester Einfachheit und raffiniertester Klangvielfalt alle Ausdrucksmöglichkeiten beherrschende Ravel liebte im Leben wie in der Musik die feinen, kleinen Einzelheiten. Ihnen spürte er mit wachem Verstand und musikalischem Einfühlungsvermögen nach, vereinigte sie jedoch zu erstaunlich einheitlichen Gesamtgebilden. Von dem anderen großen französischen Impressionisten seiner Zeit, Debussy, unterscheidet er sich durch strafferen Ausdruck.

Die spanische Stunde

Musikalische Komödie in einem Akt
Text von Franc Nohain

Personen:

Torquemada, Uhrmacher (Tenor)
Concepcion, seine Frau (Sopran)
Gonzalva, ein Schöngeist (Tenor)
Don Inigo Gomez, ein Bankier (Baß)
Ramiro, ein Eseltreiber (Bariton)

Ort und Zeit: Toledo, 18. Jahrhundert
Uraufführung: 19.5.1911, Paris, Opéra Comique

Insbesondere von der Musik her trägt das Werk die Bezeichnung »Komödie« zu Recht. Denn die einzelnen Personen hat Ravel kompositorisch so ausgestattet und voneinander abgehoben, daß sie zu Persönlichkeiten werden. Das Ganze wippt und sprudelt von ausgelassener, dennoch niemals abgleitender Heiterkeit.

Der Eseltreiber Ramiro will beim Uhrmacher Torquemada eine Uhr reparieren lassen; doch dieser bittet ihn zu warten, weil er – wie jede Woche um diese Zeit – die Rathausuhren aufziehen muß. Frau Concepcion (welch aufschlußreicher Name!) paßt das wenig; ist es doch die Stunde, in der sie wöchentlich während der Abwesenheit ihres Mannes Liebhaber empfängt. So läßt sie den Eseltreiber eine Standuhr aus dem Laden in den Oberstock tragen. Endlich kommt der erste »Geliebte«; doch ist dieser Gonzalva ein Schönschwätzer, wo doch Concepcion etwas anderes erhofft. Ramiro muß, als er zurückkehrt, eine zweite Standuhr nach oben schleppen, in der sich der Schwätzer versteckt hat. Schon kommt ein neuer Liebhaber, der Bankier Gomez. Er ist zwar kein Schönschwätzer, aber für Liebesspiele zu fett. Schleunigst muß er in eine zweite Standuhr, um von Ramiro nicht gesehen zu werden. Das Hinauf und Hinunter der Uhren hat einen Vorteil: Concepcion erkennt die Kraft des Eseltreibers und macht von ihr ausgiebigen Gebrauch. Bei seiner Rückkehr glaubt der düpierte Uhrmacher, in den Geliebten seiner Frau zahlungskräftige Kunden zu sehen.

WOLF-FERRARI

Ermanno W.-F. (1876–1948), Sohn eines deutschen Malers und einer Italienerin, brachte schon als Dreizehnjähriger eine Oper heraus, studierte in München, wo er lange gelebt hat, ehe er in seine Vaterstadt Venedig zurückkehrte.

Von wenigen Ausnahmen abgesehen, schrieb Wolf-Ferrari Opern, die als moderne Fortsetzungen zur italienischen Opera buffa gelten dürfen, wobei sich eine gewisse deutsche Innigkeit nicht verleugnet. Moderne Opera buffa heißt in diesem Falle: zierlich plaudernde Stimmen, schlanke Melodik, zartgliedriger Rhythmus, lichte Orchestersprache. Im Operntheater, im Rundfunk und Fernsehen begegnet man immer mal wieder einer der zahlreichen liebenswerten Schöpfungen des deutsch-italienischen Meisters. Ein Beispiel von den mehr als zehn Bühnenwerken mag genügen.

Die neugierigen Frauen

Musikalische Komödie in drei Aufzügen
Text nach Goldoni von Luigi Sugana

Personen:
Ottavio, reicher Bauer (Baß)
Beatrice, seine Frau (Alt)
Rosaura, ihre Tochter (Sopran)

Florindo, deren Verlobter (Tenor)
Pantalone, ein Kaufmann (Tenor)
Arlecchino, ein Diener (Baß)
Lelio (Bariton)
Eleonora, seine Frau (Sopran)
Leandro (Baß)
Colombina, Beatrices Zofe (Sopran)

Ort und Zeit: Venedig, um 1750
Uraufführung: 27. November 1903 in München

Dieses Werk ist bezeichnend für die meisten Opern Wolf-Ferraris. Es »geschieht« eigentlich nichts in diesem Werk, entscheidend sind vielmehr die auf einen Satz zugespitzten Augenblicke. Und die Lust am Vertonen solcher Zuspitzungen, solcher »Pointen«, lag Wolf-Ferrari im Blute. – Da ist ein geheimnisvoller Männerverein, von dessen Tun die Frauen nichts wissen und nichts wissen sollen. Wird dort gespielt? Gold gegraben? Der Liebe gehuldigt? Die Frauen platzen vor Neugier, die Männer aber schweigen sich aus. Mit List und Hinterlist kommen die neugierigen Frauen in den Besitz der Schlüssel zu dem geheimnisvollen Vereinshaus. Aber die Schlüssel werden ihnen allesamt wieder abgenommen. Endlich dringen sie doch ein – und finden die Männer beim Mahl. Nichts weiter. Alleinsein – das brauchten die Männer zuweilen, dafür gründeten sie ihren Verein.

FALLA

Manuel de F. (1876–1946, Spanier), geboren in Cadiz, Unterricht bei Felipe Pedrell. 1907–1914 in Paris, beeindruckt von Debussy und Ravel. Seit 1914 Konservatoriumsdirektor in Granada, gestorben in Alta Gracia (Argentinien). Schrieb Kammer- und Klaviermusik, Vokalwerke, Klavierkonzert »Nächte in spanischen Gärten«, Ballette, zwei Opern.

De Fallas Gesamtwerk steht auf zwei Pfeilern: dem französischen Impressionismus und der national-spanischen Folklore; zwar hatten Albeniz und Granados den Versuch gemacht, die nationalspanische Musik international wieder zu erwecken, doch schlugen ihre Werke (meist Klavier) in der Welt nicht recht durch. Das gelang erst de Falla, insbesondere in seiner orchestralen Klangwelt, wo französischer Impressionismus mit spanischen Rhythmen, Liedern und Tänzen verschmilzt. Am bekanntesten sind bei uns »Die Nächte in spanischen Gärten« und das Ballett »Der Dreispitz«.

Meister Pedros Puppenspiel

Oper in einem Akt – Text nach Cervantes

Personen:

Meister Pedro (Tenor)
Sein Junge (Sopran)

Don Quixote (Bariton)
Stumme Personen, Marionetten

Ort und Zeit: Stall eines Wirtshauses mit Puppenbühne in Aragonien, 16. Jahrhundert – Uraufführung: 25. Juni 1923 in Paris. Deutsche Erstaufführung: 13. Januar 1927 in Köln

Auf einer Puppenbühne werden die Marionetten munter und recht realistisch hin- und herbewegt: Meister Pedro versteht sein Geschäft und weiß, wie man das dörfliche Publikum packen kann. Damit jeder jedes versteht, muß sein Junge mit Worten das Spiel unterstützen. Kaiser Karls des Großen Tochter ist in maurische Gefangenschaft geraten. Ihr Gemahl zieht aus, sie zu befreien. Das läßt sich zunächst recht gut an; doch dann wird es gefährlich: die Mauren setzen dem fliehenden Paar nach. Rettung kommt von einer völlig unerwarteten Seite. Unter den zuschauenden Dörflern sitzt nämlich auch Don Quixote, der »Ritter von der traurigen Gestalt«. Eine Kaisertochter in Gefahr – das geht seinem Ehrgefühl zu weit. Er greift ein – zunächst durch Worte, dann durch Taten, indem er die Marionettenverfolger mit dem Schwert zerhaut. Wieder eine Großtat für Dulcinea, die Dame, der er all sein Tun widmet. – Die wenigen Gesangsstimmen verflechten sich mit dem zierlichen Spiel eines kammermusikalisch besetzten, durchsichtig geführten kleinen Orchesters.

Die zweiaktige (drei Bilder) Oper *Das kurze Leben* (Nizza 1913) gibt mit ihrer farbig-dramatischen Vertonung großartige Einblicke in den nationalspanischen Opernstil de Fallas, wird aber bei uns zu Unrecht vernachlässigt.

BARTÓK

Béla B. (1881–1945, Ungar) studierte bei berühmten Lehrern, war befreundet mit seinem Landsmann Zoltan Kodaly, sammelte und erforschte wie dieser das musikalische Volksgut des südosteuropäischen Raumes. Emigrierte 1940 nach USA. Er schrieb Werke für Klavier, Kammermusik, Ballett und eine Oper.

Herzog Blaubarts Burg

Oper in einem Akt – Text von Béla Balázs

Personen:

Judith (Sopran)
Herzog Blaubart (Baßbariton)
Die früheren Frauen Blaubarts (stumme Rollen)
Barde (Sprechrolle)

Ort und Zeit: irgendwo, irgendwann – Uraufführung: 24.5.1918, Budapest; Erstaufführung in deutscher Sprache: 1922, Frankfurt a.M.

Eine kleine, doch nicht unwesentliche Eigentümlichkeit dieses Werkes des bedeutenden ungarischen Komponisten und entscheidenden Anregers der neueren Musik sollte nicht übersehen werden: der *Blaubart* ist eine Bühnenballade etwa in der Art von Wagners *Fliegendem Holländer,* doch von dem Bayreuther Meister scharf abgesetzt durch eine formbetonte Folge von sieben Szenen. Die Personen werden charakterisiert durch einen wortgezeugten Deklamationsstil (der Prolog des Barden wird nur gesprochen), getragen von einem situationsbedingt dissonanten, an Debussy erinnernden Orchesterklang.

Das Spiel wird eingeleitet durch einen Vorspruch – man ahnt, es folgt eine Nicht-Erlösungsoper. Die liebende Judith ist dem finsteren Herzog Blaubart auf seine düstere Burg gefolgt und glaubt, durch ihre Liebe Blaubarts düstere Seele auflichten zu können. Sieben Türen starren sie abweisend an, verschließen ihr Geheimnis und die innere Verfassung Blaubarts. Weiß sie, was hinter den Türen verborgen ist, dann werde sie, so glaubt Judith, auch Blaubarts Verschlossenheit erschließen und ihn glücklich machen können. Sie öffnet eine Tür nach der anderen und blickt in eine schreckhafte Folterkammer, einen dunklen Aufbewahrungsort für Waffen, eine Kammer mit blutgetränkten Schätzen, einen mit Blut gedüngten Garten, den blutigen Herrschaftsbereich Blaubarts. Gegen Blaubarts Willen öffnet sie auch noch die sechste Tür und erblickt einen Tränensee. Als sie die siebente Tür entriegelt, schreiten stumm heraus und verschwinden ebenso stumm die drei früheren Frauen Blaubarts: der ersten gehörte der Morgen, der zweiten der Mittag, der dritten der Abend ... und nun wird Judith die Nacht gehören, die ewige Nacht des Todes und des nichterlösten Blaubart. Dieser schmückt sie und führt sie in den Raum der toten Frauen.

STRAWINSKY

Igor St. (1882–1971, Russe) war Schüler von Rimskij-Korsakow. Ging bald nach Paris, schrieb für Diaghilew einige Ballette, deren Musik weltberühmt wurde. Lebte zumeist in den Vereinigten Staaten.

Seit mehr als dreißig Jahren hat man sich geweigert, die *Geschichte vom Soldaten* (1918) oder *Mavra* (1921) als wirkliche Opern anzuerkennen; auch *Oedipus Rex* (1928) ist nach vorherrschender Meinung keine Oper. Alle diese Werke haben ihre Qualitäten, ja, der *Oedipus* war ein bedeutsames Ereignis in der Musikgeschichte der ersten Jahrhunderthälfte – nur mit dem überkommenen oder mit einem entwicklungsfähigen Begriff »Oper« haben sie nichts gemein. Aber seit der *Mavra* war man davon überzeugt – und die verschiedenen Entwicklungsstufen des großen Anregers Strawinsky lieferten den Beweis –, daß der Meister eines Tages eine wirkliche Oper schreiben würde. Nach dreißig Jahren erschien sie.

Der Wüstling

Oper in drei Akten – Text von H. Auden und Ch. Kallman
(Originaltitel »The Rake's Progress«)

Personen:

Trulove (Baß)
Ann, seine Tochter (Sopran)

Tom Rakewell (Tenor)
Nick Shadow (Bariton)
Mutter Goose (Mezzosopran)
Die Türkenbab (Mezzosopran)
Sellem, Auktionator (Tenor)
Irrenhauswärter (Baß)
Diener, Dirnen, Bürger, Irre

Ort und Zeit: England, 18. Jahrhundert
Uraufführung: 11.9.1951, Venedig, Teatro Fenice

Das Werk ist als Gattung ein weit entfernter Verwandter von Mozarts *Don Giovanni,* allerdings ins Moritatenhafte verbogen. Der Form nach eine Nummernoper (geschlossene Gesänge und Ensembles, klavierbegleitete Rezitative), wobei die geschlossene Gruppierung auch auf die Verwendung des Orchesters überprüft, dessen Klanggruppen scharf voneinander abgesetzt werden. Vor allem: was Strawinsky oft erklärt, aber nicht immer verwirklicht hat, ist in diesem Werk klare musikalische Gestalt geworden – der Melodie gebührt der erste Platz. Ein wenig ironische Spitzbüberei ist freilich nicht zu überhören, so etwa dann, wenn Strawinsky klassisches, italienisch-klassisches Arien-Gut daruntermischt und sich dabei offenbar köstlich amüsiert über die abgenutzte Thematik.

Das Textbuch ist schwach und zudem unerfreulich. Im Grunde eine Jahrmarkts-, Freuden- und Irrenhaus-Welt in Bilderbogenmanier.

1. AKT: Tom Rakewell wird zum Wüstling von dem Augenblick an, in dem ihn der Teufel (Nick Shadow)

aus dem Landleben mit Braut Ann und Schwiegervater Trulove zum Reichwerden nach London entführt. – Ein bißchen sehnt er sich schon nach Ann, doch das Freudenhaus von Mutter Goose ist gar zu reizvoll – Ann entschließt sich, Tom nachzufahren und ihn wieder auf den rechten Weg zu bringen.

2. AKT: Das Freudenhaus hat Tom überreizt und überspannt. Daher lockt es ihn, die selbstbewußte vollbärtige Türkenbab zu ehelichen. – Beim Anblick dieses Jahrmarktsmonstrums ergreift Ann die Flucht. – Doch auch Tom ist des zeternden Vollbartweibes satt. Wütend stülpt er ihr die Perücke übers Gesicht, und die Zeterei verstummt. Jetzt beschäftigt sich Tom auf Anraten von Nick Shadow mit einer Maschine, die aus Steinen Brot produziert.

3. AKT: Doch die Maschine hat ihn nicht reich gemacht, über sein kümmerliches Vermögen wird Konkurs eröffnet. Zum »toten Inventar« gehört bei der Versteigerung auch die Türkenbab. Da erwacht sie zu neuem Leben und will wieder Schaustellerin auf dem Jahrmarkt werden. – Jetzt verlangt (natürlich auf einem Kirchhof) der Teufel Toms Seele. Ann gelingt es, seine Seele zu retten, dafür verliert er den Geist und wird irrsinnig. Im Irrenhaus besucht ihn Ann. Er sieht in ihr die Göttin Venus und sich selbst für Adonis an, ist also wohl noch verblödeter als die feixend zuschauenden Irren. Ann singt ihn in den Schlaf und geht traurig heim. Der erwachende Tom glaubt, die anderen Irren hätten ihm Venus entführt und geht zugrunde. – Kleine Moral am Schluß: »Wo Faule sind auf dieser Welt, der Teufel findet sein Feld bestellt.«

Die Geschichte vom Soldaten

Nach einer russischen Volkserzählung gelesen, gespielt und getanzt in zwei Teilen. Dichtung von C.F. Ramuz, freie Nachdichtung von H. Reinhart

Personen:

Der Vorleser (Sprechrolle)
Der Soldat (Sprechrolle)
Der Teufel (Sprech- und Tanzrolle)
Die Prinzessin (Tanzrolle)

Ort und Zeit: Schweiz, irgendwann
Uraufführung: 28. September 1918 in Lausanne

Dieses Stück hat eigentlich nichts mit der Gattung Oper zu tun. Es wird »gelesen, gespielt und getanzt« in zwei Teilen. Es sei daher nur erwähnt, weil es für manchen einen gewissen Erinnerungswert hat. Gesangsrollen fehlen, die Begleitung besteht aus sechs Einzelinstrumenten und allerlei Schlagzeug (eine Notlösung, bedingt durch die Entstehungszeit, in der das »Werkchen« von Ort zu Ort wanderte). – Der wandernde Soldat vertauscht seine Geige gegen ein Zauberbuch des Teufels, wird reich, doch des Reichtums überdrüssig, läßt sich die Geige zurückgeben, aber sie klingt nicht mehr. Dabei könnte er durch sein Geigenspiel eine kranke Prinzessin gesund machen. Er verlangt vom Teufel die Geige zurück, heilt die Prinzessin, bleibt eine Weile bei ihr, bis ihn das Heimweh in sein Heimatdorf treibt. Doch davor hatte ihn der Teufel gewarnt: an der Grenzgemarkung holt er ihn ein.

Oedipus Rex

Szenisches Oratorium in zwei Teilen nach Sophokles von Jean Cocteau. Lateinischer Text von J. Daniélou

Personen:

Oedipus (Tenor)
Jokaste (Mezzosopran)
Kreon (Bariton)
Tiresias (Baß)
Der Bote (Bariton)
Der Schäfer (Tenor)
Der Sprecher, Chor der Thebanischen Männer

Ort und Zeit: Theben in sagenhafter Zeit
Uraufführung: 30. Mai 1927 in Paris

Eine hochbegabte Schöpfung, aber kein Bühnenwerk (auf deutschsprachigen Bühnen erscheint sie daher jahrelang überhaupt nicht). Damit der lateinische Text (siehe Beispiel) begriffen wird, muß ein Sprecher zuvor erklären, worum es geht. Die bekannte, von

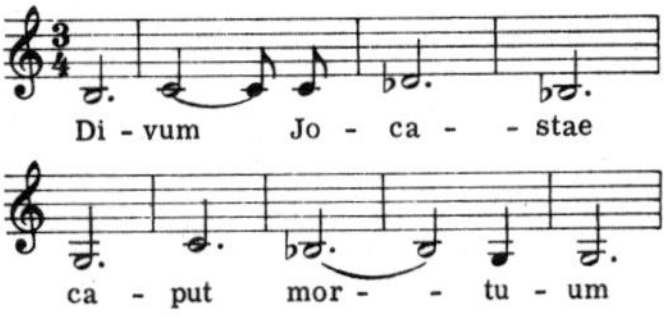

Sophokles dramatisierte griechische Sage: Oedipus hat, ohne es zu wissen, in der Ferne seinen Vater Lajos erschlagen und dessen Witwe – also seine eigene Mutter – und Königin von Theben Jokaste geheiratet. Als das schicksalhafte Geschehen bekannt

wird, tötet sich Jokaste, Oedipus blendet sich selbst und zieht in die Fremde. – Die Verwendung der lateinischen Sprache (Orff hat 1968 in seinem *Prometheus* aus dem gleichen Grunde sogar die griechische verwendet) soll die Aufmerksamkeit ganz auf das Allgemein-Schicksalhafte hin- und von den Einzel-Personen und Einzel-Geschehnissen ablenken. Dabei werden gerade die Einzelfiguren musikalisch höchst genau voneinander geschieden. Der wichtige Chor besteht nur aus Männerstimmen. Das Ganze ist starr, wie das blinde Schicksal, erregend und niederdrükkend.

BERG

Alban B. (1885–1935, Österreicher) war Schüler des Zwölftonmusikers Arnold Schönberg. Lebte als Freischaffender, schrieb zwar wenig, aber jedes Werk spiegelt die Arbeit eines begabten Künstlers.

Wozzeck

Oper in drei Akten (fünfzehn Bilder)
Text nach Georg Büchner vom Komponisten

Personen:

Wozzeck (Bariton)
Marie (Sopran)
Tambourmajor (Tenor)
Der Hauptmann (Tenor)
Der Doktor (Baß)
Andres (Tenor)
Der Narr (Tenor)
Margret (Alt)
Zwei Handwerksburschen (Baß, Bariton)
Mariens Knabe

Ort und Zeit: in einer kleinen österreichischen Garnison, um 1820
Uraufführung: 14.12.1925, Berlin, Staatsoper

Man mag die Musik dieser kühnsten Oper des musikalischen Expressionismus aus Gründen des persönlichen Geschmacks ablehnen; man mag sich abkehren von diesem Versuch, grauenhaft-angstvolle Seelenregungen durch atonale Tonfolgen, knarrende Quietschgeräusche, höchst realistische (d.h. nicht-musikalische) Dissonanzen noch peinigender zu machen. Aber man darf keineswegs übersehen, daß hier ein echter Künstler nach künstlerischen Gesetzen auf seine Weise Großartiges geschaffen hat. Eine auch nur annähernd bedeutsamere Oper ist bis heute nicht geschrieben worden.

Dieses Werk ist ein letzter, übersteigerter »Tristan« in seiner Auflösung überkommener Harmoniebegriffe. Aber Berg arbeitet mit anderen Mitteln als Wagner. Kurz gesagt: Er verzichtet auf Leitmotivik ebenso wie – im allgemeinen – auf die übliche Formgestaltung der Oper und bevorzugt an deren Stelle die Formerscheinungen der absoluten Musik. Etwa: Phantasie und Fuge über drei Themen, Passacaglia, Suite, Invention. Das scheint erklügelt, ist es aber nicht; denn die Wahl dieser reinen Instrumentalformen geschieht (wie alles in diesem Werk) durchaus handlungs- und sinnbedingt.

Beachtenswert der formale Aufbau des Ganzen. Drei Akte zu je fünf Szenen, jede Szene musikalisch auf einer musikalischen Form beruhend, der zweite Akt den ersten gewissermaßen sinfonisch zusammenfassend, der dritte Akt ein unerbittlicher Ablauf von sechs Inventionen. In solchem Großrahmen stehen dann die für Kleinstszenen verwendeten Mittel, die von der Fuge bis zum Marsch, vom unheimlich stillen Wiegenlied bis zu gröhlendem Wirtshausgebrüll, vom gesprochenen Wort bis zu exzessiver Klangmalerei reichen.

Die Stärke der Dichtung Büchners liegt im Wort:

Qual, Leid, Trieb, Dummheit, Grauen, Glaubenseinfalt, Gleichgültigkeit, Blutrausch – alle Not gepeinigter Geschöpfe wird mit grausamer Naturtreue, aber in idealistischer Absicht mit packender Wortkunst dargestellt. – Der Soldat Wozzeck ist Prügelknabe für jeden. Er hat unheimliche Gesichter, schwebt in unbegreiflicher Angst. Sein geistig beschränkter Hauptmann empfiehlt ihm, weniger zu denken. Der in eine fixe »wissenschaftliche Idee« verbohrte Militärarzt benutzt Wozzeck zu allerlei Experimenten. Einziger Lichtblick für den Gequälten: die geliebte Marie mit ihrem unehelichen Kind. Als sich diese von dem »schönen Tambourmajor« verführen läßt, ersticht Wozzeck die Geliebte, wirft das Messer in einen Teich, wird entdeckt und flieht, um das Messer noch weiter ins Wasser zu werfen, und ertrinkt.

Lulu

Oper in drei Akten
Text nach Frank Wedekinds »Erdgeist« und »Die Büchse der Pandora« vom Komponisten

Personen:

Lulu (Sopran)
Gräfin Geschwitz (Mezzosopran)
Theatergarderobiere (Alt)
Gymnasiast (Alt)
Medizinalrat (Sprecher)
Maler (Tenor)
Chefredakteur Dr. Schön (Bariton)
Alwa, sein Sohn, Schriftsteller (Tenor)
Tierbändiger (Baß)
Rodrigo, Athlet (Baß)
Der Clown (Tenor)
Theaterdirektor (Baß)
Schigolch, ein Greis (Baß)
Der Prinz (Tenor)
Kammerdiener (Tenor)
Jack the Ripper (Sprecher)

Ort und Zeit: deutsche Großstadt, Paris, London, Ende des 19. Jahrhunderts
Teil-Uraufführung: 2. Juni 1937 in Zürich
Gesamt-Erstaufführung: 7. März 1953 in Essen

Lulu ist im Handlungsablauf zusammengezogen aus Frank Wedekinds *Erdgeist* und *Die Büchse der Pandora.* Diese Verdichtung kommt den Erfordernissen eines Opern-Textbuches entgegen, bringt nun allerdings ein nicht leicht zu ertragendes Hinschlachten von gleich einem halben Dutzend Menschen aus dem Umweltkreis des »schönen wilden Tieres« Lulu, die nun ihrerseits noch von Jack dem Bauchaufschlitzer ins Jenseits befördert wird. – Der musikalische Aufbau ist womöglich noch kunstvoller als im *Wozzeck*. Die verschiedenen Szenen werden, soweit sie inneren Zusammenhang haben, als großer Sonatensatz behandelt, wobei die Unterabschnitte sinnvoll aufgeteilt sind. Fast raffiniert der musikalische Zusammenhang der Charaktere: Lulu wird getragen von einer Zwölftonreihe, und diese Reihe wird in ihren Variationen benutzt, um die Lulu umgebenden Personen selbständig und abhängig zugleich zu umreißen. – Der Wirkung der unmittelbar eingehenden musikalischen Dramatik kann sich auch der nicht entziehen, dem die formalen Zusammenhänge verschlossen bleiben.

PROKOFJEW

Sergei P. (1891–1953, Russe), geboren in Sonzowka/Rußland. Studierte u.a. bei Rimskij-Korsakow. Wirkte in aller Welt als Pianist, seit 1918 in Paris als Komponist, seit 1934 wieder in der Sowjetunion. Schrieb Opern, Ballette, Orchester-, Kammer-, Klaviermusik und große Chorwerke.

Prokofjew rechnet man vielfach zur Neoklassik. Nach seinen eigenen Worten ist sein Werk bestimmt durch motorische, lyrische, gefühlsmäßige und heiter-groteske Züge. Viel Ungebärdiges und Widerborstiges des früheren Schaffens hat sich später abgeklärt, der in allen Satteln gerechte Musiker strebt mehr und mehr nach Vereinfachung seiner kompositorischen Sprache. Von seinen in Deutschland nicht eben häufig aufgeführten Opern brauchen nur die wichtigsten ausführlich erwähnt zu werden.

Die Liebe zu den drei Orangen

Oper in vier Akten und mit einem Vorspiel
Text nach Carlo Gozzi vom Komponisten

Personen:

König (Baß)
Prinz (Tenor)
Prinzessin Clarissa (Alt)

Minister Leander (Bariton)
Truffaldino, Spaßmacher (Tenor)
Pantalone, Vertrauter des Königs (Bariton)
Tschelio, ein Magier (Baß)
Fata Morgana, eine Zauberin (Sopran)
Köchin (Baß)
Der Teufel Farfarello (Baß)
Smeraldina, Sklavin (Mezzosopran)
Drei verzauberte Prinzessinnen (Sopran, Mezzosopran, Alt), Hofstaat, Teufel, Theaterfreunde, Ärzte, Zeremonienmeister

Ort und Zeit: Märchenland, Märchenzeit
Uraufführung: 30. Dezember 1921 in Chicago

Theaterfreunde erhitzen sich bei der Frage, was für eine Art Stück man spielen soll, nehmen schließlich ihre Plätze ein, von denen aus sie späterhin immer einmal »mitspielen«. – Am Königshof soll ein Fest veranstaltet werden, damit der trübsinnige Prinz endlich wieder lacht. Das paßt dem Minister nicht; in einem verteufelten Kartenspiel besiegt er mit Hilfe der Fee Fata Morgana den getreuen Magier Tschelio – ein übles Omen. Doch als das Fest mit dem bekanntesten, vielfach einzeln gespielten Marsch (Thema in unserem Beispiel) beginnt, da sieht es bald anders aus. Truffal-

dino bringt es dahin, daß die böse Fata Morgana höchst komisch zu Boden fällt – da lacht der Prinz laut auf.

Freilich nicht lange währt die Freude; denn die erboste Fata Morgana belegt ihn mit einem Zauber: er wird verliebt in drei Orangen, die er in der weiten Welt suchen muß. Zusammen mit Truffaldino findet er sie bei einer Baß singenden Köchin, will sie an den Hof bringen, verdurstet beinahe in der Wüste, so daß Truffaldino verschmachtend zwei Orangen öffnet. Ihrem Inneren entsteigen die beiden verzauberten Prinzessinen Nicoletta und Linetta, doch vertrocknen sie alsbald. Ninetta, der dritten, würde es nicht anders ergehen, erhielte sie nicht von den Zuschauern einen Krug Wasser. Nun wäre alles gut, wenn nicht Ninetta durch die Zauberin in eine Ratte verwandelt würde. Doch Magier und Theaterfreunde überwinden die Zauberin, die Ratte wird wieder Ninetta – und Frau des Prinzen.

Die Vertonung ist auf weite Strecken weniger eindrucksvoll. Doch die blitzenden Orchesterfarben, die aufpeitschenden Harmonien und mancherlei witzige Einfälle tragen das Ganze so weit, daß man über köstliche Einzelheiten – vor allem den Marsch – so manche Schwäche vergißt.

Die Verlobung im Kloster

Oper in vier Akten

Text nach R.B. Sheridans »Duenna« vom Komponisten

Personen:

Don Jerom, Edelmann aus Sevilla (Tenor)
Seine Kinder:
Don Ferdinand (Bariton)

Luisa (Sopran)
Duenna (Mezzosopran)
Don Antonio (Tenor)
Clara d'Almanza, Freundin Luisas (Mezzosopran)
Mendoza, ein reicher Fischhändler (Baß)
Don Carlos, ein verarmter Edelmann, Freund Mendozas (Bariton)
Pater Augustin, Abt eines Klosters (Bariton)
Mönche:
Pater Elystaf (Tenor)
Pater Charteus (Bariton)
Pater Benedikt (Baß)
Lauretta, Luisas Dienerin (Sopran)
Rosina, Dienerin Claras (Alt)
Lopez, Diener Ferdinands (Tenor)
Diener, Mönche, Nonnen, Gäste, Masken, Händler

Ort und Zeit: Sevilla, 18. Jahrhundert
Uraufführung: 3. November 1946 in Leningrad

Sevilla, 18. Jahrhundert. Der reiche Fischhändler Mendoza ist zwar bereit, mit dem Edelmann Jerom eine Art Fischkonzern zu gründen, verlangt aber als Zugabe des Edelmanns Tochter Luisa. Natürlich liebt sie selbst schon längst einen anderen, den Don Antonio, während ihr Bruder Ferdinand ebenfalls in die junge Clara d'Almanza verliebt ist. Nun geht es los mit Kleidervertauschen, Verwechslungen, unberechtigter Eifersucht und was sonst zu solchen Buffo-Späßen gehört, wobei wie immer eine lustig-listige Duenna alle Finten kennt und im Interesse der Liebenden ausnutzt. Fast wäre es zu falschen Hochzeiten gekommen, als nämlich der reiche Fischhändler die wacker zechenden Mönche besticht. Aber es geht alles aus, wie es in einer solchen wirbelnden Geschichte ausgehen muß. Doch was wäre das alles ohne die Musik! Der Komponist zeichnet klingende Portraits der Hauptpersonen, verlegt jede Einzelsituation klanglich ins Orchester, bleibt der Tonalität nahe und macht doch immer einmal lächelnd seine Seitensprünge. Höhepunkte sind die satirischen angelegten Chöre der alkoholisierten Mönche und das Hauskonzert im Hause Don Jeroms.

MILHAUD

Darius M. (1892–1974, Franzose) studierte am Pariser Konservatorium, gehörte zur jungfranzösischen »Gruppe der Sechs«. Lebte als Komponist meist in Paris.

Milhaud musizierte auf allen Gebieten und mit allen Instrumenten und für alle Gegebenheiten, die man sich nur ausdenken kann: das elektrische Klavier und das große Orchester, das Caféhaus und die Opernbühne. Musik war ihm immer Musik, wo und wie sie sich auch äußerte. Daher kam es, daß man ihm auch keinen bestimmten Stil zuordnen konnte. Impressionismus und Expressionismus haben ihn angefeuert, doch immer nur für das eine Werk, für den einen Zweck, der ihm gerade vorschwebte.

Der arme Matrose

Klagelied in drei Strophen
Text von Jean Cocteau

Personen:

Der arme Matrose (Tenor)
Seine Frau (Sopran)
Sein Schwiegervater (Baß)
Sein Freund (Bariton)

Ort und Zeit: Französische Hafenstadt, nach 1900
Uraufführung: 16.12.1927, Paris, Opéra Comique

Die Musik dieser einzigen im deutschsprachigen Raum einigermaßen bekannt gewordenen Milhaud-Oper spricht unmittelbar an; nicht nur wegen der sangbaren Rezitative, der tänzerischen Rhythmen, der knappen Orchestersprache, sondern besonders wegen der balladenhaften Ganzheitsstimmung.

1. Strophe. Die Frau glaubt noch immer an die Rückkehr ihres vor fünfzehn Jahren verschollenen Mannes, weigert sich, dessen Freund zu heiraten, obwohl auch ihr Vater sie bestürmt. Da taucht der Verschollene wieder auf, gibt sich dem Freund zu erkennen, erzählt ihm, daß er reich geworden sei, aber seine Frau auf die Probe stellen wolle.

2. Strophe. Der Freund bringt den Verschollenen am nächsten Tage zur Frau. Dort gibt sich der Heimgekehrte als guter Bekannter ihres Mannes aus. Dieser werde bald heimkehren; freilich als armer Matrose, weil er eine Möglichkeit, reich zu werden, verpaßt habe. Er selbst dagegen habe die Gelegenheit wahrgenommen und zugleich durch die Gunst der mexikanischen Königin reiche Schätze erworben. Zugleich zeigt er als Beweis eine Perlenkette vor. Die Frau aber ist glücklich, daß ihr Mann ihr die Treue bewahrt habe. Der Fremde erinnert sie irgendwie an ihren Mann. Er darf in ihrem Hause übernachten.

3. Strophe. Um die Reichtümer des Fremden für ihren Mann zu gewinnen, erschlägt sie den Schlummernden nachts mit einem Hammer und sucht die Perlenkette. Der Vater kommt hinzu und hilft ihr, den Erschlagenen in den Brunnen zu werfen.

DESSAU

Paul D. (1894–1979), geboren in Hamburg, zunächst Kapellmeister dort, dann in Bremen, Köln und Berlin. Seit etwa 1930 trat Dessau auch zunehmend als Komponist hervor. Zeitweise lebte er in Prag und in den USA, ab 1948 war er wieder in Berlin. Zu seinen wichtigsten Werken zählen ds Oratorium »Deutsches Miserere«, das Chorwerk »Appell« und das Melodram »Lilo Herrmann« und vor allem seine Musik zu Bertolt Brechts Hörspiel »Die Verurteilung des Lukullus«. Außerdem schrieb er zahlreiche Kammermusikwerke und Filmmusiken.

Die Verurteilung des Lukullus

Oper in zwölf Szenen
Text von Bertolt Brecht und Paul Dessau nach dem Hörspiel »Das Verhör des Lukullus« von B. Brecht

Personen:

Lukullus, römischer Feldherr (Tenor)
Friesgestalten:
Der König (Baß)
Die Königin (Sopran)
Zwei Legionäre (Baß)
Lasus, Koch des Lukullus (Tenor)
Der Kirschbaumträger (Tenor)
Totenschöffen:
Das Fischweib (Alt)

Die Kurtisane (Mezzosopran)
Der Lehrer (Tenor)
Der Bäcker (Tenor)
Der Bauer (Baß)
Tertullia, eine alte Frau (Mezzosopran)
Der Totenrichter (Baß)
Frauenstimmen (im Orchester, Ausruferinnen, kommentierende Frauenstimme, Sprecher des Totengerichts, Chor der Menge, Soldaten, Sklaven, Schatten, Kinder

Ort und Zeit: Rom und im Schattenreich, etwa 56 v. Chr.
Uraufführung: 17. März 1951 in Berlin

Lukullus ist gestorben und wird mit großem Pomp zu Grabe getragen, während das Volk die Straßen säumt. Nachdem der Zug vorüber ist, wendet sich die Menge wieder ihrer Alltagsbeschäftigung zu. Ebenso verfallen die Soldaten, die den Katafalk des Lukullus in sein Grabmal an der Via Appia hineintragen, nach dem Befehl ihres Offiziers »Wegtreten«, in ihren Alltagsjargon zurück.

Im Schattenreich – Lukullus wartet im Vorraum des Totengerichts auf sein Verhör. Als er vor Gericht gerufen wird, prüfen die Totenrichter im Verhör, ob Lukullus den Menschen genützt oder geschadet habe. Da sich aus dem Schattenreich keine Fürsprecher für ihn melden, beantragt er die Herbeiholung seines Triumphfrieses aus dem Grabmal. Die auf dem Fries dargestellten Personen sollen selbst aussagen. Und die Zeugen berichten über die Gewalttaten und Eroberungen des Lukullus. Obwohl dieser sich damit herauszureden versucht, alles sei im Dienste Roms geschehen, steht seine Sache ungünstig. Alles hat er dem Volk genommen und nichts ihm gebracht. Zur Verteidigung billigt man dem Feinschmecker nur zu, ein neues Rezept und den Kirschbaum aus Asien mitgebracht zu haben; doch um der Kirsche wegen sind 80 000 Menschen gefallen. Der einzige Entlastungszeuge, Alexander der Große, den Lukullus laden läßt, erscheint nicht, ist »hierorts unbekannt«, weilt im Nichts, zu dem auch Lukullus verurteilt wird.

Dessaus Musik beschränkt sich anfangs auf rhythmische und klangliche Betonungen, ist mehr Schauspielmusik. Im Verlauf kommt es zu gelegentlich opernartigen Gebilden zwischen Koloratur und Song, das Orchester (ohne Violinen und Bratschen, dafür Schlaginstrumente von zum Teil ungewöhnlicher Art) wirkt sogar etwas farbiger. Im ganzen aber eben doch Schauspielmusik und episches Musiktheater.

ORFF

Carl O. (1895–1982) studierte an der Münchener Akademie der Tonkunst und später bei Heinrich Kaminski. Vorübergehend Kapellmeister. Mitbegründer der »Günther-Schule«. Zuletzt Musikdramaturg der Bayerischen Staatstheater.

Mit seinem »Schulwerk«, einem großartigen Beitrag zur musikalischen Jugenderziehung (Ausgang: der Rhythmus), hat sich Orff unvergängliche Verdienste erworben. Die szenische Kantate *Carmina Burana* (Gesänge aus Beuron) haben Orff auch als schaffenden Künstler mit einem Schlage berühmt gemacht (1937, die *Catulli Carmina* von 1943 bildet dazu ein zweites, der *Trionfo di Afrodite* ein drittes Gegenstück). Orffs Versuche, die Oper auf neue Weise zu beleben, sind von sehr vielen Seiten begeistert begrüßt worden. Die ungewöhnlich schöpferische Begabung Orffs äußerte sich häufig ein wenig einseitig durch Verstandesmittel, während das Strömen seelischer Kräfte zuweilen bewußt aufgestaut wurde. Daß es dann zu ungewöhnlich hochstehenden Werken kam, die alles andere sind als Opern, wird noch zu besprechen sein.

Zunächst die wirklichen, daher mit einer gewissen Regelmäßigkeit aufgeführten Opern und verwandten Werke.

Der Mond

»Kleines Welttheater«
Text vom Komponisten

Personen:

Der Erzähler (hoher Tenor)
Vier Burschen, die den Mond stehlen (Tenor, zwei Baritone, Baß)
Ein Bauer (Bariton)
Ein Schultheiß
Ein Wirt (Sprechrolle)
Ein anderer Schultheiß (stumme Rolle)
Leute, die in der Schenke zechen und sich den Mond stehlen lassen (gemischter Chor und Kinderchor)
Leute, die sich über den gestohlenen Mond freuen und die Toten begraben (gemischter Chor)
Leichen, die der Mond aufweckt (Soli und gemischter Chor)
Ein alter Mann, der Petrus heißt und den Himmel in Ordnung hält (Baß)
Ein kleines Kind, das den Mond am Himmel entdeckt (Sprechrolle)

Uraufführung: 5.2.1939, München, Nationaltheater

Das Personenverzeichnis mit seinen Zusatzangaben verrät schon die spielerische Natur dieses »kleinen Welttheaters«, Einzelsänger, Chöre, Orchester, Zither, Zieharmonika, Schlagzeug, abgestimmte Bläser – alles das und mehr wird aufgeboten, um Märchenhaftes recht realistisch erklingen zu lassen; mit eigentlicher Musik geht Orff sehr, sehr sparsam um, um so wichtiger ist der reine Rhythmus, die Melodieandeutung und die Kleinszene.

Vier Burschen finden auf ihrer Wanderung durch fremdes Land eine leuchtende Kugel auf einem Eichbaum. Sie stehlen die Kugel und bringen sie im Triumph in ihre Heimat. Dort leuchtet sie bis zu ihrem Tode. Jeder von ihnen bekommt ein Viertel der Kugel mit in den Sarg, und es wird wieder dunkel in ihrer Heimat. In der Unterwelt setzen die Burschen die vier Viertel wieder zusammen. Alle Toten erwachen bei dem herrlichen Licht zu neuem, d.h. zu ihrem alten Leben. Man spielt und singt, liebt und säuft, zankt und schlägt sich, bis es dem »alten Mann, der Petrus heißt und den Himmel in Ordnung hält«, zu bunt wird. Nachdem er eine Weile selbst an dem Treiben teilgenommen hat, ergreift er die Kugel und befestigt sie am Himmel. Von dort oben leuchtet sie nunmehr der ganzen Erde. Ein kleines Kind sieht sie zuerst: »Ah, da hängt ja der Mond!«

Die Kluge

Die Geschichte von dem König und der klugen Frau
Text vom Komponisten (nach einem alten Märchen)

Personen:

Der König (Bariton)
Der Bauer (Baß)
Des Bauern Tochter (Sopran)

Der Kerkermeister (Baß)
Der Mann mit dem Esel (Tenor)
Der Mann mit dem Maulesel (Bariton)
Drei Strolche (Tenor, Bariton und Baß)

Uraufführung: 20.2.1943, Frankfurt a.M.

Wieder entscheiden Kurzrhythmen und Kurzmotive. Wer »Musik« zu hören gewöhnt ist, wird zunächst befremdet sein. Aber bald wird er merken, daß hier erlesene Mosaikarbeit Klang wird.

Die kluge Bauerntochter warnt den Vater: er möge den im Acker gefundenen goldenen Mörser nicht dem König schenken, weil er nur in Verdacht kommen würde, den Stößel unterschlagen zu haben, und dann ins Gefängnis müsse. Dem Bauern geschieht, wie die Tochter vorausgesehen. Der König hört von der Voraussage der klugen Tochter und will sie auf die Probe stellen. Spielend löst sie die drei ihr aufgegebenen Rätsel. Ihre Klugheit gewinnt ihr die Achtung des Königs, doch ein stärkeres Band knüpft die Liebe. Um und durch dieses Hauptgerüst ranken sich allerlei Nebenhandlungen und Nebenfiguren, vor allem in Gestalt von drei Strolchen, die sich als »Weltphilosophen« in diesem Erdental genau auskennen.

Die Bernauerin

Ein bayerisches Stück in zwei Teilen
Text vom Komponisten

Personen:

Der Ansager (Sprechrolle)

Albrecht, Herzog in Bayern und Graf zu Voheburg (Sprechrolle)
Drei junge Adelige, Freunde Albrechts (Sprechrollen)
Kaspar Bernauer, Bader zu Augsburg (Sprechrolle)
Agnes Bernauerin, Badmagd und Riberin (Sprechrolle)
Ein welscher Spielmann (Tenor)
Badegäste bei Bernauer, Bürger von München

Personen des zweiten Teils:
Der Ansager (Sprechrolle)
Herzog Albrecht (Sprechrolle)
Agnes Bernauer (Sprechrolle)
Duchessa (Sprechrolle)
Der Kanzler von Herzog Ernst (Sprechrolle)

Ort und Zeit: Bayern, 30er Jahre des 15. Jahrhunderts
Uraufführung: 8. Juni 1947 in Stuttgart

Von einer Ausnahme abgesehen, gibt es in diesem Stück nur Sprechrollen. Gesprochen wird altbayerisch (die rein philologische Arbeit Orffs ist erstaunlich, während man nicht einsieht, weshalb man in der unverblümten Derbheit so weit gehen sollte, wie es hier geschieht). Im Grunde also eine Übertragung des alten oft bearbeiteten Stoffes in altbayerischer Sprache, dazu vorwiegend rhythmisierende, motivisch nur andeutende Bühnenmusik. Wir Durchschnittsmenschen tun gut, nach dem Anhören des Stückes wieder einmal Hebbels *Agnes Bernauer* in die Hand zu nehmen. Einer Einführung in Orffs Werk bedarf wohl nur, wer der bayerischen Mundart nicht mächtig ist. Der Inhalt ist in seinen Grundzügen bekannt. Agnes Bernauer, Baderstochter zu Augsburg, wird das Weib des jungen Herzogs Albrecht von Bayern, aber auf Betreiben des politisch denkenden alten Herzogs als Hexe verurteilt und ertränkt.

Trionfi

Die Trionfi sind drei Werke, die man dem Begriff »Musiktheater« unterordnen mag. Aber es sind keine Opern, keine Musikdramen, keine Oratorien, keine musikalisch unterbauten Sprechstücke – und doch haben sie von allem etwas. Äußerlich erscheinen die drei Werke als scheinbar unvereinbares Nebeneinander von philologischem Bildungsgut und einfachen Ausdrucksmitteln. Latein, Altfranzösisch, Griechisch, Mittelhochdeutsch – zu »verstehen« nur von Vielsprachlern, einfachste Tonwiederholungen ohne harmonische Entwicklung – befremdend für das operngewohnte Ohr. Aber bald spürt man, richtet man das Ohr aufs Ganze, keimfähige Kraftkerne, die sich zu überwältigenden Gebilden auswachsen. Nicht auf irgendeine »Musik« sind die Werke abgestellt, sondern darauf, Sprache und Bewegung mit Hilfe des musikalisch dargestellten Rhythmus zur Einheit zu binden, ja, zu zwingen.

Nach anfänglichem Verwundern haben die Trionfi bald überall erstaunliche Erfolge gehabt, auch im Ausland; dann aber hat die Wirkung nachgelassen, weil das Publikum auf die Dauer doch wohl im Theater mehr die Oper und keine Kantaten sucht.

Carmina Burana

Szenische Kantate

Solisten:

Sopran, Bariton, Tenor
großer und kleiner Chor

Uraufführung: szenisch, am 8. Juni 1937
in Frankfurt a.M.

Dieses Werk wurde der stärkste Erfolg auf der deutschen Opernbühne der letzten Jahrzehnte. Dabei handelt es sich nicht einmal um ein eigentliches Opernwerk, sondern um eine Kantate, die freilich durch eine szenische Aufführung zu großer Eindringlichkeit gestaltet werden kann. Dem Werk liegen Lieder aus einer Benediktbeuerner (Burana = Beuerner) Handschrift aus dem 13. Jahrhundert zugrunde – Lieder fahrender Gesellen, teils in lateinischer Sprache, teils in Mittelhochdeutsch. Orff selbst bezeichnet die »Carmina Burana« als weltliche Gesänge für Soli und Chor mit Begleitung von Instrumenten und Bildern. Neben drei Solisten wirken ein großer und ein kleiner Singchor mit sowie ein Tanzchor. Gleich der Eingangschor, in dem die launische Fortuna besungen wird, fasziniert. Die Verzauberung des Hörers wächst und hält ihn im ersten Teil, der eine Lobpreisung des Frühlings, der Natur und der Lebensfreude bringt, ständig in Bann. Im zweiten Teil unter der Überschrift »In der Schenke« wird neben grotesken Sologesängen vom »gebratenen Schwan« und dem »Abt von Cucanien« ein begeisternder Chorrhythmus auf die irdischen

Genüsse angestimmt. Der dritte Teil ist der Liebe gewidmet und erzählt von ihren so vielfältigen Lebensäußerungen. Den Abschluß macht als »Epilog« der große Fortuna-Chor, der schon zu Beginn des Werkes erklang.

Die Musik von größter Vitalität erfüllt, kennt keinen Stillstand, sondern ist in ständiger Bewegung. Man kann diese Musik nicht »genießen«, sondern muß sie einfach miterleben. Das liegt nicht allein an der Neuartigkeit des Klangbildes mit seiner starken Betonung des Schlagzeuges, der terrassenförmigen Dynamik, nämlich des plötzlichen Wechsels von Forte und Piano, sondern vor allem auch an Orffs Mut zur radikalen Einfachheit.

Catulli Carmina

Szenische Kantate nach Versen von Catull

Solisten:

Catullus
Lesbia, seine Freundin
Caelus, sein Freund
Ipsitilla und Ammiana, zwei Freudenmädchen
Liebhaber und Dirnen (Sopran und Tenor)
Chor: Jünglinge, Jungfrauen, Greise

Uraufführung: 6. November 1943 in Leipzig

Bezeichnend ist die Besetzung mit Chor, Sopran und Tenor, Schlagzeug und vier Klavieren. Diesmal eine kleine, gerahmte Handlung. – Erfahrene, doch auch müde gewordene Greise lassen, um sie zu warnen, liebesvergnügten Jünglingen und Mädchen ein Spiel des Dichters Catull vorführen. Was dieser nun träumt an Freuden mit der geliebten Lesbia, das wird in Wirklichkeit seinem Freunde Caelus beschert. Auf Anraten seiner Freunde vergilt er Gleiches mit Gleichem. Jetzt will ihn Lesbia erhören, doch seine Liebe ist tot. Die Greise reiben sich befriedigt die Hände über das Warnspiel, doch die Jungen tanzen und tändeln weiter.

Trionfo di Afrodite

Szenisches Konzert nach Versen von Catull, Sappho und Euripides

Personen:

Die Braut (Sopran)
Der Bräutigam (Tenor)
Drei Chorführer (Sopran, Tenor, Baß)
Chor der Jungfrauen, Jünglinge, Greise, Eltern, Verwandte, Freunde, Volk

Uraufführung: szenisch am 13. Februar 1953 in Mailand

Da nach Natur- und Lebensfreude sowie Erotik in diesem dritten Stück Afrodite als Personifizierung der All-Liebe gehuldigt wird, tritt zu den früheren Besetzungen ein größeres Orchester. 1. Chöre in Erwartung des Brautpaares. 2. Der Hochzeitszug naht. 3. Zwiegesang des Paares (Tenor und Sopran). 4. Anrufung des Gottes der Ehe. 5. Spiele und Gesänge vor dem

Brautgemach. 6. Gesang des Hochzeitspaares im Gemach. 7. Afrodite, Göttin der Liebe und der Schönheit, erscheint in strahlendem Triumph.

Triptychon

Jener Florentiner Kreis von Adeligen, Gelehrten und Künstlern, der um 1600 versuchte, den altgriechischen Dramenstil wiederzuerwecken, begründete unbeabsichtigt die Gattung Oper. Wollte Orff dreieinhalb Jahrhunderte später den Versuch wiederholen, wenn auch mit anderen Mitteln und tieferer Einsicht? Schon textlich ging er einen neuen Weg, indem er die altgriechischen Dramen selbst verwendete, sei es in Übersetzungen, sei es in der Ursprache, sich also nicht von Zeitgenossen Textbücher schreiben ließ. Doch will es scheinen, als liege ihm verhältnismäßig wenig am Text als einer verständlichen Wortfolge; denn in den unten skizzierten Werken läßt die Wortverständlichkeit – mindestens für das normale Theaterpublikum – schrittweise nach, bis sie im Schlußwerk völlig aufhört.

Opern sind es nicht, auch keine Musikdramen und kein episches Musiktheater noch Oratorien oder Kantaten. Betrachtet man das Triptychon in der Reihenfolge der Entstehung, so dämmert die Ahnung, Orff sah Handlung, Wort und Musik lediglich als Mittel an, die aufwühlende Erschütterung, die das griechische Drama von Schuld und Schicksal bei den damaligen Zuhörern hervorrief, bei uns kühlen Zweiflern noch einmal nachzuvollziehen.

Ist diese Vermutung richtig, so begreift der Zuhörer und Zuschauer, daß in diesen Werken nicht edel geschwungene oder dramatisch vorwärtstreibende Melodien gesungen, vielsagende und vielfach deutbare Harmonien gebracht oder farbige Klänge gestaltet werden können. Daß hier vielmehr unerbittlich deklamiertes Tonhöhensprechen ohne harmonische Stützen verwendet wird, ein übermenschlicher rhythmischer Kosmos, erschreckend-gewalttätiges Geräusch und Getöse.

Der Geräuscherzeuger (das Orchester) besteht meist aus Kontrabässen (also keine hohen Streicher), Holz- und Blechbläsern, Klavieren, Harfen, Xylophonen, einer mächtigen Schlagzeugbatterie, wozu im »Prometheus« noch allerlei südamerikanische, afrikanische und asiatische Instrumente treten.

Es mag bezweifelt werden, ob man das Nichtverstehen des Textes so zum Prinzip erheben darf, wie es auf weite Strecken hin geschieht; man mag einwenden, manches sei im wahrsten Sinne Theaterdonner, sei Gekreisch und sirenenartiges Geheul. Dennoch: wer von dem Ganzen dieser einfachen Raffiniertheit, dieser kunstvollen Künstlichkeit nicht erschüttert wird, der wird um ein seelisches (wenn auch nicht unbedingt musikalisches) Erlebnis gebracht.

Antigonae

Ein Trauerspiel des Sophokles von F. Hölderlin

Personen:

Antigonae (Mezzosopran)

Ismene, Ihre Schwester (Sopran)
Kreon, König von Theben (Bariton)
Hämon, sein Sohn (Tenor)
Tiresias, der Seher (Tenor)
Ein Wächter (Tenor)
Ein Bote (Baß)
Euridice (Sopran)

Ort und Zeit: Theben, zur Zeit des Trojanischen Krieges
Uraufführung: 9. August 1949 in Salzburg

Spielt im sagenhaften altgriechischen Theben. Die Thebener haben gesiegt, die Belagerer müssen abziehen. Im Kampf sind Antigonaes Brüder Eteokles und Polyneikes gefallen. Eteokles wird mit Ehren bestattet, weil er seine Stadt verteidigt hat, Polyneikes aber soll auf Kreons Befehl nicht bestattet werden, weil er *gegen* seine Vaterstadt kämpfte. Antigonae widersetzt sich; trotz der Warnung ihrer Schwester Ismene bedeckt sie des Toten Leib mit Staub. Sie wird vor Kreon gebracht und zusammen mit Ismene zum Tode verurteilt. Umsonst bittet Kreons Sohn Hämon um Aufhebung des Urteils, vergeblich seine Drohungen. Antigonae wird hinweggeführt (Ismene dagegen freigelassen). Da warnt der greise Seher Tiresias den selbstsicheren König: aus seinem Geschlecht werde ein neues Opfer fallen, wenn er Antigonae nicht freigebe und Polyneikes nicht bestatten lasse. Jetzt wird Kreon unsicher, eilt selbst davon, um Antigonae den Freispruch zu verkünden. Bald naht ein Bote und berichtet der Königin Euridice, Antigonae habe sich selbst getötet und Hämon sei ihr in den Tod gefolgt. Gebrochen zieht sich die

Königin zurück. Als Kreon verzweifelt über den Freitod seines Sohnes und Antigonaes heimkehrt, muß er erfahren, daß auch seine Gemahlin sich getötet und ihn verflucht habe.

Oedipus der Tyrann

Ein Trauerspiel des Sophokles von F. Hölderlin

Personen:

Oedipus (Tenor)
Kreon (Bariton)
Tiresias (Tenor)
Jokaste (Tenor)
Boten, Chorführer und Chor der thebanischen Alten

Ort und Zeit: Theben, griechische Sagenzeit
Uraufführung: 11. Dezember 1959 in Stuttgart

Das bekannte altgriechische Drama; inhaltlich entspricht Orffs Werk dem »*Oedipus Rex*« von Strawinsky, so daß hier darauf verwiesen werden kann. Rein musikalisch herrscht in diesem Werk eine Askese, die zur Schwer- und Unverständlichkeit führt, zumal die Stimmen in extremen Lagen gehalten und dadurch entsinnlicht sind. Dem Sing-Sprech-Schrei-Stil, der bewußt auf Vergeistigung verzichtet, steht wiederum ein donnernder, klopfender, rhythmusgeladener Geräuschklang des massigen Orchesters gegenüber, so daß es insgesamt an seelischen und (nervlichen) Aufpeitschungen und Erschütterungen nicht fehlt.

Der gefesselte Prometheus

Tragödie des Aischylos

Personen:

Kratos (Sprechrolle)
Bia (stumme Rolle)
Hephaistos (Sprechrolle)
Prometheus (Bariton)
Okeanos (Sprechrolle)
Io Inachis (Sopran)
Hermes (Sprechrolle)
Die Okeaniden (Sopran, Alt)

Ort und Zeit: Hochgebirge nahe der Küste des Okeanos, mythische Vorzeit
Uraufführung: 24. März 1968 in Stuttgart

Die genaue Vertonung des Dramas in altgriechischer Sprache, die Grenze der Wortverständlichkeit ist damit – außer für Sprachenkenner – endgültig überschritten, nur Bild und Bewegung geben einen (allerdings nicht zureichenden) Anhalt. Um so stärker die Erschütterung, die von dem 126 Mann starken Orchester (vorwiegend Schlagzeug, südamerikanische, afrikanische, asiatische Instrumente) auch für den ausgeht, dem der Theaterdonner zu Beginn, das Jaulen der Io und manches andere zuviel wird. Man mag es drehen, wie man will: Orff sind hier Urklänge und Urgeräusche gelungen, die dem grausigen Urschicksal des Dramas nahekommen. Abermals kaum ein Singen, eher ein Sprechen und Schreien der gequälten Kreatur und der grimmigen Urmächte. – Unter hämisch brüllender Anleitung des Götterschmiedes Hephaistos schmieden dessen Gesellen Kratos und Bia (Symbole von Macht und Gewalt) Prometheus an einen Felsen, weil er gegen den Willen von Zeus den Menschen das Feuer gebracht hat. Erst als die Peiniger gegangen sind, entringt sich Zorn und Klage dem Munde des Gefesselten. Der Meeresgott Okeanos versucht diplomatisch, Prometheus zum Widerruf zu bewegen. Umsonst. Im Gegenteil möchte er die durch Zeus verführte, halbwahnsinnige Königstocher Io trösten, die von Hera in eine Halbkuh verwandelt ist und durch Wespen geplagt wird. Als aber der Götterbote Hermes naht und dem Gefesselten noch Schlimmeres androht, wenn er sich nicht dem Zeus unterwirft, da rast Prometheus so furchtbar gegen den Herrscher der Götter, daß er mitsamt dem Felsen in die Unterwelt geschleudert wird.

HINDEMITH

Paul H. (1895–1963) war Schüler von Arnold Mendelssohn und Bernhard Sekles. 1915 Konzertmeister am Frankfurter Opernhaus, später Bratscher im Amar-Quartett. 1927 Professor für Komposition in Berlin. Von dort 1935 vertrieben, ging er in die Türkei und anschließend in die Vereinigten Staaten. Dort war er lange Jahre Lehrer an der Yale University. Schrieb Werke für alle Bereiche der Musik.

Hindemith zählt mit Arnold Schönberg, Igor Strawinsky und Béla Bartók zu den bedeutendsten Anregern der neuen Musik. Musikantische Besessenheit, bewundernswertes technisches Können (als Komponist wie als Spieler) und scharfes theoretisches Denken gehen bei ihm eine innige Verbindung ein. Seine durch mancherlei Entwicklungen gegangene Tonsprache wird man allerdings nur dann völlig begreifen, wenn man sich in seine logisch zwingend vorgetragenen Gedanken vertieft hat (»Unterweisung im Tonsatz«). Eine schnellebige Zeit ist mit Hindemiths Bühnenwerken nicht immer gerecht umgegangen. Der einst umjubelte Bürgerschreck Hindemith, das spätere Vorbild zahlreicher Komponisten, wird von vielen jungen Komponisten unserer Tage als »in der Entwicklung stehengebliebener Klassiker« abgetan. Durch solche Urteile lassen sich die Bühnen offenbar einschüchtern und räumen selbst den Meisterwerken des Meisters nur wenig Platz ein. Glücklicherweise werden die nicht für die Bühne bestimmten Werke einigermaßen häufig gespielt, wie es der Bedeutung eines Mannes entspricht, der im 20. Jahrhundert mehr für Haus-, Laien- und Konzertmusik getan hat als irgendein anderer.

Die kleinen Bühnenstücke der Frühzeit dürfen wir hier übergehen *(Mörder, Hoffnung der Frauen, Das Nusch-Nuschi, Sancta Susanna, Hin und zurück, Neues vom Tage).*

Cardillac

Oper in drei Aufzügen
Text von Ferdinand Lion

Personen:

Cardillac, Goldschmied (Bariton)
Die Tochter (Sopran)
Der Offizier (Tenor)
Der Kavalier (Tenor)
Die Dame (Sopran)
Der Goldhändler (Baß)

Ort und Zeit: Paris, 17. Jahrhundert
Uraufführung: 9.11.1926, Dresden

Der *Cardillac* mag musikalisch ein zwiespältiges Werk sein; aber der Rückgriff auf Formen der älteren Oper und gleichzeitig die Einbeziehung der Stimme in das Orchestergeschehen (etwas, das sich von Beethovens *Fidelio* bis zu den Sinfonieopern von Strauss immer wieder findet) ist vielfach überzeugend verschmolzen. Wir geben das untenstehende Notenbeispiel (Beginn der Ariette des Offiziers aus dem dritten Akt) als Probe eines Stils, der gesanglich dem Oratorium, orchestral der Sinfonieoper entsprechen könnte. Dieses Beispiel entstammt – wie auch die Inhaltsangabe – der Erstfassung; die Neufassung von 1952 wirkt gerundeter, verwischt aber die kühnen Konturen des ursprünglichen Werks. Hindemith hatte die erste Fassung zurückgezogen. Heute werden beide Fassungen aufgeführt.

1. AKT: Jeder, der vom Goldschmied Cardillac ein Schmuckstück kauft, wird nach kurzer Zeit ermordet aufgefunden. Eine Dame verspricht einem Kavalier eine Liebesnacht, wenn er ihr einen solchen »Blut-

schmuck« schenkt. – Verwandlung. Im Schlafzimmer der Dame. Der Kavalier kommt mit einem Schmuckstück von Cardillac. Als er den Lohn in Empfang nehmen will, wird er von einer vermummten Gestalt erstochen.

2. AKT: Der König möchte von Cardillac einen Schmuck kaufen, wird aber von dem unruhig gewordenen Goldschmied hingehalten. Cardillac gibt einem Offizier ohne Überlegen seine Tochter; doch als dieser halb mit Gewalt eine goldene Kette kauft, wird Cardillac nervös.

3. AKT: Auf der nächtlichen Straße wird der Offizier von einer vermummten Gestalt angefallen: es ist Cardillac. Doch der Offizier schützt später den Vater der Geliebten, indem er den Verdacht auf einen anderen mißgünstigen Goldhändler lenkt. Aber Cardillac verrät sich selbst; stolz erklärt er, solche Kunstwerke wie die seinigen müßten immer wieder zu ihrem Meister zurückkommen. Die wütende Menge erschlägt das »Opfer eines heiligen Wahns«.

Mathis der Maler

Oper in sieben Bildern
Text vom Komponisten

Personen:

Albrecht von Brandenburg, Kardinal-Erzbischof von Mainz (Tenor)

Mathis, Maler in seinen Diensten (Bariton)
Lorenz von Pommersfelden, Domdechant von Mainz (Baß)
Wolfgang Capito, Rat des Kardinals (Tenor)
Riedinger, ein reicher Mainzer Bürger (Baß)
Hans Schwalb, Führer der aufständischen Bauern (Tenor)
Truchseß von Waldburg, Befehlshaber des Bundesheeres (Baß)
Sylvester von Schaumberg, einer seiner Offiziere (Tenor)
Der Graf von Helfenstein (stumme Rolle)
Der Pfeifer des Grafen (Tenor)
Ursula, Riedingers Tochter (Sopran)
Regina, Schwalbs Tochter (Sopran)
Gräfin Helfenstein (Alt)
Chor

Ort und Zeit: Mainz und Maingegend, zur Zeit des Bauernkrieges, das letzte Bild einige Zeit später
Uraufführung: 28.5.1938, Zürich

Orchestervorspiel und Chöre sind die eigentlichen musikalischen Träger dieses großartig geschlossenen Werkes. Die menschliche Stimme ergeht sich in sangbarem Arioso und geschärftem Sprechgesang. Volkslied und gregorianischer Choral, erweiterte Tonalität, musikdramatische Technik, Formen der absoluten Musik und der Oper, formelhafte rhythmische Kurzmotive, beziehungsvoll eingesetzte Orchestersprache – das sind einige der wesentlichen Kennzeichen dieser Oper; ihre gemäßigt-moderne Sprache dürfte auch demjenigen Hörer verständlich sein, der sich sonst vom Überlieferten nicht lösen mag. Wir geben ein Beispiel aus dem das Werk einleitenden »Engelskonzert«. (Hindemith hat einige Orchesterstücke des Werkes zu einer Sinfonie zusammengestellt.)

1. Bild. Antoniterhof am Main. Der Maler Mathis sitzt im Klosterhof bei der Arbeit. In diese äußere Weltabgewandtheit bricht das rauhe Weltgeschehen ein: Der Bauernführer Hans Schwalb mit seiner Tochter Regina iat auf der Flucht vor den Soldaten des Truchseß. Wie Mathis sich angerührt fühlt vom heißen Atem des »Handelns« (verkörpert in Schwalb), so erblüht in der aus Kampf und Krieg kommenden Regina unter dem Einfluß der stillen Maler- und Mönchumgebung das Erinnern an stille Volkslieder. Mathis, aufgewühlt durch Schwalbs männlichen Tätigkeitssinn, gibt ihm sein Pferd zur Flucht und bekennt freimütig sein Tun dem mit Soldaten hereinstürmenden Sylvester von Schaumberg.

2. Bild. Saal der Martinsburg zu Mainz. Die Bürgerschaft erwartet den Kardinal-Erzbischof Albrecht. Mit leichtem Lächeln nimmt der lebensgewandte, Schönheit und Kunst verehrende Kardinal die Huldigung ent-

gegen. Der Saal leert sich; zurück bleiben nur Albrecht, sein Rat Capito, der Domdechant Pommersfelden, der reiche Bürger Riedinger und seine Tochter Ursula. Dann erscheint Mathis. Riedinger berichtet von des Legaten Befehl, einen Scheiterhaufen für die ketzerischen Bücher zu errichten. Albrecht: »Es unterbleibt.« Aber während Riedinger mit Ursula freudig davongeht, überredet Pommersfelden Albrecht, das Verbrennungsdekret doch zu unterzeichnen. Dem Maler und Freunde Mathis' erteilt Albrecht einen neuen künstlerischen Auftrag; wieder mischt sich Pommersfelden ein, verweist auf die Geldnöte. Zur »rechten Zeit« erscheint auch Sylvester von Schaumberg mit einer Botschaft vom Truchseß – Albrecht müsse im Kampf gegen die aufrührerischen Bauern 600 Reiter und Geld stellen. Des Kardinals Geldsorgen wachsen. Da weist Schaumberg auf Mathis: dieser habe Schwalb zur Flucht verholfen. Und nun entschließt sich Mathis und spricht für die Unterdrückten. Pommersfelden rast. Doch der Kardinal zu Mathis: »Ließe mir mein Amt freie Wahl wie Dir das Deine, verfolgte ich oft bess're Ziele.« Jetzt aber weigert sich Mathis, den erhaltenen Auftrag auszuführen.

3. Bild. Haus Riedingers am Marktplatz in Mainz. Auf dem Markt wird alles vorbereitet zur Bücherverbrennung. Die Bürger kommen in Riedingers Haus, um dort die Bücher zu verstecken. Doch der Rat des Kardinals (Capito) führt Landsknechte an das Versteck und läßt die Bücher hinausbringen. Erscheint er so als päpstlich, so gibt er sich nach dem Abzug der Landsknechte lutherisch: er verliest einen Brief Luthers, in dem dieser

den Kardinal auffordert, ein mächtiger Weltfürst zu werden, sich zur neuen Lehre zu schlagen und eine Frau zu nehmen. Schlau weiß Capito die Bürger zu fangen: müsse es denn eine Fürstentochter sein? Gebe es nicht auch reiche Bürgertöchter? Im rechten Augenblick tritt Ursula herein – »man möchte an Vorzeichen glauben«, so gehen die Männer nachdenklich davon. Mathis erscheint. Er liebt Ursula, sie liebt ihn. »Ich kann nicht mehr malen«, stöhnt Mathis, seit er um die Qual der Unterdrückten weiß; er muß tätig sein, helfen und kämpfen. Ursula will ihm folgen, doch Mathis geht seinen Weg allein.

4. Bild. Die Stadt Königshofen. Aufständische Bauern führen höhnend den Grafen Helfenstein zur Hinrichtung und zwingen die Gräfin, sie zu bedienen, während draußen die Hinrichtung vollzogen wird. Mathis, abgekämpft, in zerrissener Kleidung, stellt die Bauern zur Rede, will der Gräfin beistehen, wird aber niedergeschlagen. Erregt eilt Schwalb mit Regina herbei: Das Bundesheer greift an! Mürrisch gehen die Bauern zum Kampf. Sie werden geschlagen. Schwalb fällt vor den Augen seiner Tochter. Mit der verwaisten Regina wankt Mathis davon.

5. Bild. Martinsburg in Mainz. Im Arbeitszimmer des Kardinals versucht der wendige Capito, seinem Herrn den Vorschlag Luthers schmackhaft zu machen. Wie könne er dann seinen Neigungen leben! Albrecht lehnt anfangs ab, eine draußen harrende Dame zu empfangen; dann gibt er nach. Zu seiner Überraschung erscheint Ursula. Um der großen Sache willen ist sie zu

dem Opfer bereit, wenn Albrecht ihr helfe, das Opfer zu tragen. Der Kardinal begreift ihre große Seele. Nun aber, als Riedinger und Capito eintreten, ist er zum Opfer gereift: die Heirat lehnt er ab, ein gehorsamer Diener der Kirche will er sein, auf persönliche Wünsche verzichten; die Lutherischen aber sollen Glaubensfreiheit haben.

6. Bild. Odenwald. Mathis und Regina irren durch den Wald. Mathis bettet die Ruhelose zur Rast. Langsam erheben sich aus dem Dunkel Bilder, wie sie Mathias Grünewald auf seinem Isenburger Altar dargestellt hat: »Die Versuchung des heiligen Antonius. Mathis liegt in der Gestalt des heiligen Antonius am Boden. Ein mittelalterliches Schloß. Die Gräfin als Sinnbild des Reichtums und der Üppigkeit, ihr folgen nach und nach viele geschmückte Leute ihres Hofes.« Alles Irdisch-Verlockende greift nach Mathis-Antonius. Nach der Üppigkeit (Gräfin) kommt der Kaufmann (Pommersfelden), um Mathis zu Geld und Macht zu verlocken. Dann, zunächst als Bettlerin, weiter als Buhlerin, endlich als zum Richtplatz geschleppte Märtyrerin erscheint Ursula. Als weitere Versuchung bietet sich die Wissenschaft (Wissen ist Macht) in Gestalt eines Gelehrten (Capito) an. Und schließlich der Kriegsherr (Schwalb) als Verkörperung der rücksichtslosen Macht. Aber Antonius-Mathis erliegt keiner der Versuchungen; in halbem Dämmerzustand weist er alles zurück, überwindet sich selbst. Dämonen erscheinen und quälen Antonius. Solisten und Chor füllen die Bühne und vereinen sich zu einem meisterlich- kühn gefügten Ensemble. Im zweiten Traumbild

erscheint »Der heilige Antonius in der Einsiedelei des heiligen Paulus«. Nun, da Mathis-Antonius alle weltliche Sucht in sich überwunden hat, bringt Paulus (Kardinal Albrecht) ihm die innere Klärung: »Wo nur für Kampf und Blut Platz ist, gedeiht nicht die Kunst ... Dem Volke entzogst Du Dich, als Du zu ihm gingst, Deiner Sendung entsagtest.«

7. Bild. Mathis' Werkstatt in Mainz. In stürmischem Schaffensrausch sind die Visionen dem Maler zu Bildern geworden. Mathis schläft den Schlaf höchster Erschöpfung. Bei ihm sind die kranke Regina und die pflegende Ursula. Als Mathis erwacht, stirbt Regina, während vor ihrem Auge Mathis und der tote Vater eins werden. Die Bühne wird dunkel. Wenn es, nach einem Orchesterzwischenspiel, wieder hell wird, ist die Werkstatt aufgeräumt, und alles ist zum Einpacken bereit. Noch einmal erscheint Albrecht. Beide Männer sind sich nun ihres rechten, ihnen innerlich entsprechenden Weges bewußt.

Die Harmonie der Welt

Oper in fünf Akten
Text vom Komponisten

Personen:

Kaiser Rudolf II./Kaiser Ferdinand II. – Sonne (Baß)
Johannes Kepler, kaiserlicher Mathematiker – Erde (Bariton)
Wallenstein, Feldherr – Jupiter (Tenor)

Ulrich Grüßer, Keplers Gehilfe, später Soldat – Mars (Tenor)
Daniel Hizler, Pfarrer in Linz / ein Regensburger Pfarrer – Merkur (Baß)
Tansur – Saturn (Baß)
Baron Starhemberg (Bariton)
Christoph, Keplers Bruder (Tenor)
Susanna, Keplers zweite Frau – Venus (Sopran)
Katharina, Keplers Mutter – Luna (Alt)
Die kleine Susanne, Keplers Töchterchen aus erster Ehe (Sopran)
Vogt (Baß)
Anwalt (Bariton)
Vier Weiber (2 Sopran, 2 Alt)
Mörder, Volk, Soldaten, Sternbilder

Ort und Zeit: Prag, Linz, Güglingen, Sagan, Regensburg 1608–30 – Uraufführung: 11. August 1957 in München

Die Harmonie des Kosmos ist kein Drama, sondern ein in den Planetenbewegungen genau zu errechnendes Bezugssystem, das der Betrachtende in sich selbst nachvollziehen muß und auf sich selbst beziehen kann. Die physikalischen Bezüge der Obertonreihe sind dieser Art Kosmos nach Hindemiths Auffassung offenbar gleichzusetzen. Derartiges läßt sich musikalisch recht genau darstellen, entbehrt jedoch für eine Nur-Oper der dramatischen Antriebe. Daher schaffte sich Hindemith in diesem Werk in wohl bewußt eckiger Sprache ein auf der Bühne handlungsarmes, dafür dem Zuhörer willige Mitarbeit abverlangendes Kreisen und Schwingen um die sinnbildhaften Gestalten:

Kepler als Erde, seine Frau als Venus, seine Mutter als Mond, der Kaiser als Sonne, Wallenstein als Jupiter und so fort. Also der Mensch Kepler (Erde) als denkender Mittelpunkt des kleinen Kosmos. Wiederum wie im *Cardillac* und im *Mathis* der ungewöhnliche Einzelmensch, der sich in eine bald freundliche, bald feindselige, stets jedoch einem Gesamtgesetz untertane Vielfalt gestellt sieht. Hindemith hat drei Orchestersätze für Konzertzwecke aus der *Harmonie* zusammengestellt, die – obwohl in der Bezeichnung von einem frühen Theoretiker stammend – gewissermaßen das tragende gedankliche und musikalische Gerüst bilden: zu unterst die »Musica instrumentalis« als Kennzeichen der Widersacher, dann aufsteigend zur »Musica humana« als seelische Schwingungen zwischen den Menschen, endlich die »Musica mundana« als höchste klingende Stufe der Weltenharmonie. – Daß in einer Zeit aufgestachelter Sinne ein solches Werk des tiefschürfenden Sinnens nur gelegentlich einmal aufgeführt wird, ist fast selbstverständlich. Wenn jedoch an die Stelle der Hast einmal wieder Rast einkehrt, werden Bühnen und Publikum froh sein, in den drei großen Opernwerken Hindemiths ein klares, tiefes Wasser zu haben, aus dem sie schöpfen können.

GERSTER

Ottmar G. (1897–1969) studierte in Frankfurt a.M. Nach dem Ersten Weltkrieg Bratsche im Frankfurter Sinfonie-Orchester, Mitglied mehrerer Streichquartett-Vereinigungen. 1927 Lehrer an den Folkwangschulen in Essen, an der Musikhochschule in Weimar, endlich in Leipzig.

Enoch Arden

Oper in vier Bildern
Text nach Tennyson von K.M. von Levetzow

Personen:
Enoch Arden (Bariton)
Annemarie, seine Frau (Sopran)
Klas, Windmüller (Tenor)
Der Schultheiß (Baß)
Der junge Enoch Arden (Mezzosopran)

Ort und Zeit: Schifferdorf und (3. Bild) Südseeinsel
Uraufführung: 15.11.1936, Düsseldorf

Gersters *Madame Liselotte* (1933) leidet unter dem operettenhaften Text, und seine *Hexe von Passau* (1941) wirkt trotz mancher musikalischer Schönheit zu unentschieden, als daß sie sich hätte durchsetzen können. So bleibt nur *Enoch Arden* als wertvoller Beitrag zur Gattung der ernsten Volksoper. Die wesentlichen Züge der Musik sind leicht zu erkennen: Urmotive aus Quinten und Quarten, aus der Tonleiter gewonnene Leitgedanken und ein lebendig geführtes Orchester, das vor allzu großer Einfachheit, wie sie sich aus so schlichten Leitmotiven und -gedanken ergeben könnte, bewahrt.

1. Bild. Enoch Arden sticht in See, zum letzten Male soll es sein; denn seine junge Frau Annemarie wünscht »ein stilles festes Haus, wo man den Möwenschrei nicht hört, mit kleinen Fenstern ...« Dem Freunde Klas vertraut er den Schutz Annemaries an.

2. Bild. Zehn Jahre sind vorüber und Enoch Arden ist nicht heimgekehrt. Annemarie lebt mit Klas, den sie schon als junges Mädchen liebte, in der Mühle. Eine Flaschenpost berichtet vom Ende Ardens. Nun kann auch der Pfarrer den Lebensbund von Klas und Annemarie einsegnen.

3. Bild. Auf einer Südseeinsel lebt Enoch Arden als Schiffbrüchiger seit Tausenden von Tagen. Hoffnungslos will er seinem Leben ein Ende setzen – da naht ein rettendes Schiff.

4. Bild. Arden kehrt heim und findet Frau und Freund vermählt. Das Schicksal soll zwischen den Männern entscheiden: doch Annemarie erkennt Enoch Arden nicht. Und so stürzt er sich ins Meer, gerade in dem Augenblick, in dem sein junger Sohn zum ersten Male zur See geht.

WEILL

Kurt W. (1900–1950) studierte u.a. bei Busoni, lebte sich erstaunlich sicher in den Schwung der »goldenen zwanziger Jahre« in Berlin ein und hat sie gegen Ende entscheidend mitbestimmt. Dann wanderte er in die Vereinigten Staaten aus, schrieb zahlreiche »Musical-Plays«, war lange Zeit *der* Broadway-Komponist. Gestorben in Amerika.

Anfangs komponierte der ungewöhnlich begabte Weill vor allem Kammermusik und schulte dadurch seine Hand zu verdichtender, nur das Wesentliche herausstellender Schreibweise. Sehr bald entdeckte er seinen Sinn für theaterwirksame Musik und begann Bühnenwerke zu schreiben. Es handelt sich dabei nicht um eigentliche Opern, sondern um Stücke, die gerade das Opernhafte vermeiden und an die Stelle des Komplizierten die Vereinfachung treten lassen, in dem ausschwingender Gesang durch zupackende Songs ersetzt wird. Diese Songs mit ihrer bohrenden, hypnotisierenden Monotonie, freilich auch mit ihnen entsprechenden, oft sozialkritischen, immer schlichten Texten, haben Weill zu Weltgeltung verholfen. Es kommt hinzu, daß sich Weill ausdrucksmäßig und stilistisch mit erstaunlicher Wandlungsfähigkeit jeder Marktströmung anzupassen wußte. Seinen Stil im einzelnen haben manche schwächere Komponisten nachgeahmt, die Oper als Gattung wurde durch Weill allerdings kaum befruchtet.

Die in Amerika geschriebenen Werke sind bei uns fast durchweg unbekannt. Von den in Deutschland entstandenen Bühnenstücken sind *Der Protagonist* (1926, Text Georg Kaiser) und *Royal Palace* (1927, Text Yvan Goll) bald verschwunden. Die übrigen haben nach längerer Pause immer wieder einen gewissen Serienerfolg.

Der Zar läßt sich photographieren (1928, Text Georg Kaiser) ist textlich wie musikalisch ein satirisches Kabinettstücklein. Eine Verschwörerbande lockt durch die »schöne Angèle« den Zaren in ein Photographenatelier, überwältigt das Personal und baut in den Apparat eine Schußwaffe ein. Als der Zar erscheint, beginnt zwischen ihm und Angèle eine Liebelei, jeder will jeden photographieren, zwischendurch sucht die gewarnte Polizei vergeblich nach den Attentätern. Erst als es wirklich brenzlig wird, verschwinden die Verschwörer, und der große Staatsakt des Photographierens erfolgt unter festlichem Gepränge.

Aufstieg und Fall der Stadt Mahagonny

Oper in drei Akten – Text von Bertolt Brecht

Personen:

Leokadja Begbick (Alt)
Fatty (Tenor)
Dreieinigkeitsmoses (Bariton)
Jenny (Sopran)
Jim Mahoney (Tenor)

Jack, Bill, Joe (Tenor, Bariton, Baß)
Tobby Higgins (Tenor)
Männer und Mädchen von Mahagonny

Ort und Zeit: Stadt in Kalifornien, Anfang des 20. Jahrhunderts – Uraufführung des ursprünglichen Einakters 1927 in Leipzig, der dreiaktigen Fassung 1929, der jüngsten Bearbeitung 1950.

Nach den zeitgenössischen Kommentaren zur Uraufführung (den angeblichen Theaterskandal hat eine Leipziger Zeitung erst nachträglich entfesselt), ist es zu bedauern, daß dieses angreiferisch, erbarmungslos zuschlagende Werkchen später zu einem Dreiakter überdehnt und damit der besten Wirkung beraubt wurde. Was einst Hieb und Stich in Songs war, ist nun aufgebauschter, wenn auch hervorragend gearbeiteter Opernstil – doch die Substanz reicht eben nicht über den Song hinaus (das Beispiel gibt den Beginn des Alabama-Songs).

Die Gründung der kalifornischen Stadt Mahagonny mit allem Zubehör des Goldgräberlebens (Spielsalon, zweifelhafte Hotel, eindeutiges Frauenhaus) ist das Werk der Witwe Begbick, des Prokuristen Fatty und des Dreieinigkeitsmoses. Da geht es frech und gottesfürchtig zu. Zwar kommt der große Fall; doch wer ihn übersteht, ist gescheiter geworden. Alles darf man, alles, nur Geld muß man haben. Jim Mahoney versündigt sich gegen diese Voraussetzung und wird gehenkt: »Wie man sich bettet, so liegt man.« Das wird zugleich die Parole für die Zukunft, in der die »natürliche Unordnung der Dinge« gefordert und gelebt wird. (Und dergleichen müssen nun in der dreiaktigen Fassung richtige Sänger präsentieren statt wie früher singende Schauspieler.)

Die Dreigroschenoper

Stück mit Musik in acht Bildern und einem Vorspiel
Text nach John Gay von Bertolt Brecht

Personen:

Peachum, Bettlerchef
Frau Peachum
Ihre Tocher Polly
Macheath, genannt Mackie Messer, Chef von Gangstern
Polizeichef Brown
Seine Tochter Lucy
Spelunken-Jenny
Leierkastenmann
Gangster, Bettler, Polizisten, Huren, Volk

Ort und Zeit: London, Anfang des 18. Jahrhunderts
Uraufführung: 1928 in Berlin

1728 wurde in London eine sogenannte »Bettler-Oper« von Gay und Pepusch aufgeführt. In ihr wurden die sozialen Zustände der englischen Gesellschaft unter Beschuß genommen und gleichzeitig der Pomp der Opernbühnen (Händel) persifliert. Stofflich wurde das Geschehen aus High Society und Sagenwelt in die unterste Unterwelt der Ganoven und Huren verlegt. Zweihundert Jahre später überarbeitete Bertolt Brecht das Werk, Kurt Weill schrieb eine den aggressiven Texten Brechts entsprechende Song-Musik dazu, unterbaute das Singsprechen mit einem winzigen Instrumentalapparat, und nach nervenzerreißenden Vorarbeiten ging die nun *Dreigroschenoper* genannte Moritat unter bösen Vorahnungen in Szene – und wurde zum größten Erfolg der ersten Jahrhunderthälfte. Die rauhen Songs und die geschärften Texte wurden zu unvergessenen Wort- und Melodie-Schlagern. »Nur wer im Wohlstand lebt, lebt angenehm ... Doch die Verhältnisse, sie sind nicht so ... Und der Haifisch, der hat Zähne ... Erst kommt das Fressen, dann kommt die Moral ...« Die antibourgeoise, antikapitalistische Tendenz ist überdeutlich, schießt wohl auch über wirkliche Sozialkritik so weit hinaus, daß sich niemand getroffen fühlte.

Ein Leierkastenmann singt in einer Londoner Vorstadt die Moritat vom Gangsterchef Mackie Messer. – Zu Mackie Messer zieht es Polly, die Tochter Peachums, der von allen Londoner Bettlern seinen Anteil einstreicht. – Heimlich heiraten Polly und Mackie in einem Pferdestall; Hochzeitsgast ist u.a. der Polizeichef Brown, ein Kriegskamerad Mackies. – Als Peachum von der Hochzeit hört, verrät er Mackie bei der Polizei. – Polly warnt ihren Mackie, so daß er sich verbergen kann. – Und zwar bei den Huren von Turnbridge, doch verrät ihn die Spelunken-Jenny. – Lucy, des Polizeichefs Tochter, verhilft Mackie zur Flucht aus dem Gefängnis. Peachum ist außer sich: wird Mackie nicht vor Beginn der Krönung der Königin gehängt, dann muß der Polizeichef daran glauben. – Wieder hat sich Mackie bei Dirnen verborgen, wieder wird er verraten, und der Polizeichef muß ihn verhaften, will er nicht in Ungelegenheiten geraten. – Alles strömt zusammen, um Mackie hängen zu sehen. Doch Mackie wird von der Königin nicht nur begnadigt, sondern obendrein noch geadelt und mit einer auskömmlichen Pension versehen.

KRENEK

Ernst K. (geb. 1900, Österreicher) studierte bei Franz Schreker, wirkte zusammen mit ihm in Berlin, lebte dann in der Schweiz, in Prag und Wien, wanderte nach den Vereinigten Staaten aus und lebt seit 1966 in Palm Springs (Col.). Schrieb Klavier- und Kammermusik, Lieder, Chorwerke, Bühnenstücke.

Krenek ist ein besonders krasses Beispiel dafür, wie wenig die seit 1900 geborenen Komponisten mit Bühnenwerken einen entscheidenden Beitrag zur Oper im weiteren Sinne zu leisten vermochten; anders ausgedrückt – um nicht mißverstanden zu werden: das Opernpublikum hat zwar oft die jeweilige »Sensation« bereitwillig mitgemacht, sich auf die Dauer jedoch merklich zurückgehalten. Die Werkstatistik des Deutschen Bühnenvereins registriert z.B. für die Saison 1966/67 nur ein einziges Bühnenwerk Kreneks, nämlich *Karl V.*, und dieses wurde lediglich viermal von einer einzigen Bühne aufgeführt. Dabei zählt Krenek außer Frage zu den wichtigsten Komponisten unserer Zeit, er hat unerschöpfliche Einfälle, beherrscht sein kompositorisches Handwerk wie kaum einer, ist in allen Stilarten zu Hause vom romantischen Lyrizismus bis zum strengen Zwölftonsystem, kann sich unbekümmert musikantisch geben und denkt zudem wie ein gelehrter Mathematiker. Da nun aber die Aufführungsstatistik für das vorliegende Buch ein gewichtiges Wort zu sprechen hat, müssen hier einige Andeutungen genügen.

Jonny spielt auf

(1927, Text vom Komponisten) ist nicht Kreneks Erstlingswerk. Vorauf gingen die antikapitalistische *Zwingburg* und die Halboperette *Der Sprung über den Schatten* (beide 1924) sowie eine Art moderne Barock-Oper *Orpheus und Eurydike* (1926). Der *Jonny* war seinerzeit ein Sensationserfolg ohnegleichen, obwohl textlich wie musikalisch ein Mißverständnis. – Die Liebe zwischen dem Komponisten Max (Tenor) und der Sängerin Anita (Sopran) wird gefährdet durch den Meisterviolinisten Daniello (Bariton). Dessen herrliche Geige stiehlt der schwarze »Jazzbandgeiger« Jonny (Bariton), lenkt den Verdacht auf Max und Anita, springt auf einen einfahrenden Schnellzug, nimmt Geige, Max und Anita mit, stößt den bestohlenen Daniello unter die Räder und erscheint geigespielend auf der von seinem »Jazz« beherrschten Weltkugel. – Mißverständnis ist der »Jazz-Geiger« (was es nicht gibt), Mißverständnis ist die Meinung, Krenek habe eine Jazzoper geschrieben; denn es handelt sich um gefederte Rhythmen aus Schlagern und Tänzen der Entstehungszeit.

Leben des Orest

Oper in fünf Akten
Text vom Komponisten

Personen:

Agamemnon (Tenor)
Klytämnestra, seine Gemahlin (Alt)

Ihre Kinder
Elektra (Mezzosopran)
Iphigenie (Sopran)
Orest (Bariton)
Aegisth, Verwandter Agamemnons (Tenor)
Anastasia, Amme der königlichen Kinder (Alt)
Thoas, König im Nordland (Bariton)
Thamar, seine Tochter (Sopran)
Aristobulos, Oberrichter (Bariton)
Drei Älteste des Volkes (Bässe)
Ausrufer (Bariton)
Wirt (Bariton)
Krieger, Diener, Artisten, Tänzer, Richter, Volk

Ort und Zeit: Griechenland und Nordland, kurz vor, während und nach dem Trojanischen Krieg
Uraufführung: 19. Januar 1930 in Leipzig
Neufassung 1961 in Darmstadt

Dieses Bühnenwerk nennt der Komponist mit leichter Ironie, doch zu vollem Recht »Große Oper«. Ein Fünf-Akter, inhaltlich eine Zusammenziehung des altgriechischen, von Dramatikern mehrfach bearbeiteten Orest-Iphigenie-Stoffes, angereichert und zuweilen angekränkelt von moderner Psychologie, Verurteilung und Persiflierung des Krieges, Verdammung alles Bösen, dazu »Geworfensein« des Menschen ins Schicksal. Musikalisch ein Bilderbogen aus Meyerbeers Theaterdonner, Wagners Pathos, Verdis Brio, beschwingtem Charleston und so fort. Alles aber straff gebaut über einen zügig dahinfließenden, rhythmisch gegliederten Strom, oft unbedenklich, doch stets theaterwirksam. – Um die Griechen kriegsbegeistert zu machen, soll Orest auf dem Blutaltar geopfert werden, rät Aegisth. Doch Klytämnestra läßt ihren Sohn verbergen und statt seiner ihre Tochter Iphigenie auf den Opferaltar legen. Die Gottheit nimmt das Opfer nicht an und zaubert Iphigenie ins Nordland des Königs Thoas und seiner Tochter Thamar. Nach langen Jahren kommt Orest nach Athen, sieht, wie Schaubudenleute den Krieg seines Vater Agamemnon verulken, greift zornig nach einem weißen Ball und zertrümmert mit ihm die Bude der Gaukler. Als Agamemnon abgerissen aus dem Kriege heimkehrt, reicht ihm seine Tochter Elektra unwissentlich den Giftbecher, den Klytämnestra und Aegisth gemischt haben. Beide werden von Orest erschlagen, er selbst muß fliehen, Elektra wird als angebliche Mörderin hingerichtet. Im Nordland findet Orest unvermutet seine Schwester Iphigenie wieder, wandert mit ihr, König Thoas und Thamar nach Athen, wo gerade Gerichtssitzung über ihn gehalten wird. Bei der Abstimmung der Richter werden gleich viel weiße und schwarze Kugeln abgegeben; doch mit einem Male rollt jene weiße Kugel vom Götterstandbild herab in die Urne: Orest wird freigesprochen.

Karl V.

(1938, deutsche Neufassung 1958, Text vom Komponisten) ist in vielem ein völliger Gegensatz zum Orest. Keine durchkomponierte Oper, sondern ein Werk mit vielen Sprechepisoden. Keine Theatermusik, sondern ein vergrübeltes Zwölftonwerk. Dem Kaiser Karl wird eine zentrale Zwölftonreihe zugewiesen, und deren

Abwandlungen werden verwendet für die Ereignisse und Personen, die mit dem Kaiser in Berührung getreten sind. – Karl V. liegt im Kloster San Yuste auf dem Sterbebett, breitet vor seinem Beichtvater aus, wie er regiert, was er erreicht, wo er gefehlt hat. Sein Bericht wird auf der Hinterbühne dargestellt: seine Mutter Johanna die Wahnsinnige, Luther auf dem Wormser Reichstag, der ihn verratende Franz I. von Frankreich, die vom Kaiser eingesetzte Soldateska, die auf dem Scheiterhaufen brennenden Ketzer, der Tod seiner Gemahlin Isabella, der Scheinsieg von Mühlberg über die Protestanten, der mächtige Widerstand der Fürsten. Alles Streben war und ist vergebens gewesen.

Pallas Athene weint

(1955, Text vom Komponisten) schlingt gewissermaßen die drei zuvor genannten Werke zu einem verdichteten Bündel zusammen: menschliche Freiheit (Athen) und unmenschliche Macht (Sparta) werden konfrontiert. In Sokrates, dem zu Tode gebrachten Weisen Athens, spiegelt sich der Kern des Menschen, über den Pallas Athene »mit ungeheurem Klagelaut« weint. Heute wie vor drei Jahrzehnten erschreckend die Zeitnähe, wenn man das Stück politisch betrachtet.

EGK

Werner E. (1901–1983) studierte u.a. bei Carl Orff. Nach zeitweiligem Aufenthalt in Italien und Berlin lebte er als Freischaffender bei München. Schrieb u.a Oratorien, Lieder, Orchesterwerke, Ballette, Opern.

Der Musiker Egk war eine merkwürdige, nicht immer ausgeglichene Mischung von scharfem Intellekt, zähem Willen und besessener Musizierfreudigkeit. Sein ausgeprägter Sinn für Theaterwirkungen bewahrte ihn davor, sich einer der neueren Richtungen in der Musik bedingungslos anzuschließen; er verwendete ihre Mittel und Möglichkeiten, wo es ihm für seine Zwecke (und die der Bühne) sinnvoll erschien. So finden sich knappe Herbheiten neben entfesselten Orchesterorgien, Anklänge an oberbayerische Volksmusik neben harmonisch-rhythmischen Vertracktheiten.

Die Zaubergeige

Heitere Oper in drei Akten – Text nach Pocci von Ludwig Andersen und vom Komponisten

Personen:

Kaspar (Bariton)
Gretl (Sopran)
Cuperus (Baß)
Ninabella (Sopran)

Amandus (Tenor)
Guldensack (Baßbuffo)
Schnapper (Tenorbuffo)
Fangauf (Baßbuffo)
Der Bürgermeister (Tenor)
Der Bauer (Baß)
Zwei Lakaien (Tenor und Baß)

Ort und Zeit: Märchenland, Märchenzeit
Uraufführung: Frankfurt a.M. 1935
Neufassung Stuttgart 1954

Nach des Komponisten eigenen Worten wendet sich diese Oper »an arm und reich, an jung und alt, an Mann und Weib, an Bäckermeister, Kaminkehrer, Briefträger, Regierungsräte, Direktoren, Professoren und alle anderen Stände«; er will alles »vermeiden, was die Leute einschläfern könnte«. Das ist ein eindeutiges Bekenntnis zur Breitenwirkung der Oper. Volkstümliche Thematik, klare Melodik der Singstimmen, ständige rhythmische Veränderungen, Einfärbung einer tonalen Harmonik mit tonartfremden Mischklängen – das etwa sind die Hauptkennzeichen dieser frisch und derb zupackenden Musik, die sich stilistisch sehr sorgfältig den jeweiligen szenischen Besonderheiten anpaßt.

1. AKT: In der Bauernstube wettert Knecht Kaspar über sein Los; er möchte »willig einem besseren Stern« folgen und die Magd Gretl in das neue Leben mitnehmen. Zornig fährt der Bauer dazwischen. Endlich aber kann Kaspar seinen Weg ziehen; Gretl jedoch muß

zurückbleiben, um seine Schulden abzudienen. – Verwandlung. An einem Kreuzweg klagen die beiden Spitzbuben Fangauf und Schnapper über die schlechten Zeiten, verbergen sich schleunigst, als Kaspar daherkommt, hungrig und des Weges unkundig. Cuperus, der Herr der Geister, tritt in Bettlergestalt vor ihn und fleht um eine Gabe. Kaspar gibt ihm die drei Kreuzer, die Gretl ihm zugesteckt hat. Da verwandelt sich der Geisterfürst in seine wahre Gestalt und gibt Kaspar um seiner guten Tat willen einen Wunsch frei. Der wählt eine Zaubergeige. Mit ihr kann er alle Menschen bezaubern; doch gehorcht sie ihm nur so lange, als er der Liebe entsagt. Kaum ist Cuperus mit seinen Geistern verschwunden, da kann Kaspar seine Geige zum ersten Mal erproben: an dem reichen Betrüger Guldensack, der des Weges daherkommt. Tanzen muß der Geldprotz, bis er halb ohnmächtig niederfällt. Während Kaspar vergnügt davonmarschiert, wird Guldensack von Fangauf und Schnapper ausgeplündert.

2. AKT: Festvorbereitungen auf einem Schloß. Gretl ist Zofe der Schloßherrin Ninabella geworden. Ninabella wird umworben von Amandus; sie aber denkt nur an den berühmten Geiger Spagatini. – Kaspar läßt es sich in einem Gasthaus wohlsein: er ist »Spagatini«.

Guldensack lädt ihn auf das Schloß ein, erkennt in Spagatini den Geiger vom Kreuzweg, von dem er sich beraubt wähnt, und schwört heimlich Rache. Jetzt kommt auch Gretl. Wohl erkennen sie einander; aber Kaspar darf ja um der Geige willen nicht von der Liebe reden! Betrübt schleicht Gretl von dannen.

3. AKT: Konzert im Schloß. Alles ist von dem großen Geiger bezaubert, Ninabella erglüht in Liebe zu Kaspar-Spagatini, Gretl muß einen Pavillon für eine Liebeszusammenkunft von Ninabella und Spagatini herrichten. Kaspar-Spagatini ist anfangs recht unhöflich gegen die Dame; aber dann bekommt er Appetit, küßt die Schloßherrin Ninabella – da erscheint Guldensack, um Kaspar als Räuber verhaften zu lassen. Diesmal hilft die Geige nicht; denn Kaspar hat ihr durch den Kuß die Zauberkraft genommen. Cuperus, der Geisterfürst, nimmt die Geige wieder an sich. – Verwandlung. Kaspar wird zum Galgen geführt. Unter der Menge sind auch Schnapper und Fangauf. Traurig verabschieden sich Kaspar und Gretl. Im letzten Augenblick kommt Cuperus und gibt Kaspar – trotz Guldensacks Widerstand – die Geige. Alles beginnt zu tanzen, Schnapper und Fangauf gestehen keuchend, daß *sie* Guldensack ausgeraubt haben. Kaspar ist gerettet – aber nur dieses eine Mal konnte Cuperus ihm helfen. Da gibt ihm Kaspar die Geige zurück: fortan wünscht er nur Gesundheit und das tägliche Brot – für sich und Gretl.

Peer Gynt

Oper in drei Akten in freier Neugestaltung nach Ibsen

Personen:

Peer Gynt (Bariton)
Solveig (Sopran)
Aase (Alt)
Ingrid (Sopran)
Mads (Tenor)
Der Alte (Tenor)
Die Rothaarige (Sopran)
Drei Kaufleute (Tenor, Bariton, Baß)
Der Präsident (Baß)
Drei schwarze Vögel (Soprane)
Ein Unbekannter (Baß)
Der Haegstadtbauer (Baß)
Der Schmied (Bariton)
Der Vogt (Tenor)
Dessen Frau (Alt)
Ein alter Mann (Tenor)
Ein Hoftroll (Tenor)
Sechs Würdenträger am Trollhof
Ein ganz kleiner Troll
Ein Kellner
Ein häßlicher Junge
Solotänzer: Solveigs Eltern
Klein Helga
Eine Kuh
Ein Ziegenbock
Ein Matrose
Ein Neger

Arlechino
Pagliazzo
Grazioso
Hanswurst
Clown
Hochzeitsgäste, Trolle, Schiffsbesatzung, Matrosen, Neger, Dirnen, Tänzerinnen

Zeit: Etwa Mitte des 19. Jahrhunderts
Uraufführung: Berlin 1938

Aus Ibsens gleichnamiger Dichtung hat Egk mit sicherem Blick herausgeschnitten, was für das Geschehen einer Oper taugt – und was ihn zum Vertonen reizte. Musikalisch ein fast überreicher Klangbilderbogen, zusammengehalten durch die Gestaltungskraft einer frischen, unbekümmerten und zugleich sorgfältig abwägenden Musikernatur.

Vorspiel. Peer Gynt, in abgerissener Kleidung, phantasiert über eine schwarze Wolke am Himmel. Man hält ihn für betrunken. Als ihm der vorübergehende Schmied zuruft: »Ingrid, Dein Schatz macht heute Hochzeit«, antwortet er: »Mir einerlei ... Ich tu, was ich will.«

1. AKT: Zum Hochzeitsfest von Ingrid ist Peer nun doch gekommen. Ingrid hat sich vor ihrem Bräutigam Mads in ihre Kammer eingeschlossen. Mit ihren Eltern erscheint die zarte Solveig. Sie würde mit dem demütig gewordenen Peer tanzen – da hört sie seinen Namen und wendet sich erschrocken ab. Zornig trinkt er eine Flasche Schnaps. Mads verspricht Peer ein Kalb, wenn

er ihn in Ingrids Kammer bringe. Solveig schlägt Peer abermals den erbetenen Tanz ab, weil er getrunken habe. Da braust er auf, entschuldigt sich sogleich, doch Solveig geht betrübt davon. Jetzt läßt er sich von Mads zu Ingrid führen. Kurz darauf kommt Mads aus dem Hause: »Peer Gynt ist fort! Mit Ingrid!« Die Menge verfolgt die Flüchtigen, Peers Mutter Aase betet für ihren Sohn. – Verwandlung. Im Hochgebirge singen der Alte (König der Trolle) und die Rothaarige (seine Tochter) ihr Evangelium des Genusses. Aase und Solveig gehen vorüber auf der Suche nach Peer. Mit Ingrid kommt Peer. Er ist ihrer überdrüssig, stößt sie von sich. Die Rothaarige streitet mit ihm, wessen Königreich größer sei, bietet sich ihm an und, als er sich naserümpfend abwendet, steht sie plötzlich in verführerischer Gestalt vor ihm. Da erliegt er. – Verwandlung. »Während der Verwandlungsmusik toben Gestalten aus dem Trollreich über die Bühne ... Dieser Tanz ... symbolisiert die Freude des Trollreiches über den Fall Peers.« Saal im Berg des Alten. Peer will nicht nur die Rothaarige, sondern auch das Reich. Er wird mit dem Sonntagsschwanz des Alten geschmückt und muß schwören, nur zu tun, was ihm passe. Als er an den Tanzvorführungen keine Freude hat, soll ihm das eine Auge eingedrückt und das andere mit dem Messer geritzt werden. In höchster Not ruft er: »Hilf, Solveig!« Schreiend stürzen die Trolle auseinander. – Verwandlung. Waldlichtung im Hochgebirge. Peer hat sich eine Hütte gebaut. Da naht Solveig. Sie will bei ihm bleiben, geht ins Haus. Doch nun kommt auch die Rothaarige mit einem häßlichen Kind, will ebenfalls bleiben, zu dritt in einem Bett lieben. Peer gibt es auf, zieht in die Welt.

2. AKT: Kai einer mittelamerikanischen Hafenstadt, Riesendampfer mit dem Namen »Peer Gynt«. Peer erzählt auf einer Hotelterrasse drei Kaufleuten (Vertretern der Troll-Welt), wie er durch Handel mit Waffen und Bibeln, durch Treten der Schwachen reich geworden ist. Nun will er noch Kaiser der Welt werden. Während Peer für einen Augenblick die Terrasse verläßt, steigen die Kaufleute an Bord, um das Schiff zu stehlen. Der zurückkommende Peer ruft zu Gott (»Besitz ist heilig ...«), da explodiert der Dampfer. – Verwandlung. Hafenschenke in Mittelamerika. Der Wirt, die Tänzerin usw. sind wiederum Verkörperungen der Trollwelt. Diese Szene ist in der Hauptsache Ballett und Pantomime. Peer, nur mehr in schäbiger Eleganz, schneidet wieder auf: als Kaiser will er die Tänzerin lieben, ihr als Knecht dienen. Da er ihr nur ein bißchen Geld geben kann, ohrfeigt sie ihn. Er sinkt mit dem Kopf auf den Tisch. Als Vision erblickt er im Hintergrund eine Zirkusmanege, in der die Tänzerin fünf Männchen in »hoher Schule« vorführt. Wirbelndes Tanzfinale. Peer erwacht: »Betrug, ich hab genug.«

3. AKT: Niedergebrannter Wald in Peers Heimat. Den alternden Peer verhöhnen drei Vögel. Ein Unbekannter mit kalkweißem Gesicht tritt zu ihm. Seinen Leichnam will er. Doch Peer: er wolle zur Mutter. Die sei tot. Auf seinen Hof gehe er. Der sei versteigert. Da Peer sonst niemanden weiß, der auf ihn wartet, führt ihn der Unbekannte ins Berginnere. – Verwandlung. Saal im Berg des Alten. Peer soll zum König der Trolle gekrönt werden. Nacheinander bestätigen die »Zeugen« Mads, Ingrid, die Kaufleute, selbst Mutter Aase, Peer habe nie

Gutes getan. Da soll er mit Schmutz und Kot gesalbt werden. Doch jetzt bittet Aase für ihn: vielleicht lebe doch ein Mensch, dem Peer nur Gutes und nie Böses getan habe? Zögernd und höhnend entläßt man ihn, diesen Menschen zu suchen. – Verwandlung. Waldlichtung vor Peers Blockhütte. Die immer noch auf Peer wartende Solveig segnet seine Wege. Der Unbekannte will ihn von der Hütte wegziehen, aber Peer will hier sein Gericht erwarten, tritt zu Solveig, bittet um sein Urteil: wenn sie ihm sagen könne, wo er die ganze Zeit gewesen sei, werde er erlöst: Die Antwort: »... in meinem Glauben, in meinem Lieben, Hoffen ...« Das spricht ihn frei. Erschüttert legt er sein Haupt in ihren Schoß.

Der Revisor

Komische Oper in fünf Akten
Text nach Nikolai Gogol vom Komponisten

Personen:

Chlestakow (Tenor)
Ossip, sein Diener (Baß)
Stadthauptmann (Baßbariton)
Seine Frau Anna (Alt)
Seine Tochter Marja (Sopran)
Sein Diener Mischka (Tenor)
Postmeister (Tenor)
Kurator (Baß)
Richter (Baß)
Bobtschinskij (Tenor)

Dobthschinskij (Bariton)
Eine junge Witwe (Sopran)
Schlossersfrau (Mezzosopran)
Kellner

Ort und Zeit: russische Kleinstadt um 1830
Uraufführung: 1957 in Schwetzigen

Prachtstück einer komischen Oper, überwältigend ulkig vor allem in dem viel verwendeten Parlando, in ironischen Arien (Chlestakows Canzonetta), in großartigen Ensembles, deren Gipfel das A-cappella-Nonett im fünften Akt darstellt. Dazu ein fast zärtlich behandeltes kleines Orchester, das besonders hübsch wirkt in allerlei Anklängen an berühmte russische Komponisten, an Marsch und Tanz, an Schlager und Chanson.

1. AKT: Es ist etwas faul im Städtchen und vor allem im Hause des Stadthauptmanns – daher Entsetzen und Aufregung, weil im Gasthaus ein Fremder abgestiegen ist. Das muß der Revisor sein!

2. AKT: Der Fremde erschrickt, als ihm der Besuch der städtischen Honoratioren gemeldet wird. Soll er wegen Zechprellerei verhaftet werden? O nein. Die würdigen Männer machen ihm vielmehr einen Bestechungsbesuch, laden ihn gar ins Haus des Stadthauptmanns sein.

3. AKT: Dort entpuppt er sich als mächtig aufschneidender Teufelskerl, wird mit Wein angefüllt und

betrunken ins Bett gebracht. In einer Ballettszene träumt sich Frau Anna als Geliebte und Töchterchen Marja als Braut des Fremden.

4. AKT: In vier Pantomimen kommen die Einflußreichen der Stadt mit Bestechungsgeschenken, zwei beschwerdeführende Frauen aber werden vor die Tür gesetzt. Jetzt singt Chlestakow mit Mutter und Tochter französische Chansons, bittet um die Hand der Jüngeren – da wird es ihm doch zu brenzlig: vor der Hochzeit müsse er noch einmal nach Petersburg fahren.

5. AKT: In die Hochzeitsvorbereitungen platzt der Postmeister herein: er hat einen Brief geöffnet und weiß nun, das Chlestakow kein Revisor, sondern ein Schwindler ist. Allen verschlägt es den Atem, und es ist ein Wunder, daß sie nicht vor Schreck den törichten Geist aufgeben, als bekannt wird, der echte Revisor sei soeben eingetroffen.

BLACHER

Boris B. (1903–1975) studierte in Berlin, war eine Zeitlang in Dresden tätig, ging dann nach Berlin zurück. Schrieb Orchester- und Kammermusik, Opern und Ballette.

Blacher gehörte zu den starken, wenn auch umstrittenen Persönlichkeiten unter den neueren Komponisten. Seine musikalische Sprache ist herb, nicht ohne weiteres verständlich, doch offenbar ehrlich, freilich oft mehr durch den Verstand als das gefühlsechte Erleben bestimmt. Man muß sich in diese rhythmisch und harmonisch geschärfte Musik erst hineindenken und hineinhören, bevor man zu ihr Stellung nehmen kann. Die große Begabung kann auf keinen Fall überhört werden.

Die Nachtschwalbe

Dramatisches Notturno
Text von Friedrich Wolf

Personen:

Nelly, Näherin, siebzehnjährig (Sopran)
Gerda, ihre Freundin, achtzehnjährig (Sopran)
Harry, Vorstadtkavalier, zwanzigjährig (Tenor)
Tante Holzschuh, Arbeiterin einer Baukolonne, fünfundvierzigjährig (Alt)

Kommissar Schmörl, Leiter der Nachtstreife, fünfzigjährig (Bariton)
Bulke, Kriminalbeamter (Baß)
Frauen, Mädchen, Jünglinge, Männer, Kriminalbeamte

Ort und Zeit: Vorstadt-Tanzlokal, Gegenwart
Uraufführung: Leipzig 1948

Nüchtern und zugleich aufreizend zeichnete Blacher in der von Songs und Jazz durchsetzten Musik die bald kesse und bald rührselige Halb- und Viertelswelt; eine außerordentliche Talentprobe, die erhoffen ließ, daß dieser Komponist einen weniger reißerischen Stoff finden und auf ihn eine echte Umwelt-Oper der Gegenwart schreiben würde.

Wie eine Nachtschwalbe in das Licht fliegt und verbrannt zu werden droht, so ist die kleine Nelly in ein Tanzlokal der Vorstadt gekommen, um das sogenannte Leben kennenzulernen. Sie verliebt sich in Harry, den Freund ihrer Freundin Gerda. Er schenkt ihr eine wertvolle Kette zweifelhafter Herkunft. Da erscheint die Polizeistreife. Nelly gibt unbefangen Antwort auf die Fragen des Kommissars Schmörl; sie sei ein außereheliches Kind, der Vater sei Kraftfahrer bei der Polizei gewesen, habe ihre Mutter verlassen. Dem Kommissar wird unbehaglich zumute. Tante Holzschuh sucht in ihrer Erinnerung; dann hat sie gefunden: dieser Kommissar ist ja jener Kraftfahrer, der mit ihrer Schwester ein Verhältnis hatte! Als nun auch Harry verhört wird, kommt es zu einer Auseinandersetzung zwischen ihm und Nelly. Erschüttert hört der

Kommissar etwas, das sich vor langer Zeit fast genau so zwischen ihm und der Mutter Nellys abgespielt hat. Die Streife zieht ab, der Kommissar bekennt, Nellys Vater zu sein, und verspricht, künftig wie ein rechter Vater für sie zu sorgen.

Für das Werk *»Romeo und Julia«* (Salzburg 1950) hatte Blacher aus Shakespeares gleichnamiger Tragödie einige Hauptszenen herausgeschnitten. Eine eigentliche Oper ist dadurch nicht entstanden; diese Bilderreihe kann nach des Komponisten Wort aufgeführt werden als Kammeroper, als Ballettpantomime oder einfach konzertant.

Ein 1952 in Berlin aufgeführtes Werk *Preußisches Märchen* nennen die Verfasser (Heinz von Cramer schrieb den Text) eine Ballettoper, »nicht, weil darin viel getanzt wird ..., sondern weil alles darin mehr oder weniger vom Geiste des Balletts beeinflußt ist. Das gilt ebenso für den Ablauf der Handlung, die Zeichnung der Figuren, den Bau der Szene wie für die Musik in allen Einzelheiten.« Blacher schrieb zu dem Stück, das im Thema an den Hauptmann von Köpenick erinnert, eine parodistische Kabarettmusik mit einem heitererstaunlichen Einfühlungsvermögen in die Welt Paul Linckes und anderer Berliner Schlagerkomponisten vor 1941. Aber er parodierte auch manchen bekannten Komponisten der Gegenwart.

Selbstverständlich sollen Komponisten experimentieren, wie Blacher und Egk es mit der *Abstrakten Oper Nr. 1* taten (Mannheim 1953). Wenn das Werk bei der Uraufführung trotz einfallsreicher Regie weniger Zustimmung als Verwirrung und Ablehnung fand, so liegt das am Wesen des Experiments, das hier eben *keine* Oper anstrebte, auch nicht gehobenes Kabarett, sondern zum Varieté führte, allerdings in einer Form, die man ernst nehmen sollte.

Das Stück besteht aus den Teilen Angst/Liebe I/Schmerz/Panik/Liebe II/Angst. Es sind Bilder mit einem »formelhaften Dialog«; das heißt hier: einem Dialog auf inhaltlich nicht zu verstehenden Silben. Es sollen »ganz bestimmte Bewußtseinsschichten angesprochen, bestimmte Empfindungen ausgelöst und fest umrissene Bilder ins Bewußtsein projiziert werden«.

In *»Rosamunde Floris«* (zwei Akte, Text nach Georg Kaiser von Gerhart von Westermann, Berlin 1960) folgt in dem textlich wie musikalisch wenig ergiebigen Stück nicht nur die Hauptfigur unklar ihrem Stern, sondern auch das Werk selbst. An der Halbheit ist das Werk dann auch gescheitert.

»Zwischenfälle bei einer Notlandung« (zwei Akte, Text von Heinz von Cramer, Hamburg 1966). Der Untertitel lautet: »Reportage in zwei Phasen und vierzehn Situationen«, also nicht Szenen, sondern Situationen ohne logische oder psychologische Verbundenheit. Dazu elf

Personen ohne wirklich erkennbare innere Zusammengehörigkeit. Der intellektuell hochgespannte Inhalt zerrt stückchenweise auseinander, was in früheren Werken klar, überschaubar und begreiflich war. Die Notlandung eines Flugzeugs in der Wüste war überhaupt keine Notlandung, sondern der Trick einer Gruppe von allen möglichen und unmöglichen Berufsangehörigen, die das Dokument eines mitreisenden Professors in ihre Gewalt bekommen wollten. Dieser tritt, ohne wiedererkannt zu werden, urplötzlich als »Gastgeber« in hochzivilisierter, hochtechnisierter Umgebung auf; wie in zusammenhanglosen Blitzlichtaufnahmen erscheinen die einzelnen »Verunglückten« in ihrer menschlichen Vereinzelung, wollen fliehen, werden durch Maschinenmenschen eingeholt, erneut zusammengeführt, hetzen die Maschinenmenschen gegen die Maschinenwelt auf; doch als alles zertrümmert ist, stehen sie alle hilflos in der unheimlichen Nacht der Tropen. – Dem Komponisten war damit die Aufgabe gestellt, Maschinenwelt und Menscheneinsamkeit klanglich gegenüber zu stellen. Das geschieht durch elektronische und »normale« Klang- und Geräuschmittel, die sich ebenso wenig verbinden oder durchdringen wie die Personen und Situationen dieser »Reportage«.

WAGNER-RÉGENY

Rudolf W.-R. (1903–1969) war ursprünglich Autodidakt, dann Musikstudium in Leipzig und Berlin. Korrepetitor, Tonfilmdirigent, Musiker bei Labans Tanzgruppe, zuletzt Leiter der Staatlichen Hochschule für Musik und Theater in Rostock.

Der Günstling oder Die letzen Tage des Großen Herrn Fabiano

Oper in drei Akten – Text von Caspar Neher (nach Georg Büchners Bearbeitung des Dramas »Maria Tudor« von Victor Hugo)

Personen:

Königin Maria Tudor von England (Sopran)
Fabiano Fabiani, ein Abenteurer, Günstling der Königin (Tenor)
Jane, eine Waise, Braut und Pflegetochter Gils (Sopran)
Gil, ein Mann aus dem Volke (Bariton)
Simon Renard, Minister (Baß)
Erasmus, ein alter Mann aus Neapel (Sprechrolle)

Ort und Zeit: London, um 1550
Uraufführung: Dresden 1935

Die Frühwerke von Wagner-Régeny wie die späteren Opern reichen an den *Günstling* nicht heran. In dieser Oper werden sittliche und soziale Grundfragen einer schlichten klaren Handlung anvertraut. Dazu schreibt der Komponist eine Musik, die sich sämtlicher opernhaften Formen bedient, die musikdramatische Technik ablehnt, eine starre, herbe Melodik pflegt, die Singstimmen (vielfach oratorienhaft) in den Vordergrund rückt und das Orchester auf knappe Umrißzeichnung begrenzt. Sehr nüchtern, aber packend.

1. AKT: Das Volk verblutet unter dem Günstling und Liebhaber der Königin. Kühl und berechnend arbeitet der Minister Renard auf den Sturz des »großen Herrn Fabiano« hin. – Verwandlung. Renard verbirgt sich nachts vor dem Hause Janes, der Geliebten des Arbeiters Gil. Jane aber erwartet den schönen Unbekannten (Fabiani). Dieser kommt, gibt Jane durch eine Serenade das verabredete Zeichen. Da tritt der alte Arbeiter Erasmus vor; ihm hat Fabiani Weib und Kind verführt. Fabiani ersticht den lästigen Mahner. Gil kommt zurück, beschuldigt Fabiani des Mordes. Der große Herr ist nicht zu erschrecken. Gil wird unsicher, schleppt mit Fabiani die Leiche zum Fluß. Dann will Fabiani zu Jane ins Haus. Dem wütenden Gil beweist er mit einem Brief, daß Jane ihm untreu ist, und geht drohend davon. Gil findet am Boden den blutigen Dolch, Renard tritt aus seinem Versteck hervor und verspricht, Gil zu helfen.

2. AKT: Die Königin ist verliebt in Fabiani, verheißt ihm Krone und Land. Siegestrunken geht er davon.

Doch Renard offenbart der Königin, daß Fabiani sie mit einem Arbeitermädchen betrüge. Beweise! Jane und Gil werden geholt, ein Plan ausgedacht, Gil muß ein Attentat auf die Königin vortäuschen – mit Fabianis Dolch. Die Königin stellt Fabiani und Jane gegenüber. Diese gesteht. Fabiani: »Ich habe nichts mehr zu sagen.« Die Bühne wird dunkel, sichtbar bleiben nur Gil und Jane. Da sie bereut, finden sich die beiden wieder in Liebe.

3. AKT: Obwohl Renard im Namen der Königin für Fabiani bittet, wird dieser zum Tode verurteilt. Auch der »Attentäter« Gil soll zum Tode geführt werden. Renard will ihn retten. Halb im Wahnsinn verlangt die Königin von Renard die Freigabe Fabianis; doch Renard schweigt. – Verwandlung. Im Kerker. Gil, an einen Pfahl gekettet, singt: »Herr, zerbrich den Stecken unsrer Treiber.« Dem ebenfalls an einen Pfahl gebundenen Fabiani wird das Todesurteil übergeben. Er schreibt ein paar Worte, heftet das Papier an den Pfahl und läßt sich zur Hinrichtung abführen. Die Königin kommt, liest das Papier – im gleichen Augenblick hört man drei Kanonenschüsse: das Urteil ist vollstreckt. Renard erscheint mit Jane und bindet Gil von seinem Pfahl los. »Tot ist Fabiani! ... Frei ist das Land!«

Die Bürger von Calais

Oper in drei Akten – Text von Caspar Neher

Personen:

Der Gouverneur, später »dritter Bürger« (Baß)
Seine Frau Cornelia (Sopran)
Vater Wissant, später »erster Bürger« (Bariton)
Seine Söhne Joseph (Tenor) und Peter, später »zweiter Bürger« (Tenor)
Josephs Frau Philomene (Sopran)
Eustach (Baß)
»vierter«, »fünfter« und »sechster Bürger« (Bässe)
Die englische Königin (Sopran)
Englischer Offizier (Tenor)
Sergeant (Bariton)
Philipp (Tenor)
Einwohner von Calais, Damen der Königin, Soldaten

Ort und Zeit: Calais 1347
Uraufführung: Berlin 1939

Mehr noch als im *»Günstling«* wahrt der Komponist hier den starren oratorienhaften Stil, der Ausdruck ist vielfach polyphon, Sprechchöre durchsetzen den musikalischen Ablauf, so weit von einem solchen die Rede sein kann; denn die Starre tut sich durchweg in strengen, in sich geschlossenen Formen kund.

1. AKT: Das von den Engländern belagerte Calais wird wohl kapitulieren müssen, zumal Joseph von

Wissant, der die Stadt verließ, um nach Hilfe auszuschauen, nicht zurückgekehrt ist. Cornelia, die Frau des zur Übergabe bereiten Gouverneurs, begibt sich heimlich ins englische Lager, um die Königin um Gnade zu bitten.

2. AKT: Die Königin kann nichts für die Stadt tun. Sie gewährt Cornelia und Joseph, den Cornelia gefunden hat, freies Geleit in die Stadt. Nur Joseph geht wieder nach Calais; Cornelia nimmt sich verzweifelt das Leben.

3. AKT: Sechs Bürger sind bereit, gemäß den englischen Übergabebedingungen ihr Leben zu lassen, damit die Stadt verschont werde. Die Einwohner wollen das Opfer nicht annehmen und erschlagen Joseph, der sich für das Opfer ausspricht. Die sechs Bürger wollen ihren schweren Gang antreten, da wird Cornelias Leiche durch eine englische Abordnung in die Stadt gebracht: ihr Selbstopfer erspart den sechs Bürgern den Tod und der Stadt die schimpfliche Übergabe.

DALLAPICCOLA

Luigi D. (1904–1975, Italiener), geboren in Pisano, Schüler des Florentiner Konservatoriums. 1934 wurde er dort Professor für Komposition. 1951/52 und 1956/57 lehrte er in den USA. Er begann als Neoklassizist und übernahm 1940 Schönbergs »Zwölftontechnik«, die er jedoch undogmatisch anwandte. Dallapiccola gehörte zu den führenden Musikern der Neuen Musik in Italien. Sein Schaffen umfaßt Gesänge, Orchesterwerke, das Ballett »Marsyas«, Chorwerke, das szenische Oratorium »Hiob« (1950), und die Opern »Nachtflug« (1940), »Der Gefangene« (1949), »Odysseus« (1968).

Nachtflug

Oper in einem Akt
Text vom Komponisten nach dem gleichnamigen Roman »Vol de nuit« von Antoine de Saint-Exupéry

Personen:

Rivière, Direktor (Baß-Bariton)
Robineau, Inspektor (Baß)
Pellerin, Pilot (Tenor)
Der Funker (Tenor)
Leroux (Baß)
Frau Fabien (Sopran)
Eine Stimme (Sopran)
Vier Beamte (2 Tenöre, Bariton, Baß)
Chor: Arbeiter, Meister

Ort und Zeit: Flughafen bei Buenos Aires, um 1930
Uraufführung: 18. Mai 1940 in Florenz

Im Büro einer Luftfahrtgesellschaft verlangt der Direktor Rivière, der sich mit allem Fanatismus dem technischen Fortschritt verschrieben hat, von seinem Personal ungeachtet aller Wettermeldungen die strikte Einhaltung der regelmäßigen Nachtflüge. In seiner Auffassung spielen Verluste an Menschenleben keine Rolle. Der Pilot Pellerin ist nach einem halsbrecherischen Flug über die Anden gelandet. Als ihn alle freudig begrüßen und beglückwünschen, findet Rivière das völlig fehl am Platze und er befiehlt dem Inspektor Robineau, dessen freundschaftliche Zuneigung zu Pellerin ihm besonders auffiel, den Piloten schon für den nächsten Tag wieder bei einem gefährlichen Flug einzusetzen. Inzwischen hat sich die Maschine des Piloten Fabien verspätet. Frau Fabien ist ins Büro gekommen und fleht voller Besorgnis Revière an, ihr die Wahrheit zu sagen. In bestimmter Sachlichkeit setzt er ihr die Gründe auseinander, die ihn veranlassen, die Nachtflüge durchzuführen. Ihr seelischer Kummer berührt ihn wohl einen Augenblick soweit, daß er ihr verspricht, sie zu benachrichtigen, sobald er Näheres über ihren Mann und seine Maschine weiß. Dann ist er wieder der eiskalte Rechner. Über Funk stellt er die Verbindung zu Fabiens Maschine her. Fabien gibt im Funkgerät Bericht über einen schrecklichen Sturm, in dem er sich befindet – irgendwo über den felsigen Schründen der Anden, in denen seine Maschine in wenigen Sekunden zerschellen wird. Während des Absturzes sendet er die letzten Nachrichten: »Ich sehe die Sterne ... ich muß hinauffliegen ... alles wird heller und heller: meine Hände, meine Kleider, meine Flügel ... Wie herrlich ... unter mir ist alles verschwunden«. Als das Flugpersonal aus dem Munde des Funkers von dem Unglück Kenntnis erhält, droht eine Revolte auszubrechen. Revière aber erzwingt sich Gehorsam und befiehlt den Start der nächsten Maschine.

Die zentrale Gestalt der Oper ist Fabien, der Pilot, der überhaupt nicht auftritt, der mit seiner Maschine in der Ferne an den Felsen der Anden zerschellt. Und die Musik der Oper gipfelt in der Szene, in der der Funker den Wartenden die letzten Worte Fabiens übermittelt.

Noch farbiger ist die musikalische Sprache in der 1949 uraufgeführten Oper *»Der Gefangene«;* hier muß man zuweilen fast »studieren«, um zu erkennen, daß unter den überwältigenden, oft zupackenden Klängen und Rhythmen, unter den Chorälen ein überaus kunstvolles Zwölftongewebe einherläuft, das in den verwendeten Formen sinnvoll auf die absolute Musik zurückgreift. Noch folgerichtiger, noch straffer der *»Hiob«* (1950), eine Art Opern-Oratorium über den bekannten Bibelstoff. Eine Zwölftonreihe bestimmt den gesamten musikalischen Stoff. Sorgfältig gearbeitet und stark in der Wirkung die Gesprächsszene zwischen Gott und dem Teufel, dargestellt durch je einen vierstimmigen Sprech(!)chor, die zwar tatsächlich sprechen, aber in Klanghöhe, Rhythmus, Antrieb, Auf und Ab partiturmäßig so genau bestimmt sind, daß ein seltsamer Mischklang zwischen Sprechen und Singen entsteht.

HARTMANN

Karl Amadeus H. (1905–1963) studierte anfangs in München, wurde stark durch H. Scherchen beeinflußt, setzte sich mit Schönberg und Berg auseinander. Lebte als Konzertleiter und Dramaturg in München, begründete dort die »Musica-Viva-Konzerte.« Schrieb u.a. Orchester- und Kammermusik.

Des Simplicius Simplicissimus Jugend

Kammeroper in drei Teilen
Text nach Grimmelshausen (und einem Entwurf von H. Scherchen) von Wolfgang Petzet und vom Komponisten

Personen:

Simplicius (Sopran)
Bauer (Baß)
Einsiedel (Tenor)
Landsknecht (Bariton)
Feldwebel (Baß)
Gouverneur (Tenor)
Hauptmann (Baß)
Eine Dame (Tänzerin)
Sprecher (Schauspielerrolle)
Bauern, Landsknechte, Stimmen

Ort und Zeit: Mitteldeutschland im Dreißigjährigen Kriege – Uraufführung: 1948 im Funk, 1949 auf der Bühne in Köln
Neufassung: 1957 in Mannheim

Im Grunde gehört dieses Werk zur Gruppe des epischen, erzählenden Musiktheaters. Läßt man einmal die Grundsatzfrage beiseite, so wird man zugestehen müssen, daß Hartmann diesen Klangbilderbogen großartig musikalisch gefärbt hat. Hier werden einmal die herben, harten Mittel der neuen Musik wirklich sinnvoll eingesetzt – nicht mit dem Verstand allein, sondern mit einem Herzen, das bei der Vorstellung der fürchterlichen Kriegsereignisse und Kriegsfolgen blutet. Solche Dinge lassen sich »materialgerecht« mit modernen Mitteln besser darstellen als mit traditionellen.

1. Teil Der Bauer fordert den weltfernen Knaben Simplicius auf, fleißig die Flöte zu blasen und damit den Wolf zu verscheuchen. Simplicius aber schlummert ein, träumt und erwacht mit dem Schrei: »Der Wolf!« Ein Landsknecht steht vor ihm, verlangt, den Weg zum Hof geführt zu werden. Der Hof wird überfallen, alles wird niedergemetzelt; nur Simplicius entflieht.

2. Teil. Er kommt auf der Flucht zu einem Einsiedel. Der beruhigt ihn mit Mühe, behält ihn bei sich und lehrt ihn im Laufe der Zeit, die Welt besser zu begreifen. Am Ende seiner Tage gräbt der Einsiedel mit Hilfe von Simplicius sein Grab und legt sich sterbend hinein. Feldwe-

bel und Landsknecht, die eben geholfen haben, die Stadt Gelnhausen zu zerstören, entdecken Simplicius und führen ihn mit sich fort.

3. Teil Simplicius wird als Beutestück dem Gouverneur gebracht. Der hält gerade ein Fest mit seinesgleichen, flucht anfangs über das »Beutestück«, wird aber aufmerksam, als Simplicius erzählt, was er vom Einsiedel gelernt habe: die Wahrheit sagen. Auf des Gouverneurs Befehl sagt er über alle (auch über eine mit einem Hauptmann tanzende Dame) wirklich die Wahrheit. Alles brüllt vor Lacheln. Da hat Simplicius eine Erscheinung, in der er sieht, wie all die Leute im Saal von Bauern aufgehängt werden. Aus der Erscheinung wird Wahrheit: Die Bauern dringen in den Saal und führen alle zum Tode, außer Simplicius. – So wurden von zwölf Millionen Menschen in Deutschland acht Millionen im Dreißigjährigen Kriege getötet.

SCHOSTAKOWITSCH

Dimitrij Sch. (1906–1975, Russe), geboren im damaligen St. Petersburg. Die Eltern – selbst leidenschaftliche Musikliebhaber – ließen ihn bereits mit zehn Jahren eine Musikschule besuchen und förderten seine musikalischen Neigungen. Mit 19 Jahren studierte er bereits am Konservatorium Klavier und Komposition. Zu seinen Förderern zählte der bekannte Komponist Alexander Glasunow, der damals Direktor des Konservatoriums war. 1924/25 entstand die erste Sinfonie des Komponisten, die ihm internationales Ansehen einbrachte. Schostakowitsch eroberte sich im Laufe seines reichhaltigen Schaffens alle musikalischen Gebiete: Sinfonie, Ballett, Oper, Kammermusik, Konzert, Lied, Kantate und Oratorium.

Katerina Ismailowa

Oper in vier Akten – Text nach Nikolai Leskov von Anton Preiss und vom Komponisten

Personen:

Boris Timofejewitsch Ismailow, Kaufmann (Baß-Bariton)
Sinowi Borissowitsch Ismailow, sein Sohn (Tenor)
Katerina Ismailowa, dessen Frau (Sopran)
Der Pope (Baß)

Der Kreispolizeichef (Baß)
Ein Gendarm (Baß)
Ein Nihilist (Tenor)
Ein betrunkener Gast (Tenor)
Arbeiter und Angestellte bei den Ismailows, zur Zwangsarbeit Verurteilte, der Geist des Boris Timofejewitsch, Gendarmen, Hochzeitsgäste und Begleitmannschaften der Zwangsarbeiterinnen und Zwangsarbeiter

Ort und Zeit: Rußland, Kreisstadt Mzensk, um 1865
Uraufführung: 22. Januar 1934 in Leningrad
Neue Fassung: 8. Januar 1963 in Moskau

Im Mittelpunkt steht das Schicksal einer Frau in der Enge der kleinbürgerlichen Welt des russischen Kaufmannsstandes im 19. Jahrhundert. Die polyphon gehaltene Musik überhöht die naturalistische Dramatik des Textes und läßt im großen und ganzen nur wenig Raum für ein echtes Gefühl und zartes Empfinden.

Die Handlung: die junge Katerina steht einem eifersüchtigen Gatten gegenüber und wird von ihrem Schwiegervater ständig bespitzelt. Ein bei den Ismailows neu eingestellter Arbeiter, jung, kräftig und übermütig, gewinnt Katerinas Sympathie und schließlich auch ihre Liebe. – Der Schwiegervater wird Zeuge eines liebevollen nächtlichen Abschieds der beiden und wird, nachdem er den Jungen verprügelt und dabei verletzt hat, von seiner Schwiegertochter mit einem Pilzgericht vergiftet. Katerina verspricht ihrem Geliebten, seine Frau zu werden. Ihr Mann entdeckt die Untreue Katerinas, verprügelt sie, und der von ihr zu Hilfe gerufene Geliebte erschlägt ihren Mann. Gemeinsam schaffen sie die Leiche in den Keller. Während der Hochzeitsfeierlichkeiten – Katerina und Sergei, der junge Arbeiter, haben sich zur Trauung begeben – dringt ein alter Arbeiter in den Keller, um sich an den dort eingelagerten Spirituosen gütlich zu tun. Er findet dabei die Leiche von Katerinas Mann und alarmiert Polizeichef und Gendarmen. Das von der Trauung zurückkommende Paar entdeckt die aufgebrochene Kellertür. Katerina mahnt noch zur eiligen Flucht. Da ist auch die Polizei schon da und verhaftet das Paar. Im letzten Akt befinden sich Katerina und Sergei auf dem Wege in die Verbannung. Am Ufer eines Sees ist das Nachtlager für die zur Zwangsarbeit Verurteilten aufgeschlagen. Katerina erhält durch Bestechung eines Wachpostens von diesem die Erlaubnis, Sergei auf dem nahe gelegenen Rastplatz der Männer aufzusuchen. Sergei empfängt sie nicht nur mit Vorwürfen – er hat sich jetzt auch einer Dirne zugewendet und verlangt von Katerina schließlich als Beweis ihrer Zuneigung ihre Strümpfe, um sie der Dirne zu schenken. Nachdem die Dirne die Strümpfe erhalten hat, bedankt sie sich sehr provozierend dafür bei Katerina. In einem unbewachten Augenblick des Aufbruchs stößt Katerina nun ihre Nebenbuhlerin in den See und stürzt sich selbst in die Tiefe. Niemand wagt die Frauen zu retten. Müde setzen die Verurteilten ihren Marsch in die Verbannung fort.

FORTNER

Wolfgang F. (geb. 1907) kommt aus der Schule Hermann Grabners, war Kompositionslehrer in Heidelberg, Detmold, Freiburg i.Br. Hielt Kurse in moderner Musik in Kranichstein und Salzburg. Bekannt durch Lieder, Chor- und Orchesterwerke, Kammermusik, Ballette, Bühnenmusik.

Fortner kann ebenso kühl mathematisch wie leidenschaftlich musikantisch schreiben. Seine Anreger sind im wesentlichen Reger (Kontrapunktik), Strawinsky (Rhythmik), Hindemith (erweiterte Tonalität) und Schönberg (Zwölftontechnik). Erstaunlich, wie er all das zu verschmelzen weiß. Seine Opern werden zuweilen aufgeführt, erzielten jedoch bisher nur zeitweise durchschlagenden Erfolg beim Publikum

Bluthochzeit

Lyrische Tragödie in zwei Akten
Text von Garcia Lorca

Personen:

Die Mutter (Sopran)
Die Braut (Sopran)
Leonardo (Bariton)
Die Frau Leonardos (Alt)
Die Schwiegermutter Leonardos (Alt)

Der Bräutigam (Sprechrolle)
Die Magd, die Bettlerin (Tod), das Kind, der Mond, der Vater der Braut, drei Holzfäller, Gäste, Burschen, Mädchen, Nachbarinnen, Stimmen hinter der Szene, Tänzer und Tänzerinnen

Ort und Zeit: Südspanien, Gegenwart
Uraufführung: 8. Juni 1957 in Köln

Ein Stück südspanischer Blutrache, realistisch-kraß und surrealistisch-geheimnisvoll zugleich. – Die Mutter hat Mann und ältesten Sohn durch eine in Blutrache verfeindete Sippe verloren. Jetzt schwebt sie in Angst, weil ihr zweiter Sohn ein Mädchen heiraten will, das zuvor Leonardo aus der feindlichen Sippe geliebt hat. Leonardo, inzwischen selbst vermählt, kann das Mädchen nicht vergessen, flieht mit ihr in den Wald, wird aber verfolgt. Leonardo und der Bräutigam bringen sich gegenseitig um. Auch die Braut will sterben, doch die Mutter verweigert ihr den Tod. Drei Frauen klagen um ihre Männer, die »an einem vorbestimmten Tage« durch das Messer umgekommen sind. – Fortner sagt vom Aufbau seines Werkes: »Jedes der sieben Bilder ist beherrscht von einem lyrischen Grundthema, dessen musikalische Entwicklung und Durchführung die einzelnen Formen bildet«. Freie Zwölftontechnik, sehr verdichtete Orchestersprache. Gipfelpunkt ist die Waldszene.

In seinem Garten liebt Don Perlimplin Belisa

Vier Bilder eines erotischen Bilderbogen in der Art eines Kammerspiels – Text von Garcia Lorca

Personen:

Don Perlimplin (Bariton)
Belisa (Sopran)
Marcolfa, Dienerin Don Perlimplins (Alt)
Belisas Mutter (Sopran)
Koboldchen, Kammerchor und Tanzgruppe

Ort und Zeit: Don Perlimplins Landhaus und Garten in Spanien, Gegenwart
Uraufführung: 10. Mai 1962 in Schwetzigen

Es sind »vier Bilder eines erotischen Bilderbogens nach Art eines Kammerspiels«. – Die junge Belis fühlt sich auf dem Herrensitz ihres ältlichen Gemahls, des Don Perlimplin nur äußerlich wohl; als Mann gibt er ihr zu wenig, und so träumt sie von Umarmungen, die ihr durch fünf verschiedenrassige Liebhaber zuteil werden (ihr Schlafzimmer hat fünf Türen), darunter besonders einer im roten Mantel. Don Perlimplin erkennt die Unerfülltheit der Ehe und will Belisa von rein körperlicher zu seelischer Liebe führen. In seinem Garten erscheint er als Liebhaber im roten Mantel. Entzückt fällt ihm Belisa um den Hals. Da ersticht er sich – und damit zugleich den von Belisa geträumten Nebenbuhler.

SUTERMEISTER

Heinrich S. (geb. 1910, Schweizer) studierte u.a. bei Courvoisier, Pfitzner und Orff. Lebt als Freischaffender, vor allem als Opernkomponist.

Debussys impressionistische Klangvorstellungen, Verdis gespannte Melodik und die rhythmische Kraft der Moderne sind die wesentlichen Bestandteile, aus denen Sutermeister sich seine eigene Sprache zurechtlegt. Sein künstlerisches Bemühen gilt vorwiegend der Oper.

Romeo und Julia

Oper in zwei Akten (sechs Bildern)
Text vom Komponisten nach Shakespeare

Personen:

Escalus, Fürst von Verona (Bariton)
Montague (Sprechrolle) und Capulet (Baß), Häupter zweier Adelshäuser
Romeo, Sohn des Montague (Tenor)
Balthasar, Romeos alter Diener (Bariton)
Julia, Tochter des Capulet (Sopran)
Gräfin Capulet, ihre Mutter (Mezzosopran)
Die Amme (Alt)
Graf Paris, ein junger Edelmann (weibliche Tanzrolle)

Der Bediente (Tenor)
Pater Lorenzo (Baß)
Der Hirtenknabe (Sprechrolle)
Eine Knabenstimme (Mezzosopran)
Die vier verliebten Paare (Madrigalchor)
Verwandte beider Häuser, Bürger und Bürgerinnen von Verona, Fürstliches Gefolge, Herolde, Diener, Masken, Tänzer, Tänzerinnen, Stimmen der Nacht, Stimmen aus der Tiefe, Stimmen aus der Höhe, Knechte Montagues

Ort und Zeit: Verona, Anfang des 14. Jahrhundert
Uraufführung: Dresden 1940

Handlungsmäßig im wesentlichen nur die Liebesgeschichte aus Shakespeares gleichnamigen Schauspiel und angereichert durch Dichtungen aus dem deutschen Barock. Das Ganze ist in Text und Musik lyrisch gehalten, eine »Melodie- und Belcanto-Oper«, wie Sutermeister selbst sagt. Doch neben der Melodie steht eine ausgezeichnete kompositorische Arbeit, die sich in der Vielsträhnigkeit ebenso bewährt wie im Aufspüren feiner Klangwirkungen.

1. AKT: 1. Bild. Eine der in Verona üblichen Streitigkeiten zwischen den beiden verfeindeten Adelsfamilien Capulet und Mantague. Der an dem Getümmel nicht beteiligte Romeo Montague wird versehentlich zum Maskenfest der Capulet eingeladen. »Vier verliebte Paare« singen (vor dem Vorhang) ein Madrigal. – 2. Bild. Fest bei den Capulets. Julia Capulet, deren Reiz ihre Amme schwatzend preist, soll auf Wunsch der

Eltern den Grafen Paris heiraten. Romeo und Julia treffen einander. Nie haben sie einander bisher gesehen; aber nun müssen sie sich lieben. 3. Bild. In Capulets Garten. Die »vier verliebten Paare« singen. Romeo springt über die Mauer. Julia steht auf dem Balkon. Zwiegesang.

2. AKT: 4. Bild. Einsiedelei des Paters Lorenzo. Romeo bittet um seine Unterstützung. Amme und Julia kommen hinzu »Füg unsre Hände durch deinen Segensspruch in eins«. Geschäftig geht die Amme, die Leiter für die Nacht zu holen. – 5. Bild. In Julias Gemach. Die Nacht geht zu Ende. Liebesduett. Die Amme warnt: die Gräfin komme. Romeo steigt die Leiter hinab. Julia weigert sich, den Grafen Paris zu heiraten. Graf und Gräfin wollen sie verstoßen. Pater Lorenzo gibt Julia ein Fläschchen: trinke sie davon, so werde sie sechsunddreißig Stunden wie tot liegen. Draußen hört man Hochzeitsmusik. Die Amme findet Julia »tot«. – 6. Bild. Julias »Leiche« aufgebahrt im Grabe der Capulets. Romeo steigt herab. Um der (scheinbar) toten Geliebten zu folgen, ersticht sich Romeo. Julia erwacht, erblickt den toten Geliebten und stirbt vor Schmerz und Liebe.

Raskolnikoff oder Schuld und Sühne

Oper in zwei Akten (sechs Bildern) nach dem gleichnamigen Roman Dostojewskis von Peter Sutermeister

Personen:

Raskolnikoff, ein mittelloser Student (Tenor)
Raskolnikoffs zweites Ich (Bariton)
Frau Raskolnikoff, Mutter Raskolnikoffs (Alt)
Rasumichin, sein Freund (Sprechrolle)
Marmeladoff, ehemaliger Staatsbeamter (Baß)
Frau Marmeladoff, dessen schwindsüchtigle Frau (Sopran)
Sonja, deren Tochter, ein Straßenmädchen (Sopran)
Lene und Poletschka, Sonjas kleine Schwestern (Sprechrollen)
Eine Wucherin (Sprechrolle)
Ein Bärenführer (Baßbariton)
Ein Polizist (Baßbariton)
Ein Kleinbürger (Sprechrolle)
Ein kleiner Knabe, Begleitung des Bärenführers (stumme Rolle)
Zwei Männer (Sprechrollen)
Volk, Budenleute

Ort und Zeit: Petersburg, zweite Hälfte des 19. Jahrhunderts
Uraufführung: Stockholm 1948

Ein wichtiges Werk, obwohl die Spaltung des Titelhelden in sein wahres und sein zweites Ich (die innere Stimme der Gewalt) bedenklich bleibt. Spaltung der Titelrolle in Tenor und Bariton; Spaltung auch des Orchesters. Durch die Musik der ganzen Oper zieht sich das Bestreben, in kurzen formelhaften Wendungen Menschen und Situationen bündig zu charakterisieren. Wir geben als Beispiele die Formel des verbitterten, im Trunk Vergessen suchenden Marmeladoff und die seiner schwindsüchtigen, keifenden, verzweifelten Frau. Der Inhalt gibt nur ein paar Striche aus Dostojewskis gleichnamigem Roman.

1. AKT: Raskolnikoff in seiner ärmlichen Mansarde im Halbschlaf. Freund Rasumichin will ihn mit Hilfe seiner Wirtsleute, der Marmeladoffs aufmuntern. Doch es kommt nur zu einem Streit zwischen den Marmeladoffs. Raskolnikoff allein, macht sich Vorwürfe, weil er über die Armut nur »denkt« und nicht gegen sie handelt. Sein zweites Ich verlockt ihn, die Menschen als dumme Wesen zu hassen und auszunutzen: »Mord ist Auslese der Natur!« – Verwandlung. Auf dem Heumarkt in Petersburg bedroht das Volk eine alte Wucherin. Sonja, Tochter der Marmeladoffs, will bei der Wucherin Geld für ihre Eltern leihen, wird aber von dieser höhnisch abgewiesen. Raskolnikoff versetzt bei der Wucherin zu einem Schandpreis seine Uhr. Sein zweites Ich hetzt ihn auf, verweist auf Sonjas trauriges Los. Da erschlägt er die Wucherin. – Verwandlung.

Herr Marmeladoff, der in der Trunkenheit überfahren wurde, stirbt in Raskolnikoffs Zimmer. Frau Marmeladoff, halb irrsinnig, verhöhnt Gott, schickt ihre Tochter zu »zahlungsstarken Herren«, umarmt sie sogleich wieder unter Tränen. Raskolnikoff möchte Sonja helfen, sie zu einem Übermenschen ohne Gott führen, wird aber erschüttert durch ihre Worte: »Ich bin ehrlos, eine Sünderin. Aber was wär ich ohne Gott!«.

2. AKT: Rasumichin bringt Raskolnikoffs Mutter in das Zimmer ihres Sohnes und geht, diesen zu suchen. Doch Raskolnikoff erscheint nur, um sogleich Abschied von der Mutter zu nehmen. – Verwandlung. Sonja sitzt sinnend vor der Kirche, in der für ihren Vater ein Tauergottesdienst gehalten wird. Raskolnikoff tritt zu dem Mädchen, gesteht den Mord an der Wucherin. Sonja will ewig zu ihm stehen; aber auf den Weg zur Buße vermag sie ihn noch nicht zu führen. – Verwandlung. Einsame Gegend am Newa-Ufer. Raskolnikoffs zweites Ich will ihn zum Selbstmord verleiten. Da faßt er es zum ersten Male fest ins Auge: der Dämon senkt den Blick und geht in Raskolnikoff auf. Der innere Zwiespalt ist überwunden, Raskolnikoff schreitet mit Sonja in den erwachenden Morgen zum Geständnis, zur Buße.

LIEBERMANN

Rolf L. (geb. 1910), bedeutender schweizer Komponist, Schüler von W. Vogel und H. Scherchen, zeitweise Opernintendant in Hamburg und Paris, lebt jetzt in Wien. Er bedient sich modernster Mittel (einschließlich Zwölfton-Reihen), die er jedoch nicht nur denkerisch, sondern vor allem musikantisch hinreißend einsetzt. Er schrieb unter anderem Klavier- und Orchesterwerke, Opern.

Zwei Opern von Liebermann erzielten anfangs einen Achtungserfolg, der vor allem der vortrefflichen Vertonung galt. Dann sind sie von den Spielplänen verschwunden. Diese Kurzlebigkeit hat ihre Ursachen. In beiden Werken wurden textlich wirkliche Zeitprobleme aufgegriffen, doch gewannen sie keine überzeitliche Gültigkeit, weil der Textverfasser Heinrich Strobel in dem Bemühen, eine Opera semiseria, eine halb heitere und halb komische Oper zu schreiben, das mutig angepackte Problem durch Witzigkeit und kabarettistische Einfälle auf eine unangemessene Ebene verpflanzte.

Leonore 40/45

Opera semiseria in einem Vorspiel und zwei Akten (sieben Bildern) – Text von Heinrich Strobel

Personen:

Huguette (Sopran)
Germaine, ihre Mutter (Alt)
Alfed (Tenor)
Hermann, sein Vater (Baßbariton)
Lejeune (Baßbuffo)
Monsieur Emile (Bariton)
Konzertbesucher, Kaffeehausgäste,
Gefangene

Ort und Zeit: Deutschland und Frankreich, 1939–1947
Uraufführung: 25. März 1952 in Zürich

Dieses Werk zeigt schon durch den Titel den Rückgriff auf Beethovens *Fidelio* an. Der deutsche Besatzungssoldat Alfred liebt die junge Französin Huguette, kommt später in französische Gefangenschaft, muß bei einem Uhrmacher Lejeune arbeiten und wird dort durch Huguette mit Hilfe ihres Schutzengels befreit. – Wir setzen ein Notenbeispiel hierher, das zeigen mag, wie auch ein Zwölftonthema (Ouvertüre und Schlußfuge) so gar nichts Erschreckliches an sich zu haben braucht.

Penelope

Opera semiseria in zwei Teilen
Text von Heinrich Strobel

Personen:

Penelope (Sopran)
Telemachos (Sopran)
Drei Freier:
Leiokritos (Bariton)
Eurymachos (Baß)
Demoptolemos (Tenor)
Ercole (Tenor)
Achille (Bariton)
Bote (Tenor)
Der Podestà von Castel Cicero (Tenor)
Odysseus (Bariton)
Chöre

Ort und Zeit: Nachmittag und Abend des 3649. Tages nach der Beendigung des Trojanischen Krieges
Uraufführung: 17. August 1954 in Salzburg

Textlich, aber auch in der musikalischen Fassung ein mächtiger Schritt vorwärts zu dem von Strobel und Liebermann erstrebten Ziel einer wirklichen Gegenwartsoper: ein Problem aus der Gegenwart (im Mittelpunkt steht ein tatsächliches Geschehnis aus den letzten Jahren) und eine wirkliche Oper.

Die Schwächen auch dieses Textes liegen vor allem darin, daß die Sprache in den heiter-komischen Szenen oft der eines derben Conferenciers angenähert ist und zuweilen auch in den ernsten Szenen ganz auseinanderbricht. An anderen Stellen wird gepredigt und nicht gestaltet – etwa des Odysseus Schlußansprache an das Publikum. Wiederum an anderen Stellen hebt sich die beabsichtigte Wirkung auf, weil der Textverfasser recht vieles allzu deutlich macht. So etwa in der Begrüßungsszene des Podestà, wo das »dumm-verlogene« Geschwätz des Begrüßens verpufft, weil der Podestà und die drei Beamten – sehr fein ihre Verkörperung durch die drei Freier der altgriechischen Penelope – immer aussprechen, was sie wirklich denken, also aus dem »Dumm-Verlogenen« herausfallen.

Gemäß den beiden Zeitebenen: Griechenland Homers und Gegenwart spielt das Stück »in zwei Zeitebenen, einer antiken, die den äußeren Rahmen bildet, und einer modernen, in der die Tragödie vor sich geht«.

1. Teil. Drei Freier werben drängend um Penelope: ein Militär, ein Geldprotz, ein Dichter. Der Dichter stottert – aber falschen Zungenschlag haben alle drei. Penelope, treu des Gatten Heimkehr aus dem Trojanischen Kriege auch nach zehn Jahren noch harrend, webt an einem Vorhang (dieser trennt die erste Spielhälfte von einer zweiten). Obwohl auch sie sich nach einem Manne sehnt, will sie den Freiern zeigen, was geschehen könnte, wenn sie den nun Totgesagten vergäße und sich neu vermählte. Sie hebt den Vorhang. Eine Penelope unserer Tage hat ihren totgesagten Gemahl ein Jahr lang betrauert, dann aber Ercole geheiratet. Die beiden sind einander in echter Liebe zugetan. Eben wollen sie in eine Monteverdi-Oper, »Die Heimkehr des Odysseus«, gehen, da bringt ein Bote die Nachricht, Penelopes erster Mann sei in der

Kriegsgefangenschaft nicht gestorben und werde in Kürze heimkehren. Eine neue Nachricht: die Kriegsgefangenen sind bereits heimgekehrt und werden auf dem Marktplatz feierlich empfangen. Penelope weigert sich zunächst, zu diesem Empfang zu gehen, entschließt sich dann auf Drängen ihres zweiten Mannes doch. Beide sind verzweifelt. Die Tragödie geht weiter. Unehrlich-feierlicher Empfang der Heimkehrer durch Podestà, Beamte und Volk. Penelope erfährt, daß ihr erster Mann vor Freude über das bevorstehende Wiedersehen unterwegs gestorben ist. Nun erst fühlt sie sich schuldbewußt: »Ich habe ihn getötet.«

2. Teil. Die antiken Freier glauben, der frühere Tod des Heimkehrers zeige, daß das Schicksal es gut meine mit den Wiedervermählten. Doch als die moderne Penelope heimkommt, ihr Gewissen beschwichtigen will und nach ihrem zweiten Gemahl ruft, findet sie ihn erhängt. Sie bricht zusammen. Telemachos will auf die zweite Spielfläche stürzen, da erscheint auf der ersten der heimgekehrte Odysseus. Aber ist er wirklich der alte Odysseus? »Ja, ich bin heimgekehrt. Doch steh ich als Trugbild vor euch. In Wahrheit bin ich genau so umgekommen wie jener Ulisse in Penelopes Stück und wie all die Millionen, die seit Jahrtausenden zugrunde gingen für die Herrschaft, die Machtgier, den Ehrgeiz einer Handvoll Hasardeure ...« Heimgekehrt sei er nur »durch des Dichters verzaubernde Macht«. Eine Apotheose auf die Kunst als wahre Lebensmacht schließt das Werk.

Wie die Handlung sinnbildhaft auf zwei Spielebenen verläuft und in einem schönen Sinne einen doppelten Boden hat, so wird Liebermanns Musik mit ihrer Vorliebe für Bitonalität in diesem Werk besonders sinnvoll. Bitonalität bedeutet, daß gleichzeitig zwei Tonarten erklingen. Das heißt: das Werk ist tonal und nicht atonal, zugleich ist es nicht eingleisig, sondern zweigleisig tonal, entspricht also dem sinnbildhaften Doppelgesicht des Textes. Als Beispiel die ersten Akkorde (Beispiel 1). Zu beachten ist, daß der letzte Zusam-

1. Adagio ma non troppo

menschlag des Beispiels als tiefsten Ton ein H, als höchsten ein f aufweist. Von H bis f ist eine verminderte Quinte, und auf diesen beiden Tönen als Grundtönen aufgebaute Tonleitern durchmessen sämtliche zwölf Töne unseres Notensystems. Damit wird diese Musik zur Zwölftonmusik, und zwar nicht rechnerisch-intellektuell, sondern eben aus der sinnbildhaft verwendeten Bitonalität. Wiederum: kehrt man das Verhältnis der beiden Grundtöne um, so erhält man von f bis H drei Ganztonschritte, den »Teufel in der Musik«, den Tritonus, dessen Spannkraft Liebermann meisterlich zu nutzen weiß. Unser Beispiel 2 (Beginn des von Odys-

2. Andante sostenuto

seus angestimmten Schluß-Duos und Finales) mag nun an einer einfachen Stelle zeigen, wie folgerichtig alles das zusammenfließt, »gefühlsmäßig« ungezwungen und »intellektuell« doch straff gefügt. Daß die Musik hier ausdrucksmäßig bereichert wird, steht außer Zweifel.

Das Doppelgesichtige dieser Musik wird auch dem Laien deutlich, etwa dort, wo der Podestà, auftretend mit schmetternden Trompeten-Triolen, in einem Recitativo »dumm und verlogen« mit Heldentenor-Pathos die Heimkehrer begrüßt, wenn das Aufgeblasen-Unechte der Worte verstärkt wird durch eine parallellaufende Hornmelodie, bis dann hinter der Szene ein Boogie-Woogie kräftig andeutet, in was für eine Welt die Kriegsgefangenen wirklich heim(?)gekehrt sind. Scharf geschieden werden auch musikalisch die beiden Spielebenen. Sie sind gleichzeitig Zeit- und Zustandsebenen. Die zumeist parodistisch gehaltene

Rahmenhandlung wird durch vorwiegend spöttische Silben-Staccati trefflich charakterisiert. Die Tragödie selbst ist fast wie eine vorromantische Nummernoper mit Accompagnato, Aria, Arioso, Rezitativ, Duo, Terzettino, Quartett, Ensembles geformt. Liebermanns »espressive Melodik« wirkt stark und unmittelbar.

Die Schule der Frauen

Opera buffa in drei Akten
Text von Heinrich Strobel

Personen:

Poquelin, genannt Molière (Bariton, verkörpert zugleich noch ein altes Weib, Alain und Henri)
Arnolphe (Baßbariton)
Agnes, eine Waise in Arnolphes Haus (Sopran)
Horace (Tenor)
Georgette (Alt)
Oronte, der Vater von Horace (Baß)

Ort und Zeit: Paris, 17. Jahrhundert
Uraufführung: 1955 in Louisville (Vereinigte Staaten)

Liebermanns geistvolle, sprühende, künstlerisch hochwertige Vertonung der vorstehenden Werke brauchte nicht in Archiven zu schlummern, hätte Strobel dem Komponisten von Anfang an ein solches Buffo-Textbuch geliefert wie mit der *Schule der Frauen*. Anstelle leicht verkrampfter Witzelei findet sich nunmehr köstliche Ironie, anmutige Verspieltheit und ein durchgehender, wahrhaft tragender Humor, ein listiges Augenzwinkern, hervorgerufen und aufrecht erhalten durch den Einfall, den Urvater der Komödie, Molière, persönlich auftreten und eingreifen zu lassen. Und Liebermann spielt kräftig mit, lächelt aus Arien und Duetten, mit Cembalo leise barock und er verwendet zugleich die freie Tonalität unserer Tage.

Vormund Arnolphe will die im Kloster streng gehaltene, naiv-törichte Waise Agnes zur Liebe erziehen und heiraten. Sehr beunruhigt ihn, daß der Sohn eines Geschäftsfreundes ihm erzählt, er habe im Hause ein junges Mädchen wiedergesehen, in das er verliebt sei. Da wird es Zeit für den Alten, Agnes noch sorgfältiger bewachen zu lassen und ihr die Heirat schmackhaft zu machen. Horace berichtet nun Arnolphe in seiner Harmlosigkeit, daß es ihm nicht gelinge, an das Mädchen heranzukommen. Jetzt heißt es, den Schatz noch fester einzusperren, die Überwachung zu verschärfen. Befreiungsversuche enden mit einer Tracht Prügel. Als nun gar Oronte, der Vater des Horace, ins Spiel kommt und seinem Sohn eine reiche Braut andrehen will, da scheint alles aus zu sein – eilte nicht Molière höchstpersönlich auf die Bühne als »Monsieur Henri«, will sagen, der keineswegs gestorbene Vater der angeblichen Waise Agnes. Seligkeit der beiden Liebenden, langes Gesicht des »Lehrers zur Liebe«.

BRITTEN

Benjamin B. (1913–1976, Engländer) studierte am Royal College of Music, wurde frühzeitg bekannt auf internationalen Musikfesten durch sprühende, wenn auch nicht immer eigenwüchsige Werke. Schrieb vor allem für Film, Rundfunk und Bühne, komponierte aber auch Werke auf anderen Gebieten.

Nach dem Erfolg seiner ersten Opern nannte man Britten den »englischen Orpheus«, eine Ehrung, die vor Jahrhunderten dem großen Purcell zuerkannt worden war und nicht wieder verliehen werden konnte, weil seither Opernkomponisten von Format in England nicht mehr geboren wurden. Brittens erstaunliche Kunst besteht darin, daß er musikalisch genau den Ton zu treffen weiß, den der jeweilige Stoff verlangt. Melodisch und harmonisch, rhythmisch und klanglich, stimmlich und polyphon – alles »stimmt«, im Ganzen wie in den Einzelheiten. Manchem bereitet die Vielfarbigkeit der Klangpalette freilich Verdruß, so daß Britten sich auch den Spottnamen »englischer Saint-Saëns« zugezogen hat. So viele, immer sich verfeinernde Opern Britten auch geschrieben hat – den eigentlichen unvergeßlichen Markstein bildet der *Peter Grimes*.

Peter Grimes

Oper in drei Akten und einem Vorspiel
Text von Montagu Slater (nach einer Dichtung von George Crabbe)

Personen:

Peter Grimes, Fischer (Tenor)
Sein Jungmann (stumme Rolle)
Ellen Orford, Witwe, Lehrerin des Städtchens (Sopran)
Kapitän Balstrode, ehemaliger Handelsschiffer (Bariton)
Tantchen, Wirtin »Zum Eber« (Alt)
Erste und Zweite Nichte, Hauptanziehungskräfte des »Ebers« (Sopran)
Bob Boles, Fischer und Methodist (Tenor)
Swallow, Mann des Gesetzes (Baß)
Frau Sedley, Rentnerswitwe eines Agenten der Ost-Indien-Gesellschaft (Mezzosopran)
Der ehrwürdige Horace Adams, Pfarrer (Tenor)
Ned Keene, Apotheker und Quacksalber (Bariton)
Dr. Thorp (stumme Rolle)
Hobson, Fuhrmann und Konstabler (Baß)
Stadtleute und Fischer

Ort und Zeit: The Borough, ein Fischerstädtchen an der Ostküste, um 1830
Uraufführung: London 1945

Das Werk leidet ein wenig daran, daß es weder eine klare Handlung noch scharf geprägte Charaktere aufweist. Um so mehr wird die Umwelt, »das Milieu«, herausgearbeitet: das Meer , das Schicksal, die stickige Lebensluft, die dumpfe Triebhaftigkeit, das Kleben am Gewohnten, das Heucheln und körperliche Berauschen. Dementsprechend sind den Chören als Trägern der Umwelt besondere Aufgaben zugewiesen, während die »Solisten« vorwiegend auf rezitativisches Singen beschränkt werden. Allerdings, die Buntheit der angewendeten musikalischen Mittel drohte zu zerfallen, wäre der Gesamtaufbau nicht streng symmetrisch und der Rhythmus nicht ein so straffes Band.

Vorspiel. Peter Grimmes hat auf See einen Schiffsjungen durch den Tod verloren. Die Untersuchung ergibt zwar, daß er an dem Tode unschuldig ist; doch sein unwirsches Verhalten reizt die Menge. Nur die Lehrerin Ellen Orford hält zu Grimes.

1. AKT: Am Hafen schimpft die Menge über Grimes, der sich im Armenhaus einen anderen Schiffsjungen besorgt hat. Der von einem Frömmler aufgehetzte Fuhrmann will den Jungen nicht holen; erst als die Lehrerin mitfährt, erklärt er sich dazu bereit. Kapitän Balstrodes Vorschlag, Grimes solle den Ort verlassen, um den Hetzereien zu entgehen, wird von diesem abgelehnt; er will durch Fischfang möglichst schnell reich werden, um Ellen heiraten zu können. – Verwandlung. Im »Eber« geht es hoch her, dafür sorgt die Wirtin mit ihren beiden zweifelhaften Nichten, dafür sorgt der frömmelnde, derben Genüssen nicht abgeneigte Boles, dafür sorgt der sangesfrohe Kapitän Balstrode – und vor allem der Fusel. Ellen und der Fuhrmann brin-

gen den Jungen aus dem Armenhaus; Grimes nimmt ihn mit heim, verhöhnt von der Menge.

2. AKT: Ellen bittet Grimes, er möge seinen Schiffsjungen doch wenigstens sonntags ausruhen lassen. Grimes fährt auf, wird gegen Ellen handgreiflich und geht mit dem Jungen davon. Die aus der Kirche kommende Menge beschließt trotz Ellens Bitte, gegen Grimes vorzugehen. – Von seiner Hütte aus sieht Grimes, wie die schimpfende Menge herankommt. Er drängt den Jungen, zum Boot zu gehen, und zwar auf dem gefährlichen Klippenweg. Grimes verläßt die Hütte. Die Menge findet das Haus leer.

3. AKT: Großer lustiger Betrieb auf dem abendlichen Dorfplatz. Man munkelt über Grimes, den man seit langem nicht gesehen hat. Die Menge zerstreut sich. Ellen und Balstrode fragen sich, was mit Grimes ist: sein Boot liegt seit kurzem im Hafen, doch von ihm selbst und seinem Schiffsjungen weiß niemand etwas. Die lüstern-neugierige Witwe Sedley veranlaßt den Bürgermeister, daß nach Grimes und seinem Schiffsjungen gesucht wird. – Einige Zeit später. Grimes ist verzweifelt, fühlt sich von allen Seiten gejagt, seit sein Schiffsjunge verschwunden ist (er ist beim Abstieg von der Klippe tödlich abgestürzt); auch Ellen kann Grimes nicht mehr helfen. Den letzten Rat gibt Balstrode: »Fahr aus – und dann versenk das Boot ... Sauf's ab! Leb wohl, Peter!« Grimes befolgt den Rat. Nach einer Weile erblickt man draußen ein sinkendes Boot.

Ein Sommernachtstraum

Oper in drei Akten
Text nach Shakespeare von Peter Pears
und Benjamin Britten

Personen:

Elfenkönig Oberon (Alt oder überhoher Tenor)
Seine Gemahlin Titania (Sopran)
Puck, ein Elf (Sprechrolle)
Herzog Theseus (Baß)
Seine Verlobte Hippolyta (Alt)
Zwei junge Athener Lysander und Demetrius (Tenor bzw. Bariton)
Hermia, verliebt in Lysander (Mezzosopran)
Helena, verliebt in Demetrius (Sopran)
Die athenischen Handwerker: Weber Zettel (Baßbariton), Zimmermann Squenz (Baß), Bälgeflicker Flaut (Tenor), Schreiner Schnock (Baß), Kesselflicker Schnauz (Tenor), Schneider Schlucker (Bariton)
Spinnweb, Bohnenblüte, Motte, Senfsame (Soprane)
Elfen

Ort und Zeit: in und bei Athen, Sagenzeit
Uraufführung: 1960 in Aldeburgh

Schauspielmusik zu Shakespeares in Handlung, Wort und Stimmung musikdurchtränkten *Sommernachtstraum* haben schon manche geschrieben (Mendelssohn, Nick, Weismann, Krenek, Wagner-Régeny, Orff u.a.); der große Henry Purcell machte mit seiner

Fairy Queen sogar einen Opernversuch. Aber erst Britten hatte den Mut, oder anders ausgedrückt: die Unbedenklichkeit gehabt, eine richtige Oper daraus zu machen. Die fünf Akte des Lustspiels wurden mit Geschick auf drei Akte verdichtet, der Dichtertext ist so weit wie möglich beibehalten (die deutsche Übersetzung hält sich weitgehend an die Schlegel-Übersetzung). Britten zaubert mit einem mittelgroßen Orchester elfenhafte Klänge in den Feenszenen (Celesta, Harfe, Xylophon!), den biederen Handwerkern werden äußerst vergnügliche Nachäffungen der älteren italienischen Oper zugesellt. Kurz, die Bühne hat endlich die längst ersehnte *Sommernachtstraum*-Oper.

Der allbekannte Inhalt braucht hier nur gestreift zu werden. Im Elfenkönigspalast hängt der Haussegen wieder einmal schief, und wiederum denkt Königin Titania nicht daran, einzulenken. Da gibt König Oberon seinem verschmitzten Diener Puck einen Trank, den er der schlafenden Titania in die Augen flößen soll: wenn sie dann erwacht, wird sie in unstillbarer Liebe entbrennen zu dem ersten besten, den sie erblickt. Puck macht sich noch seinen Privatspaß, indem er zwei jungen Athenern ein paar Tröpfchen auf die geschlossenen Lider fließen läßt, so daß ihre Liebe jetzt ungewollte Wege geht. Damit nicht genug, macht sich Puck auch an die biederen Athener Handwerksmeister heran, die im Walde eine Probe des erschröcklichen Dramas von Pyramus und Thisbe abhalten. Dem Meister Zettel wächst durch Pucks Zauberei ein Eselskopf – und genau da erwacht Titania, erblickt den verwirrten Meister Langohr und umwirbt ihn mit Kosen und Küssen. Es geht toll zu in dieser traumhaften Sommernacht. Erst als am Morgen Puck die Tropfen verteilt hat, wie es sich gehört, kommt alles wieder ins richtige Gleis. Und die Handwerker können nun dem Herzog einen Beweis ihrer darstellerischen Leistung geben. Oberon und Titania sind – bis auf weiteres – miteinander ausgesöhnt.

EINEM

Gottfried von E. (geb. 1918, Österreicher). Schüler von Boris Blacher, lebt als Freischaffender in Salzburg.

Dantons Tod

Oper in zwei Teilen (sechs Bildern)
Text nach Georg Büchner von Boris Blacher und vom Komponisten

Personen:

Georg Danton (Bariton)
Camille Desmoulin (Tenor)
Hérault de Séchelles (Tenor)
Robespierre (Tenor)
St. Just (Baß)
Herrmann, Präsident des Revolutionstribunals (Bariton)
Simon, Souffleur (Baß)
Ein junger Mensch (Tenor)
Zwei Henker (Tenor und Baß)
Julie, Gattin Dantons (Mezzosopran)
Lucile, Gattin von Camille Desmoulin (Sopran)
Eine Dame (Sopran)
Ein Weib, Simons Frau (Alt)
Männer und Frauen aus dem Volke.

Ort und Zeit: Paris 1794
Uraufführung: Salzburg 1947

Stoff und Sprache des Büchnerschen Schauspiels sind so musikfern wie nur möglich. Aber dem jugendlich-unbedenklichen Komponisten kam es nicht auf Stoff oder Worte an, sondern auf den großflächigen Hintergrund, auf das unruhige Wogen der Massen, auf die ins Überpersönliche erhöhten Leidenschaften. Demgemäß bedenkt Einem den Chor und das Orchester (gewissermaßen als zwei große Kollektive) mit den wesentlichen musikalischen Aufgaben, während die Gesangssolisten (als Vertreter der Einzelpersönlichkeiten) musikalisch nur skizziert erscheinen. Die Mischung von Oratorium, Oper, Musikdrama und Filmmusik mag zuweilen etwas errechnet anmuten; doch spürt man an vielen Stellen ein Lodern und Flammen wie etwa in Bergs *Wozzeck.*

1. Teil. – 1. Bild. Deputierte sitzen mit ihren Damen am Spieltisch. Camille Desmoulin kommt mit der Nachricht, daß Robespierre wieder zwanzig Menschen hat hinrichten lassen. Der moralpredigende Diktator Robespierre ist Danton verhaßt; gegen ihn im Konvent vorzugehen, scheint ihm aber noch zu früh. – 2. Bild. Als die Menge hört, daß der Souffleur Simon seine Frau prügelt, weil diese ihre Tochter an reiche Kavaliere verkuppelt, steigt die Wut gegen die Reichen auf den Siedepunkt. Robespierre wiegelt die Menge noch weiter auf. Doch Danton nimmt gegen die Anmaßung des Diktators Stellung und geht davon, erfüllt von Abscheu gegen den blutigen Tyrannen. So trifft St. Just den Diktator in der rechten Stimmung für seinen Rat. Danton mitsamt seinen Freunden zu vernichten. Nur seinen Jugendfreund Camille Desmoulin möchte er

schonen. Als ihm aber St. Just zeigt, daß Camille einen Artikel gegen Robespierre veröffentlicht hat, willigt der Diktator auch in dessen Verurteilung ein. – 3. Bild. Bei Camille und seiner Frau Lucile. Danton wird benachrichtigt, daß seine Verhaftung beschlossen sei. Er lehnt es ab, zu fliehen: »Ich bin der Hudeleien überdrüssig.« Dann geht er. Camille versucht vergeblich, Lucile zu beruhigen; sie ahnt, daß ihr Mann mit Danton zusammen fallen wird.

2. Teil. 4. Bild. Danton ist mit seinen Freunden ins Gefängnis gebracht worden. Noch hält ein großer Teil der Menge zu ihm; doch der Souffleur Simon bringt einen Stimmungsumschwung zustande: Danton spiele sich als Aristokrat auf und sei von der Königspartei bestochen. Camille ist verzweifelt, wenn er an Lucile denkt, fährt aus Angstträumen auf. Kaum vermag Danton ihn und die anderen Gefangenen zu beruhigen, als Lucile halb von Sinnen vor dem Kerker erscheint und fragt, ob wirklich alle Gefangenen hingerichtet werden sollen. – 5. Bild. Danton verteidigt sich vor dem Revolutionstribunal, erinnert an seine wahrhaft revolutionären Taten, so daß selbst die Richter unsicher werden. Als St. Just behauptet, die Frauen der Angeklagten wollten durch Bestechung die Menge aufwiegeln, droht die Stimmung wieder umzuschlagen. Aber Danton dreht nun den Spieß um, klagt leidenschaftlich Robespierre an. Es kommt zu keiner Einigung. Während die Anhänger Dantons und Robespierres aufeinander losstürzen, wird Danton mit seinen Freunden ins Gefängnis zurückgebracht. – 6. Bild. Das Fallbeil arbeitet, johlend begrüßt die Menge die

Hinrichtung: erst Camille, dann Hérault, schließlich Danton. Als die Menge sich verlaufen hat und die beiden Henker die Guillotine gesäubert haben erscheint die wahnsinnig gewordene Lucile, singt vor sich hin: »Es ist ein Schnitter, der heißt Tod ...« Ihre Tränen netzen die Stufen der Hinrichtungsmaschine.

Der Prozeß

Neun Bilder in zwei Teilen
Text von Boris Blacher und Heinz von Cramer

Personen:

Josef K. (Tenor)
Der Student (Tenor)
Der Advokat (Bariton)
Titorelli (Tenor)
Der Untersuchungsrichter (Bariton)
Der Aufseher (Bariton)
Der Geistliche (Bariton)
Albert K. (Baß)
Willem (Bariton)
Franz (Baß)
Der Prügler (Baß)
Der Gerichtsdiener (Baß)
Der Fabrikant (Bariton)
Der Direktor-Stellvertreter (Tenor)
Der Kanzleidirektor (Baß)
Ein Passant (Bariton)
Ein Bursche (Tenor)

Drei junge Leute/Drei Herrn (je Baß, Bariton, Tenor)
Erster Herr (Sprecher)
Fräulien Bürstner (Sopran)
Die Frau des Gerichtsdieners (Sopran)
Leni (Sopran)
Frau Grubach (Mezzosopran)
Ein buckliges Mädchen (Sopran)
Stumme Gestalten: Zuschauer, Soldat, Mädchen und andere

Zeit: 1919
Uraufführung: 1953 in Salzburg

Aus Kafkas gleichnamigen Roman eine Opern*handlung* machen zu wollen, ist unmöglich; wohl aber läßt sich die seelische *Bestimmtheit* des Prosawerkes für die Bühne gewinnen, wenn man – wie es dem dramaturgischen Scharfsinn Blachers und von Cramers gelungen ist – aus Romanzitaten eine geeignete Bildfolge zusammenstellt. Die Bilder heißen: Die Verhaftung/Fräulein Bürstner/Die Vorladung/Erste Untersuchung/Der Prügler/Der Advokat/Der Fabrikant/Der Maler/Im Dom. Es sind äußerlich scheinbar kaum zusammenhängende Stationen eines Kreuzweges des Menschen Josef K., des Angstweges eines Menschen und der Menschheit. Doch dieses Einssein von Wirklichkeit und Unwirklichkeit, von greifbarem Vordergrund und unbegreiflichem Hintergrund, von Tatsache und Sinnbild, Unschuld und Schuld spiegelt mit beängstigender Eindringlichkeit die seelische Welt, der wir alle angehören, den Prozeß (den gerichtlichen und den des Lebens), der uns zwar frei herumlaufen läßt, dem wir aber doppelsinnig verhaftet sind. Wer nicht die Kraft hat, sich fernzuhalten von den Widerwärtigkeiten und Widerlichkeiten des Lebens, den schleimigen, geschäftigen, schuldhaften, schuldlosen »Richtern« unseres Daseinss, der kommt seelisch um, wird »in aller Höflichkeit« von der Umwelt hingerichtet. Also eine Art prophetischer Vorschau auf mannigfache Erscheinungen unserer Zeit.

Höchst fesselnd ist nun, wie umgekehrt der Komponist mit seiner Vertonung zurückblendet in die Zeit um 1919. Er bedient sich eines Orchesters, das etwa dem der *Meistersinger* entspricht, und holt mit diesem, jedoch mit der musikalischen Ausdrucksweise von heute, jene Welt nach dem ersten Weltkrieg geradezu panoptikumartig wieder herauf. Besonders deutlich an jenen Stellen, die bewußt Puccini und Strauß nachgebildet sind, diesen Opernmeistern jener Jahre. Alle neun Bilder sind über einem besonderen Grund- oder Leitrhythmus aufgebaut, es wird zudem jeweils ganz eigenständig deklamiert oder gesungen, so daß sie musikalisch scharf voneinander geschieden sind; gleichzeitig wird das Ganze von bestimmten Grundlinien durchzogen (Beispiel: der häufig verwendete $^{10}/_{8}$-Rhythmus), die fast unmerklich die Einzelheiten bestimmend beeinflussen.

ZIMMERMANN

Bernd Alois Z. (1918–1970) studierte anfangs Philologie, dann Schulmusik. Wirkte 1950/52 als Theorielehrer an der Universität seiner Vatersstadt Köln, leitete eine Kompositionsklasse an der Kölner Hochschule für Musik. Schrieb Werke auf fast allen Gebieten der Musik.

Nur wenige zeitgenössische Komponisten arbeiteten so selbstkritisch und bedachtsam wie Zimmermann. Wäre es anders, so wäre er in der Fülle der ihm zur Verfügung stehenden kompositorischen Mittel rettungslos untergegangen. Strenge Linien kreuzen sich mit verhaltenen Lyrismen, entfesselte Geräusche paaren sich mit prallen Instrumentalklängen, an die menschliche Stimme werden Anforderungen gestellt, die man »unmenschlich« nennen möchte; wären sie nicht durch die jeweilige Situation künstlerisch begründet. In dieser Komposition spielen winzige Anklänge an Strawinsky, Webern, wohl auch Bartòk eine unbedeutende Rolle, sind mehr Nachhall auf einem Wege, der ganz bewußt eine Zukunft ansteuert, die sich selbst von den modernsten Richtungen bewußt absetzt.

Ein frühe Oper *Valpone* (abgeschlossen 1957) ist kaum bekannt geworden, und gleiches gilt von der Oper *Medea.* Größte Aufmerksamkeit – wenigstens in der Fachwelt – erregte dagegen eine Oper nach Reinhold Lenz.

Die Soldaten

Oper in 15 Szenen nach dem Schauspiel von Jakob Michael Reinhold Lenz

Personen:

Wesener, Galanteriehändler (Baß)
Marie, seine Tochter (Sopran)
Charlotte, ihre Schwester (Alt bis Mezzosopran)
Weseners Mutter (Alt bis Mezzosopran)
Stolzius, Tuchhändler (Bariton)
Stolzius' Mutter (Alt)
Obrist Graf von Spannheim (Baß)
Baron Desportes (Tenor)
Junger Jäger in seinen Diensten (Baß)
Pirzel, Hauptmann (Tenor)
Eisenhardt, Feldprediger (Bariton)
Haudy und Mary, Majore (Baritone)
Drei junge Offiziere (Tenöre)
Gräfin de la Roche (Alt)
Der junge Graf, ihr Sohn (Tenor)
Bediente, Schauspieler, Tänzer, Offiziere und Soldaten

Ort und Zeit: im französischen Flandern, gestern, heute, morgen
Uraufführung: 15. Februar 1965 in Köln

Dieses Opernwerk hatte Zimmermann 1959 abgeschlossen und der Kölner Bühne eingereicht. Das Werk wurde angenommen, dann aber abgesetzt, weil es so hervorragende Künstler wie Fritz Schuh und Wolfgang

Sawallisch schließlich doch für unaufführbar hielten. Schon Manfred Gurlitt hatte 1930 den musikalisch überaus schwer zu realisierenden Text ohne rechten Erfolg vertont. – Das Bürgermädchen Marie aus Armentières liebt zwar ihren Verlobten Stolzius, läßt sich aber dann verführen von dem Edelmann und Offizier Desportes, wird umworben von einem anderen Offizier namens Mary und von einem Grafen de la Roche. So kommt sie trotz mütterlicher Fürsorge durch die alte Gräfin de la Roche unentrinnbar immer tiefer, bis sie schließlich von einem Leibjäger von Desportes vergewaltigt wird, auf daß sie »genügend versorgt sei«. Der kaltschnäuzige Desportes wird von Stolzius vergiftet, und Stolzius gibt sich selbst den Tod. »Das sind die Folgen des ehelosen Standes der Herren Soldaten«. – Zwei Themen mögen es Zimmermann angetan haben: die sozialkritische Anklage und – mehr noch – die Unentrinnbarkeit, in die alle verstrickt sind. Unentrinnbar sind auch bei einmaligen Hören die alles überwältigenden Klänge und Geräusche der Vertonung. Unverwechselbar die Klanggestalten für die vielen Einzelpersonen, so daß man nicht nur textlich, sondern auch musikalisch an jene andere Marie aus Alban Bergs *Wozzeck* erinnert wird.

NONO

Luigi N. (geb. 1924, Italiener), geboren in Venedig, studierte bei Hermann Scherchen und Bruno Maderna. Bereits sehr früh machte er durch eine Kompositionsweise auf sich aufmerksam, die zwar vielfach durch die Schaffensart seines Schwiegervaters Arnold Schönberg, mehr aber durch Anton Weberns punktuelle Aussage bestimmt ist. Einen guten Blick in seine Sprache gewähren die »Varianti« (1957), in denen Tonhöhe, Tondauer, Tonstärke, Tondichte, Spielart, Tempo, Taktgruppierung und dynamische Register seriell aufgebaut werden. Solche »Konstruktivität« verbindet sich in den meisten seiner Werke mit einem leidenschaftlichen Bekenntnis zu Freiheit und Recht des Menschen. Der in seiner Vaterstadt lebende und schaffende Nono ist einer der führenden seriellen und punktuellen Komponisten des Italien von heute.

Intolleranza 1960

Bühnenwerk in zwei Akten
Text von Angelo Maria Ripellini und vom Komponisten

Personen:

Ein Flüchtling (Tenor)
Seine Gefährtin (Sopran)
Eine Frau (Alt)
Ein Algerier (Bariton)

Ein Gefolterter (Baß)
Vier Gendarmen (Sprechrollen)
Bergarbeiter, Demonstranten, Gefangene, Gefolterte, Flüchtlinge, Bauern

Zeit: Gegenwart
Uraufführung: 13. April 1961 in Venedig

Erster Akt. »Intolleranza« heißt »Unduldsamkeit«, jene menschenunwürdige Haltung und Absperrung, hinter der der unterdrückte Mensch nach echter Freiheit seufzt. Dementsprechend beginnt das Werk hinter (!) dem Vorhang mit einem Chor, der sich zu allem »Lebendigen« bekennt. – Ein der Unbill entronnener Flüchtling hat zwar in der Fremde eine Tätigkeit gefunden, doch läßt ihn der Gedanke an die Heimat nicht los. Unversehens geht er trotz aller Warnungen auf die Heimreise, wird bei politischen Unruhen aufgegriffen, kommt ins Konzentrationslager, wird Zeuge unmenschlicher Folterungen, entflieht zusammen mit einem Algerier, schließt sich anderen Flüchtigen an. Ausklang ein Marsch der Gepeinigten, der zu Revolution auffordert: gleich einer Sintflut soll die Empörung die verderbte Welt hinweg schwemmen.

Zweiter Akt. Die Heimat ist nicht mehr die alte. Es herrschen Bürokratismus, Gier und Sensation. Nur im Lächeln eines Weibes, der »Gefährtin«, leuchtet noch einmal die Reinheit von Welt und Menschlichkeit. Beide sehen mit Entsetzen Filmbilder der Unduldsamkeit und des Fanatismus und zerstören die Bildmaschinen. Der Marsch der Gepeinigten klingt wieder auf.

Flucht in ländliche Einsamkeit hilft nicht mehr: der Fluß, an dem sich Flüchtling und Gefährtin zu bergen hofften, steigt über die Ufer, wird zur Sintflut, schwemmt die »letzten Menschen« hinweg. Nur der Schlußchor hofft noch auf eine bessere Zukunft.

Pfeiler des musikalischen Baus sind die seriell geführten Sing- und Sprechchöre, die mit ihren gleichzeitig erklingenden Texten und Silben an spätmittelalterliche Klangfügungen erinnern, und die sinnbildhafte Klang- und Geräuschkulisse von Orchester und verteilten Lautsprechern. Die Solostimmen verzichten weitgehend, aber doch nicht ganz auf sangbare Linien.

KLEBE

Giselher K. (geb. 1925) empfing in den für ihn entscheidenden Jahren 1937–1957 in Berlin wesentliche Anregung durch den Zwölfton-Mathematiker Josef Rufer und den rhythmisch-metrisch interessanten Boris Blacher. Er wirkte an der Detmolder Musikakademie und ist seit 1981 Direktor der Abteilung Musik der Akademie der Künste in Berlin. Er wurde durch Instrumentalwerke früher bekannt als durch seine Opern.

Soweit sich das Schaffen Klebes heute überschauen läßt, stellt es sich dar als eine mehr und mehr sich verfestigende Einheit von lebensmächtiger Überlieferung und triebmächtigem Vorstoßen in Neuland. Obwohl seine Kompositionsweise stark an die Zwölftonmethode gebunden ist, sollte man ihn nicht als Zwölftöner im üblichen Sinne bezeichnen. Denn das – nicht orthodoxe – mathematische Planen nach Reihen wird mehr als aufgewogen durch einen immer wieder durchbrechenden Ausdruckswillen, der zu packenden Klangwirkungen führt. Aufschlußreich erscheint uns vor allem, daß alles Lineare mehr und mehr gebunden wird durch »senkrechte« Einschübe, eine ständig wachsende Spannung der harmonischen Räume. Obwohl seine Bühnenwerke einen bedeutenden Sinn für Dramatik verraten, haben sie sich bisher beim Publikum nicht recht durchsetzen können. Daher müssen hier einige Andeutungen genügen.

Die Räuber

(Düsseldorf 1957, Neufassung 1962) gehen auf den Schillerschen Text zurück, sind jedoch verdichtet auf das Familien-, nicht auf das Rebellen-Drama. Franz und Karl Moor erhalten jeweils eine sie kennzeichnende (nur bei Franz wirklich charakterisierende) Zwölftonreihe zugesellt, Amalia bekommt – ein großartiger Zug – ein paar kluge Dur-Akkorde auf den Weg, die sich dann aber gleich wieder in Harmonie- und Linienspannungen auflösen. Durch die geschickten Parlando-Partien schimmern immer wieder ariose Nummernformen durch. Am stärksten die Sprache des Orchesters.

Auch die nächsten Opern Klebes halten sich an Meisterwerke der Literatur. So *Die tödlichen Wünsche* (1959 nach Balzacs Roman »Die Eselshaut«) und die dreiaktige *Alkmene* (Berlin 1961 nach Kleists »Amphitryon«). Der Stoff ist bekannt: Jupiter (Bariton) verbringt eine Nacht mit Alkmene (Sopran), wobei er freilich die Gestalt ihres Gatten Amphitryon (Tenor) annimmt. Als der Morgen anbricht, herrscht Verwirrung: Alkmene schwelgt in Erinnerungen, die sich ihr Gemahl nicht erklären kann; denn er hat ja an den Liebesverzückungen keinen Anteil gehabt. Lösung bringt Jupiter in seiner wahren Göttergestalt: Alkmene werde einen großen Helden namens Herakles gebären: Dagegen können die sterblichen Eheleute nichts einwenden.

Jacobowsky und der Oberst

Oper in vier Akten (sechs Bildern)
Text nach Franz Werfels gleichnamigem Bühnenstück

Personen:

Jacobowsky (Bariton)
Oberst Stjerbinsky (Tenor)
Marianne (Sopran)
Szabuniewicz (Tenor)
Der tragische Herr (Bariton)
Madame Bouffier (Mezzosopran)
Salomon (Baß)
Die alte Dame aus Arras (Alt)
Die leichte Person (Sopran)
Chauffeur (Baß)
Clairon, Kaffeehauswirt (Baß)
Brigadier von Saint-Cyrill (Baß)
Ein Oberleutnant der deutschen Armee (Tenor)
Der Würfelspieler (Baß)
Der Ewige Jude (Tenor)
Der heilige Franziskus (Bariton)
Chef d'Illot, später Polizeikommissar in Saint-Jean-de-Luz (Sprecher)
Gestapobeamter (Sprecher)
Feldwebel (Bariton)
Hotel- und Cafégäste (Soprane, Alt, Tenor)

Ort und Zeit: Frankreich, Paris 1940
Uraufführung: 2. November 1965 in Hamburg

Klebe hat sich ziemlich genau an den Text von Werfels gleichnamiger *Komödie einer Tragödie* gehalten.

Auf der Flucht aus Polen sind der kluge alte Jude Jacobowsky und der hochtrabende, gleichwohl gar nicht so üble Oberst Stjerbinsky nach Frankreich gekommen, das nun aber keine Sicherheit bietet, weil es von deutschen Truppen besetzt wird. Unter den sechs Szenen ragt die im Luftschutzkeller hervor, in der Jacobowsky, »keines Landes Inländer und aller Länder Ausländer« allem Leid zum Trotz den Willen zum Überleben gütig und heiter aufklingen läßt. Selbst der scheinbar so aufgeblasene Oberst enthüllt sein durch stramme Haltung überdecktes wahres Wesen. Endgültig nähern sich die beiden Flüchtlinge einander an, als durch das Verhalten von »Madame Marianne« das Menschliche über alle Wirrnisse der Zeit siegt. »Es gibt immer zwei Möglichkeiten«.

HENZE

Hans Werner H. (geb. 1926) studierte in Braunschweig, war Korrepetitor in Bielefeld, weiteres Studium bei Fortner und Leibowitz. Vorübergehend Ballettdirigent in Konstanz und Musikberater am Staatstheater Wiesbaden. Lebt als Freischaffender in Castelgandolfo (Italien). Bisher Instrumental- und Vokalwerke, Ballette und Opern.

Henze ist der Meisterjournalist unter den neuzeitlichen Opernkomponisten. Er kennt alles, er kann alles, er sprudelt über von Einfällen, schreibt mit erstaunlicher Geschwindigkeit ein Werk nach dem andern, legt sich nicht auf »Richtungen« fest und nutzt zugleich deren Ausdrucksmittel, wo er es für richtig findet. Unverkennbar in jedem Augenblick die einmalige Handschrift, die an Fortners Systematik, Schönbergs Zwölfton-Anregungen, Strawinskys rhythmischer Kraft, Weberns klanglicher Feinfühligkeit geschult ist, stets geschmeidig wirkt, durchtränkt ist von neuromantischen Lyrismen und in zügiger Musizierfreude dahinfließt. Das Bestreben, fast möchte man sagen: der »Spaß« musikantisch in die Breite zu wirken, verständlich zu sein, wird in den späteren Opern, entstanden in der Berührung mit der von ihm geliebten italienischen Musik, immer deutlicher und verschmäht auch nicht gelegentliche Plattheiten. Und doch macht sich selbst bei einem so ungewöhnlich begabten Komponisten wie Henze das alte Leid bemerkbar, unter dem die jüngeren Opernschreiber gemeinsam stöhnen: die Werke kommen über einen mehr oder weniger sensationellen Anfangserfolg nicht hinaus, werden zuweilen gegen den Willen ihrer Urheber hochgespielt und verschwinden wieder. Doch auch das paßt durchaus zum Meisterjournalisten der zeitgenössischen Oper. – Einige kurze Umrisse müssen hier so lange genügen, als Henzes Opern sich nicht einen dauernden Platz an den Bühnen erworben haben.

Ein kleines, an Strawinskys *Geschichten vom Soldaten* ausgerichtetes Werk ist *Das Wundertheater* (Nach Cervantes, 1949 Heidelberg). Gaukler führen ein Stück auf, das angeblich nur ehelich Geborene sehen können. Ein Soldat, der den Schwindel aufdecken will, wird von den »Sehenden« erschlagen. *Boulevard Solitude* (Text Grete Weill, Hannover 1952) ist ein halb traumhaftes, halb wirklichkeitsnahes Stück über eine Art Manon Lescaut, wobei nach Henzes eigenen Worten »kleine Sologruppen und müde Tongebilde das Klangbild bestimmen«. Abendfüllend, sieben Bilder mit vierundzwanzig geschlossenen Nummern.

König Hirsch (Il Re Cervo) oder Die Irrfahrten der Wahrheit

Oper in drei Akten
Text nach Gozzi von Heinz von Cramer

Personen:

König (Tenor)

Mädchen (Sopran)
Statthalter (tiefer Bariton)
Scollatella, eine viermal teilbare Frauensperson (Soprane, Mezzosoprane, Alt)
Checco, ein verträumter Bursche (Tenor)
Coltellino, schüchterner Mörder (Tenor)
Dame in Schwarz (Alt)
Die Erfinder (Tenöre, Baritone, Bässe)
Zwei Statuen (Soprane)
Papagei (Tänzerin)
Windgeister (Tänzer)
Stimmen des Waldes (gemischtes Quintett)
Der Hirsch (stumm)
Stimmen der Menschheit, Soldaten, Jäger, Tiere, Volk

Ort und Zeit: Landschaft und Stadt, Märchenzeit
Uraufführung: 23. September 1956 in Berlin
Neufassung: 1963

Schon bei der Uraufführung mußte das umfangreiche, textlich überfrachtete Werk gekürzt werden. Der verworrene Inhalt verhinderte einen Dauererfolg. Dabei ist gerade eine sangbare Melodik wesentliches Merkmal der orchestral zauberhaften, formal reichen, harmonisch vielschichtigen Partitur. – Ein gewalttätiger Statthalter will den König, den er schon als Kind beseitigen wollte, verderben. Einem Mädchen, das Königin werden soll, steckt er ein Messer zu und beschuldigt sie eines Mordanschlages. Da zieht sich der König mit seinem Papagei in den tiefen Wald zurück. Der Statthalter schickt ihm einen gedungenen

Mörder nach, wirft aber selbst ein Messer gegen den König. Es trifft den Papagei; doch ihn rettet der »verträumte Bursche« Checco, der dafür ein Zauberwort erhält, mittels dessen der König sich in einen Hirsch verwandelt. Doch auch der Statthalter benutzt das Zauberwort, verwandelt sich in die Gestalt des Königs und läßt alle Hirsche töten. Der König kann fliehen. Der Statthalter-König wird erschossen, als er den in die Stadt kommenden »Hirsch« töten will. Aus dem »Hirsche« wird wieder ein richtiger König, und das Mädchen wird Königin.

Der Prinz von Homburg

Oper in drei Akten
Text nach Kleist von Ingeborg Bachmann

Personen:

Kurfürst Friedrich Wilhelm von Brandenburg (Tenor)
Kurfürstin (Alt)
Prinzessin Natalie (Sopran)
Feldmarschall Dörfling (Bariton)
Friedrich Arthur Prinz von Homburg (Bariton)
Oberst Kottwitz (Baß)
Graf Hohenzollern (Tenor)
Offiziere, Hofdame, Wachtmeister, Soldaten, Heiducken, Bediente

Ort und Zeit: Fehrbellin und Berlin 1675
Uraufführung: 22. Mai 1960 in Hamburg

Konzentration überall: textlich auf die lyrischen Partien, musikalisch auf ein verhältnismäßig kleines Orchester, auf verdichtete Einzelszenen, z.T. kontrapunktisch unterbaut, harmonisch sorgfältig durchgeformt in freier Tonalität, zuweilen Zwölftonmethode. – Wohl träumt der Prinz von Kriegsruhm, doch sein Herz schlägt vernehmlich für Prinzessin Natalie. Zwischen Traum und Wirklichkeit wandelnd führt er in der Schlacht zwar den Sieg herbei, war jedoch ungehorsam gegen die Befehle des Kurfürsten, kommt vor ein Kriegsgericht und wird zum Tode verurteilt. Der Kurfürst bleibt taub gegen alle Gnadengesuche und verfügt: wenn der Prinz selbst das Urteil für ungerecht halte, werde er nicht erschossen. Da findet der Prinz durch Liebesnot und Todesangst zu sich selbst: das Urteil sei gerecht. In dem Garten, in dem er von Sieg und Natalie träumte, erwartet er verbundenen Auges den Tod. Da wird ihm die Binde abgenommen, der Kurfürst hat das Urteil kassiert, Natalie setzt dem sich selbst Überwindenden den Lorbeerkranz auf.

Elegie für junge Liebende

Oper in drei Akten
Text von Wystan H. Auden und Chester Kallman

Personen:

Gregor Mittenhofer, Dichter (Bariton)
Dr. Wilhelm Reischmann, Arzt (Baß)
Toni Reischmann, sein Sohn (Tenor)

Elisabeth Zimmer, Mittenhofers Geliebte (Sopran)
Carolina, Gräfin von Kirchstetten, Mittenhofers Sekretärin (Alt)
Hilda Mack, Witwe (Sopran)
Joseph Mauer, Bergführer (Sprechrolle)
Verschiedene Bedienstete

Ort und Zeit: Alpenhotel um 1910
Uraufführung: 20. Mai 1961 in Schwetzigen

Inhaltlich ein mehr als unerfreuliches Stück, das zudem in seiner problematischen Abseitigkeit um ein Dreivierteljahrhundert zu spät kommt. Der vor seinem sechzigsten Geburtstag stehende Dichter Mittenhofer sieht in jedem der ihn umgebenden Menschen nur den Stoff für dichterische Inspiration, besonders in der ihrem vor vierzig Jahren abgestürzten Mann nachtrauernden, halb irren Hilda Mack und in seiner jungen Geliebten Elisabeth Zimmer, doch auch in seiner gräflichen, ihn finanziell unterstützenden Sekretärin, in seinem Arzt. Als die trauernde Witwe plötzlich zu Verstand kommt, als seine geliebte Elisabeth ihn verläßt, weil sie den Arztsohn Toni kennenlernt, ist sein selbstsüchtiges Innere wie ausgebrannt. Dabei muß er doch zu seinem Sechzigsten seine Gemeinde mit einer Elegie begeistern. Er findet den Stoff: wider besseres Wissen erklärt er einem Bergführer, kein Mensch sei in dem Schneetreiben zum Gipfel aufgestiegen. So kommen Elisabeth und Toni in der Bergwelt um, aber der große Dichter kann nun eine Elegie für die jungen Liebenden verfassen und vortragen. – Musikalisch kommt es zu Arien, Duetten und anderen Ensembles, die jedoch ganz in den schmiegsamen Deklamationsstil eingeschmolzen sind. Klanglich funkelnd das fast solistisch besetzte, mit allerlei Schlaginstrumenten angereicherte Orchester.

Der junge Lord

Komische Oper in zwei Akten
Text von Ingeborg Bachmann nach einer Parabel aus »Der Scheik von Alessandria und seine Sklaven« von Wilhelm Hauff

Personen:

Sir Edgar (stumm)
Sein Sekretär (Bariton)
Lord Barrat, Neffe von Sir Edgar (Tenor)
Begonia, Köchin (Mezzosopran)
Bürgermeister (Baß)
Oberjustizrat Hasentreffer (Bariton)
Ökonomierat Scharf (Bariton)
Professor von Mucker (Tenor)
Baronin Grünwiesel (Mezzosopran)
Luise, ihr Mündel (Sopran)
Ida, Luises Freundin (Sopran)
Frau von Hufnagel (Mezzosopran)
Kammermädchen (Sopran)
Der Student Wilhelm (Tenor)
Zirkusdirektor (Tenor)
Lichtputzer (Bariton)
Tanzmeister (Tänzer)

Butler (stumm)
Mohr (stumm)
Lehrerin (Mezzosopran)
Bürger, Kinder, Zirkusleute

Ort und Zeit: Hülsdorf-Gotha um 1830
Uraufführung: 7. April 1965 in Berlin

Fast eine komische, eine Buffo-Oper, enthielte sie nicht zu viel spöttisch-satirische Angriffe auf spießerische Dummheiten, und wäre sie nicht musikalisch zu sehr gespickt mit Verulkungen übermoderner (serieller) Musik, die doch wohl nur bedingt von einem größeren Publikum mit dem erforderlichen Schmunzeln aufgenommen werden können. Selbst ein Hauptspaß, mit einem platten C-dur zu beginnen und in C zu enden, will nicht recht durchschlagen. Bewunderswert freilich, die prächtigen, meist Ensemble-Gesänge mit ihren unverkennbaren Buffo-Vorbildern, die formale Durcharbeitung (Frauen-Arie als Passacaglia), das Einstreuen witzig aufgepulverter Walzer und Märsche. Dazu fünf beachtliche orchestrale Zwischenspiele. Um 1830 versetzt ein vornehmer Engländer die deutsche Residenz Hülsdorf-Gotha in Aufregung und Ärger, weil er niemanden aus der »Gesellschaft« in sein Haus einlädt, wohl aber eine Bande von Jahrmarktsleuten. Dann aber trifft der angebliche Neffe des Engländers ein, wird unter Gebrüll und Geschrei in der »deutschen Sprache unterrichtet« und überhaupt gesellschaftsfähig sgemacht. Zu Ehren dieses jungen Lords empfängt endlich sein Onkel ganz Hülsdorf-Gotha. Alles äfft die Manieren des jungen Lords nach, die Damen sind entzückt, die junge Luise verfällt dem ausländischen Zauber des Neffen, bis dieser mehr und mehr aus der Rolle fällt, sich beim Tanz auf den Kronleuchter schwingt und erst durch einige gebieterische Bewegung seines »Onkels« sein Treiben einstellt. Ein Affe war der »junge Lord«, eine hübsche, wenn auch derbe Rache des Engländers, weil ihn die Hülsdorf-Gothaer anfangs so schändlich beschimpft hatten.

Die Bassariden

Opera seria mit Intermezzo in einem Akt
Text nach den »Bacchanten« des Euripides von Wystan A. Auden und Chester Kallman

Personen:

Dionysos, auch Stimme, und Der Fremde (Tenor)
Pentheus, König von Theben (Bariton)
Sein Großvater Kadmos, der Gründer Thebens (Baß)
Der Seher Teiresias (Tenor)
Der Hauptmann der Wache (Bariton)
Agaue, Tochter des Kadmos, Pentheus Mutter (Mezzosopran)
Autonoe, ihre Schwester (Sopran)
Beroe, Amme des Pentheus (Mezzosopran)
Junge Sklavin und ihre Tochter (stumme Rollen)
Bassariden, Mänaden und Bacchanten,

Bürger, Wachen, Diener
Im Intermezzo: Venus (Agaue), Proserpina (Autonoe), Kalliope (Teiresias), Adonis (Hauptmann), Diener, Musikanten

Ort und Zeit: Theben, im vorklassischen Altertum
Uraufführung: 6. August 1966 in Salzburg

Die Euripides-Vorlage wird psychologisch und zeitlich verfremdet, jeder »Wert« ins Gegenteil verwandelt, Stile und Epochen aus Jahrtausenden mit robuster Ironie ineinandergemischt (eigentlich »gemixt«), mit dem einzigen Zweck, alles je Geschehene und noch Geschehende als widersinniger Wirrwarr erscheinen zu lassen. Ob sich dergleichen auf der Bühne dauernd ansiedeln läßt, bleibt abzuwarten. Henzes Vertonung benutzt sinngemäß alle möglichen Zeitstile von Bachs Matthäus-Passion bis in die jüngste Gegenwart, von der Sonatenform bis zu modernen Kettenvariationen, aber alles eingeschmolzen, ja abgedunkelt, dann wieder frisch und frech musikantisch in einem schwerbestückten Orchester. Der Inhalt in groben Zügen: König Pentheus von Theben verbietet den überschäumenden Kult des Dionysos, ohne sein eigentliches Wesen recht zu kennen. Als er sich die erforderliche Kenntnis verschaffen will, läßt ihn der rächende Dionysos durch seine Bassariden (Bacchanten, trunkene Schwärmer) verfolgen und töten. Ausgerechnet die Mutter des Pentheus, Agaue enthauptet ihren Sohn im Trancezustand.

OPERETTE

OFFENBACH

Jacques O. (eigentlich »Eberscht«, geb. 1819 als Sohn eines jüdischen Kantors, gest. 1880 in Paris) ging 1833 ans Pariser Konservatorium, war Cellist, Kapellmeister und schließlich Theaterunternehmer. Schrieb rund hundert Operetten.

Offenbach gilt als der Schöpfer der eigentlichen Operette, die durch Singspiele und leicht komische Opern zwar hinlänglich vorbereitet war, aber als Gattung noch nicht bestand. Die Offenbach-Operette ist ein echtes Kind ihrer Zeit: des zweiten französischen Kaiserreichs (Napoleon III.). Die französische »Gesellschaft« nach der Mitte des 19. Jahrhunderts durchschaute nicht nur die nach außen blendende Hohlheit ihres Kaiserhofes, sie durchschaute auch sich selbst. Literatur und Theater witzelten über Gott und die Welt, sprühten vor Bosheit und Ironie. Hier setzte Offenbach ein: was nur irgend zu verspotten war (und was war damals *nicht* zu verspotten!) mußte in seinen zahlreichen Texten herhalten – das Publikum verstand jede Anspielung und lachte von Herzen. Und Offenbachs Musik (»musiquette«, sagte der Pariser halb zärtlich und halb spöttisch) empfand man nach dem längst nicht mehr ernst genommenen Schwulst der sich überschlagenden Großen Oper als kitzelnd-angenehm. Dabei erreicht Offenbach seine musikalischen Wirkungen mit ganz einfachen Mitteln: faßliche Melodiebildungen, wirbelnd-spritzige Rhythmen, pakkende Einprägsamkeit und hinreißende Temposteigerungen sind wesentliche Kennzeichen der Offenbachschen Operettenmusik. Rheinischer Humor, jüdischer Witz und französisch-pariserische Eleganz treffen in Offenbach zusammen.

In den letzten Jahren sind immer andere Offenbach-Operetten ausgegraben, neu bearbeitet und zusammengestellt worden. Wir begnügen uns mit einer Auswahl. Einer »Einführung« bedürfen die meisten nicht.

Orpheus in der Unterwelt

Burleske Oper in zwei Akten (vier Bildern)
Text von Hector Crémieux

Personen:

Pluto Aristeus (hoher Baß)
Jupiter (Bariton)
Orpheus, Konservatoriumsdirektor in Theben (Tenor)
Eurydike, seine Frau (Sopran)
Merkur (Bariton)
Diana (Sopran)
Juno (Alt)
Venus (Sopran)
Minerva (Sopran)
Cupido (Sopran)
Morpheus (Tenor)
Hans Styx (Tenor)
Die Öffentliche Meinung (Alt)
Bacchus, Mars, Götter, Göttinnen

Uraufführung: 21. Oktober 1858, Paris, Bouffes-Parisiens – Erstaufführung in deutscher Sprache: 17. November 1859, Breslau, Stadtheater

1. AKT: 1. Bild. »Der Tod der Eurydike.« Der Konservatoriumsdirektor Orpheus hat seine Frau Eurydike satt und liebt die Nymphe Chloe; Eurydike ihrerseits ist ihres Gatten und seines ewigen Geigenspiels überdrüssig und liebt den Hirten Aristeus. Beide wollen sich trennen, tun aber nach außen so »als ob«. Eurydike ergibt sich dem Hirten in einem Feld; da wirft dieser seine Verkleidung ab und steht in seiner wahren Gestalt vor ihr als Pluto, der Gott der Unterwelt. Sie muß Orpheus einen Abschiedsbrief schreiben und wird von Pluto in die Unterwelt entführt – zum großen Vergnügen von Orpheus, der nun zu seiner Chloe ... Aber da gebietet »die Öffentliche Meinung«, er habe auf seine gesellschaftliche Stellung und die Nachwelt Rücksicht zu nehmen. Seufzend folgt er der gestrengen Dame zum Olymp, um anstandshalber seine Gemahlin zurückzuverlangen. – 2. Bild. »Der Olymp«. Den Göttern ist ihr Götterleben längst zuwider, einer giert gegen den anderen. Und als Jupiter als oberster Gott für höhere Moral eintritt, reibt man ihm seine eigenen galanten Abenteuer unter die Nase. Jupiter wendet sich besonders gegen Pluto; man munkelt von Eurydikes Entführung. Da gibt es Aufruhr, die meisten halten zu Pluto; aber im gefährlichsten Augenblick erscheint Orpheus mit der Öffentlichen Meinung, bringt seine Anliegen vor. Es sieht schlecht aus für Pluto. Obwohl er leugnet, beschließen die Götter, den Tatbestand in der Unterwelt nachzuprüfen.

2. AKT: 3. Bild »Ein Prinz von Arkadien«. In der Unterwelt bewacht der ewig betrunkene Hans Styx, der auf Erden ein Prinz von Arkadien war, die entführte Eurydike. Als die Götter nahen, wird sie versteckt. Jupiter wittert sogleich die schöne Frau, naht ihr durchs Schlüsselloch als Fliege, umwirbt sie und will sie zu Tisch führen. Cupido warnt Pluto; der möchte sich auf den Wächter Hans Styx verlassen, aber Styx ist wieder einmal voll ... 4. Bild. »Die Hölle«. Die Götter sitzen beim Mahl. Jupiter will die als Bacchantin verkleidete Eurydike entführen. Doch Pluto hat aufgepaßt: kann er Eurydike nicht selbst behalten, so soll sie auch Jupiter nicht besitzen. Und schon kommt auch Orpheus mit der Öffentlichen Meinung. Jupiter spricht scheinheilig Recht: Eurydike habe Orpheus zu folgen, doch dieser dürfe sich auf dem Heimweg nicht nach ihr umsehen, sonst sei sie ihm verloren. Orpheus willigt ein, versucht jedoch, sich nach Eurydike umzudrehen, was aber die Öffentliche Meinung zu verhindern weiß. Da schleudert Jupiter einen Blitzstrahl. Unwillkürlich dreht sich Orpheus mit der Öffentlichen Meinung um – Eurydike muß sich von ihm trennen. Aber Pluto behält sie auch nicht; denn Eurydike wird als Bacchantin in den Olymp versetzt.

Die schöne Helena

Burleske Oper in drei Akten
Text von Meilhac und Halévy

Personen:

Paris, Sohn des Königs Priamos (Tenor)
Menelaus, König von Sparta (Tenorbuffo)
Helena, seine Gemahlin (Sopran)
Agamemnon, König der Könige (Bariton)
Klytemnästra, dessen Gemahlin (Alt)
Orest, beider Sohn (Sopran)
Pylades, dessen Freund (Alt)
Achilles (Tenor)
Ajax I. (Tenor)
Ajax II. (Bariton)
Kalchas, Groß-Augur des Jupiter (Baß)
Philocomos, Diener
Euthykles, Schlosser
Bacchis, Helenas Vertraute (Sopran)
Leana, Parthenis und Thetis, Gespielinnen des Orest (Sopran)
Wachen, Sklaven, Dienerinnen, Volk

Ort und Zeit: Sparta und Nauplia, unmittelbar vor dem Trojanischen Kriege
Uraufführung: 17. Dezember 1864, Paris, Théâtre des Variétés – Erstaufführung in deutscher Sprache: 1865, Berlin, Friedrich-Wilhelmstädtisches Theater

Offenbachs zweiter Welterfolg. Diesmal geht es ihm darum, den Pomp seiner zeitgenössischen Über-Opern zu verspotten. Daher das große Aufgebot an Solisten, daher auch manche Pompwirkung des Orchesters.

1. AKT: »Das Orakel.« – Bei einem Tempelfest berichtet der Priester Kalchas der Königin Helena, wie

der trojanische Königssohn Paris bei einem Schönheitswettbewerb dreier Göttinnen der Liebesgöttin Venus den Preis zugesprochen habe; dafür will ihm diese die schönste Frau zum Lohn geben. Das ist etwas für Helena, die ihres vertrottelten Mannes Menelaus längst überdrüssig ist. Paris kommt als Schäfer verkleidet und verlangt von Kalchas, er soll ihm helfen, Helena zu gewinnen; so lautet das Gebot der Venus – und eine Bestechungssumme macht den Priester noch willfähriger. Helena verliebt sich in den jungen Menschen, sucht aber den Schein zu wahren. Beim Fest wird auch eine Intelligenzprüfung veranstaltet. Es gewinnt nicht einer der Könige, sondern der vorgebliche »Schäfer«, der sich dann allerdings zu erkennen gibt. Nun tritt Kalchas vor und verkündet dem verdutzten Menelaus, er müsse auf Befehl der Götter auf einen Monat nach Kreta fahren. Paris weiß, was das bedeutet ...

2. AKT: »Der Traum.« – Helena hat während der Abwesenheit ihres Gatten immer noch gezögert, sich Paris zu ergeben. Aber eine (von ihr sehr wohl durchschaute) List bringt Paris (und sie) an das Ziel der Liebeswünsche: Helena stellt sich schlafend und »träumt«, daß Paris sie umfange. Und sie findet es wenig freundlich von Menelaus, daß er den »Traum« der Liebenden stört: wie kann er auch so schnell von seiner Kreta-Reise zurückkehren: Menelaus wütet; aber – so meinen auch die Könige – im Grunde ist er nicht schuldlos. Paris kann entfliehen. Freilich, er muß noch Helena entführen – weil es ja im Homer steht.

3. AKT: »Die Entführung.« – Helena schmollt ihrem Gatten; es sei doch alles nur im Traum geschehen! Die Könige und vor allem Menelaus glauben allerdings, gegen die wachsende Unmoral müsse etwas unternommen werden. Auch Kalchas wird nicht angehört, als er behauptet, das Geschehene sei auf den Willen der Liebesgöttin Venus zurückzuführen. Menelaus ist mißtrauisch geworden und hat den Groß-Augur der Venus kommen lassen, um den Willen der Göttin zu vernehmen. Und dieser Groß-Augur verkündet: zur Sühne müsse Helena auf der Insel Kythere hundert weiße Kälber opfern. Helena besteigt das Schiff des Groß-Auguren – da wirft dieser seine Verkleidung ab: er ist Paris! Mit Helena segelt er davon. Die getäuschten Könige beschließen den Rachekrieg gegen Troja, die Vaterstadt des Königssohn Paris.

Die Banditen

Operette in drei Akten
Text von Meilhac und Halévy
(Neubearbeitung von Gründgens)

Personen:

Falsacappa, Räuberhauptmann (Bariton)
Fiorella, seine Tochter (Sopran)
Fragoletto, ein junger Pächter (Tenor)
Pietro, Vertrauter von Falsacappa
Der Fürst von Braganza (Tenor)
Baron Campotasso, Oberstallmeister

Antonio, Schatzmeister (Komiker)
Bramarbasso, Polizeihauptmann
Die Prinzessin von Granada (Sopran)
Graf von Gloria-Cassis, ihr Kammerherr
Ein Page der Prinzessin
Pipo, Gastwirt
Pipa, seine Frau
Kurier, Banditen, Polizisten, Hofleute usw.

Ort: Fürstentum Braganza
Uraufführung: 10. Dezember 1869, Paris, Théâtre des Variétés – Erstaufführung in deutscher Sprache: 12. März 1870, Wien, Theater an der Wien

»Die Banditen« huschen in Gründgens' Bearbeitung als verschleierte Zeitsatire über die deutschen Bühnen. Es ist eines der reizvollsten Werke Offenbachs; aber für ein Operettentheater im allgemeinen recht anspruchsvoll und ohne eigentliche »Schlager zum Mitsummen«; an den Opernbühnen wiederum herrscht entweder würdevoller Ernst oder Experimentiersucht oder weihevolle Tradition. Und so wird wohl diese köstliche komische Oper(ette) erst dann zum Repertoirestück werden, wenn unsere Opernbühnen als echte Kulturspiegel nicht nur Altgewohntes, Neumodisches und Männlich-Ernstes spiegeln, sondern auch Heiter-Entzückendes von zeitloser Geltung. Und welche stoffliche Aktualität: Die Grenzen zwischen dem Ausbeutertum in gehobener sozialer Stellung und ehrlich-offener Straßenräuberei schwinden; ein Dieb sucht den andern zu begaunern; die Polizei erscheint mit großer Lärmentfaltung, so daß sich die Übeltäter rechtzeitig verstecken können; niemand hat Geld, aber einer möchte dem andern welches abgaunern; die Ehe ist eine Mitgiftjagd, bei der es viele Jäger, aber keine Mitgift gibt. Geradezu erschreckend schließlich: der Räuberhauptmann wird Polizeichef – und die öffentliche Ruhe und Sicherheit sind wiederhergestellt.

Klar und zielstrebig die Handlung. Der Räuberhauptmann Falsacappa hat einen Kurier abgefangen. Unter dessen Gepäck findet er das Bild einer spanischen Prinzessin, die einen Fürsten heiraten soll. Das Bild vertauscht er mit dem seiner Tochter Fiorella und schickt den Kurier fort. In einer Schenke, in der die spanische Gesandtschaft erwartet wird, übernehmen Falsacappas Banditen zunächst die Rolle des Dienerpersonals, überwältigen dann eine Abordnung des Fürsten, ziehen deren Kleider an, empfangen so die spanische Gesandtschaft, sperren sie ein, bemächtigen sich ihrer Kleider und ziehen nun als »Spanier« an den fürstlichen Hof. Dort will Falsacappa seine als Prinzessin verkleidete Tochter als Braut vorstellen und damit die vorgesehene Mitgift an sich bringen – aber die Kasse ist leer. Inzwischen hat sich die echte spanische Gesandtschaft befreit und kommt wütend zum Fürsten. Der Betrug ist entdeckt. Doch alles geht gut aus; denn die Banditentochter Fiorella hatte einst den Fürsten aus der Gefangenschaft der Banditen entfliehen lassen und bittet jetzt für den Vater Räuberhauptmann. Der wird nicht nur nicht bestraft, sondern seiner Fachkenntnisse wegen zum Polizeichef ernannt.

SUPPÉ

Franz von S. (eigentl. Name Francesco Cavaliere Suppé Demelli, 1819–1895, belgisch-wienerischer Abstammung) hatte berühmte Lehrer, wurde Kapellmeister in Wien, schrieb viele Bühnenmusiken und Operetten, später auch Kirchenmusik.

Suppé ist vielen nur bekannt durch einige seiner melodiös-zügigen Ouvertüren (»Leichte Cavallerie«, »Dichter und Bauer« usw.). Dabei sind manche seiner Bühnenwerke recht bemerkenswert; nicht nur, weil Suppé neben und teilweise vor Johann Strauß die Wiener Operette geschaffen hat, sondern um der Musik selbst willen. Sie hat von vielem etwas: der Schmelz der Wiener Melodik, die Keckheit Offenbachischen Spottes, die rhythmische Kraft italienischer Buffo-Opern geben sich in der geschickten, teilweise genialen Satzart des Komponisten ein so amüsantes Stelldichein, daß man einigen seiner Operetten immer gern einmal begegnet. Zu den wirkungsvollsten gehören die folgenden.

Die schöne Galathee

Operette in einem Akt
Text nach Poly Henrion

Personen:

Pygmalion, ein junger Bildhauer (Tenor)

Ganymed, sein Diener (Alt)
Midas, ein Kunstenthusiast (Komiker)
Galathee, eine Statue (Sopran)

Ort und Zeit: im Cypern des Altertums
Uraufführung: Wien 1865

Diese Operette wandelt den alten Sagenstoff ins Menschlich-Heitere. Der Bildhauer Pygmalion hat eine Statue »Galathee« geschaffen, in die er so verliebt ist, daß er die Göttin Venus bittet, sie möge die Statue lebendig machen. Der Wunsch wird erfüllt; aber die lebendige Galathee zeigt nun sehr, sehr menschliche Seiten, kokettiert mit Pygmalions Diener Ganymed, zeigt sich auch den Geschenken des reichen Midas gegenüber nicht unempfänglich – kurz, sie treibt es so bunt, daß Pygmalion nun Venus anfleht, sie möge die Lebende wieder in eine Statue verwandeln, – was auch geschieht.

Banditenstreiche

(Drei Akte, Text von B. Boutonnier, Uraufführung 1867 in Paris, Neufassung 1955 von Bender und Waldenmeier). In der Neufassung kein Originalwerk; die Handlung wurde erweitert, die Musik aus anderen Werken Suppés ergänzt. – Im Golf von Neapel lebt der Banditenführer Malandrino, Feind der Reichen, Freund der Armen und Verliebten. Bei der Hochzeit der reichen Bürgermeisterstochter Lidia hofft er, einen Fischzug machen zu können und lockt die Polizei ins Gebirge, wo sich der Banditenhauptmann, auf dessen Kopf tau-

send Dukaten ausgesetzt sind, angeblich aufhält. Bürgermeister Babbeo sagt die Hochzeit Lidias mit dem armen Gaetano ab, weil sich in dem reichen Lelio ein besserer Bewerber einfinden soll. – Über eine Leiter steigt Malandrino mit seinen Leuten beim Bürgermeister ein. Gaetano sieht die Leiter, steigt nach, um Lidia zu entführen, trifft auf Malandrino und berichtet ihm von der Ankunft des reichen Lelio. Das ist etwas für den Banditen. Zusammen mit seinem ehemaligen Lehrer Tondolo, der von seinen Leuten versehentlich ausgeraubt wurde, schmiedet er Pläne: dem Lelio nehmen sie das Geld ab, ziehen ihm die Kleider aus, und Malandrino spielt vor dem Bürgermeister nun den Lelio, bezeichnet diesen als den gesuchten Banditen und streicht das Kopfgeld ein. Inzwischen verliebt sich Lidias Freundin Stella in den angeblichen Malandrino (Lelio), der gehängt werden soll. Und der Schulmeister Tondolo läßt sich als angeblicher Bandit einsperren. Jetzt wird endlich die Hochzeit ausgerichtet: Lelio (in Wirklichkeit Malandrino) spielt den Bräutigam. Die Konfusion wächst, als der Gemeindeschreiber hereinstürzt mit der Mitteilung, der zu hängende Gefangene sei gar nicht Malandrino, er sei Lelio, der richtige Malandrino sei vielmehr der von ihm eingesperrte Tondolo. Endlich gibt sich Malandrino zu erkennen: nicht er sei der richtige Bräutigam, sondern Lelio. Der wiederum macht einen neuen Strich durch die Rechnung des reichen Bürgermeisters. Er will nicht dessen Tocher Lidia, sondern deren Freundin Stella. So kommen Lidia und Gaetano doch noch zusammen. Die Mitgift stiftet Malandrino mit dem Kopfgeld und dem vòn Lelio geraubten Geld. Er hält sich und seine Leute schadlos, indem er die Hochzeitsgäste ausraubt. Was aber der Hochachtung für ihn nicht weiter schadet.

Fatinitza

Romantische Operette in drei Akten
Text von Zell und Genée nach Delacour und Wilder

Personen:

Graf Timofej Kantschukoff, General in bulgarischen Diensten (Sprechrolle)
Fürstin Lydia Usunowa Uschakoff, seine Nichte (Sopran)
Izzet Pascha, Gouverneur einer türkischen Festung (Sprechrolle)
Wladimir Samoiloff, Leutnant (Tenor)
Steipan Barbankoff, Sergeant (Sprechrolle)
Julian von Golz, deutscher Zeitungsberichterstatter (Tenorbuffo)
Ein Marketender und sein Mündel Manja (Soubrette)
Kleinere Rollen, bulgarische und türkische Offiziere und Soldaten, Haremswächter, Dienerinnen, Tänzerinnen usw.

Ort und Zeit: 1877 in der Türkei und in Bulgarien
Uraufführung: Wien 1876
Neubearbeitung: München 1950

Eine Verkleidungskomödie. – Leutnant Wladimir hatte sich, wie er erzählt, einst in kitzliger Situation als Mädchen verkleidet. Damals hatte sich General Kantschukoff in das »Mädchen« verliebt, sie aber aus den Augen verloren. Eben wollen die Offiziere, belustigt von der Geschichte, einen Theaterulk aufführen mit Wladimir als »Fatinitza«. Dem Spiel macht der hinzukommende General wütend ein Ende, ist aber hocherfreut, das »Mädchen« von damals wiederzusehen. Da überfallen die Türken das Lager und rauben zwei Mäd-

Fatinitza-Marsch

chen: »Fatinitza« und des Generals Nichte Lydia. Erst im Harem des türkischen Paschas offenbart Wladimir der verzweifelten Lydia, wer er ist. Die beiden sind einander früher flüchtig begegnet und haben Gefallen aneinander gefunden. Durch eine List werden sie befreit. Aber die Freude ist nur kurz: auf des Generals Befehl soll Lydia einen alten Fürsten heiraten, er selbst will sich mit »Fatinitza« verloben. »Fatinitza« stellt eine Bedingung: sie will die Seine werden, wenn »ihr Bruder Wladimir«, den der General sehr schätzt, Lydia bekommt. Als der General einwilligt, erscheint »Fatinitza« als Wladimir und erhält Lydia. Der General aber muß sich mit einem gefühlvollen Abschiedsschreiben von »Fatinitza« begnügen.

Boccaccio

Operette in drei Akten
Text von Zell und Genée nach Delacour und Wilder

Personen:

Giovanni Boccaccio (Alt)
Pietro, Prinz von Palermo (Tenor)
Der Barbier Scalza und seine Frau Beatrice
Der Faßbinder Lotteringhi (Bariton)
Seine Frau Isabella (Sopran)
Der Gewürzkrämer Lambertuccio (Bariton)
Seine Frau Peronella (Sopran)
Fiametta, beider Ziehtochter (Sopran)
Studenten, Freunde Boccaccios, Bürger, Bürgerinnen, Volk, Figuren der Commedia dell'arte

Ort und Zeit: 1331 in Florenz
Uraufführung: Wien 1879

Der Dichter des Dekameron bringt die Florentiner Männer nicht nur durch sein Buch in Zorn, sondern ebenso durch seine verliebten Streiche mit Freunden. So viele Abenteuer er auch erlebt – seine Liebe gilt nur Fiametta, der Ziehtochter eines Gewürzkrämers. Auch sie liebt ihn und weiß, wie die Zeiten nun einmal sind: »Hab ich nur deine Liebe, die Treue brauch ich nicht.« Da stellt es sich heraus: sie ist die natürliche Tochter des Herzogs und soll den Prinzen Pietro heiraten, eben den Pietro, der sich mit Boccaccio befreundet hatte und von ihm in das Florentiner Liebesspiel eingeweiht wurde. Es ist nicht allzu schwer, Pietro zum Verzicht zu bewegen. Und da Boccaccio zudem durch Pietro bei Hofe eingeführt worden ist, können ihm die Florentiner Männer nichts mehr anhaben.

STRAUSS

Johann St. (1825–1899, Österreicher), Angehöriger einer hochbegabten Familie von Tanzkomponisten, wurde gegen den Widerstand seines Vaters Musiker, machte als ganz junger Tanzkapellmeister seinem Vater Konkurrenz, übernahm nach dessen Tode seine berühmte Kapelle, spielte und komponierte sich bald in die erste Reihe aller lebenden Walzerkomponisten, unternahm mit seiner Kapelle zahlreiche Auslandsreisen. Durch ihn erst wurde der Wiener Walzer zu einer noch heute unerschütterten musikalischen Weltmacht. (Nebenbei: mit dieser Familie Strauß ist weder Richard Strauß noch Oscar Straus verwandt.)

Ein neunzehnjähriger Jüngling spielt mit einer kleinen Kapelle in einem Biergarten in einer Wiener Vorstadt zum Tanz auf, übernimmt nach des Vaters Tod dessen Kapelle und spielt weiter zum Tanz auf, begnügt sich nicht mit den vorhandenen Tänzen, sondern komponiert Hunderte von Walzern, Galopps, Polkas und dergleichen für seine Tanzkundschaft, wird weltberühmt, erfreut sich der liebenden Hochachtung so eigenwilliger Meister wie Brahms und Wagner, führt in seinen Unterhaltungskonzerten u.a. Werkbruchstücke des in Wien wenig geschätzten Wagner auf, spielt im Freundeskreis am liebsten Kammermusik von Beethoven und Mozart, kommt erst als hoher Vierziger mit der Bühne in Berührung, schreibt gleich als eine seiner ersten Operetten ein Werk, das wahrhaft unvergänglich ist: »Die Fledermaus«, begründet damit – ungewollt – die Vorherrschaft der Wiener Operette zu einer Zeit, in der von Paris aus Offenbach die Welt mit seinen Werken bezauberte, und – was noch mehr sagt – er legt die Wiener Operette so breit und so tief an, daß sie auch noch bedeutende Nachfolger fand (im Gegensatz zu Offenbach).

Woher dieser unglaubliche Erfolg? Man verweist zur Erklärung meist auf das sanges- und tanzfreudige Wien jener Jahrzehnte, auf die erstaunliche musikalische Begabung und auf die nicht analysierbare Schöpferkraft von Johann Strauß Sohn. Das ist alles richtig; aber eines wird vielfach übersehen, und das ist die doppelte Schulung dieses wahrhaft großen Mannes: seinen künstlerischen Geschmack schulte er ständig an den Meisterwerken der ernsten Kunst, zugleich aber schulte er den Blick für die Wirkung seiner eigenen Kompositionen an der (von vielen »Künstlern« so verachteten) breiten Masse, für die er schrieb – nicht anders als jener Luther, der mit seiner Bibelübersetzung auch »wirken« wollte und daher, »dem gemeinen Volk aufs Maul schaute«. Vor künstlerischen Verstiegenheiten bewahrte diesen Feuerkopf die an Hans Sachs gemahnende Verbindung mit dem Volk, vor seinen Plattheiten der Umgang mit edler Musik.

Sagt man von Offenbach, seine Hauptwirkung gehe von den witzigen Couplets aus (was nur bedingt richtig ist), so ruhen die Operetten von Johann Strauß vorwiegend auf den Tanzliedern. Keineswegs nur auf den Walzer-Liedern, sondern auf den Tanzliedern schlechthin. Von der großartigen Walzerszene im zweiten *Fledermaus*-Akt bis zur Barkarole der *Nacht in*

Venedig, vom wirklich auch musikalisch spritzgebakkenen »Hochzeitskuchen, bitte zu versuchen« (Zigeunerbaron), bis zum Schlußchor im *Wiener Blut* wird alles Bedeutende vom Tanzlied aus gestaltet. Und diese Tanzlieder sind mehr als schmeichelnde, lokkende Walzer, sprühende Galopps, funkelnde Polkas; sie sind rein musikalisch so stark, daß sie selbst in ganz kunstloser (man darf zuweilen sogar sagen: gestaltloser) Reihung als geschlossene Kunstwerke anmuten. Beispiele dafür bieten das Potpourri der *Fledermaus*-Ouvertüre, die Erinnerungs-Pantomime des Gefängnisdirektors im dritten *Fledermaus*-Akt, die Konzertwalzer *Geschichten aus dem Wienerwald, An der schönen blauen Donau* (Dieser eigentlichen Wiener Internationalhymne) und vieles mehr.

Die Fledermaus

Operette in drei Akten
Text von Karl Haffner und Richard Genée

Personen:

Gabriel von Eisenstein, Rentier (Tenor)
Rosalinde, seine Frau (Sopran)
Frank, Gefängnisdirektor (Baß)
Prinz Orlofsky (Mezzosopran)
Alfred, Gesangslehrer (Tenor)
Dr. Falke, Notar (Bariton)
Dr. Blind, Advokat (Baß)
Adele, Kammermädchen von Rosalinde (Sopran)
Ida, ihre Schwester

Frosch, Gerichtsdiener
Herren und Damen, Masken, Bediente

Uraufführung: 5. April 1874, Wien, Theater an der Wien

Eine so seltsame Mischung das Textbuch auch ist (ursprünglich ein Lustspiel von Benedix, dann eine Vaudeville von Meilhac und Halévy, schließlich ein Operettenbuch von Haffner und Genée), so überraschend glücklich wurde es vom Publikum aufgenommen, weil hier nicht wie im Singspiel oder der französischen Operette Menschen aus anderen Welten, sondern Menschen der üblichen Umwelt auftraten. Freilich, die Hauptsache mußte der Komponist geben. Und er tat es: mit quellenden melodischen Einfällen, mit Tanzliedern und großen Ensembles, mit Pantomime und glänzender Instrumentierung, aber auch mit sorgfältiger musikalischer Charakterisierung der einzelnen Personen.

»Fledermaus«-Walzer

1. AKT: Der Gesangslehrer Alfred bringt seiner Jugendliebe Rosalinde, der Frau des Rentiers Eisenstein, ein Ständchen – und hofft auf mehr; denn er weiß, Eisenstein muß heute ins Gefängnis wegen Beleidigung. Schon erscheint Eisenstein mit seinem Rechtsanwalt Blind, der beim Prozeß eine unrühmliche Rolle gespielt hat. Aber der Notar Dr. Falke, der einst als Fledermaus auf einem Maskenball erschienen und von Eisenstein lächerlich gemacht worden war, beredet Eisenstein, er solle seine Strafe erst am

nächsten Tage antreten und heute abend auf das Fest des Prinzen Orlofsky gehen. Sogleich wirft sich Eisenstein in den Frack, verabschiedet sich rührend von seiner Frau, die über solche Gefängniskleidung staunt, und geht mit Falke davon. (»O Gott, o Gott, wie rührt mich dies«). Da auch das Kammermädchen Adele das Haus verläßt (angeblich, um ihre kranke Tante zu besuchen, in Wirklichkeit, um das Fest bei Orlofsky mitzumachen), ist nun für den Liebhaber Alfred die Stunde gekommen: frech und gottesfürchtig dringt er ein, zieht Schlafrock und Pantoffeln des Hausherrn an, macht es sich bequem, betört Rosalinde durch seinen Tenor – doch muß er plötzlich den Ritter spielen: der Gefängnisdirektor Frank, auch er auf dem Weg zu Orlofsky, will Eisenstein ins Gefängnis holen, sieht Alfred in Pantoffeln, hält ihn für Eisenstein und nimmt ihn mit. Um Rosalindes Ruf zu retten, klärt Alfed das Mißverständnis nicht auf.

2. AKT: Auf dem Fest beim Prinzen Orlofsky; es geht merkwürdig zu dort, aber »... s'ist mal bei mir so Sitte«. Für seine kleine Fledermaus-Rache hat Dr. Falk einige Personen bestellt: das Stubenmädchen Adele (die sich zum Erstaunen Eisensteins als junge Sängerin ausgibt und bewährt), den Gefängnisdirektor Frank (der sich als »Chevalier Chagrin« mit Eisenstein anfreundet) und schließlich auch Rosalinde als »ungarische Gräfin« in Maske. Mit der schönen Maske beginnt Eisenstein (als angeblicher Marquis) sogleich einen heftigen Flirt, in dessen Verlauf die »Gräfin« seine hübsche Taschenuhr in Verwahrung nimmt. Die Nacht hindurch wird getanzt, gesungen, getrunken und geflirtet (»Brü-

derlein und Schwesterlein«). Morgens um sechs verlassen der »Chevalier Chagrin« und der »Marquis« das Fest; der eine, um seinen Posten als Gefängnisdirektor, der andere, um seine Strafe anzutreten.

3. AKT: Im Gefängnis waltet der schwer alkoholisierte Gerichtsdiener Frosch seines Amtes. Dr. Frank, nicht minder betrunken, möchte sich ein wenig hinlegen, bekommt aber Besuch vom Kammermädchen Adele, die ihn bittet, er möge sie als Sängerin ausbilden lassen. Vollends verdreht wird er, als jetzt auch noch der »Marquis« eintrifft und behauptet, Eisenstein zu sein. Eisenstein? Der sei doch schon gestern abend eingeliefert worden! Da dämmert dem guten Eisenstein etwas. Schleunigst fängt er draußen den Advokaten Blind ab, hüllt sich in dessen Robe und befragt nun als »Rechtsanwalt« den Gefangenen Alfred und seine eigene, eben hereinkommende Frau Rosalinde über den Sachverhalt. Doch wüten darf er nicht; denn Rosalinde hält ihm lächelnd seine Uhr entgegen, die sie ihm gestern als »ungarische Gräfin« nahm. Großes Gelächter: Orlofsky ist mit seinen Gästen erschienen und weidet sich an der gelungenen Fledermaus-Rache Dr. Falkes.

Eine Nacht in Venedig

Komische Operette in drei Akten
Text nach dem Französischen von F. Zell und R. Genée

Personen:

Guido, Herzog von Urbino (Tenor)

Dellaqua, Barbaruccio und Testaccio, Senatoren
Barbara Dellaquas Frau (Sopran)
Agricola, Barbaruccios Frau
Constantia, Testaccios Frau
Annina, Milchschwester von Barbara (Soubrette)
Caramello, Leibbarbier des Herzogs (Tenor)
Pappacoda, Makkaronikoch
Ciboletta, Köchin bei Dellaqua
Enrico Piselli, Seeoffizier
Ein Page
Gäste, Musikanten, Diener, Mädchen usw.

Ort und Zeit: Venedig, Mitte des 18. Jahrhunderts
Uraufführung: 3. Oktober 1833, Berlin, Neues Friedrich-Wilhelmstädtisches Theater

Zwei Textbücher wurden Strauß vorgelegt: die *Nacht in Venedig* und der *Bettelstudent.* Strauß wählte das erste – und Millöcker wurde mit dem zweiten weltberühmt, Die *Nacht in Venedig* ist textlich wirklich schwach und hat sich erst in einer späteren Bearbeitung Kreneks einigermaßen durchsetzen können. Die Uraufführung in Berlin war ein Reinfall – trotz einer Reihe herrlicher Melodien, an der Spitze die Barkarole »Komm in die Gondel«.

Der galante Herzog möchte auf einem Maskenfest Barabara, die junge Gattin eines alten Senators, gewinnen und verspricht demjenigen, der ihm dabei hilft, alles mögliche. Und nun geht die Verwirrung an. Der alte Senator bringt statt seiner Gattin Barbara seine Köchin Ciboletta als »seine Frau«, der Barbier Caramello will Barbara verkleidet in den Palast führen, setzt aber, ohne sie in ihrer Verkleidung zu erkennen, seine eigene Geliebte Annina in die Gondel und bemerkt seinen Fehler erst, als er die angebliche Barbara beim Herzog abliefert. Belustigt speist der Frauenverehrer-Herzog mit zwei »Barbaras«. Die wirkliche Barbara aber stürzt sich mit ihrem Geliebten Enrico in das Maskentreiben. Dort wird sie von ihrem Mann erkannt; sie behauptet aber, dieser Enrico habe sie eben vor einer Entführung durch den Herzog bewahrt. Nun hat der Herzog dieses Mal keine Eroberung machen können; der eifersüchtig wachende Koch Pappacoda wird durch Vermittlung seiner Liebsten Ciboletta zum Hofkoch ernannt, der Barbier Caramello wird durch Anninas Hilfe herzoglicher Verwalter, und Barbara hat ja längst ihren Enrico, so daß hier dem herzoglichen Appetit bereits Grenzen gesetzt sind.

Der Zigeunerbaron

Operette in drei Akten
Text (nach Jokai) von Ignaz Schnitzer

Personen:

Graf Peter Homonay (Bariton)
Conte Carnero, königlicher Kommissär
Sandor Barinkay, junger Emigrant, (Tenor)
Kálmán Szupán, reicher Schweinezüchter im Banat (Komiker)
Arsena, seine Tochter (Sopran)

Mirabella, deren Erzieherin
Ottokar, ihr Sohn (Tenor)
Czipra, Zigeunerin (Alt)
Saffi, Zigeunermädchen (Sopran)
Bürgermeister von Wien
Zigeuner, Soldaten, Hofleute, Ratsherren usw.

Ort und Zeit: im Temeser Banat und in Wien, um die Mitte des 18. Jahrhunderts – Uraufführung: 24. Oktober 1885, Wien, Theater an der Wien

Trotz des auch heute noch anhaltenden Welterfolgs muß es einmal ausgesprochen werden: Strauß hat an dem *Zigeuernbaron* zuviel gearbeitet, hat ihn zu sehr in die Nähe der komischen Oper gebracht. So prächtig

Walzer aus dem »Zigeunerbaron«

manches Couplet, mancher Walzer, manches Ensemble ist – die Spritzigkeit echter Operettenmusik fehlt an vielen Stellen doch recht bedenklich und wird durch Sentimentalität ersetzt (was allerdings stark durch das Textbuch bedingt ist).

1. AKT: Zum großen Verdruß des ungehobelten Schweinezüchters Szupán erhält der junge Barinkay die als herrenlos geltenden Güter seiner Eltern zurück. Aber Szupán, der sich auf diese Güter gespitzt hatte, findet einen Ausweg, indem er Barinkay mit seiner

Tochter Arsena verkuppeln will. Diese jedoch verlangt spöttisch, Barinkay müsse erst Baron werden (sie liebt nämlich Ottokar, den Sohn ihrer Erzieherin Mirabella). Als die alte Zigeunerin Czipra ihn zum Zigeunerbaron ihrer Bande ausruft, wirbt er nochmals um Arsena, wird abgewiesen und will sich mit dem Zigeunermädchen Saffi zusammentun.

2. AKT: Nach der Brautnacht im verfallenen Herrensitz seiner Vorfahren findet Barinkay, durch einen Traum Saffis darauf hingewiesen, einen verborgenen Schatz. Am liebsten möchte Szupán ihm den Schatz entreißen. Da kommt der Werbeoffizier Homonay, verpflichtet Szupán und Ottokar – gegen deren Absicht – zum Kriegsdienst in Spanien. Barinkay opfert den gefundenen Schatz für den Krieg. Doch auch der Sittenkommissär Carnero ist erschienen. In Mirabella und Ottokar hat er seine verschollene Familie wiedererkannt. Höchst sittenstreng entrüstet er sich über die wilde Ehe Barinkay-Saffi. Da beweist die alte Czipra, daß Saffi keine Zigeunerin, sondern die Tochter eines türkische Paschas ist. Nun glaubt Barinskay, auf eine so hochgeborene Braut verzichten zu müssen, und läßt sich anwerben.

3. AKT: Szupán ist dem siegreichen Heer nach Wien vorausgefahren und erzählt den Staunenden von seinen angeblichen Großtaten. Barinkay aber war ein wirklicher Held; daher wird er in aller Form geadelt und führt Saffi heim – nicht ohne zuvor als Brautwerber Ottokars um Arsenas Hand aufgetreten zu sein.

Wiener Blut

Operette in drei Akten
Text von Victor Léon und Leo Stein

Personen:

Fürst Ypsheim-Gindelbach, Premierminister von Reuß-Schleiz-Greiz (Bariton)
Balduin Graf Zedlau, Gesandter von Reuß-Schleiz-Greiz in Wien (Tenor)
Gabriele, seine Frau (Sopran)
Graf Bitowski
Franzisca Cagliari, Tänzerin am Kärtnertor-Theater (Sopran)
Kagler, ihr Vater (Komiker)
Pepi Pleininger, Probiermamsell (Soubrette)
Josef, Kammerdiener von Graf Zedlau (Tenorbuffo)
Ein Wirt, Ein Fiakerkutscher, Bediente, Wäschermädel usw.

Ort und Zeit: Wien 1815
Uraufführung: 25. Oktober 1899, Wien, Carltheater

Wiener Blut ist nicht von Strauß selbst bearbeitet worden, sondern nach des Meisters Hinweisen von Adolf Müller. Die vielen weltbekannt gewordenen Melodien stammen allerdings alle von Strauß selbst, und zwar aus einer Art Bestandsaufnahme längst vergessen geglaubter Einzelstücke. Müller hat diese Walzer und Lieder so geschickt eingesetzt, daß selbst der beste Straußkenner nicht bemerken würde, daß die eigentliche Operettenarbeit nicht von dem Walzerkönig selbst geleistet worden ist. Ähnliches gilt z.B. auch von *Walzerzauber* (1949), einer Bearbeitung von W.W. Göttig, in der Strauß selbst auftritt.

Der Graf Balduin Zedlau war einst ein langweiliger Landedelmann; daher hat ihn seine vergnügungsbedürftige junge Frau verlassen und lebt in Wien. Inzwischen wurde aber aus dem Edelmann ein Lebemann, der außer seiner Frau noch eine Geliebte (eine Tänzerin) hat und zudem ein Abenteuer mit einer Probiermamsell (der Braut seines Kammerdieners) einzufädeln sucht. Das gäbe allein schon genügend Anlaß zu Verwicklungen; diese werden jedoch vollends unentwirrbar, weil des Grafen Ministerpräsident, ein leicht vertrottelter alter Fürst, mit seinem verwirrten Gehirn noch mehr Wirrungen verursacht. Wer ist wer und wird wo von wem geliebt und wann mit wem betrogen? Die köstliche Situationskomik hält fast zu lange an, und man ist recht froh, wenn zum Schluß sich alles übersichtlich gruppiert: Graf zu Gräfin, Fürst zu Tänzerin, Kammerdiener zu Probiermamsell. Das Wiener Blut hat es eben selbst den Fürsten und Grafen von Reuß-Schleiz-Greiz angetan.

HERVÉ

Florimond H. (eigentlicher Name Ronger, 1825–1892, französisch-spanischer Herkunft) war viele Jahre Kirchenmusiker, ging dann zur Bühne als Sänger, Dirigent und wurde schließlich Direktor. Schrieb an die hundert musikalische Bühnenwerke.

Mamsell Nitouche

Operette in drei Akten
Text von H. Meilhac und A. Millaud. Textliche und musikalische Neufassung 1955

Personen:
Major Graf Château-Gibus (Bariton)
Célestin, Organist (Buffo-Tenor oder -Bariton)
Leutnant Fernand (Tenor oder Bariton)
Denise (Soubrette)
Corinne, Sängerin (Sopran)
Oberin, Direktor, Regisseur, Schauspielerinnen, Offiziere, Soldaten usw.

Ort und Zeit: französische Provinzstadt, um 1850
Uraufführung: 26. Januar 1883, Paris, Théâtre des Variétés – Erstaufführung in deutscher Sprache: 19. April 1890, Wien, Theater an der Wien

1. AKT: Eigentlich gibt es zwei »Nitouches«; denn das französische Wort bedeutet »zimperlich« oder »scheinheilig«, und das sind sowohl der artige Musik-

lehrer im Kloster Célestin wie die frömmste der Klosterschülerinnen Dénise. Der eine schreibt heimlich eine Operette, und die andere schnüffelt nicht minder heimlich in seinen Noten herum. Dénise, die den Leutnant Fernand heiraten soll, wird von Célestin in die Heimat begleitet. Herrlich, da kann man heimlicherweise die Uraufführung von Célestins Operette besuchen.

2. AKT: Die Hauptdarstellerin Corinne, Freundin von Célestin, sieht in Dénise eine Nebenbuhlerin und weigert sich nach dem ersten Akt, weiterzusingen. Aber Dénise hat ja heimlich die Rolle studiert und springt mit riesigem Erfolg ein.

3. AKT: Corinne wird auch von Dénises Onkel umworben, der auf seinen Nebenbuhler Célestin eine Mordswut hat und ihn zusammen mit Dénise im Theater festnehmen lassen will. Die beiden springen aus dem Fenster, werden von einer Wache beobachtet, festgehalten und in die Kaserne gebracht. Aber – so stellt Leutnant Fernand fest – das ist ja die entzückende Sängerin, die den Abend gerettet hat. Die beiden Scheinheiligen werden freigelassen, von den Offizieren gefeiert, bis wutschnaubend der rachsüchtige Onkel erscheint. Schleunigst schlüpfen die Missetäter in Soldatenkleidung, entwischen abermals und fliehen ins Kloster zurück. Um Ausreden sind die beiden Durchtriebenen nicht verlegen. Jetzt erscheint Leutnant Fernand. Er will Dénise bitten, die Verlobung zu lösen, da er sich im Theater in eine Sängerin verliebt … und er erstarrt: die »Sängerin« und Dénise sind ja ein und dieselbe Person! Es darf angenommen werden, daß Nitouche nach der nun bevorstehenden Hochzeit weder scheinheilig noch zimperlich sein wird.

LECOCQ

Alexandre Charles L. (1832–1918, Franzose) studierte am Pariser Konservatorium, wo er später selbst Lehrer wurde. Schrieb an die hundert Operetten.

Offenbach ist der Vater der französischen Operette, Lecocq aber ihr Onkel, den man ebenso kennen muß wie Offenbach. Die Musik der beiden französischen Komponisten ähnelt sich in der eleganten Schreibweise, in dem kecken Witz, in der sparsamen und doch erschöpfenden Orchestersprache; jedoch schreibt Lecocq feinsinniger, hält sich von den ständigen Spöttereien Offenbachs fern und verzichtet auf die bewußten Orchester-Derbheiten seines großen Pariser Kollegen. Vor allem tritt bei ihm das Couplet (mindestens in den bekannten Werken) stark zurück.

Giroflé-Girofla

Komische Operette in drei Akten
Text von Albert Vanlo und Eugène Leterrier

Personen:

Don Boléra Alcazaras, Gouverneur einer französischen Kolonie
Aurora, seine Gemahlin
Giroflé und Girofla, ihre Töchter (werden von der gleichen Darstellerin gespielt)

Pedro und Paquita, Bedienstete bei Boléro
Marasquin, Sohn eines Bankiers
Murzuk, Araberhäuptling
Ein Piratenhauptmann
Zwei Vettern der Familie Boléro
Matamoros, Admiral
Hochzeitsgäste, Piraten, Araber

Ort und Zeit: in einer französischen Kolonie in Afrika, Ende des 19. Jahrhunderts
Uraufführung: 21. März 1874, Brüssel, Théâtre Fantaisies-Parisiennes
Erstaufführung in deutscher Sprache: 2. Januar 1875, Wien, Carltheater

1. AKT: Im Palast des Gouverneurs Boléro soll gleich zweimal geheiratet werden: die Gouverneurstochter Giroflé ist dem Bankiersohn Marasquin zugedacht, ihre Zwillingsschwester Girofla dem wilden Araberhäuptling Murzuk. Heute geht zunächst Giroflé zur Trauung. Eben will Girofla mit dem Diener Pedro der Hochzeitsgesellschaft folgen, da werden sie von Piraten entführt. Der zurückkehrende Gouverneur schickt den Räubern den Admiral Matamoros mit Schiffen nach. Wenn Girofla bis morgen wieder da ist, mag ja alles gutgehen; denn der zweite Bräutigam Murzuk soll erst am nächsten Tage erscheinen. Aber da kommt er schon an, will sofort getraut werden, wütet, weil seine Braut nicht zu sehen ist. Eine List muß helfen: Giroflé, die ihrer Schwester vollkommen gleicht, springt ein und läßt sich zum zweiten Male trauen: als »Girofla« mit dem Araber Murzuk.

2. AKT: Giroflé darf sich nicht an der Tafel zeigen, weil sonst eine heillose Verwirrung entstehen würde; denn als wessen Frau soll sie auftreten. Der Diener Pedro ist den Piraten entkommen und berichtet, der Admiral wolle erst kämpfen, wenn ihm zuvor die zugesagte Belohnung ausgezahlt werde. Auch das noch! Giroflé, die ihr Näschen doch einmal aus ihren Zimmer steckt, wird von zwei vergnügten Vettern mit Wein traktiert und trifft leicht berauscht bald ihren einen und bald ihren anderen Mann. Noch kann das Schlimmste verhindert werden. Sie begibt sich mit ihrem Marasquin zur Ruhe, Murzuk aber, der auf seine Frau harrt, wartet vergebens – man sperrt ihn in seinem Zimmer ein.

3. AKT: Zwar hat man Marasquin die ganze Geschichte erzählt und ihn gebeten, daß Giroflé noch einmal das Spiel fortsetzen darf; aber jetzt wird es brenzlig. Der Araber tobt und beruhigt sich erst, als man eine Ausrede findet. Auf jeden Fall will er jetzt seine Frau – Araber sind nun mal so stürmisch, selbst am Vormittag. Allerlei Listen müssen angewendet werden, damit Giroflé nach der Hochzeitsnacht mit Marasquin nun nicht noch einen Hochzeitsvormittag mit Murzuk erleben muß. Schließlich bleibt nichts anderes übrig, als auch Murzuk das Spiel zu enthüllen. Giroflé oder Girofla – wem gehört sie nun? Es wird immer gefährlicher, bis (Allah sei Dank!) der Admiral die befreite Girofla zurückbringt.

AUDRAN

Edmond A. (1840–1902, Franzose) studierte in Paris, war Organist in Marseille, schrieb u.a. Opern, Operetten, eine Messe.

Die Puppe

Operette in einem Vorspiel und drei Akten
Text von M. Ordonneau

Personen:

Maximius, Klostervorsteher
Aguelet, Balthasar, Basilius, Benoist (Klostermitglieder)
Lancelot, ein Novice
Baron Chanterelle
Loremois, sein Freund
Hilarius, ein Puppenfabrikant
Frau Hilarius
Alesia, ihre Tochter
Guduline, Gesellschafterin
Hénri, Lehrling
Zwei Diener
Ein Stubenmädchen

Ort und Zeit: Im Kloster, bei Hilarius und bei Chanterelle, 19. Jahrhundert
Uraufführung: 21. Oktober 1896, Paris, Théâtre de la Gaîte – Erstaufführung in deutscher Sprache: 7. Januar 1899, Berlin, Central-Theater

Eine Operette, gewiß, aber musikalisch so fein gearbeitet, daß man eher an eine heitere Oper denken möchte. Merkwürdigerweise ist diese duftige, selbst im ausgelassenen Scherz noch vornehme, die Grenzen zwischen Automatenhaftem und Lebendigem mit zarter Bestimmtheit zeichnende Musik nicht mehr so oft zu hören, wie sie es verdient. Der Komponist gilt (wie Lecocq) als Nachfolger Offenbachs; doch darf man das nicht zu streng nehmen. Zwischen den Offenbach-Späßen und der humorvoll-witzigen Eleganz Audrans besteht ein erheblicher Unterschied. Vor allem ist Audran als Tanzkomponist dem Meister der französischen Operette überlegen. – Die Handlung dreht den Kern des Olympia-Bildes in *Hoffmanns Erzählungen* gewissermaßen um.

Vorspiel. In dem armen Kloster lesen Mitglieder der wohltätigen Gemeinde eine Zeitungsanzeige: »Glänzendes Angebot für Witwer, Junggesellen und Weiberfeinde! Automaten, täuschende Ähnlichkeiten mit Frauen, liefert in braun, blond oder schwarz, in jedem Alter, unter Garantie nicht launenhaft – Hilarius, Puppenfabikant.« Das könnte dem Kloster helfen. Da ist nämlich eine junger Mensch im Kloster. Er heißt Lancelot, möchte ins Kloster eintreten, würde dann aber von seinem reichen Onkel enterbt werden. Wenn er sich dagegen entschlösse zu heiraten, bekäme er 100 00 Francs. Könnte er nicht mit einer dieser »täuschend ähnlichen« Puppen eine Ehe eingehen, das Geld einstreichen und es dem Kloster übergeben ...?

1. AKT: Puppenfabrikant Hilarius scheint seine Puppen mehr zu schätzen als eine eigene Tochter Alesia. Das wird dem jungen Mädchen zu bunt, und sie beschädigt eifersüchtig die schönste Puppe. Bevor sie der Lehrling reparieren kann, erscheint Lancelot als Käufer. Schnell springt Alesia als Puppe ein, und zwar so großartig, daß selbst der Vater den Betrug nicht merkt. Lancelot kauft die »Puppe«, wünscht freilich, dieses tanzende, spielende und singende Ding wäre kein Automat. Und der »Puppe« gefällt der Käufer ebenfalls recht gut.

2. AKT: Lancelots Onkel Chanterelle ist zwar ein wenig verwundert über die zuweilen (vor allem in Gesellschaft) so »steife« Braut; wenn er aber mit ihr allein ist, gefällt sie ihm in ihrer lieblichen Art ausgezeichnet. Die Trauung mit der »Puppe« wird vollzogen; erst hinterher bekommt der auf seinen Erfolg als Puppenfabrikant so stolze Hilarius seinen Dämpfer, als ihm seine Frau das Spiel erzählt.

3. AKT: Mit Geld und »Puppe« erscheint Lancelot im Kloster. Nach einigen Schwierigkeiten darf er den »Automaten« in seinen Schlafraum mitnehmen. Als er nachts erwacht sitzt die »Puppe« am Tisch und schreibt einen erklärenden Brief. Doch den braucht sie nicht zu Ende zu bringen; sieht doch Lancelot, daß sein heimlicher Wunsch, die Puppe möchte lebendig sein, in Erfüllung gegangen ist. So hat er eine Frau – und das Kloster das Geld.

ZELLER

Carl Z. (1842–1898, Österreicher) war Ministerialbeamter, beschäftigte sich aber nebenher fleißig mit Musik, schrieb Chöre, eine Oper und vor allem Operetten.

Der Vogelhändler

Operette in drei Akten
Text von M. West und L. Held

Personen:

Kurfürstin Marie (Sängerin)
Baronin Adelaide, Hofdame
Baron Weps, kürfürstlicher Wildmeister
Graf Stanislaus, sein Neffe (Tenor)
von Scharrnagel, Kammerherr
Suffle und Würmchen, Professoren
Adam, Vogelhändler aus Tirol (Tenorbuffo)
Die Briefchristl (Soubrette)
Schneck, Dorfschulze
Emmerenz, seine Tochter
Frau Nebel, Wirtin
Jette, Kellnerin
Qendel, Hoflakai
Zwei Tiroler

Ort und Zeit: Rheinpfalz, Anfang des 18. Jahrhunderts
Uraufführung: 10. Januar 1891, Wien, Theater an der Wien

Zellers Musik besticht in der Operette nicht so sehr durch geschmeidige, glitzernde Wiener Walzer wie die seines Zeitgenossen Johann Strauß, sondern sie greift mehr auf das gefühlvolle Wiener Lied zurück, dessen Ton Zeller oft geradezu volksliedartig trifft. Daneben aber ist Zeller ein Meister ausgezeichneter Ensemblesätze, die er zumal bei den Aktschlüssen wirkungsvoll zu steigern weiß.

1. AKT: Der Kurfürst hat sich zur Jagd angesagt, will Wildschweine schießen und möglichst auch eine Ehrenjungfrau ... sagen wir: zu seiner Begrüßung sehen. Aber im ganzen Forst gibt es keine Wildsau (dafür haben wie wildernden Bauern gesorgt), und im ganzen Dorf keine Jungfrau (dank den lebenslustigen Burschen). Der Wildmeister Weps braucht Geld für seinen verschuldeten Neffen Graf Stanislaus, und so will er gegen eine angemessene Bestechungssumme diese Schwierigkeiten beseitigen. Während er beim Dorfschulzen das Geld in Empfang nimmt, erscheint der Vogelhändler Adam aus Tirol, um seine Braut, die Briefchristl, zu besuchen (»Grüß euch Gott, alle miteinander«). Da erfährt Weps, die Jagd sei abgesagt. Damit das Bestechungsgeld nicht verloren geht, gibt sich sein Neffe Stanislaus als Kurfürst aus. Die Kurfürstin, im (berechtigten) Glauben, der Kurfürst wolle vor allem weibliches Wild jagen, hat sich mit einer Hofdame als Bauernmädchen verkleidet und will die Jagd beobachten. Adam verguckt sich in die saubere »Bauerndirne«. Froh erregt teilt die Briefchristl ihrem Adam mit, sie wolle den Kurfürsten um eine Stelle für ihn bitten, läßt sich von ihm nicht zurückhalten, geht zum »Kurfürsten« (Stanislaus) in den Pavillon und bringt tatsäch-

lich die Einwilligung. Wütend stößt Adam sie zurück; denn der Kurfürst gibt bekanntlich nichts umsonst. Adam hält es jetzt mit der schönen »Bauerndirne«, zumal sie ihm, um die peinliche Situation zu überbrükken, eine Rose schenkt (»Schenkt man sich Rosen in Tirol, weiß man, was das bedeuten soll«).

2. AKT: Adam, nun (ohne es zu wissen) Schützling der Kurfürstin, wird zur Prüfung für die freie Stelle bestellt, möchte gern durchfallen, um nicht dem Kurfürsten zu Diensten sein zu müssen; doch er besteht. Die Kurfürstin, die anfangs wirklich geglaubt hatte, Christl sei mit dem Kurfürsten in dem Pavillon gewesen, erkennt ihren Irrtum. Wer dieser angebliche Kurfürst war, soll heute beim Fest in der Sommerresidenz festgestellt werden. Auf dem Fest erntet Adam mit seinem Lied »Wie mein Ahndl zwanzig Jahre« großen Beifall. Da betritt Graf Stanislaus den Raum, und Christl gibt ein mit der Kurfürstin verabredetes Glockenzeichen: *der* also hat den Kurfürsten gespielt! Adam soll das Urteil sprechen. Er entscheidet: schimpfliche Entlassung als Offizier oder – Heirat mit der »ungetreuen« Christl.

3. AKT: Während Christl glaubt, Adam habe sie um der hübschen »Bauerndirne« willen verlassen, will dieser fort, um seinen Reinfall mit der Kurfürstin und seine immer noch lebendige Liebe zu Christl zu vergessen. Doch bald stellt sich heraus, daß Christl sich im Pavillon ganz energisch gegen den falschen Kurfürsten zur Wehr gesetzt hat. So wird nichts aus der Hochzeit Stanislaus–Christl. Adam bekommt die Christl, Stanislaus muß seiner Schulden wegen wohl oder übel die zimperliche, doch reiche Hofdame Adelaide heiraten.

MILLÖCKER

Karl M. (1842–1899, Österreicher) wurde frühzeitig durch Franz von Suppé gefördert und durch ihn Kapellmeister in Graz, später an verschiedenen Theatern in Wien. Schrieb anfangs kleinere Sachen und Bühnenmusiken, dann Operetten.

Der Bettelstudent

Operette in drei Akten
Text von F. Zell und R. Genée

Personen:

Palmatica, Gräfin Nowalska (Alt)
Laura und Bronislawa, ihre Töchter (Soprane)
Oberst Ollendorf, Gouverneur von Krakau (Bariton)
Major von Wangenheim (Tenor)
Rittmeister von Henrici (Baß)
Leutnant von Schweinitz (Baß)
Cornet von Richthofen (Tenor)
sämtlich sächsische Offiziere
Bogumil Malachowsky, Musikgraf von Krakau (Baß)
Eva, seine Frau (Alt)
Jan Janicki und Simon Rymanowicz, Studenten in Krakau (Tenöre)
Onuphrie, Leibeigener Palmaticas (Baß)

Enterich, sächsischer Invalide und Kerkermeister (Tenorbuffo)
Edelleute, Soldaten, Bürger usw.

Ort und Zeit: Krakau 1704
Uraufführung: 6. Dezember 1882, Wien, Theater an der Wien

Johann Strauß hat dieses Textbuch abgelehnt, Millöcker aber errang mit ihm seinen größten Dauererfolg. Millöckers Musik, obwohl zur gleichen Zeit und auf dem gleichen Boden erwachsen wie die von Strauß, unterscheidet sich von dessen Tonsprache dadurch, daß er zwar auch vom Tanzlied ausgeht, daß aber bei ihm die Betonung auf »Lied«, bei Strauß jedoch auf »Tanz« liegt.

1. AKT: Der drollige Kerkermeister Enterich erlaubt Krakauer Frauen, ihre wegen Aufruhrs gegen den sächsischen König ins Gefängnis geworfenen Männer zu besuchen. Der Gouverneur von Krakau, Oberst Ollendorf, sucht sich zwei junge Gefangene, die ihm bei einer kleinen Privatrache helfen sollen. Auf einem Ball hat er Laura, die schöne Tochter der adelsstolzen Gräfin Palmatica, auf die Schulter geküßt und wurde von ihr dafür mit einem Fächer ins Gesicht geschlagen. Den Gefangenen Simon Rymanowicz will er nun als Fürsten ausstaffieren und als Bewerber Lauras auftreten lassen. Ein zweiter Gefangener, Jan Janicki, soll Simon als »Sekretär« begleiten. Simon ist zu dem

Scherz bereit; warum soll er nicht einmal »Fürst« spielen. – Verwandlung. Auf der Frühjahrsmesse beginnt die Komödie. Der reiche Bewerber begeistert die Mutter Palmatica, Laura findet Gefallen an Simon, und ihre Schwester Bronislawa verliebt sich in Jan.

2. AKT: Bei der Gräfin wird alles zur Hochzeit vorbereitet. Simon liebt Laura wirklich und schreibt daher einen Brief an sie, in dem er die Komödie aufdeckt. Dieser Brief wird aber abgefangen. Außerdem hat Ollendorf erfahren, daß Jan polnischer Offizier ist, und will ihn bestechen, damit er ihm den Aufenthalt des Herzogs Kasimir verrate. Jan geht zum Schein darauf ein. Simon, der ja glaubt, sein Brief sei Laura zugestellt worden, ist glücklich, daß sie ihn heiraten will, obwohl er weder Fürst noch reich ist. Doch kurz vor der Eheschließung erscheinen die Gefangenen mit Enterich als Führer und beglückwünschen den »Bettelstudenten«. Palmatica und Laura sind blamiert, Ollendorf hat seine Rache für den »Schlag mit dem Fächer«.

3. AKT: Jan berichtet Simon von dem Bestechungsversuch Ollendorfs und bittet ihn, er möge sich um des Vaterlandes willen für den Herzog Kasimir ausgeben; die Bestechungssumme aber soll der Burgkommandant erhalten, damit er die Stadt in die Hände der Polen fallen lasse. Simon ist einverstanden. Nicht minder Palmatica, die jetzt sogar einen »Herzog« als Schwiegersohn erhofft. Aber Ollendorf, der das Märchen vom »Herzog« glaubt, läßt Simon verhaften und trotz Lauras Bitten, die Simon nun wirklich liebt, in den Kerker führen. Da donnern die Kanonen. Der echte Herzog Kasimir hat die Stadt erobert. Simon wird für seine Verdienste geadelt und erhält Laura zur Frau; auch Jan und Bronislawa werden ein Paar.

Gasparone

Operette in drei Akten
Text von F. Zell und R. Genée

Personen:

Carlotta, verw. Gräfin von Santa Croce (Sopran)
Nasoni, Bürgermeiser von Syrakus (Bariton)
Sindolfo, sein Sohn (Tenor)
Graf Erminio (Tenor)
Luigi, sein Freund (Bariton)
Benozzo, Wirt (Tenor)
Sora, seine Frau
Zenobia, im Dienst der Gräfin (Alt)
Marietta, Zofe
Massaccio, Schmuggler (Baß)

Ort und Zeit: in und bei Syrakus (Sizilien), um 1820
Uraufführung: 26. Januar 1884, Wien, Theater an der Wien

1. AKT: Den Räuber Gasparone gibt es gar nicht; das Gerücht von seinem Vorhandensein haben Schmuggler ausgesprengt, um den Bürgermeister auf die falsche Fährte zu setzen. Dieses Gespräch hat Graf Erminio mit seinem Freunde Luigi belauscht. So phantasiebegabte Schmuggler kann er für seinen Plan brauchen, und er macht ihnen ein gutbezahltes Angebot: zum Schein sollen die Schmuggler die Gräfin Carlotta überfallen; er selbst will dann als »Retter« auftreten, um bei Carlotta einen guten Eindruck zu machen. Während alles vorbereitet wird, erscheint der Bürgermeister

Nasoni. Eben ist ein Vermögensprozeß zugunsten der Gräfin entschieden worden; sie weiß es noch nicht, und das will der Bürgermeister ausnutzen, indem er ihr seinen Sohn Sindolfo als Gatten empfiehlt. Beide Pläne gelingen: Die Gräfin wird »überfallen« und von Erminio »gerettet«, und der Bürgermeister erhält der Gräfin Versprechen, seinen Sohn Sindolfo zu heiraten. Jetzt erst gibt er den Ausgang des Prozesses bekannt. Nur hat sich ein neuer »Überfall« ereignet: der Bürgermeistersohn wurde entführt und soll nur gegen hohes Lösegeld freigelassen werden.

2. AKT: Noch immer glaubt die Gräfin, dem Bürgermeister für seine Prozeßbemühungen dankbar sein zu müssen, hat das Lösegeld für dessen Sohn erlegt und will sich mit diesem verloben. Dabei gefällt ihr der »Retter« Erminio viel besser. Dieser hat wieder einen Einfall: als Räuber verkleidet steigt er nachts im Schlosse ein, bedroht die Gräfin und läßt sich die im Prozeß gewonnene Erbschaft geben. Die Gräfin hat ihn jedoch erkannt und meint, dieser angebliche Graf Erminio sei in Wirklichkeit der Räuberhauptmann Gasparone.

3. Akt. Es kommt zu einer Gerichtsverhandlung wegen des Überfalls durch »Gasparone«. Dabei macht die Gräfin ihre Aussage so, daß Graf Erminio nicht in Verdacht kommt. Die Erbschaft ist nun freilich dahin; und das veranlaßt den wackeren Bürgermeistersohn, sich von der nun wieder armen Gräfin zurückzuziehen. Damit ist der Weg frei: Graf Erminio und Gräfin Carlotta empfehlen sich als Verlobte.

SULLIVAN

Arthur S. (1842–1900) studierte in London und Leipzig Musik, war dann Lehrer an berühmten englischen Musikinstituten, wurde seiner Verdienste wegen geadelt. Schrieb außer Operetten auch Werke für Orchester, Kammermusik und Oratorien.

Der Mikado

Burleske Operette in zwei Akten
Text von J. Zell und R. Genée

Personen:

Der Mikado von Japan (Komiker)
Nankipuh, sein Sohn, als fahrender Sänger verkleidet (Tenor)
Ko-Ko, Oberhofhenkersknecht (Buffo)
Puh-Bah, Minister (Buffo)
Pish-Tush, ein Großer des Hofes (Komiker)
Yum-Yum (Sopran) mit ihren Schwestern Pitti-Sing (Alt) und Pepi-Bo (Sopran)
Katisha, eine Hofdame (komische Alte)
Volk, Wachen usw.

Ort und Zeit: Titipu in Japan, vor Jahrhunderten
Uraufführung: 14. März 1885, London Savoy Theatre
Erstaufführung in deutscher Sprache: 2. März 1888, Wien, Theater an der Wien

Eines der frühesten »ostasiatischen« Bühnenwerke. Sullivan bringt es fertig, mit nur geringen äußeren Mitteln eine »japanische Färbung« in seine Musik zu bringen; besonders großartig, wie er den (durch Japans politische Entwicklung heute natürlich überholten) steifen, in Formeln erstarrten Lebensstil Japans jener Jahre in Musik zu fassen weiß. Auch seine Vertonung ist vielfach formelhaft, aber gerade aus diesem Grunde so echt. Dabei wird man den Eindruck nicht los, daß hier gar nicht einmal so sehr die japanische als vielmehr die englische Erstarrung der Gesellschaftssitten verulkt werden sollte.

1. AKT: Der ehemalige Schneider Ko-Ko war einmal zum Tode verurteilt worden. Das hört der Mikado-Sohn Nanki und kommt nun als fahrender Sänger verkleidet nach Titipu, um Ko-Kos Verlobte Yum-Yum, die er früher liebte, zu gewinnen. Vom Hofe seines kaiserlichen Vaters ist er geflohen, weil er die alte Hofdame Katisha heiraten sollte; und heiraten sollte er sie, weil seine Höflichkeit ihr gegenüber als unmoralisches Verhalten betrachtet wurde; so streng waren dort die Sitten. Ko-Ko ist aber begnadigt und zum Oberhofhenker ernannt worden. Nun ist Nanki lebensüberdrüssig, da er jetzt nicht mehr auf Yum-Yum hoffen kann. Infolgedessen erklärt er sich bereit, sich freiwillig aufhängen zu lassen, als er erfährt, daß Ko-Ko vom Mikado den Befehl bekommen hat, nun endlich einmal jemanden hinzurichten. Doch dieses Opfer verknüpft er mit der Bedingung, zuvor einen Monat lang mit Yum-Yum als Mann und Frau leben zu dürfen.

2. AKT: Die Hochzeit für einen Monat wird vorbereitet. Leicht fällt die ganze Sache dem braven Henker Ko-Ko nicht; denn seine Yum-Yum gibt er nicht nur für einen Monat her, sondern für immer, weil die Frauen von Hingerichteten ihrem Mann in den Tod folgen müssen. Plötzlich erscheint der Mikado, will wissen, ob sein Befehl ausgeführt wurde. Schnell gefaßt berichtet ihm Ko-Ko, Nanki sei bereits tot, und »beweist« das durch Zeugen und Dokumente. Aber die alte Hofdame Katisha, die Nanki in Titipu aufgespürt hat, erklärt dem Mikado, daß Ko-Ko den kaiserlichen Sohn hingerichtet habe. Das väterliche Herz wird davon wenig berührt, wohl aber das kaiserliche: wer nämlich einen kaiserlichen Prinzen umbringt, wird – so will es leider das Gesetz – in siedendem Öl gekocht. Aus dieser bedauerlichen Lage wird Ko-Ko durch den Kaisersohn Nanki befreit: wenn er Yum-Yum zur dauernden Frau bekomme; und wenn Ko-Ko dafür die Hofdame Katisha heirate, wolle er ihn retten. Und so geschieht es. Dem Mikado aber macht man klar: wenn einmal jemand im Namen des Kaisers zum Tode verurteilt wird, dann ist er praktisch schon tot. Und dieses Praktisch-schon-tot-sein habe man dem Mikado bewiesen, nichts anderes. Und man muß sagen, der Mikado hat entweder Humor, oder er fühlt sich durch solche Beweisführung geschmeichelt. Jedenfall geht alles gut aus.

ZIEHRER

Karl Michael Z. (1843–1922, Österreicher) hat eine sorgfältige musikalische Ausbildung genossen, war Militärkapellmeister (Hoch- und Deutschmeister-Regiment) und letzter »K. u. K. Hofballmusikdirektor«. Wurde besonders bekannt um 1900 durch Reisen mit einer eigenen Kapelle. Schrieb zahllose Märsche und Tänze sowie über zwanzig Operetten.

Die Landstreicher

Operette in einem Vorspiel und zwei Akten
Text von Krenn und Lindau

Personen:

Fürst Adolar Gilka
Mucki von Rodenstein, Oberleutnant
Rudi von Muggenheim, Leutnant
Mimi, Tänzerin
August Fliederbusch und seine Frau Bertha
Lajos von Geletneky, Maler
Gratwohl, Wirt
Anna, dessen Tochter
Roland, Assessor
Kampel, Gerichtsdiener
Leitgeb, Hotelier
Stöber, Männergesangsvereins-Dirigent
Kellner, Gäste usw.

Ort und Zeit: Österreich und Oberbayern, um 1900
Uraufführung: 29. Juli 1899, Wien, Sommertheater Venedig in Wien

Stilistisch eine Mischung von Posse, Singspiel und Operette; in der Wirkung jedoch einheitlich gebunden durch einen heiteren, niemals verletzenden Humor und die stets melodiöse, leicht eingängige Musik Ziehrers. Manchem Theater gilt das Werk anscheinend als zu »harmlos« für die heutige Zeit; dabei ließe sich in ihm mancher bezaubernde »Musical-Wirbel« entfalten, wenn man tüchtige Darsteller zur Verfügung hat.

Vorspiel. Das Landstreicherpaar August und Bertha Fliederbusch hat ein Halsband und einen 1000-Mark-Schein gefunden, jedoch nicht abgegeben. Der Geldschein macht ihnen Schwierigkeiten, sie werden einem Assessor zur Untersuchung vorgeführt und vorläufig eingesperrt. Den beiden gelingt es, aus der Arrestzelle in die Amtsstube zu kommen, die Amtskleidung des Assessors mitsamt dem beschlagnahmten Geldschein zu ergattern – da werden sie überrascht. Fürst Gilka erscheint mit der Tänzerin Mimi und erstattet Verlustanzeige: ein Halsband. August Fliederbusch als »Assessor« nimmt die Mitteilung würdevoll entgegen, bittet die beiden, im Nebenzimmer (der Gefängniszelle) zu warten, sperrt ab, bemächtigt sich der Mäntel der beiden Besucher und verschwindet mit Frau Bertha.

1. AKT: Fliederbuschs treten in einem Kurhotel als Fürst und Fürstin Gilka auf. Der Maler Lajos will den

»Fürsten« umbringen, weil er ihm seine Braut Mimi ausgespannt habe. Kaum ist Fliederbusch dieser Gefahr entgangen, da kommt der richtige Fürst. Im Hin und Her der Worte hält er Fliederbusch, der von dem Halsband erzählt, für den Goldschmied, der in seinem Auftrag eine wertlose Nachahmung des Halsbandes hergestellt hat, und veranlaßt ihn, den nachgemachten Schmuck der Tänzerin Mimi zu übergeben. Das geschieht; aber nun will Fliederbusch den Finderlohn! Erschrocken glaubt der Fürst jetzt, da dieser Mann ja nicht der Juwelier ist, Mimi habe den echten Schmuck bekommen. Es wird immer brenzliger, zumal auch der Untersuchungs-Assessor aufkreuzt. Wieder weiß das landstreichende Paar, den Kopf aus der Schlinge zu ziehen. Kurz entschlossen stehlen sie die Uniformen zweier Offiziere, die eben im See schwimmen, und wandeln unangefochten von dannen.

2. AKT: Nun endlich besinnt sich der Fürst, wie man die Qualitäten von Landstreichern richtig einsetzen kann. Auf einem Maskenfest müssen August und Bertha Fliederbusch zaubern: der Tänzerin Mimi wird das Halsband fortgezaubert und wieder herbeigezaubert – nun ist es nicht mehr das richtige, sondern das nachgemachte. Zum Dank dafür werden Fliederbuschs fürstliche Angestellte.

HEUBERGER

Richard H. (1850–1914, Österreicher) war ursprünglich Ingenieur, wurde mit achtundzwanzig Jahren Dirigent der Wiener Singakademie, später Musikkritiker, Konservatoriumslehrer und Chormeister des Wiener Männergesangvereins. Schrieb anfangs ernste Musik, später Operetten.

Der Opernball

Operette in drei Akten
Text nach einem französischen Lustspiel von Victor Léon und Hugo von Waldberg

Personen:

Beaubuisson, Rentier (Komiker)
Palmyra, seine Frau (Alt)
Marinekadett Henri, sein Neffe (Mezzosopran)
Paul Aubier (Tenor)
Angèle, seine Frau (Sängerin)
Georges Duménil (Tenor)
Marguérite, seine Frau (Sängerin)
Hortense, ihr Kammermädchen (Soubrette)
Germain, Diener bei Duménil
Feodora, Chansonette
Philippe, Oberkellner
Einige Kellner

Ort und Zeit: Paris, vor der Jahrhundertwende
Uraufführung: 5. Januar 1898, Wien, Theater an der Wien

Es genügt, einmal behutsam Melodieführung und Instrumentation des berühmten Walzerliedes »Komm mit mir ins Chambre séparée« nachzutasten, um zu spüren: hier ist nicht ein Schlagerkomponist am Werk, sondern ein bedeutender Musiker, ein Mann, der aller Strauß-Nachahmung aus dem Wege gehen konnte, weil er selbst einen ebenso beschwingten wie wahrhaft vornehmen Operettenstil zu schaffen vermochte.

1. AKT: Paul Aubier ist mit seiner Frau Angèle von Orléans nach Paris gekommen und besucht seinen Freund Georges und dessen Frau Marguérite. Natürlich möchte er ohne Wissen seiner Frau das Pariser Leben kennenlernen und läßt sich von seinem Freund beraten. Angèle ahnt nichts von solchen Absichten; doch Marguérite macht die Freundin stutzig. Die Treue der Ehemänner soll erprobt werden. Zu diesem Zweck diktieren die beiden Frauen dem Kammermädchen Hortense zwei Briefe, durch die Paul und Georges von einer »adeligen Dame« auf den heutigen Opernball eingeladen werden. Kennzeichen: rosa Domino. Hortense schreibt heimlich noch einen dritten gleichlautenden Brief, den sie dem jungen Marinekadetten Henri zustellt. Kaum haben Paul und Georges (ohne voneinander zu wissen) die Briefe gelesen, da verstehen sie es, sich zu drücken. Paul läßt sich ein Telegramm schicken, demzufolge er sofort aus geschäftlichen Gründen abreisen müsse.

2. AKT: Auf dem Ball im Opernhaus erscheinen nun drei rosa Dominos: Henri mit seiner Hortense, Paul und Georges jeweils mit der Frau ihres Freundes. Als es in

den Séparées gefährlich wird, geben die Frauen ein verabredetes Klingelzeichen, worauf der Oberkellner, wie vereinbart, die beiden Herren herausruft. Einigermaßen verblüfft stehen sie einander gegenüber. Die Damen entwischen aus den Séparées, und nun entsteht durch die drei Dominos ein tolles Durcheinander. Entscheidend, daß Paul und Georges, weil sie glauben, jeweils »ihre Dame« im Arm zu halten, jedesmal das Kammermädchen küssen und dabei dessen Domino beschädigen; und die Damen, die einzeln diese Szenen beobachten, werden eifersüchtig, weil jede glaubt, ihr Mann küsse ihre Freundin. Zwischendurch stellen der junge Henri und der alte Onkel Beaubuisson allerlei Allotria an, bis sich zum Schluß die vier Abenteurer verdutzt ohne Damen finden.

3. AKT: Das schlechte Gewissen der Abenteurer legt sich am nächsten Tage schnell, als Georges noch einen Briefbogen findet, der genau denen gleicht, die er und Paul erhalten haben. Schon spielen sich die beiden Schlawiner als Sittenrichter über ihre Frauen auf, bedrohen sich sogar eifersüchtig gegenseitig. Dann kommt er heraus: die Dominos der Damen sind unbeschädigt; beschädigt aber ist der des Kammermädchens!

LINCKE

Paul L. (1866–1946) wurde musikalisch-handwerklich in Wittenberg ausgebildet, war schon mit achtzehn Jahren Kapellmeister, ging dann nach Berlin, wurde aufgrund seiner ersten Operetten-Erfolge zwei Jahre an das Pariser Varieté »Folies Bergères« verpflichtet. Darauf wieder in Berlin als Dirigent und Komponist.

Unbestrittener Führer der aus der handfesten Lokalposse entstandenen Berliner Operette ist Paul Lincke. Sie unterscheidet sich von der Wiener Operette dadurch, daß sie nie nach der Oper schielt und anstelle des gefühlsseligen Walzers den mitreißenden Marschrhythmus in den Vordergrund stellt. Wenig beachtet wird dabei die aufschlußreiche Tatsache, daß diese Märsche stets Operetten-Charakter wahren und höchstens in spöttischer Absicht einmal »militärisch« wirken. In ihnen weht die »Berliner Luft«, die Berliner Fixigkeit und Ironie, diese eigentümliche Schein-Nüchternheit, hinter der sich ein so starker Humor, eine so echte Menschlichkeit verbergen. Die Wiener-Walzer-Gefühls-Operette ist weltberühmt geworden; die Berliner-Marsch-Humor-Operette dagegen ist über eine erweiterte Lokalbedeutung nicht hinausgewachsen. Dabei hat gerade sie den echten Operettenton am besten gewahrt, weil sie sich die Fähigkeit erhalten hat, die dargestellte Welt des Scheins ebensowenig ernst zu nehmen wie sich selbst.

Wir sprechen von der Berliner Operette und meinen doch immer vor allem Lincke, obwohl seine einst berühmten Werke nur spärlich auf dem Spielplan erscheinen. Dabei ist seit seiner Revue-Operette »Donnerwetter – tadellos« (1906) nichts auf den Bühnen erschienen, was sich als Werk der gleichen Gattung mit ihr messen könnte. Gewiß, von der *Lysistrata* (1902) mit ihrem Glühwürmchen-Idyll wird man wohl endgültig Abschied nehmen müssen; aber *Frau Luna?*

Frau Luna

Operette in zwei Akten (elf Bildern)
Text von Bolten-Baeckers

Personen:

Fritz Steppke (Tenorbuffo)
Lämmermeier, Schneider (komische Charge)
Pannecke, Rentier (komische Charge)
Frau Pusebach (komische Alte)
Marie, ihre Nichte (Soubrette)
Frau Luna (Sopran)
Stella, ihre Zofe (Soubrette)
Mars
Venus
Prinz Sternschnuppe (Tenorbuffo)
Theophil (Komiker)
Mondgroom
Sterne, Mondschutzmänner usw.

Ort und Zeit: Berlin um 1900 und auf dem Mond
Uraufführung: Berlin 1899

Diese Operette hat wahrhaftig keine großartige Handlung (der Mechaniker Steppke fliegt mit dem Schneider Lämmermeier und dem Rentier Pannecke zum Mond, wird dort durch allerlei Versuchungen Frau Lunas fast seinem Mariechen untreu, wenn dieses nicht im entscheidenden Augenblick durch Prinz Sternschnuppe, der sich selbst um Frau Luna bemüht, auf den Mond gebracht würde und ihn wieder zur Erde zurückführte). Aber nicht die Handlung entscheidet hier, sondern der köstliche trockene Witz, der verschleiernde Humor und die fröhliche Selbstverspottung Berliner Gehabes. Ob die Ballonfahrer auf dem Mond von ihrer »Berliner Luft, Luft, Luft« singen, ob man ihnen selbst da oben erklärt, die Berliner steckten in alles ihre Nase, ob sie verdutzt tun, weil sie statt des erwarteten Mannes eine Frau im Mond finden, ob Mariechen spöttisch warnt, »Schlösser, die im Monde liegen, bringen Kummer, lieber Schatz«, ob der Ballon zu dem Walzer »Ach Frühling, wie bist du so schön« durch die Luft schwebt – alles hat Witz und Schwung, ist frei von Getue und Sentimentalität.

JARNO

Georg J. (1868–1920, Österreich-Ungar) war Theaterkapellmeister und Regisseur, lebte seit dem Erfolg seiner Werke nur noch seinem Schaffen. Schrieb Opern, Singspiele, Operetten.

Die Försterchristl

Operette in drei Akten
Text nach Bernhard Buchbinder

Personen:

Kaiser Joseph II
Generaladjutant Graf Kolonitzky
Oberhofmeister Graf von Leoben
Kammerherr von Reutern
Hofdame Baronesse Agathe von Othegraven
Hauptmann Graf Sternfeld
Komtesse Josefine, seine Schwester
Franz Földesy, Gutsverwalter bei Graf Sternfeld
Hans Lange, Förster
Christine, seine Tochter
Peter Walperl
Minka, junge Zigeunerin
Hofleute, Bürger, Bauern usw.

Ort und Zeit: An der Grenze Ungarns und in Wien 1764
Uraufführung: 17. Dezember 1907, Wien, Theater an der Wien

Von einer Musik wie in diesem Werk pflegt man zu sagen, sie sei »gefällig«, um damit anzudeuten, daß man über sie wirklich nichts auszusagen vermag. Sie ist weder Singspiel- noch Operettenmusik, fließt freundlich dahin, könnte auch anderswohin fließen, man hört sie an, gibt sich aber kaum die Mühe, sie zu behalten, weil sie zwar anmutig, doch unscharf ist. Textlich weicht die *Försterchristl* zwar vom Operettenschema ab, dafür neigt sie sich jenem anderen, dem »Alt-Heidelberg«-Schema zu, wonach einfache Mädchen und hochgestellte Herren sich verlieben, dann aber schmerzgebeugt den Weg der Pflicht gehen. Und dennoch: Erfolg bleibt Erfolg.

1. AKT: Bei einer Geburtstagsfeier des alten Försters Lange treffen sich allerlei Menschen, und es gibt allerlei Verwirrungen. Graf Sternfeld wütet, weil ihm berichtet wurde, sein Gutsverwalter Földesy und seine Schwester hätten ein Verhältnis miteinander. Christl, die Tochter des Försters, ertappt einen jungen Jägersmann auf unberechtiger Jagd und sagt ihm gründlich die Meinung über solches Verhalten und über den kaiserlichen Hof in Wien. Dann hat sie alle Mühe, eine Rauferei zwischen dem Grafen und seinem Verwalter zu verhindern, weil die Grafenschwester dem Verwalter ständig nachläuft. Ruhe scheint erst einzukehren, als der Verwalter Földesy zäh um Christl wirbt und endlich ihr Jawort erhält. Doch da wird Peter Walperl eifersüchtig und bezeichnet Földesy als einen Fahnenflüchtigen. Und er hat recht; denn Földesy hat einst einen Offizier verprügelt, der seiner Schwester zu nahe getreten war, und ist geflüchtet. Graf Sternfeld

läßt ihn festnehmen, froh, den scheinbaren Liebhaber seiner Schwester aus dem Wege räumen zu können. Christl allein behält den Kopf oben: mit Peter Walperl will sie nach Wien zum Kaiser, um für Földesy zu bitten.

2. AKT: In der Wiener Hofburg sieht Christl den jungen Jäger wieder. Er verschafft ihr Zutritt zum Kaiser. Wie erschrickt sie aber, als sie nach gründlicher Etikette-Belehrung durch die Hofleute vor den Kaiser geführt wird und in ihm den jungen Jäger erkennt. Zwar wird Földesy begnadigt und zu ihr geführt, aber jetzt mag sie ihn nicht mehr, weil sie in den Kaiser verliebt ist. Strahlend läßt sie sich vom Kaiser auf den Hofball führen.

3. AKT: Um den guten Földesy kümmert sich die Försterchristl nicht mehr. Wer einmal im Arm des Kaisers getanzt hat, verschmäht natürlich einfache Erdenbürger. Da muß denn schon der Kaiser selbst eingreifen. Er tut es denn auch nach bewährtem Muster, besucht die Christl, redet ihr gut zu und macht Földesy zum Oberförster. Tapfer werden Tränen verschluckt, der Kaiser geht wieder nach Wien und die Försterchristl zu ihrem Oberförster.

LEHÁR

Franz L. (1870–1948, Österreicher) war Sohn eines Militärkapellmeisters, ging schon mit zwölf Jahren aufs Konservatorium, war jahrelang Militärkapellmeister, lebte dann meist seinem Schaffen und als Dirigent seiner Werke.

Wer ein klein wenig in Lehárs Operettenmusik hineinhört, wird sogleich wahrnehmen, daß sich die österreichisch-ungarisch-französische Blutmischung des Komponisten in seinen Werken ständig bemerkbar macht. Wer aber ganz genau hinhört, möchte wünschen, diese Musik wäre noch mit einem Tropfen Spreewasser getauft; denn dann wäre Lehár nicht nur ein König, sondern wahrscheinlich der Kaiser der Operette geworden. Erstaunlich bleibt dennoch alles an diesem, alle anderen Zeitgenossen weit überragenden Meister der »zweiten Wiener Opernklassik«: sein Einfallsreichtum, seine Sicherheit, Menschen und Situationen melodisch-harmonisch eindeutig zu charakterisieren, allem innerlich- wie umweltbedingten Geschehen ein unverwechselbares instrumentales Gewand überzuwerfen und nicht zu vergessen sein sorgfältig ausgeübtes handwerkliches Können. Überall finden sich französisch-kecke Rhythmen im Sinne Offenbachs, geschmeidige Wiener Walzer, gefühlvolle österreichische Liedanklänge, verhalten-sentimentale und dann wieder feurige slawisch-ungarische Weisen, ja, selbst große Gesangsbogen nach der Art

Puccinis fehlen nicht. Nur eines fehlt: die in der norddeutsch-berlinerischen Operette vielfach überreich vorhandene Fähigkeit, die heitere Operettenwelt nicht zu ernst zu nehmen. Lehár, dem wahrlich an Humor nicht mangelte, nahm sie zu ernst und schien dadurch zuweilen bedenklich in die Nähe der Oper zu geraten; was noch bedauerlicher ist, er schied nicht immer sauber zwischen Gefühl und Sentimentalität und glaubte wohl gar zuweilen an die Echtheit dieser unwirklichen »Gesellschafts«-Welt, der er seine Zauberweisen anhing. Er glaubte an sie, weil er ihr selbst angehörte; und mag sie vergangen sein – auf jeden Fall hat er sie großartig in Melodien und Klängen gespiegelt.

Die lustige Witwe

Operette in drei Akten
Text nach Meilhac von Victor Léon und Leo Stein

Personen:

Baron Mirko Zeta, pontevedrinischer Gesandter in Paris,
Valencienne, seine Frau (Soubrette)
Graf Danilo Danilowitsch, Gesandtschaftssekretär (Tenor)
Hanna Glawari (Sängerin)
Camille de Rosillon (Buffotenor)
Vicomte Cascada
Raoul de St. Brioche
Bogdanowitsch, pontevedrinischer Konsul
Sylviane, seine Frau

Kromow, pontevedrinischer Gesandtschaftsrat
Olga, seine Frau
Pritschitsch, pensionierter pontevedrinischer Oberst
Praskowia, seine Frau
Njegus, Kanzlist bei der pontevedrinischen Gesandtschaft (Komiker)
Lolo, Dodo, Jou-Jou, Frou-Frou, Clo-Clo und Margot, Grisetten
Angehörige der Gesellschaft, Diener, Musikanten

Ort und Zeit: Paris, um 1900
Uraufführung: 30. Dezember 1905, Wien, Theater an der Wien

Von den mehr als zwei Dutzend Lehár-Operetten hat sich die *Lustige Witwe* nun schon ein dreiviertel Jahrhundert lang als besonders lebensfähig erwiesen. Das hat zwei Gründe. Einmal spiegelt das Textbuch erstaunlich treu das Leben und »Denken« einer bestimmten internationalen »Gesellschaft« um 1900 (infolgedessen kann es auch nicht modernisiert werden). Zum andern hat Lehár nicht nur einschmeichelnde oder spritzige Weisen und eine sehr sorgfältige Orchestersprache gefunden, sondern sie mit Bedacht bestimmten Personen oder Situationen beigegeben. Wenn die Pontevedrinerin Hanna ihr erstes Lied als Mazurka singt, wenn Danilo sein »Dann geh' ich zu Maxim« erklingen läßt oder halbspöttisch das »Studium der Weiber als schwer« bezeichnet, wenn die Aufforderung »Komm in den kleinen Pavillon«

ertönt, wenn »Lippen schweigen, 's flüstern Geigen: hab mich lieb« betörend seine verschleierte Sinnlichkeit verströmt, dann sind das nicht willkürlich verstreute, sondern überlegsam eingesetzte Perlen. (Mißlungen ist dieser Operette eigentlich nur das gefühlstriefende Vilja-Lied.)

1. AKT: Bei einem Fest in der pontevedrinischen Gesandtschft zu Paris erwartet der Gesandte auch die reiche Witwe Hanna Glawari. Schön, jung, lebenslustig, reich – wie sollte sie nicht umworben werden von den Pariser Junggesellen! Nur einer hält sich zurück: der eben aus dem »Maxim«-Betrieb mit seinen gefälligen Mädchen kommende Danilo. Einst durfte er Hanna nicht heiraten, weil sie arm war; heute verbirgt er seine noch immer glühende Liebe, um nicht als Mitgiftjäger zu erscheinen. Daher lehnt er auch den Plan seines Chefs ab, er solle Hanna heiraten, damit ihr Vermögen nicht ins Ausland gehe; die Pariser Junggesellen aber will er von ihr fernhalten. – Auf dem Fest hat Valencienne, die junge Frau des Gesandten, ihren Fächer verloren; auf diesen hatte der in sie verschossene Rosillon geschrieben: »Ich liebe Dich.« Wer findet den Fächer? Natürlich der Ehemann; aber glücklicherweise weiß er nicht, wem der Fächer gehört.

2. AKT: Gartenfest bei Hanna. Ihre Liebe zu Danilo ist wieder erwacht. Doch er weicht allen Anspielungen aus; ja, wenn sie nicht reich wäre ... Im Auftrag des Gesandten sucht er die Besitzerin des Fächers; aber »das Studium der Weiber« ist ihm zu schwer, und so legt er den Fächer irgendwo ab. Auf Umwegen erhält

ihn die Besitzerin zurück, erklärt ihrem Verehrer Rosillon, »ich bin eine anständige Frau«, und fordert ihn auf, sich um Hannas Hand zu bemühen. Aber im »kleinen Pavillon« will sie noch einen Kuß von Rosillon. Der mißtrauisch gewordene Gesandte glaubt, seine Frau bei einer Untreue ertappen zu können; doch schnell hat Hanna mit ihr den Platz gewechselt, kommt mit Rosillon aus dem Pavillon und erklärt vor allen, sie habe sich mit ihm verlobt. Der verzweifelte Danilo muß nun wieder zu »Maxim« und den hübschen Mädchen gehen.

3. AKT: Als echte Frau weiß Hanna sich zu helfen. Ein Saal ihres Hauses ist originalgetreu dem »Kabarett Maxim« nachgebildet worden, und Danilo merkt natürlich, aus welchem Grunde das geschah. Dennoch bleibt er zurückhaltend. Im Auftrage seines Gesandten bittet er sie nur, nicht den Pariser Rosillon zu heiraten, da ihr Vermögen dann ihrem gemeinsamen Heimatland verlorengehe. Sie sagt zu, erklärt ihm auch, wie die Geschichte mit dem Pavillon zustande gekommen ist. Danilo ist hochbeglückt, spricht jedoch noch immer nicht von seiner Liebe; aber wenn »Lippen schweigen, 's flüstern Geigen: hab mich lieb«. – Auch der Gesandte hat nun wohl gemerkt, daß man ihn beim Pavillon getäuscht hat. Und so will er sich scheiden lassen und aus patriotischen Gründen Hanna heiraten. Freilich bekommt er eine kalte Dusche, als er hört, laut Testament ihres verstorbenen Mannes verliere Hanna ihr ganzes Vermögen, wenn sie sich wieder verheiratet. Jetzt jubelt Danilo auf: um eine arme Hanna darf er werben! Was auch mit Erfolg geschieht. Und warum

wird Hanna bei einer zweiten Heirat arm: Weil laut Testament ihr neuer Gatte das Vermögen bekommt. Die Ehe des Gesandten aber festigt sich wieder, weil seine Frau auf den Fächer mit der verdächtigen »Ich liebe Dich«-Aufschrift als Antwort geschrieben hat: »Ich bin eine anständige Frau.«

Der Graf von Luxemburg

Operette in drei Akten
Text von A.M. Willner und Robert Bodanzky

Personen:
Angèle Didier, Sängerin (Sopran)
Réne, Graf von Luxemburg (Tenor)
Juliette Vermont (Soubrette)
Armand Brissart, Maler (Tenorbuffo)
Fürst Basil Basilowitsch (Komiker)
ferner: Gräfin Stasa, Pawel von Pawlowitsch, Sergej Mentschikoff, Pelegrin, Kavaliere, Diener, Oberkellner, Hotelleiter, Boy, Modelle, Maler usw.

Ort und Zeit: Paris 1908
Uraufführung: 12. November 1909, Wien, Theater an der Wien

Der Graf von Luxemburg, anfangs nicht minder beliebt als die *Lustige Witwe,* war eine Zeitlang in den Hintergrund getreten, doch haben anscheinend vor allem einige Walzerlieder (»Bist du's, lachendes Glück«, »Mädel klein, Mädel fein«) dem Werk neuerdings wieder zu Erfolg verholfen.

Der russische Fürst Basil möchte die auf seine Kosten ausgebildete Sängerin Angèle heiraten. Da sie nicht ebenbürtig ist, verfällt er auf folgenden Ausweg, mit dem Angèle einverstanden ist: Réne Graf von Luxemburg, der wieder mal sein Geld verjuxt hat, soll eine halbe Million bekommen, wenn er Angèle heiratet, ohne sie zu sehen, wenn er sofort nach der Hochzeitszeremonie verschwindet und wenn er sich nach drei Monaten scheiden läßt (dann kann nämlich der Fürst eine »Gräfin« heiraten). Durch einen Wandschirm getrennt, werden die beiden tatsächlich getraut. – Nach drei Monaten treffen die Verheiratet-Unverheirateten, ohne sich zu kennen, auf einem Ball zusammen und verlieben sich ineinander. Als Angèle verächtlich von jenem Grafen von Luxemburg spricht, der sich für Geld zu einer Scheinheirat habe verführen lassen, sagt ihr René, wer er ist; und habe sie nicht ähnlich gehandelt, weil sie nur als »Gräfin« Fürstin werden könne? Sie haben einander nichts vorzuwerfen; ihre Liebe bleibt bestehen – Réne hat dem Fürsten immerhin sein Wort verpfändet; darüber kann ihm weder Angèles Spott noch ihr Kuß hinweghelfen. Doch die Operettenlösung bleibt nicht aus: Basil muß auf des Zaren Befehl eine uralte Gräfin heiraten, und Réne erhält sein beschlagnahmtes Vermögen zurück.

Paganini

Operette in drei Akten
Text von Paul Knepler und Bela Jenbach

Personen:

Maria Anna Elisa, Fürstin von Lucca und Piombino (Sopran)
Fürst Felice Bacciochi, ihr Gemahl
Niccolò Paganini (Tenor)
Bartucci, sein Impresario
Graf Hédonville, napoleonischer General
Marchese Giacomo Pimpinelli, Kammervorsteher der Fürstin (Buffo)
Gräfin de Laplace, Hofdame
Bella Giretti, Opernprimadonna (Soubrette)
Ein Wirt
Herbergswirtin
Damen und Herren des Hofes, Tänzerinnen, Soldaten, Schmuggler usw.

Ort und Zeit: Fürstentum Lucca, Anfang des 19. Jahrhunderts – Uraufführung: 30. Oktober 1925, Wien, Johann-Strauß-Theater

Zwischen der *Zigeunerliebe* (1910) und dem *Paganini* (1925) hat Lehár genau ein Dutzend Operetten geschrieben; ihnen war aber nur ein kurzer Erfolg beschieden. Die Schaffenskraft hatte nachgelassen, die Textbücher regten den Komponisten nicht recht an. Mit dem *Paganini* dagegen beginnt eine neue Schaffensperiode Lehárs, die sich etwa so kennzeichnen läßt: Lehár schreibt nicht mehr Operetten für viele Sänger, sondern Bühnenstücke für einen großen Sänger-Darsteller (der berühmteste war Richard Tauber), die er mit großem Orchesteraufwand opern- und operettenmäßig einkleidet. Ohne Zweifel gelangen ihm prächtige Melodien, aber die Operette als Gattung verlor viel von dem, was ihr eigentliches Wesen ausmacht.

1. AKT: In einem Dorf behext Paganini die Bauern durch sein Geigenspiel und bezaubert sie durch sein liebenswürdiges Wesen. Am meisten aber tut er es der unerkannt hier weilenden Fürstin Elisa an, der dieser Feuerkopf viel besser gefällt als ihr ungetreuer Mann. Schon flammt die Liebe zwischen den beiden auf. Die Fürstin verpflichtet ihn zu einem Konzert an ihrem Hofe. Das verbietet zwar der hinzukommende Fürst; aber die Fürstin weiß ihn umzustimmen, weil sie wieder einmal eine seiner Liebschaften entdeckt hat.

2. AKT: Schon ein halbes Jahr weilt Paganini am Fürstenhof, weigert sich, weiterzureisen, wie sein Impresario Bartucci wünscht, ist verliebt in die Fürstin, verliert aber auch sein Geld und schließlich seine Geige an den Kammerherrn Pimpinelli. Der will sie ihm zurückgeben, wenn Paganini ihm dafür verrät, wie man Erfolg bei Frauen hat. Mit dessen Antwort (»Gern hab ich die Frau'n geküßt, hab nie gefragt, ob es gestattet ist«) weiß er nicht viel anzufangen. Freilich, die Lage wird brenzlig: erst hat sich ihm die Fürstin ergeben, nun scheint auch noch die Geliebte des Fürsten dem fremden Geiger verfallen zu sein. Da kommt ein General

Napoleons mit dem Befehl: der Geiger ist zu verhaften und abzuschieben (die Fürstin ist Napoleons Schwester). »Niemand liebt dich so wie ich«, hat die Fürstin gesungen; aber dem Befehl muß sie Folge leisten; zudem ist ihre Eifersucht auf Bella, die Fürstengeliebte, erwacht. Noch einmal betört sie der Geiger beim Abendkonzert durch sein Spiel, und dann verhilft sie dem Geliebten zur Flucht.

3. AKT: Rast auf der Flucht. In einer Schmugglerschenke. Bella, die Geliebte des Fürsten, ist Paganini heimlich gefolgt, will mit ihm ziehen, begreift aber, daß ihn seine Kunst in die Welt ruft. Nicht anders ergeht es der Fürstin, die als Straßensängerin verkleidet dem Geliebten ein letztes Lebewohl sagt, bevor er sich ganz seiner geliebten Kunst widmet.

Der Zarewitsch

Operette in drei Akten
Text von Bela Jenbach und Heinz Reichert (nach einem Schauspiel von Zapolska)

Personen:

Der Zarewitsch (Tenor)
Der Großfürst, sein Oheim
Der Ministerpräsident
Der Oberhofmeister
Sonja (Sopran)
Iwan, Leiblakai des Zarewitsch (Buffo)

Mascha, seine Frau (Soubrette)
Bordolo
Hofdamen, Offiziere, Tänzerinnen, Wachen usw.

Ort und Zeit: Petersburg und Neapel, irgendwann
Uraufführung: 16. Februar 1927, Berlin, Deutsches Künstlertheater

So stark der Erfolg dieser Operette gewesen ist, so sehr wir manche melodischen und instrumentalen Einzelheiten der Musik bewundern – das Ganze ähnelt der tränendrüsenerweichenden »Alt-Heidelberg«-

Wolgalied

Sentimentalität und entfernt sich damit (und mit der Bevorzugung einer Star-Rolle) vom echten Operettenstil. Hervorstechendes Kennzeichen der Musik ist die »russische« Einfärbung von Melodie, Rhythmus und Klang.

1. AKT: Der russische Thronfolger (Zarewitsch) nimmt seine künftige Aufgabe so ernst, daß er alle weltlichen Genüsse und Freuden meidet – insbesondere die Frauen. Kein weibliches Wesen darf sich in seiner Gegenwart zeigen; und sein Leiblakai Iwan muß vor dem Zarewitsch sogar verheimlichen, daß er verheiratet ist. Nun aber soll der Zarewitsch heiraten. Darauf muß er »vorbereitet« werden, und das geschieht auf den Rat des Ministerpräsidenten

dadurch, daß man dem Zarewitsch die als Soldat verkleidete Tänzerin Sonja als Sportkameraden beigibt. Als der Zarewitsch den Betrug bemerkt, verabredet er mit Sonja, ihr Kamerad zu sein, aber ihren Geliebten zu spielen, damit er künftig von Frauen verschont werde.

2. AKT: Die Sache klappt ... so glaubt der Hof. Sie beginnt aber wirklich zu klappen; denn der Zarewitsch fängt an, sich zu verlieben (»Willst du, willst du? Komm und mach mich glücklich«). Doch die prinzliche Braut wird kommen! Sonja ist nun ein Hindernis geworden. Der Großfürst-Oheim will es dem Zarewitsch leichtmachen. »Siebzehn Jahre, leichte Ware ... sehr viel Jugend, wenig Tugend, tralala.« Da braust der Zarewitsch auf, verzweifelt, als Sonja ihr angebliches »Vorleben« bekennt. Dann aber, als sie ihm erklärt, man habe sie gezwungen, sich als »kleine Dirne« auszugeben, damit er der standesgemäßen Hochzeit wegen von ihr lasse, beschließt er, mit ihr zu fliehen.

3. AKT: Glückliche, unbeschwerte Liebeswochen in Neapel liegen hinter den Entflohenen. Da trifft der Großfürst-Oheim ein: der Zar sei schwer erkrankt, der Zarewitsch müsse heim. Auch Sonja begreift schweren Herzens, daß den Zarewitsch die Pflicht ruft. Noch aber will er nicht. Erst als die Nachricht vom Tode des Vaters ihn erreicht, als die Offiziere ihm als neuem Zaren huldigen, gehorcht er der Pflicht, kehrt schweigend in die Heimat zurück, verläßt Sonja.

Das Land des Lächelns

Operette in drei Akten
Text von Ludwig Herzer und Fritz Löhner nach V. Léon

Personen:

Lisa (Sopran)
Graf Lichtenfels, ihr Vater
Prinz Sou-Chong (Tenor)
Mi, seine Schwester (Sopran)
Graf Gustav Pottenstein (Buffo)
Lore, Lisas Cousine
Tschang, Onkel des Prinzen
Obereunuch, Offiziere, Mandarine usw.

Ort und Zeit: Wien und Peking 1912
Uraufführung: 10. Oktober 1929, Berlin, Metropol-Theater

Das Land des Lächelns ist eigentlich nur die textliche Umgestaltung einer früheren Operette Lehárs (*Die gelbe Jacke,* 1923). Nach den »gelben« Opern Puccinis *(Butterfly, Turandot)* und den »exotischen« Operetten der Engländer Jones und Sullivan, (*Geisha* und *Mikado*) nun auch eine »gelbe« Operette Lehárs. Geblieben sind ein paar große Schlager wie »Dein ist mein ganzes Herz«; aber diese »romantische Operette« als Ganzes zerbröckelt immer mehr. Der Erfolg hält freilich an. Die Grafentochter Lisa kann dem sie liebenden Dragonerleutnant Gustav nur Kameradin sein; sie heiratet den chinesischen Diplomaten Prinz Sou-Chong und folgt ihm in seine Heimat. Aber die Sitten des fremden Landes führen zu einer Entfremdung zwischen den beiden sich aufrichtig Liebenden. Als nach Jahren Gustav als Militärattaché in China auftaucht, will sie mit ihm, der in ihre Schwägerin verliebt ist, fliehen. Sie werden ertappt; doch Sou-Chong überwindet sich, läßt beide heimziehen und steht seiner Schwester tröstend zur Seite, die in Lisa eine Freundin und in Gustav einen Geliebten verloren hat. »Immer nur lächeln« – das gilt doch wohl nicht in jedem Augenblick!

STRAUS

Oscar St. (1870–1954, Österreicher, nicht mit dem Walzerkönig verwandt) studierte u.a. bei Grädener und Bruch, schrieb ursprünglich ernste Musik, war Theaterkapellmeister, dann musikalischer Betreuer von Wolzogens »Überbrettl« und entdeckte dabei seine Operettenbegabung.

Ein Walzertraum

Operette in drei Akten
Text von Felix Dörmann und Leopold Jacobsen

Personen:

Joachim XIII., regierender Fürst von Flausenthurn
Prinzessin Helene, seine Tochter (Sopran)
Graf Lothar, Vetter des Fürsten (Buffo)
Leutnant Niki (Tenor)
Leutnant Montschi
Friederike von Insterburg, Oberkammerfrau
Hausmeister Wendolin
Franzi Steingruber, Leiterin einer Damenkapelle
verschiedene Einzelpersonen, Hofstaat, Offiziere, Mitglieder einer Damenkapelle usw.

Ort und Zeit: Fürstentum Flausenthurn, um 1900
Uraufführung: 2. März 1907, Wien, Carltheater

Oscar Straus schrieb ein halbes Jahrhundert lang reizende Operetten; aber sein Frühwerk *»Walzertraum«* hat er nicht wieder erreicht, geschweige denn übertroffen. Vielleicht aus dem Grunde, weil er in manchen Spätwerken seinen eigentlichen Herrschaftsbereich, den süß-wehmütigen Walzer, verlassen hat. Gewiß gehen diese Walzer bis hart an die Grenze des Sentimentalen, aber sicherer Geschmack, köstlicher Witz und abwägende Überlegenheit bewahrten sie stets vor dem Abgleiten ins Banale. Die Handlung freilich ...

1. AKT: Der von Frauen verwöhnte Leutnant Niki heiratet die Prinzessin Helena; aber ihm ist nicht recht wohl dabei. Die steifen Hofsitten ärgern ihn, seine Rolle als künftiger »Prinzgemahl« verdrießt ihn, seine Frau kennt er noch gar nicht so recht, sein liebes Wien fehlt ihm. Und so verabredet er mit seinem Freund Montschi, heimlich am Abend in ein Kaffeehaus zu gehen, wo man Wiener Walzer spielt und hübsche, fröhliche Frauen sieht.

2. AKT: Eine Damenkapelle spielt Wiener Walzer. Niki flirtet sogleich heftig mit der Dirigentin Franzi, der er vortrefflich gefällt. Doch der Fürst und Graf Lothar sind ihm auf den Spuren, vergucken sich aber ebenfalls in die feschen Mädchen der Kapelle. Schließlich erscheint auch die Prinzessin Helene; von Franzi läßt sie sich das »gewisse Etwas« erklären, das die Männer (also auch ihren Niki) so anzieht. Dann freilich wird Franzi betrübt, als sie merkt, daß Helene eine Prinzessin und Nikis Frau ist. »Leise, ganz leise klingt's durch den Raum, liebliche Weise, ein Walzertraum« – diesen

Walzer tanzend, kommen sich Helene und Niki zum erstenmal etwas näher.

3. AKT: Nach Franzis Angaben läßt Helene mit ihrer Oberkammerfrau das Schloß auf den Kopf stellen und »wienerisch« einrichten. Franzi, die zu diesem Zweck täglich verschleiert ins Schloß kommt, wird von dem ehrgeizigen Grafen Lothar für eine Geliebte Nikis gehalten. Er will Niki entlarven, blamiert sich jedoch. Niki und Helene leben nun wienerisch glücklich, Franzi entsagt – zumal sie ein glänzendes Engagement nach Wien bekommt.

Der letzte Walzer

Operette in drei Akten
Text von Julius Brammer und Alfred Grünwald

Personen:

Vera Lisaweta (Sopran)
Graf Dimitri (Tenor)
Babuschka (Soubrette)
Graf Ippolith (Buffo)
Krasinski, General, dessen Onkel (Bariton)
Prinz Paul (Sprechrolle)
Alexandrowa Nastasia Opalinski (Alt)
Annuschka (Sopran)
Hannuschka (Mezzosopran) und
Petruschka (Alt)
Polnische Adelsgesellschaft mit Offizieren, Damen, Tänzerinnen, Diener usw.

Ort und Zeit: Warschau 1910
Uraufführung: 14. April 1920, Berlin, Metropol-Theater

Wenn auch die Operette selbst, einst ein Riesenerfolg, nicht mehr regelmäßig auf der Bühne erscheint, so ist der musikalische Höhepunkt »Das ist der letzte Walzer« doch unvergessen.

Zwiespältige Stimmung herrscht im Schloß des Generals Krasinski: Vorabend der Hochzeit des Generals mit Vera Lisaweta, doch hinter Schloß und Riegel sitzt Graf Dimitri, der am nächsten Tage erschossen werden soll, weil er den Prinzen Paul, als dieser einer Dame zu nahe trat, scharf in die Schranken gewiesen hat. Dem Todgeweihten wird jedoch erlaubt, auf dem Fest seinen letzten Walzer zu tanzen, wenn er sich ehrenwörtlich verpflichtet, nicht zu fliehen. Er fordert die Generalsbraut Vera zum Tanz auf – da erkennt er in ihr jene durch ihn beschützte Dame. Sie liebt ihn, will Krasinski, den ihr der Fürst heimtückisch bestimmt hat, nicht heiraten und ermöglicht dem Geliebten die Flucht. Doch er kehrt zurück und stellt sich. Jetzt hängt alles von Vera ab. Sie umgarnt den Prinzen Paul dermaßen, daß er ihr in seiner Liebestollheit eine Zeitlang die Herrschaft überläßt. Geschwind läßt sie den Gefangenen in die Schloßkapelle bringen und sich mit ihm trauen. Gegen eine rechtmäßig geschlossene Ehe kann auch der Prinz nicht an. Doch sicher ist sicher: das junge Paar flieht vorsichtshalber ins Ausland.

JESSEL

Leon J. (1871–1942) studierte in Stettin Musik, war dann Theaterkapellmeister in verschiedenen Städten. Schrieb 20 Operetten und wurde international bekannt mit seiner Komposition *Parade der Zinnsoldaten.*

Schwarzwaldmädel

Operette in drei Akten
Text von August Neidhart

Personen:

Blasius Römer, Domkapellmeister (Bariton)
Hannele, seine Tochter (Sopran)
Bärbele, in Römers Diensten (Sopran)
Jürgen, Wirt
Lorle, seine Tochter
Malwine von Hainau (Sopran)
Hans (Tenor)
Richard (Buffo)
Die alte Traudel
Schmußheim, ein Berliner
Theobald
Bauern, Bäuerinnen

Ort und Zeit: St. Christoph im Schwarzwald, Anfang des 20. Jahrhunderts
Uraufführung: 25. August 1917, Berlin, Komische Oper

Dem Werk fehlt das Spritzige, Wirbelnde, Mitreißende der echten Operettenmusik; dafür sind die gefälligen Melodien nett gesetzt, eingängig, vielfach in der Nähe des Singspiels beheimatet.

1. AKT: Ins Haus des alternden Domkapellmeisters Römer, der mit seiner Tochter Hannele und der jungen Magd Bärbele still vor sich hinlebt, kommen Hans und Richard. Sie geben sich als wandernde Musikanten aus, doch Römer merkt bald, daß es zivilisationsmüde junge Leute sind, die der Großstadt auf einige Zeit entfliehen wollen. Hans flieht zudem noch vor der in ihn verliebten Malwine von Hainau. Aber sie ist ihm auf der Spur, erscheint, erbittet sich von dem Trachtensammler Römer eine Tracht für das morgige Fest, kommandiert Hans zum Tanz, flirtet mit Richard, verschafft auch Bärbele ein hübsches Trachtenkleid und wirbelt davon. Die arme Bärbele ist so glücklich, morgen schön geschmückt mittanzen zu können, daß sie Römer einen Kuß gibt.

2. AKT: Lebhafte Bauernfröhlichkeit am Cäcilienfest; wobei nebenher Bärbeles Muhme als Hexe bedroht und von Hans in Schutz genommen wird; wobei der Berliner Schmußheim den üblichen Berliner Possenwirbel macht; wobei der seit dem Kuß Bärbeles in seine Magd verliebte Römer mittanzen möchte und nicht kann; wobei Bärbele plötzlich nicht auf den Tanzboden gelassen werden soll und von Hans verteidigt werden muß; wobei es schließlich zu einer zünftigen Rauferei kommt.

3. AKT: Die Schuldigen an der Rauferei werden gesucht. Zunächst Hans, dann Richard und Malwine ... als Verlobte. Verloben möchte sich auch der alte Römer, der Bärbeles Kuß nicht vergessen kann. Da erhält er die Nachricht, daß Bärbeles Vater gestorben ist und ihr ganz unvermutet ein Vermögen hinterlassen hat. Selbstverständlich werden nun Bärbele und Hans ein Paar, und Römer muß seinen Entsagungsschmerz seiner geliebten Musik anvertrauen.

FALL

Leo F. (1873–1925, Österreicher), Sohn eines Militärkapellmeisters, studierte am Wiener Konservatorium, war Kapellmeister in verschiedenen deutschen Städten und ging dann nach Wien. Schrieb Opern und Operetten.

Im ersten Viertel des 20. Jahrhunderts spielten die Operetten von Fall keine geringere Rolle im deutschen Spielplan als die des um drei Jahre älteren Lehár; dagegen sind sie gegenwärtig etwas zurückgetreten. Das ist zu verstehen bei dem textlich leicht rührseligen Singspiel *Brüderlein fein,* bei der textlich dürftigen, musikalisch etwas schwülstigen *Rose von Stambul* und der widerspenstigen *Dollarprinzessin,* die heute durch eine andere Widerspenstige, *Kiss me, Kate!* verdängt ist. Aber im großen und ganzen wäre der kerngesunden, echt operettenhaften Musik Falls, ihrer kaum jemals ins Sentimentale abgleitenden, volkstümlichen Innigkeit eine stärkere Beachtung zu wünschen. In ihr herrscht weder der unpersönliche »Schlager« noch der sonst häufige Salonkitsch. Vielleicht am deutlichsten wird einem das bei dem unvergessenen Walzerlied »Kind, du kannst tanzen wie meine Frau« aus der vergessenen *Geschiedenen Frau.*

Der fidele Bauer

Operette in einem Vorspiel und zwei Akten
Text von Victor Léon

Personen:

Lindoberer, reicher Bauer (Komiker)
Vinzenz, sein Sohn (Tenorbuffo)
Matthäus Scheichelroither, der fidele Bauer (Bariton)
Stefan, sein Sohn (Tenor) und
Annamirl, seine Tochter (Soubrette)
Die rote Lisi (Sopran) und ihr Söhnchen
Heinerle (Kinderstimme)
Zopf, der Polizist (Komiker)
von Grunow, Geheimrat (Bariton)
Viktoria, dessen Frau (Alt)
Horst, deren Sohn, Husarenleutnant (Bariton)
und Tochter Friederike (Sopran)
Kleinere Nebenrollen, Volk, Bauern, Studenten usw.

Ort und Zeit: oberösterreichisches Dorf und Wien, 1896 und 1907
Uraufführung: 27. Juli 1907, Mannheim, Deutsches National-Theater

Verwitwet, arm, aber fidel ist der Bauer Matthäus. Auch jetzt spielt er den Fidelen, als sein Sohn Stefan, für den er mit seiner Tochter Annamirl sparte und spart, zur Universität geht. Freilich, Pate Lindoberer hilft auch mit. – Die rote Lisi möchte ihrem Söhnchen zwar etwas auf dem Jahrmarkt kaufen, aber »Heinerle,

Heinerle, hab kein Geld«. Nach elf Jahren kommt Stefan, der niemals geschrieben hat, als »Doktor« zu den Seinen, doch paßt ihm die bäuerliche Einfachheit nicht mehr, auch verbittet er es sich, daß Vater und Schwester etwa zu der bevorstehenden Hochzeit mit der Geheimratstochter Friederike kommen. Ein harter Schlag für den fidelen Bauern, der so stolz ist auf seinen Doktor-Sohn. Doch dann nimmt er den kleinen Heinerle an Kindes Statt an. – Nun ist Stefan in Wien gar Professor geworden und empfängt seine vornehme Verwandtschaft. Törichterweise erscheinen unvermutet auch Vater, Schwester und Pate. Die vornehme Verwandtschaft verhehlt nicht ihre Geringschätzung; nur Stefans junge Frau, die von seiner bäuerlichen Abstammung nichts wußte, spricht liebevoll-energisch das rechte Wort. Als nun gar die Dorfleute sich zurückziehen, um »nicht zu stören«, da schwindet auch Stefans Hochnäsigkeit: mit einem plötzlichen Stolz tritt er neben die Menschen, die ihm durch Sparsamkeit seine Laufbahn ermöglicht haben.

Der liebe Augustin

Operette in drei Akten
Text von R. Bernauer und E. Welisch

Personen:

Bogumil, Regent (Baßbuffo)
Helene, seine Nichte (Sopran)
Gjuro, Ministerpräsident (Tenor)
Nicola Fürst von Mikolics (Tenorbuffo)

Jasomirgott, Kammerdiener bei Helene (Bariton)
Anna, seine Tochter (Soubrette)
Augustin Hofer, Klavierlehrer (Tenor)
Klosterpförtner Matthäus (Baß)
Zahlreiche kleinere Rollen, Offiziere, Hofleute

Ort und Zeit: oberösterreichisches Dorf und Wien, 1896 und 1907
Uraufführung der endgültigen Fassung: Berlin 1912, zuvor 1907 als »Der Rebell«

Diese Operette arbeitet texlich mit ähnlichen Gegensätzen wie der *Fidele Bauer.* Prinzessin Helene soll einen Fürsten heiraten, um ihren Onkel aus der ewigen Geldklemme zu befreien. Sie liebt freilich den Klavierlehrer Augustin Hofer, »und der Himmel hängt voller Geigen«, wenn die beiden daran denken, sie könnten ein Paar werden. Doch sie sind vernünftige Menschen und wollen sich in ihr Geschick fügen. Augustin würde dann eben Anna, die Tochter des Kammerdieners Jasomirgott, heiraten ..., wenn diese nicht allzu hoch hinaus wollte und nicht schon kräftig mit dem fürstlichen Bräutigam kokettierte. Wie immer, so kommen auch diesmal die Richtigen zusammen. Es stellt sich nämlich heraus, daß es bei der Taufe ein Versehen gegeben hat: Helene ist in Wirklichkeit des Kammerdieners Tochter, und Anna hat das berühmte, in der hochadeligen Familie erbliche Muttermal eines – Champagnerkorken. Zwei Paare: August und Helene, der Fürst und Anna.

Die Rose von Stambul

Operette in drei Akten
Text von J. Brammer und A. Grünwald

Personen:

Kemal Pascha, neuerdings auch als Kamek Pascha (Bariton)
Kondja Gül, seine Tochter (Sopran)
Midili Hanum (Soubrette)
Kondjas Freundinnen Güzela, Fatme, Emine, Durlane, Sobeide (sämtlich Sopran)
Achmed Bey (Tenor)
Müller senior aus Hamburg (Baritonbuffo)
Fridolin, sein Sohn (Tenorbuffo)
Bül-Bül und Djamileh, zirkassische Dienerinnen von Kondja (Mezzosopran und Alt)
Désirée, Kondjas Gesellschafterin,
Kleinere Rollen, Gesellschaft, Hotelgäste usw.

Ort und Zeit: in Stambul (Konstantinopel, Istanbul), vor 1914
Uraufführung: Wien 1916

Diese Operette hat eine einfache, im Grunde eine etwas dünne Handlung. Offenbar hat der Komponist durch dickes Auftragen etwas Orientalisch-Türkisches zum Klingen bringen wollen. Die »Reformen, ganz enormen«, von denen die Titelheldin schwärmt, dürften in der Türkei von heute inzwischen durchgeführt sein. – Die Paschatochter Kondja Gül ist Achmed Bey, einem Ministersohn, zur Frau bestimmt. Nach altem türkischen Brauch darf der Bräutigam die Braut vor der Hochzeit nicht sehen; also unterhält man sich beim ersten Zusammentreffen so, daß zwischen den Verlobten ein Wandschirm steht. Dabei verhält sich die Braut noch zurückhaltender, als der Brauch es vorschreibt; sie liebt nämlich einen anderen, den sie zwar auch nie gesehen hat, der aber »sooo« moderne Romane schreibt. André Lery heißt der Mann. Nun wäre es ja für den Bräutigam eine Kleinigkeit, sie davon in Kenntnis zu setzen, daß er selbst die Romane geschrieben, ihrer freiheitlichen Ansichten wegen aber nicht mit seinem Namen gezeichnet hat, weil sein Vater, der Minister, dadurch in Schwierigkeiten kommen könnte. Er unterläßt jedoch diese Mitteilung, weil ja sonst die Operette nicht weiterginge. Als er nach der Hochzeit seiner Frau Unterricht im Walzertanzen gibt (wie europäisch!), sie aber dennoch nicht ganz für sich gewinnen kann, sagt er nun endlich, daß er André Lery ist. Jetzt ist *sie* daran, es nicht zu glauben, weil ja noch ein dritter Akt folgen muß. Zielsicher, wie sie nun einmal ist, fährt sie in die Schweiz, weil ihr Mann früher behauptet hatte, der Dichter Lery sei dorthin gereist. Glücklicherweise kommt sie in ein Hotel, in dem man ihr auf Befragen mitteilt, der Dichter Lery werde noch heute mit Frau erwartet. O Gott, der Mann ist also verheiratet: Wäre sie doch lieber bei ihrem Achmed geblieben! Wie kaum anders zu erwarten, erscheint nun Achmed persönlich. Der dritte Akt nähert sich dem Ende, so daß der Guten nichts anderes übrigbleibt, als nunmehr die Gleichung Achmed–Lery erfreut anzuerkennen.

Madame Pompadour

Operette in drei Akten
Text von R. Schanzer und E. Welisch

Personen:

Der König
Marquise von Pompadour
Graf Réne
Madelaine, seine Frau
Maurepas, Polizeiminister
Poulard, sein Spitzel
Joseph Calicot, Dichter
Belotte, Kammerzofe der Pompadour
Collin, Haushofmeister der Pompadour
Verschiedene Nebenfiguren: Hofleute, Künstler, Grisetten usw.

Ort und Zeit: Paris, Mitte des 18. Jahrhunderts
Uraufführung: 9. September 1922, Berlin, Berliner Theater

Wenn man diese Operette französisch-spielerisch aufführt (wozu übrigens manche Teile der Musik geradezu einladen), vermag sie heute noch mit Glanz zu bestehen.

1. AKT: Das Königsliebchen – freilich zugleich auch die eigentliche Beherrscherin der französischen Politik –, die Marquise von Pompadour, hat sich auf dem Hofball gelangweilt und ist verstohlen und unerkannt auf ein Karnevalsfest des Pariser Künstlervölkchens gekommen; nur ihre Zofe Belotte hat sie mitgenommen. Daß man dort spöttische Couplets auf sie singt,

wobei sich der Dichter Calicot mit einem neuen Schlager besonders hervortut, rührt sie wenig. Da interessiert sie sich schon mehr für einen Freund des Dichters, den Grafen René, der die unbekannte Schöne sogleich für sich in Beschlag nimmt, während der Dichter und die Zofe aneinander Gefallen finden. Plötzlich erspäht sie den Polizeiminister Maurepas, ihren alten Gegner, der sie belauert. Mit überlegener Ruhe erklärt sie ihm, sie habe hier lauter Feinde des Hofes beobachtet, und verlangt von ihm – um sich selbst zu decken – deren Verhaftung. Den Grafen René möchte sie gern in Sicherheit bringen, aber er geht auf ihre andeutende Warnung nicht ein. Der Polizeiminister kommt mit seinen Leuten zurück, um die aufsässigen Hoffeinde festzunehmen. Dabei wird die Pompadour erkannt. Graf René, der sich von der Schönen genasweist glaubt, singt ihr zornig Calicots höhnisches Lied ins Gesicht. Dichter und Sänger erhalten wider Erwarten eine seltsame Strafe: Calicot soll ein Festspiel für den Hof schreiben, Graf René muß in das Regiment der Pompadour eintreten.

2. AKT: Calicot sieht ein, daß seine Strafe gar nicht so leicht ist, obwohl das Zöfchen Belotte wacker versucht, ihm das Dichten von Hoffestspielen zu erleichtern. Graf René dagegen findet seine Strafe höchst angenehm; denn die Dienste, die er der Marquise zu leisten hat, werden kaum soldatischer Art sein ... Da kommt zur Pompadour eine Frau Madelaine, die nach ihrem verschollenen Gatten sucht, und es stellt sich heraus, daß sie eine Halbschwester der Marquise ist; ihr soll Hilfe zuteil werden. Inzwischen glaubt der Poli-

zeiminister, in Calicot einen Liebhaber der Pompadour entdeckt zu haben. Der verbirgt sich vor lauter Angst um das, was aus dieser wenn auch ungerechtfertigten Beschuldigung erwachsen könnte, in einer gewaltigen Truhe der Pompadour; denn der König naht. Nur kommt es anders. Zwar wollte die Marquise, wie der Polizeiminister ganz richtig vermutete, in ihr Schlafzimmer, wohin sie René zu besonderer Dienstleistung befohlen hatte; doch kurz zuvor hat sie erfahren, daß René der Mann ihrer Halbschwester Madelaine ist. Bevor sie ihn mit leichtem Bedauern entlassen kann, hat der Polizeiminister den König hereingeführt. René wird ins Gefängnis geworfen. Der König schenkt den Versicherungen der Pompadour keinen Glauben, worauf sie kurzerhand die Truhe mit den politischen Dokumenten in des Königs Zimmer bringen läßt. Soll er künftig seine Politik selbst machen!

3. AKT: Das Todesurteil gegen Calicot, den angeblichen Geliebten der Madame Pompadour, ist unterzeichnet. Da rappelt es in der Truhe, man öffnet – Calicot steigt heraus! Mit Leichtigkeit läßt sich beweisen, daß er nicht der Geliebte der Pompodour sein kann; der Polizeiminister hat sich mit seiner Verdächtigung blamiert. Und René, den man im Schlafzimmer der Marquise fand? Oh, bitte, der ist doch der Schwager der Pompadour, der Mann ihrer Halbschwester Madelaine, die nun dem König vorgestellt wird. Wie ist doch Madame Pompadour so rein, so unschuldig, so erhaben über jeden Verdacht! Daß Calicot die Zofe Belotte bekommt, versteht sich von selbst.

NEDBAL

Oscar N. (1874–1930, Böhme) studierte u.a. bei Dvořák, war an der Gründung des berühmten Böhmischen Streichquartetts beteiligt, Dirigent verschiedener Bühnen und Orchester, schrieb vor allem Kammermusik, Operetten, Ballette.

Polenblut

Operette in drei Akten
Text von Leo Stein

Personen:

Jan Zaremba, Gutsbesitzer
Helene, seine Tochter (Sopran)
Graf Boleslaw Baranski (Tenor)
Bronio von Popiel, sein Freund (Buffotenor)
Wanda Kwasinskaja, Tänzerin (Soubrette)
Jadwiga Palowa, ihre Mutter
Polnische Edelleute, Bauern, Mägde, eine Pfändungskommission usw.

Ort und Zeit: Warschau und Baranskis Gut, um 1900
Uraufführung: 25. Oktober 1913, Wien, Carltheater

Daß Nedbal ein tüchtiger Könner ist, spürt man an vielen Stellen dieser Operetten-Partitur; nicht minder beachtlich seine urmusikantische Veranlagung. Aber dieser Böhme, der polnisches Feuer und Wiener Sentimentalität seiner Musik beimischt, kommt oft allzu nah an jene Stelle, an der echte Musikalität, gewollter Schlager und reißerischer Effekt zusammenstoßen. Im übrigen ist die im Text behandelte »polnische Wirtschaft« längst versunken; ob sie in dieser Form überhaupt je bestanden hat, darf man ohnedies bezweifeln.

1. AKT: »Der Polenball.« Die Art, in der Graf Baranski bisher gelebt, geliebt und gespielt hat, hält auch das schönste Vermögen nicht aus. Gutsbesitzer Zaremba muß ein netter Mann sein; denn er will Baranski nicht nur seine Tochter Helene, sondern eine hübsche Mitgift obendrein geben. Auf einem Ball sollen die beiden Heiratsanwärter zusammengeführt werden. Helene paßt die leichtfertige Gesellschaft nicht, und Baranski will sich Helene nicht einmal anschauen. Für die Liebe ist ihm die anwesende Tänzerin Wanda gerade recht, und für die Wirtschaft? Schön, soll ihm sein Freund Popiel die so sehr empfohlene Wirtschafterin schikken. Jetzt nichts mehr von Heirat, von Helene, jetzt nur Tanz und Liebelei.

2. AKT: »Die neue Wirtschafterin«. Bei Baranski wird gespielt und gelacht, aber es wird auch gepfändet, alles ratzekahl weggepfändet. Baranski lacht und spielt weiter. Allerdings nur, bis die neue Wirtschafterin kommt (natürlich Helene in Verkleidung); denn die sorgt für Ordnung, macht kein langes Federlesen, wirft die Freunde hinaus, sagt selbst dem Gutsherrn Baranski die Meinung. Und merkwürdig: ihm imponiert nicht nur ihre sachverständige Tüchtigkeit, sondern diese Wirtschafterin hat auch als Frau irgend etwas an sich ...

3. AKT: »Goldene Ähren.« Die Wirtschafterin muß ein Übermensch sein; denn in einem halben Jahr hat sie die verlotterten Zustände beseitigt und das Gut wieder hochgebracht. Baranski setzt ihr nach der wunderbaren Ernte den Ährenkranz auf und bietet ihr auch den Brautkranz an, obwohl er sie für eine einfache Wirtschafterin hält. Helene wäre schon bereit, den Hallodri zu nehmen. Doch die eifersüchtige Wanda ist dagegen und glaubt, Baranski für sich gewinnen zu können, wenn sie Helens Verkleidung als Männerfängerei hinstellt und Baranski die ganze Geschichte spöttisch auseinandersetzt. Wenn es dem einst leichtsinnigen, jetzt aber zu Besinnung gekommenen Baranski auch nicht ganz einfach erscheint, auf das Weibchen Wanda verzichten zu müssen, lieber ist ihm schon eine tüchtige, reiche und zudem noch hübsche Frau.

KOLLO

Walter K. (1878–1940) studierte unter anderem in Königsberg, wurde in jungen Jahren Kapellmeister in Berlin, schrieb erst kleinere Lieder, dann mehrere Dutzend Operetten.

Ein Jahr vor dem ersten Weltkrieg wurde Kollos Operette *Wie einst im Mai* uraufgeführt – fast wie ein Sinnbild, als wollte sich Berlin »wie es weint und lacht« mit seiner ganzen harmlosen Schnodddrigkeit, seinem bezaubernden Schmiß, seinem scharfen und doch gutmütigen Witz noch einmal singend und tanzend auf der Bühne zeigen, ehe es in seiner alten Lebensart zu Grabe getragen wurde. Zwei Takte Kollos aus jener Zeit – und man fühlte sich nach Schöneberg oder Unter die Linden versetzt. Daß die berühmten Berliner Schusterjungen mit Ausdauer und Nachdruck Kollos Schlager pfiffen, zuweilen vielleicht sogar noch pfeifen, beweist am besten, wie genau dieser Komponist den keck-kessen Volkston zu treffen wußte.

Wie einst im Mai

Operette in vier Bildern
Text von Rudolf Bernauer und Rudolf Schanzer. Mit Musikeinlagen von Willy Bredschneider

Personen:

Ottilie von Henkeshoven (Sopran)

Ernst Cicero von Henkeshoven, ihr Vetter (Buffo)
Stanislaus von Methusalem (Baßbuffo)
Seine vier Frauen Mechthildis, Angostura, Mizzi und Kitty (Alt)
Fritz Jüterbog (Tenor)
Heinrich von Jüterbog (Bariton)
Fred von Jüterbog (anfangs Kind, dann Buffo)
Tilla Müller (Soubrette)
Arthur Müller (Buffo)
Komtesse Hohenberge-Tiefenthal (Alt)
Kleinere Rollen: Oberst von Henkeshoven, Justizräte Pergamenter senior und junior, Vera Müller geb. Henkeshoven

Ort und Zeit: Berlin 1838, 1858, 1888, 1913
Uraufführung: 4. Oktober 1913, Berlin, Berliner Theater

»Das war in Schöneberg, im Monat Mai«, singt es in dieser Halb-Operette; aber das Stücklein spielt nicht im Maimonat, sondern erstreckt sich auf ein volles dreiviertel Jahrhundert, nimmt also manchem Schauspieldichter von heute vieles vorweg.

1838. Der bürgerliche Fritz Jüterbog, der seine Jugendfreundin Ottilie von Henkeshoven heiraten möchte, ist den feinen Adeligen nicht gut genug. Ihr Verkehr muß endgültig unterbleiben.

1858. Ottilie hat ihren Vetter Ernst Cicero, einen Schürzenjäger und Liedrian heiraten müssen. Die Unglückliche trifft nach zwanzig Jahren den inzwischen reich gewordenen Jugendgeliebten Fritz in einem Ballsaal wieder.

1888. Immer reicher ist der Fritz geworden, sogar frisch geadelt und Kommerzienrat. Ottilie ist geschieden und hat eine Tochter Vera, wie Fritz einen Sohn Heinrich hat. Dieser wirbt um Vera, die jedoch einen bei Fritz von Jüterbog arbeitenden Ingenieur Müller liebt. Es geht wie einst im Mai, woran sich Ottilie und Fritz halb wehmütig erinnern: Sohn Heinrich muß sich von Vera zurückziehen.

1913. Was bei Fritz und Ottilie, bei Heinrich und Vera nicht ging, das geht jetzt wenigstens bei Fred von Jüterbog und Tilla Müller. Alle Eltern und Großeltern sind gestorben; nur Stanislaus von Methusalem lebt noch; kein Wunder, viermal hat er heiraten können: die Mechthildis, die Angostura, die Mizzi und nun die Kitty. Überhaupt ein alter Tausendsassa und Glücksbringer; denn er findet einen verschollenen Vertrag wieder, so daß sich die durch Prozeß entzweiten Familien der altadeligen von Henkeshoven und der neuadeligen von Jüterbog aussöhnen können. Auch die schlichten Müllers profitieren davon.

Drei alte Schachteln

Operette in einem Vorspiel und drei Akten
Text von Hermann Haller und Rideamus

Personen:

Charlotte Krüger (Sopran)
Ursula, ihre Schwester (Soubrette)
Klaus Kersting (Tenor)

Cornelius Hasenpfeffer (Komiker)
August, Köchin bei Krügers (Soubrette)
Rittmeister von Treskow
Offiziere, Damen, Soldaten, Freundinnen der Krügers usw.

Ort und Zeit: Potsdam, Anfang des 19. Jahrhunderts
Uraufführung: 6. Oktober 1917, Berlin, Berliner Theater

Eine Operette, die wahrhaftig heiterer und geschmackvoller ist als jenes vielgespielte andere Drei-Mädchen-Stück. Entscheidend sind Situationskomik und die zuweilen trefflich pointierende Musik Kollos.

Ursula wird zwar kaum mehr unter die Haube kommen, aber bei ihrer Schwester Lotte wäre es nach Jugend und Schönheit sehr wohl möglich. Sie hat auch schon in Klaus Kersting einen Auserwählten; der aber will mit einem Mal ein Held werden, und das kann man seiner Meinung nach nur im Kriege. Und so zieht er denn ins Feld. Mit ihm, Cornelius Hasenpfeffer, der Bräutigam von Auguste, der Köchin von Ursula und Lotte. Nach zehnjährigem Heldendasein kehren die beiden Kämpen zurück, höchst erstaunt, daß ihre Liebsten nicht mehr so jung sind wie damals. Immerhin, der Hauptmann gewordene Held lädt Lotte höflicherweise zum Ball ein, den das Regiment veranstaltet. Hasenpfeffer tut das gleiche mit Auguste. Aber Lotte lehnt ab. Hinterher kommt den Mädchen ein Gedanke: sie wollen doch zum Ball, und zwar auf eigene Rechnung. Nun wird besonders Lotte hübsch herausgeputzt, und Ursula stellt sie auf dem Ball dem besagten Helden als ihre Nichte vor. Schon aufgrund der Ähnlichkeit mit der Lotte von einst verliebt er sich in die »Nichte«, doch die hält es zum Schein mit den jüngeren Herren. Am nächsten Tage macht der nachdenklich gewordene Held einen Besuch bei den Schwestern: ob nicht doch Lotte und die Nichte ein und dieselbe Person waren! Die »alten Schachteln« wollen ihren kleinen Berug nicht aufkommen lassen, und die Köchin Auguste verkleidet sich als »Nichte«. *Darauf* fällt selbst unser Held nicht herein. Er verlangt seine Lotte und bekommt sie auch. Ursula freilich bleibt nun ganz allein; denn Auguste und Gustav gedenken ebenfalls …

STOLZ

Robert S. (1880–1975, Österreicher), Sohn von Berufsmusikern, studierte bei hervorragenden Lehrern, war Kapellmeister an zahlreichen Bühnen. Seine Opuszahl hat die Tausendergrenze überschritten (vor allem Unterhaltungsmusik auf allen Gebieten).

Trotz Strauß und Offenbach, Lehár und Kollo, trotz diesen und anderen; keines Schlager-, Tanz und Operettenkomponisten Melodien haben einen derart durchschlagenden und dauernden Erfolg wie die von Stolz. Sie alle sind geschrieben mit leichter, aber sorgfältig kontrollierter Hand, sind elegant und charmant, schweigen bald gefühlsselig und kommen bald keckspritzig daher, lassen träumen und rütteln dann wieder mit gepfefferten Rhythmen auf. Unverkennbar die einmalige Handschrift vom dramatisch-sentimentalen Chanson »Servus Du« bis zu den blühenden Praterbäumen, vom Lebewohl des »kleinen Gardeoffiziers« zum »Kaiser meiner Seele« und so weiter und so fort. Unvergeßlich zudem Stolz als Dirigent, z.B. der »Fledermaus«-Ouvertüre.

Wer so viel komponiert, hat bald Mißerfolg, kleine und große Erfolge und schließlich Welterfolg. Und seltsam: da erobert ein Werk die Bühnen, wird serienweise aufgeführt, wird durch neue Werke ersetzt, taucht dann nach Jahrzehnten wieder auf und wird zum zweiten und dritten Mal ein Welterfolg. Wir können selbstverständlich hier nur eine Kostprobe geben.

Der verlorene Walzer oder Zwei Herzen im Dreivierteltakt

Operette in drei Akten (acht Bildern)
Als Tonfilm mit dem Text von W. Reisch und F. Schulz, 1930 und 1933 als Operette von P. Knepler, J.M. Wellerminsky und Rob. Gilbert

Personen:

Anton Hofer, der Komponist (Tenor)
Anny Lohmeyer, Operettensängerin (Sopran)
Mizzi Reitmeyer, eine Soubrette
Nicki und Vicki Mahler, Textbuchschreiber (beide Buffo)
Hedi Mahler (Mezzosopran)
Baron Hartenberg
Fredy Pachinger
Dr. Mitislaw Isakiewicz, Notar
Theaterdirektor (Komiker)
Franz Geschwendtner, Heurigensänger (Bariton)
Brigitte, Wirtschafterin bei den Brüdern Mahler (Mezzosopran)
Kleinere Rollen, Wirtshausgäste, Kellner, Theaterleute usw.

Ort und Zeit: Wien, um 1930
Uraufführung: Tonfilm 1930
Bühne: 30. September 1933, Zürich, Stadttheater

1. AKT: Für Nicki und Vicki gilt es, dem Komponisten Toni ein Operettentextbuch zu schreiben; dabei verdrießt es sie, daß der Sängerin Anny ein Lied Tonis

nicht gefällt, zudem dieser der Freundschaft mit ihr überdrüssig scheint. Ob die Stimmung der Brüder besser wird, wenn ihre reizende Schwester Hedi zu Besuch kommt? – Die Operette will der Theaterdirektor annehmen, doch er verlangt unbedingt noch einen zündenden Walzer. – Toni sitzt mit Anny beim Heurigenwirt und starrt in sein Glas; es will ihm nichts Rechtes einfallen. Er braucht eine andere Freundin, meint der Wirt; dann kämen neue Einfälle.

2. AKT: Den Toni wolle sie kennenlernen, fragen Nicki und Vicki ihre Schwester Hedi? Das möge sie bleiben lassen; nicht mal einen richtigen Walzer bringe der zustande. Sie wollen ihm als inspirierende Freundin die Soubrette Mizzi schicken; doch an deren Stelle geht Hedi selbst. – Toni hat Anny den Laufpaß gegeben, sucht am Flügel einen Walzer, doch vergeblich. So findet ihn die »Fee Florabella«, und schon ist der Walzer geboren: »Zwei Herzen im Dreivierteltakt ...«

3. AKT: Toni will seinen Librettisten den Walzer vorspielen ... aber die Melodie hat er vergessen. Die Fee muß her! Aber wer ist sie? – Viel wichtiger ist den dich-

tenden Brüdern die Mitteilung des Notars, daß Hedi nicht ihre Schwester sei; schon fangen sie zu flirten an. – Theaterprobe, doch der Walzer will und will sich nicht einfinden. Plötzlich singt aus den Kulissen die »Fee Florabella« die Melodie. Der Walzer ist wieder da, die Aufführung kann stattfinden, und die »Fee« ist (wer hätte es nicht erraten) Hedi, der »Mai hat zwei Herzen zusammengebracht«.

KÁLMÁN

Emerich K. (1882–1953, Ungar) studierte Musik, wollte Pianist werden, versuchte es, als seine Hand verletzt wurde, mit der Juristerei, blieb aber doch seiner alten Liebe, der Musik, treu und wurde Musikkritiker. 1908 machte er durch die Operette *Herbstmanöver* auf sich aufmerksam und schrieb eine Reihe weiterer Operetten, von denen einige wie das *Hollandweibchen* zeitweilig, andere dagegen dauernd Erfolg hatten.

Den Grundsatz mancher Komponisten, nur etwas zu schreiben, was dem normalen Hörer *nicht* gefällt, stellt Kálmán bewußt auf den Kopf: er will nur etwas komponieren, was »jenen gewissen zündenden Funken hat, der die Leute mitreißt«. Seine Melodien zünden, seine Orchesterbehandlung leuchtet, sein Rhythmus reißt mit. Daher steht er insbesondere mit seinen Hauptwerken *Csárdásfürstin* und *Gräfin Mariza* erfolgreich neben Lehár.

Die Csárdásfürstin

Operette in drei Akten
Text von Leo Stein und Bela Jenbach

Personen:

Leopold-Maria, Fürst von und zu Lippert-Weylersheim

Anhilte, seine Gemahlin
Edwin Ronald, beider Sohn (Tenor)
Komtesse Stasi, Nichte der Fürstin (Soubrette)
Graf Boni Kanscianu (Buffo)
Sylvia Varescu (Sopran)
Oberleutnant Eugen von Rohnsdorff
Feri von Kerekes, genannt Bacsi
Mac Grave, Botschafter
Gräfin Tscheppe
Baronin Elsner
Notar
Oberkellner
Groom
Lakai
Zigeunerprimas
Kavaliere
Varietédamen

Ort und Zeit: Budapest und Wien, Anfang des 20. Jahrhundert
Uraufführung: 17. November 1915, Wien, Johann-Strauß-Theater

1. AKT: Der Kabarett-Star Sylvia Varescu in Budapest fährt nach Amerika, und alle Verehrer haben sich zu ihrer Abschiedsvorstellung eingefunden, allen voran Edwin Ronald, ein Fürstensohn. Wohl weiß er im stillen, daß er sie kaum wird heiraten können, doch hoffen ist nicht verboten. Da naht die Entscheidung: der Vater verlangt er solle Sylvia sofort aufgeben, und Oberleutnant Rohnsdorff bringt den Befehl, Edwin Ronald habe sich sofort in Wien auf dem Korpskom-

mando zu melden. Da bricht es aus dem jugendlichen Offizier hervor: vor Zeugen gibt er Sylvia ein schriftliches Eheversprechen und reist nach Wien. Glücklich bleibt Sylvia zurück, will auf ihr Amerika-Gastspiel verzichten. Da läßt Baron Boni sie die Karte sehen, auf der die Eltern Edwin Ronalds ohne dessen Wissen seine Verlobung mit der Komtesse Stasi bekanntgeben. Sylvia fühlt sich verraten.

2. AKT: Sylvia hat keinen Brief Edwins beantwortet und ist doch nach Amerika gefahren. Die Komtesse Stasi ist ein guter Kerl – also fügt sich Edwin in die scheinbar unumgängliche Verlobung im väterlichen Fürstenpalast in Wien. Sylvia aber ist zurückgekehrt, will Edwin noch einmal sehen und sie, der seit jener Geschichte in Budapest der Spottname »Csárdásfürstin« anhängt, erscheint nun als angebliche Gräfin Boni in Edwins Vaterhaus. Natürlich lieben die beiden einander noch. Edwin will den Grafen Boni veranlassen, sich von Sylvia scheiden zu lassen, damit er standesgemäß um eine Gräfin Sylvia werben kann. Das hat keine Schwierigkeiten; denn Graf Boni hatte Sylvia nur zum Schein als seine Frau vorgestellt. Zudem: Boni liebt die Komtesse Stasi, und sie erwidert seine Liebe. Aus der vom Vater geplanten Verbindung wird also nichts. Ja, Sylvia inzseniert noch einen hübschen Skandal im Fürstenhaus.

3. AKT: Die Lösung geht in einem Wiener Hotel vor sich. Edwin sucht Sylvia, ihn wiederum sucht der fürstliche Vater, und der hört nun eine etwas peinliche Geschichte. Der alte vornehme Herr von Kerekes

meint nämlich zum Fürsten, er möge ruhig die Einwilligung zur Eheschließung Edwin–Sylvia geben; in jungen Tagen habe er (Kerekes) auch einen Varieté-Star heiraten wollen; aber ein Graf habe ihm die Geliebte weggeschnappt. Jetzt dämmert es dem Fürsten: diese Jugendliebe von Kerekes, die einen Grafen heiratete und ihn dann durch den Tod verlor, ist die jetzige Fürstin, also Edwins Mutter. Zwei Paare: Edwin–Sylvia und Boni–Stasi.

Gräfin Mariza

Operette in drei Akten
Text von Jul. Brammer und Alfred Grünwald

Personen:

Gräfin Mariza (Sopran)
Fürst Populescu
Baron Kolomán Szupán, Gutsbesitzer aus Varasdin (Buffo)
Graf Tassilo Endrödy-Wittenburg (Tenor)
Lisa, seine Schwester (Soubrette)
Karl Stefan Liebenberg
Fürstin Bozen Guddenstein zu Clumetz
Penezek, ihr Kammerdiener
Tschekko, ein alter Diener der Gräfin Mariza
Berko, Zigeuner
Manja, junge Zigeunerin
Gäste, Kinder, Tänzerinnen, Zigeuner, Bauernburschen und Bauernmädchen

Ort und Zeit: Auf dem ungarischen Schloßgut der Gräfin Mariza, Anfang des 20. Jahrhundert
Uraufführung: 28. Februar 1924, Wien, Theater an der Wien

1. AKT: Auf dem Gut der Gräfin Mariza arbeitet treu und gewissenhaft der »Verwalter Török« in Wirklichkeit ist er ein Graf Tassilo, der durch Arbeit und Sparen eine Mitgift für seine Schwester Lisa zusammenzubringen hofft. Unvermutet erscheint die seit langem abwesende Gräfin Mariza; sie will sich ihren zahlreichen Verehrern in der Großstadt entziehen und hat erklärt, sie verlobe sich mit Baron Kolomán Szupán (wozu sie freilich nicht die geringste Absicht hat). Sie hat unter anderen Gästen auch Tassilos Schwester Lisa mitgebracht. Lisa glaubt, die Verwaltertätigkeit ihres Bruders sei nur ein Scherz, und so bleibt Gräfin Mariza über den Verwalter »Török« im unklaren. Höchst unangenehm: Kolomán Szupań erscheint und freut sich über die unerwartete Aussicht, sich mit der Gräfin Mariza verloben zu können. An der Feier selbst darf der »Verwalter« natürlich nicht teilnehmen; und so singt er draußen ein wenig melancholisch: »Auch ich war einst ein feiner Csárdás-Kavalier.« Die Gräfin

hört ihn, fordert den »Verwalter« auf, ihren Gästen etwas vorzusingen, und als er ärgerlich ablehnt, entläßt sie ihn. Doch den lieben Menschen mag sie dann doch nicht entbehren; als sie auf dem Schloß wieder allein ist, bittet sie ihn, zu bleiben – und für sie, nur für sie zu singen.

2. AKT: Zart wirbt der »Verwalter« um die Gräfin, und auch sie ist ihm zugetan. Der gute Kolomán Szupań hat sich zudem von ihr vorsichtig zurückgezogen und liebt Lisa. So wäre die Gräfin Mariza frei ... Da fällt ihr ein Brief in die Hände, den der »Verwalter« an einen Freund geschrieben hat. Aus ihm muß sie entnehmen, er werbe nur ihres Vermögens wegen um sie; allerdings erfährt sie nun auch, wer er wirklich ist. Vor allen Gästen läßt sie dem Verwalter-Grafen eine große Geldsumme auszahlen und gibt ihm den Abschied, diesem »Mitgiftjäger«.

3. AKT: Die beiden Hitzköpfe verabschieden sich voneinander, keiner will den ersten Schritt zur Versöhnung tun. Da schneit glücklicherweise eine reiche alte Tante des Verwalter-Grafen in die Abschiedsszene. Sie hat erfahren, wie schlecht es ihrem Neffen geht und daß er für Lisa arbeitet, hat daraufhin seine verschuldeten Güter aufgekauft und gibt sie ihm nun feierlich zurück. Nun geht's mit einem Male: Gräfin Mariza und Graf Tassilo empfehlen sich als Verlobte. Desgleichen Komtesse Lisa und Baron Szupán.

BENATZKY

Ralph B. (1884–1957, Österreicher), Sohn eines Musikers, studierte u.a. bei F. Mottl.

Benatzky ist im Grunde kein Operettenkomponist; dazu fehlt ihm die auch für die echte Operette notwendige große Linie, der durchschwingende, durchhaltende gleiche Unterton. Ihm liegt mehr die sparsame, witzige Zeichnung von Chansons – ganz gleich, welcher Art. Das »ganz gleich« ist bezeichnend für Benatzky; denn er trifft den Stil des volkstümlichen Liedchens genau so, wie den eines Walzers oder jazzverbrämten Schlagers. Doch hält er sich dabei mit Glück von allem Klischeehaften fern.

Im weißen Rößl

Singspiel in drei Akten
Text nach dem gleichnamigen Lustspiel (Blumenthal und Kadelburg) von Hans Müller

Personen:

Josepha Vogelhuber, Wirtin »Zum weißen Rößl« (Sopran)
Leopold Brandmeyer, Zahlkellner (Tenorbuffo)
Wilhelm Giesecke, Fabrikant aus Berlin
Ottilie, seine Tochter (Sopran)
Dr. Siedler, Rechtsanwalt (Tenor)

Sigismund Sülzheimer
Prof. Dr. Hinzelmann
Klärchen, seine Tochter
Ein Hochzeitspaar
Der Kellner Franz
Der Piccolo Gustel
Bürgermeister
Oberförster
Lehrer
Reiseführer
Dampferkapitäne
Die Briefträgerin Kathi
Die Kuhmagd Zenzi
Drei Hoteliers
Zwei Hausdiener
Der Kaiser und sein Leibkammerdiener

Ort und Zeit: Vor dem Gasthaus »Zum weißen Rößl« am Wolfgangsee im Salzkammergut, nach 1900
Uraufführung: 8. November 1930, Berlin, Großes Schauspielhaus

Aus der Stammzucht Blumenthal-Kadelburg, aufgezogen von H. Müller, zugeritten von Robert Gilbert (Gesangstexte), aufgezäunt von Benatzky und drei musikalischen Mithelfern (Einlagen von Granichstädten, Gilbert und Robert Stolz), in Hoher Schule vorgeführt von zahlreichen Regisseuren in Bühne und Film – so trabt das weiße Rößl unentwegt und unermüdlich durch die Jahrzehnte. Keine Operette, kein Singspiel, eher eine Austattungsschau, uneinheitlich in der Musik, tönender Bilderbogen, zusammengehalten nur durch den Handlungsfaden, humorvoll und witzig, gefühlvoll und sentimental, immer aber geschickt, raffiniert sogar im scheinbar Schlichten.

1. AKT: Der brave Zahlkellner Leopold! Mitten in der Fremdensaison braucht er die Hände zum Bedienen, den Kopf zum Rechnen – und das Herz zum Lieben. Seine Chefin, die Wirtin zum »Weißen Rößl«, hat's ihm angetan: »Es muß ein wunderbares sein, von dir geliebt zu werden.« Doch die Josepha hat andere Sorgen; denn Leopold hat ein Zimmer, das für den Rechtsanwalt Dr. Seidler bestimmt war, absichtlich dem eintreffenden Berliner Fabrikanten Giesecke gegeben, damit Siedler möglichst nicht im »Weißen Rößl« wohne; Leopold weiß nämlich, daß Siedler der heimliche Schwarm Josephas ist. Giesecke schnaubt: »Det Jeschäft is richtig!« – ausgerechnet Siedler, der Rechtsanwalt seines Prozeßgegners Sülzheimer! Es bedarf allerlei taktischen Geschicks von Josepha, Giesecke und dessen Tochter Ottilie im Nebenhaus unterzubringen, damit Siedler sein Zimmer doch bekommt. Schon spinnt der eifersüchtige Leopold einen neuen Faden: Ottilie solle Dr. Siedler schöntun, damit ihr Vater seinen Prozeß gewinne. Aber er kommt mit diesem Rat etwas spät; denn Dr. Seidler hat sich beim ersten Zusammentreffen bereits in Ottilie verliebt.

2. AKT: Leopold kann die verliebten Blicke, mit denen Josepha den Dr. Siedler bedenkt, nicht mehr ertragen: »Zuschau'n kann ich nicht.« Josepha wird ernstlich böse und will Leopold entlassen. Inzwischen muß sie den ewig meckernden Giesecke ein bißchen in

Stimmung bringen: »Im Salzkammergut, da kann man gut lustig sein.« Bald reibt sich Giesecke die Hände; denn sein Prozeßgegner Sülzheimer schlägt ihm brieflich vor, Ottilie Giesecke solle seinen Sohn Sigismund heiraten. Da wäre dann freilich alles in schönster Ordnung. Nur: der eintreffende Sigismund (»Was kann der Sigismund dafür, daß er so schön ist!«) fühlt sich in der Nähe der reizenden, wenn auch stark lispelnden Klärchen Hinzelmann viel wohler, und Dr. Siedler umschwärmt immer heftiger Ottilie Giesecke. – Noch einmal sieht Leopold seinen Weizen blühen: der Kaiser wird kommen und im »Weißen Rößl« wohnen ... da muß Josepha recht schön bitten, daß der entlassene Leopold ihr doch noch helfe, den hohen Gast würdig zu betreuen. Aber ach: als er sich bei der Begrüßungsrede in komischer Wiese blamiert und nun gar noch Dr. Seidler mit Josepha zusammen sieht, da bricht er vor der Festgesellschaft weinend zusammen.

3. AKT: Doch der Kaiser ist ein lieber Mann; er redet Josepha gut zu, und als der Rößl-Wirtin zudem langsam klar wird, daß Siedler nicht sie, sondern Ottilie Giesecke liebt, da entläßt sie zwar trotz allem den braven Leopold als Zahlkellner, engagiert ihn aber sogleich als ihren Ehemann und Wirt zum »Weißen Rößl«. Und noch zwei Paare verloben sich: der schöne Sigismund mit dem fast nicht mehr lispelnden Klärchen und Dr. Siedler mit Ottilie Giesecke »Det Jeschäft is richtig.«

KÜNNEKE

Eduard K. (1885–1953) studierte an der Berliner Hochschule für Musik und bei Max Bruch, war Gesangsvereinleiter und Theaterkapellmeister. Schrieb neben einigen Opern vor allem Singspiele, Operetten und Filmmusik.

Eduard Künneke war ein ernst zu nehmender Jünger der heiteren Muse. In Jahrzehnten hat er versucht, so etwas wie eine Einheit von Oper, Operette, Filmmusik und Singspiel herzustellen. Es ist dabei gar nicht einmal so wichtig, daß ihm das nicht ganz gelungen ist; entscheidend bleibt vielmehr, daß ein begabter, einfallsreicher und handwerklich vortrefflich bewanderter Künstler Singspiel-Operetten ohne Mache und ohne Sentimentalität schrieb, dabei nicht in seichte Schlichtheit verfiel, sondern alle Zwischenstufen vom Volkston bis zum rhythmisch gepfefferten Tanzensemble mit ebensoviel Lebendigkeit wie Verantwortungsbewußtsein betreute.

Der Vetter aus Dingsda

Oper in drei Akten
Text von Haller und Rideamus

Personen:

Julia de Weert (Sopran)

Hannchen, ihre Freundin (Soubrette)
Josef Kuhbrot, Julias Onkel
Wilhelmine, genannt »Wimpel«, seine Frau
Egon von Wildenhagen
Ein Freund (Tenor)
Ein zweiter Fremder (Tenorbuffo)
Karl und Hans, zwei Diener

Ort und Zeit: Schloß de Weert, Anfang des 20. Jahrhunderts
Uraufführung: 15. April 1921, Berlin Theater am Nollendorfplatz

1. AKT: Julia hat nicht nur *einen* Vormund, sondern *zwei.* Beide wollen ihr eine Heirat aufschwatzen: Josef Kuhbrot bietet ihr seinen Neffen August an, Herr von Wildenhagen offeriert seinen Sohn Egon. Aber Julia denkt nur an ihren Vetter Roderich; ihm hat sie als kleines Mädchen ewige Treue geschworen, als er nach »Dingsda« in Indien auswanderte. Gott sei Dank, eben wird sie mündig und kann tun und lassen, was sie mag. Ihre erste Handlung besteht darin, einen um Obdach vorsprechenden Fremden fürstlich zu bewirten und unterzubringen. Ein netter, wirklich sehr netter Mensch. Nur sagt er über sich nichts aus als: »Ich bin nur ein armer Wandergesell.«

2. AKT: Julias lustige Freundin Hannchen fragt den Fremden neugierig aus; doch der dreht sehr geschickt

den Spieß um und hört so allerlei über Julias Mädchenschwüre. Er beschließt nun, sich als den Vetter Roderich aus »Dingsda« auszugeben. Seine Rolle spielt er gut, und Julia gefällt er noch besser. Selbst Josef Kuhbrot merkt nicht, daß dieser Fremde sein Neffe August ist, den er Julia als Mann vorgeschlagen hat (er hat ihn seit Jahren nicht gesehen). Doch Herr von Wildenhagen beweist, daß der Vetter Roderich noch gar nicht angekommen sein kann, weil das Schiff erst in einigen Tagen erwartet wird. Julia liebt zwar den Fremden; doch ihr Mädchenschwur ist ihr heilig: der Fremde muß gehen.

3. AKT: Josef Kuhbrot hat herausbekommen, daß sein Neffe August vor zwei Tagen mit der Bahn angekommen ist. Aber wo ist er geblieben? Schon trifft wieder ein Fremder ein – und in diesen zweiten Fremden verliebt sich nun Hannchen. Aber ach: es ist der richtige Roderich, dem Julias Schur gilt. Verliebte finden jedoch immer einen Ausweg, und so stellt er sich als »August Kuhbrot« vor. Schon der Name genügt, um ihn bei Julia unmöglich zu machen. Und dann spricht man über Roderich, den Vetter aus Dingsda. Könne sich Julia wirklich einbilden, dieser Vetter im Ausland halte sich an den Schwur eines Kindes? Julia wird nachdenklich, kommt sich als dummer Backfisch vor. Wenn sie nur nicht den netten Fremden fortgeschickt hätte ... Aber der schleicht ums Haus. Und so bekommt sie doch den August Kuhbrot, der sich erst armer Wandergesell und dann Vetter Roderich nannte. Und Hannchen erhält den Vetter Roderich, der sich erst als Fremder und dann als August Kuhbrot im Schloß einfand.

ABRAHAM

Paul A. (1892–1960, Ungar), studierte in Budapest, schrieb Musik für Bühne und Tonfilm.

Als Abraham zu Anfang der dreißiger Jahre seine großen Erfolgsoperetten herausbrachte, hätte man eigentlich allgemein erkennen müssen, daß die Operette als Gattung auf einen Weg geführt wurde (vorbereitet durch andere, doch in vollem Umfang bei Abraham sicht- und hörbar), der ihr bisheriges Wesen völlig infrage stellte, ohne daß ein neues, sinnvolles Ziel erkennbar geworden wäre.

Die echte Operette ist eine Bühnenkunstform wie jede andere; damit unterliegt sie gewissen Grenzen, die sich zwar behutsam dehnen, nicht aber einfach ausschalten lassen. Des Aristoteles Grundforderung nach der Einheit des Ortes hat die Bühnenschriftstellerei längst nicht mehr als starre, unabdingbare Vorschrift befolgt; doch des ihr zugrundeliegenden Kerngedankens ist sie sich immer bewußt geblieben. Wenn nun eine Operette Abrahams in Sibirien, Tokio, Petersburg und schließlich in einem ungarischen Dorf spielt, so verliert sie eines ihrer wesentlichen Kennzeichen, die geschlossene Intimität, und arbeitet mit Mitteln, die dem Film (auch der Revue) sehr wohl anstehen können, die Operette als solche aber auflösen. Denn es kommt hinzu, daß nun der Komponist gezwungen ist, dem Textverfasser zu folgen, das heißt, eine Allerweltsmusik (im wirklichen wie im übertragenen Sinne des Wortes) zu schreiben. Eine solche Musik kann man überall hören, doch sie ist nirgends zu Hause. Die Meister der klassischen Operette übernahmen ausländisches Musikgut nur, um einzelne besondere Lichter oder Farben aufzusetzen (etwa Strauß im *Zigeunerbaron*), blieben jedoch in der Hauptsache der gesellschaftlichen und musikalischen Umwelt treu, der sie entstammten. Abraham – er ist nur einer von vielen – jedoch schrieb Musik, deren Melodien und Rhythmen beinahe bewußt den Zusammenhang mit einer geschlossenen gesellschaftlichen oder volksverbundenen Gemeinschaft leugneten. Daher z.B. bei Abraham die vielfach unpersönliche, zuweilen sogar faden und schablonenhaften Wendungen. Dabei steht außer Frage, daß Abraham wahrhaftig etwas konnte und auch Einfälle hatte.

Die Art Operette, die sich ihres eigenen Wesens schämt, ein neues auf veränderter Sozialschichtung nicht zu schaffen vermag und statt dessen nach den Mitteln der Kunstgattung Film schielt, hat Nachfolger bis in die jüngste Zeit gefunden. Mit dem Erfolg, daß sich die Kassen füllen, daß dem Publikum eine echte Geschmacksbildung erschwert wird und daß die Operette als solche abzusterben droht.

Viktoria und ihr Husar

(Drei Akte und ein Vorspiel, Text von E. Földes, A. Grünwald und F. Löhner-Beda, Uraufführung 1930)

Dem ungarischen Husarenrittmeister Koltay gelingt es, nach dem ersten Weltkrieg aus einem sibirischen Kriegsgefangenenlager zu entfliehen und mit seinem Burschen Jansci nach Tokio zu kommen. Dort trifft er seine Braut Viktoria, die ihn für tot gehalten hat, als Frau des amerikanischen Gesandten Cunlight. Dieser nimmt ihn mit nach Petersburg, wo er Gesandter wird, ohne zu wissen, daß Koltay einst mit Viktoria verlobt war. Koltay möchte mit Viktoria fliehen; da sie sich weigert, ihren zwar nicht geliebten, doch geachteten Mann zu verlassen, läßt sich Koltay von den Russen wieder einfangen. Aber nun kann auch Viktoria nicht mehr mit Cunlight zusammenleben, trennt sich von ihm und kehrt in ihre ungarische Heimat zurück. Cunlight ist inzwischen Gesandter in Budapest geworden. Ganz im stillen hat er Koltay freibekommen, bestellt ihn auf Viktorias Gut, verzichtet auf sein Glück und führt seine Frau Viktoria mit ihrem Husaren zusammen.

Die Blume von Hawaii

(1931, drei Akte, Text abermals von Földes, Grünwald und Löhner-Beda)

So um 1830 wird das Königshaus in Hawaii durch die Amerikaner beiseite geschoben. Der neue Gouverneur fühlt sich recht sicher; denn die rechtmäßige Thronerbin Prinzessin Laya lebt in Paris, und der mit ihr im Kindesalter verlobte Prinz Lili-Taro ist kein ernsthafter Gegner für den Gouverneur. Da kommt die Prinzessin als »Kabarettistin Susanne« zurück auf einem Schiff, dessen Kapitän Stone sich in sie verliebt hat. Ein Untergrundführer Kanako will die heimkehrende Prinzessin bei einem Blumenfest zur rechtmäßigen Königin ausrufen. Um das zu verhindern, soll Laya auf Verlangen des Gouverneurs auf den Thron verzichten. Sie weigert sich, Kapitän Stone widersetzt sich dem Befehl, sie zu verhaften, soll vor ein Kriegsgericht – da unterzeichnet Laya. Prinz Lili-Taro glaubt, seine Prinzessin unterzeichnete, weil sie Stone liebe, stürzt sich ins Meer und wird von Stone gerettet. Auf nach Monte Carlo! Dort kann Stone im Spiel gewinnen, weil er in der Liebe verloren hat; Prinz und Prinzessin und drei weitere Paare schreiten zum Standesamt.

DOSTAL

Nico D. (1895–1981, Österreicher) entstammt einer Familie von Militärkapellmeistern, studierte Rechtswissenschaft, dann Musik, schrieb Kirchenmusik, später Schlager und endlich Operetten.

Dostal hat bereits eine ganze Reihe Operetten geschreiben; die die Handschrift eines tüchtigen Musikers zeigen; mit dem Können halten aber die Einfälle nicht ganz Schritt. Ständen die wirklich guten Stücke aus seinen zehn Operetten nicht in zehn, sondern in drei Werken, dann wäre die Operettenbühne wahrscheinlich um drei gepflegte Dauerwerke reicher. So aber halten die Stücke des Fast-Wieners Dostal immer nur ein hübsches Mittelmaß. Dostal hat das selbst gespürt und mit *Doktor Eisenbart* und dem *Dritten Wunsch* (1952 bzw. 1954) einen neuen, bisher allerdings wenig erfolgreichen Stil erprobt.

Clivia

Oper in drei Akten
Text von Charles Amberg

Personen:

Clivia Gray, Filmschauspielerin (Sopran)
Patterton, der Finanzmann (Bariton)
Juan Damigo (Tenor)
Yola, seine Cousine (Soubrette)

Ein Reporter (Buffo)
Zahlreiche Nebenrollen, Offiziere, Soldaten, Girls, Filmleute usw.

Ort und Zeit: die (erfundene) mittelamerikanische Republik Boliguay, 1. Drittel des 20. Jahrhunderts
Uraufführung: 23. Dezember 1933, Berlin, Theater am Nollendorfplatz

Der rücksichtslose amerikanische Finanzmann Patterton sieht seine geschäftlichen Pläne in Boliguay gefährdet durch den Präsideten Olivero, will ihn stürzen, stellt kurzerhand eine Filmgesellschaft auf die Beine und will als deren Produzent unerkannt in Boliguay seine Umsturzfäden ziehen. Sogleich läßt der Yankee durch einen fixen Reporter einen filmbegabten Boliguayaner aufgabeln, bietet ihm reichlich Geld, damit dieser den weiblichen Star Clivia zum Schein heirate und damit die Einreiseschwierigkeiten beseitige. Auf das Geld verzichtet der Mann aus Boliguay, doch die Hochzeit will er schon sehr gern feiern. Ein guter Mann, dieser Juan Damigo. Seit er dabei ist, läuft alles glatt, die Filmleute dürfen einreisen, und Patterton kann den Sturz des Präsidenten ungehindert vorbereiten. Aber es kommt anders. Patterton und Clivia werden verhaftet – dieser Juan ist nämlich kein geringerer als der Präsident selbst. Eigentlich schade; denn er hatte sich mit Clivia bereits trefflich verstanden. Nun, das hübsche Ding mag entkommen, obwohl Clivia eine Hauptperson in der Verschwörung zu sein scheint. Doch sie denkt nicht ans Entfliehen, beweist so ihre politische Unschuld und ihre wirkliche Liebe zu Juan alias Olivero. Der Filmstar wird Präsidentin.

Monika

Operette in drei Akten
Text von Hermann Hermecke

Personen:

Alexander Gundelach, ehem. Landrat
Clementine, geb. von Wuhlow, seine Frau
Horst-Dietrich, ihr Sohn
Kommerzienrat Marquardt
Ottilie, seine Frau
Vera, ihre Tochter
Ralf Kröger, Maler
Der kleine Peter Geislinger, Erbe des Geislingerhofes, und seine Schwestern, Rosel, Marie und Monika
Onkel Michael Geislinger
Anton Gruber, Lehrer
Der Sonnenwirt
Jakob Gäbele, Bauer
Johann Lemke, Diener von Gundlach
Dörfler und Städter, Diener und Musikanten usw.

Ort und Zeit: Schwarzwald und eine norddeutsche Stadt, um 1930
Uraufführung: 3. Oktober 1937, Stuttgart, Württembergisches Staatstheater

Aus einer Art Dreimäderlhaus des Schwarzwaldbauern Geislinger hat eben eine der drei Nichten Geislingers geheiratet. Eine der beiden anderen muß den Sonnenwirt heiraten, damit der nicht mit seinem

Schuldschein den Hof erwerben kann: Rosel oder Monika. Rosel aber liebt heimlich den Lehrer Gruber, und daß Monika den Medizinstudenten Horst-Dietrich liebt, wird den beiden jungen Leuten klar, als Horst-Dietrich eben zu den Eltern heimfahren will. Kurz entschlossen nimmt er sie auf seinem Motorrad mit. Aber diese Braut paßt der adelig geborenen Mutter durchaus nicht. Es gelingt ihr sogar, im Trubel einer Gesellschaft ihren Horst-Dietrich und die Kommerzienratstochter Vera als Verlobte vorzustellen. Diese aber liebt einen Bildhauer und gedenkt, dessen Frau zu werden. Es ging nun alles ganz gut aus, wenn nicht Onkel Geislinger, Lehrer Gruber und der Sonnenwirt unvermutet aufgetaucht wären. Der Sonnenwirt verlangt (für seine Schuldscheinrechte) Monika; diese wagt nicht zu widersprechen, um Onkel Geislinger nicht in Geldnot zu bringen. Horst-Dietrich aber ist enttäuscht. Wieder in ihrem Schwarzwalddorf angelangt, glaubt Monika, den Sonnenwirt heiraten zu müssen. Horst-Dietrich hat sie wohl vergessen; denn nicht einen Brief hat sie von ihm bekommen. Aber geschrieben hatte er doch, wie eben der Lehrer Gruber berichtet; nur hat Onkel Geislinger die Briefe zurückgehen lassen, damit Monika sich mit dem Sonnenwirt abfinde. Glücklicherweise braucht der Sonnenwirt eben gegen sein Zipperlein den Arzt. Der kommt – es ist Horst-Dietrich, der die Praxis des alten Dorfarztes übernommen hat. Mit Entschiedenheit verordnet er dem kranken Sonnenwirt ausgiebige Bettruhe, er selbst aber führt Monika heim, wie denn auch Rosel ihren Lehrer Gruber bekommt.

Die ungarische Hochzeit

Operette in drei Akten und einem Vorspiel
Text von Hermann Hermecke

Personen:

Kaiserin Maria Theresia
Josef von Kismarty, Stuhlrichter (Bariton)
Frusina, seine Frau (Alt)
Janka, seine Tochter (Sopran)
Graf Stefan Bardossy (Tenor)
Von Pötök, sein Onkel (Bariton)
Anton von Halmay, sein Freund (Baß)
Arpad, Bardossys Kammerdiener (Buffo)
Etelka, das Bauernmädchen (Soubrette)
Verschiedene kleinere Rollen, Offiziere, Soldaten, Bauern, Zigeuner usw.

Ort und Zeit: Ungarn um 1750
Uraufführung: 4. Februar 1939, Stuttgart, Württembergisches Staatstheater

Die Kaiserin befiehlt dem Grafen Bardossy, in der von ihr gegründeten Kolonistensiedlung nach dem rechten zu sehen: die Kolonisten sind mit den Äckern zufrieden, haben sich aber beschwert, weil man ihnen statt der zugesagten jungen Mädchen ziemliche Vetteln andrehen will. Bardossy ist gerade in ein Liebesabenteuer verstrickt, schickt daher seinen Diener Arpad als »untersuchenden Grafen« in die Kolonie, besinnt sich jedoch und reist selbst ab, so daß er noch vor Arpad ankommt und sich als Bauer ausgeben kann. Stuhlrichter Kismarty und Frau Frusina haben Lunte gerochen und führen dem kontrollierenden »Grafen« Arpad ganz allerliebste Mädelchen als Ehekandidatinnen vor; ja, sie paaren ihre Tochter Janka mit dem »Bauern« Stefan. Dessen Onkel Pötök paßt das alles nicht, er klärt Frau Frusina über den Rollentausch zwischen dem echten und dem falschen Grafen auf, und Frau Frusina berichtet das ihrer Tochter Janka. Um sich für das Doppelspiel zu rächen, läßt sie sich scheinbar mit Graf Stefan trauen, versteckt in Wirklichkeit unter den dichten Brautschleiern ihre Magd, und Stefan ist der Genasführte. Sofort bittet er die Kaiserin, sie möge diese unmögliche Ehe lösen. Die Kaiserin ist dazu bereit unter der Bedingung, daß eine ihn wirklich liebende Jungfrau den Geschiedenen zum Manne nimmt. Nun, Janka hat längst bereut, weil sie auf den ersten Blick in Stefan verliebt war. Die eine Ehe wird gelöst, die andere vollzogen.

Manina

Operette in vier Bildern
Text von H. Adler und A. Licks

Personen:

Gräfin Amelia
Hella von Liechtenau, Carla, Franzi, Gusti, Nelli, Walli, sechs Nichten der Gräfin
Mario Zantis, Dichter
Ronni, sein Freund
Oberhofmarschall
Fiametta, Chansonette

Ferdinand, Diener der Gräfin
Bebscho, Diener von Zantis
Drei Minister
Ein Wirt
Ein Offizier
Polizisten, Fischer, Bauern usw.

Ort und Zeit: Im Palast der Gräfin, irgendein kleines Reich im Süden, um 1900
Uraufführung: 28. Februar 1942, Berlin, Admiralspalast

1. BILD: Gott, wie glücklich muß doch Hella sein, denken fünf Nichten der Gräfin Amelia: sie ist die Braut eines richtigen (wenn auch kleinen) Königs geworden! Nicht gerade aus freien Stücken, aber gegen Tante Amelias Willen ist kaum aufzukommen. Und so entschließt sich Hella schwerzen Herzens, nach der Königsstadt Catatea aufzubrechen.

2. BILD: Dort lebt ein Dichter Zantis, dessen Werke Hella sehr schätzt, die auch sonst Anklang finden – außer beim König und seiner Umgebung. Dem Dichter erzählt sein Freund Ronni, König Jalomir, der doch eigentlich seine Braut hätte empfangen müssen, sei spurlos verschwunden. Wohin, berichtet nun die hereintänzelnde Chansonette Fiametta: sie ist des Königs Geliebte und hat ihn bei einem Stelldichein aus Eifersucht eingeschlossen. Sofort schreibt Zantis ein keckes Liedchen auf diese Geschichte, Fiametta nimmt es an sich und geht mit Ronni fort. Hellas erster Weg in Catatea führt sie zu dem verehrten Dichter. Aus einer Plauderstunde erwächst Liebe; Hella, die sich nicht als

Königsbraut zu erkennen gegeben hat und sich Manina nennt, bleibt bis zum nächsten Morgen bei Zantis und verläßt dann ohne Abschied sein Haus. Wenig später trifft den Dichter Verbannung: Fiametta hat gestern abend sein Lied auf den verschwundenen eingesperrten König gesungen!

3. BILD: König Jalomir hat sich wohl auch nach der Eheschließung mit Hella immer wieder unmöglich gemacht; jedenfalls muß er aus dem Land. Hella ist Alleinherrscherin. Freund Ronni macht den Dichter darauf aufmerksam, daß er nun ein Gesuch auf Aufhebung des Verbannungsurteils einreichen könne. Zantis will das Gesuch der Königin überreichen und erkennt in ihr »Manina«. Da sie – wenigstens äußerlich – nicht geruht, ihn zu erkennen, will er wieder in die Verbannung gehen.

4. BILD: Durch Ronni wird der Dichter kurz vor seiner Abreise zur Königin bestellt. Als er sich weigert, kommt sie höchstpersönlich, bittet ihn um Verzeihung, versichert ihn ihrer immerwährenden Liebe. Schließlich will sie sogar abdanken, wenn sie nur bei ihm bleiben kann. Und so wird aus der Königin eine Dichtersfrau.

RAYMOND

Fred R. (eigentlich: Friedrich Vesely, 1900–1954, Österreicher) wurde zuerst bekannt mit Schlagerliedern, schrieb eine Reihe Operetten.

Anfangs wußte man von Raymond vor allem, daß er musikalisch sein »Herz in Heidelberg verloren« habe. Sein Erfolg als Schlagerkomponist ermutigte ihn, sich der Operettenbühne zuzuwenden. Wieder hatte er Erfolg, jedes Stück wurde beifällig aufgenommen, vor allem die *Maske in Blau.* Und doch muß man sich fragen, ob Raymond den tragenden Ton findet, dessen die Operette bedarf. Es scheint jedenfalls, daß er zuweilen ebenso an den Film wie an die Operette denkt, ohne stets zu einer echten Bindung zu gelangen. Auch bei der unterhaltsamen Operette gibt es ein Geheimnis, nämlich Lieder und Tänze nicht nur zu reihen, sondern sie aus einer einmaligen, durchhaltenden Grundstimmung entstehen zu lassen.

Maske in Blau

Operette in sechs Bildern
Text von H. Hentschke, Liedertexte von G. Schwenn

Personen:

Marchese Cavalotti, Armando Cellini, Franz Kilian und Joseph Fraunhofer, sämtlich Maler
Juliska Varady, die Freundin Fraunhofers

Evelyne Valera, argentinische Plantagenbesitzerin
Gonzala, ihr Verwalter
Pedro del Vegas
Ein Gaucho
Ein Tavernenwirt
Ein Hotelchef in San Remo
Zahlreiche Statisten aller Art

Ort und Zeit: Argentinien, erstes Viertel des 19. Jahrhunderts
Uraufführung: 27. September 1937, Berlin, Metropol-Theater

Der Maler Armando Cellini hat mit einem Bild »Maske in Blau« Aufsehen erregt; das Modell zu diesem Bild hat seinerzeit nie die Maske abgelegt, jedoch versprochen, nach einem Jahr wiederzukommen. Und sie kommt: als reiche argentinische Plantagenbesitzerin Evelyne Valera. Beide verlieben sich. Doch da ist ein finsterer Argentinier, Pedro del Vegas, der selbst Absichten auf Evelyne hat. Er entwendet ihr einen Ring, den sie von Armando erhalten hatte, und gibt ihn diesem als Zeichen des Abschieds zurück. Das ließe sich beilegen, wenn Armandos Freunde nicht in gutgemeinter Absicht auf einem Fest die Verlobung Evelyne–Armando bekanntgäben; Armando, verstimmt über das scheinbare Abschiedszeichen, brüskiert aber die ahnungslose Evelyne, so daß sie mit Pedro den Saal verläßt und nach Argentinien zurückkehrt. Während sie dort über die unverständliche Sinneswandlung Armandos nachgrübelt und Pedro nach wie vor abweist, hat ihr Verwalter gehandelt und Armando mit seinen Freunden heimlich kommen lassen. Obwohl das die Ankunft meldende Telegramm von Pedro unterschlagen wird, hat der Verwalter etwas gemerkt und begibt sich in die Bezirkshauptstadt, um die Angekommenen abzuholen. Durch allerlei Reden beunruhigt, hat sich gleichzeitig Armando allein auf den Weg zu Evelyne gemacht, unterwegs dem ihm begegnenden Pedro die Quittung für seine Intrige ausgestellt und Evelyne alles erklärt. Die Armando besorgt nacheilenden Freunde finden bereits ein glückliches Paar.

SCHRÖDER

Friedrich Sch. (1910–1972, geboren in der Schweiz) hatte eine ausgezeichnete musikalische Schulung durchgemacht (u.a. bei Paul Höffer). Lebte als Komponist und Verleger in Berlin.

Hochzeitsnacht im Paradies

Operette in acht Bildern
Text von H. Hentschke, Liedertexte von G. Schwenn

Personen:

Dr. Ulrich Hansen (Tenor)
Regine, seine Frau (Sopran)
Felix Wachtel, Bonbonfabrikant
Poldi Oberländer, Sportberichter (Tenorbuffo)
Veronika, Freundin Reginens (Soubrette)
Dolores, gen. Dodo (Soubrette)
Dajos Lajos Földesy, ihr Impresario
Professor Fisch
Portier Bastian
Der Präsident des Venediger Tennisclubs
Romano Picco, Gondoliere
Egon, ein Diener
Käthchen, eine Zofe
Ein Schlosser
Zwei Boxer
Ein Schiedsrichter
Sportpublikum, Gäste, Tänzerinnen usw.

Ort und Zeit: Berlin und Venedig, Gegenwart
Uraufführung: 24. September 1942, Berlin, Metropol-Theater

Mit diesem Werk hatte sich Schröder sogleich in die vorderste Reihe der Operettenkomponisten gespielt. Seine geschmackvolle Verwendung moderner Rhythmen, seine vielfach zügigen Melodien und eine vortreffliche Instrumentierung bilden eine schöne musikalische Einheit.

1. »Mit harten Bandagen«. Bei einem Boxkampf schlagen auch zwei Zuschauer (Felix Wachtel und Dajos Földesy) gewaltig aufeinander los.

2. »In letzter Minute«. Alles wartet auf Reginas Bräutigam Dr. Hansen; so ihre Freundin Veronika und deren Verlobten Poldi Oberländer, so auch die beiden Kampfhähne des ersten Bildes, so auch leider die temperamentvolle frühere Freundin von Dr. Hansen: Dolores genannt Dodo. In letzter Minute gelingt es, Dolores sich mit ihren Tanzmädchen in den Keller einzuschließen: Hansen kommt und fährt mit Regine zur Trauung.

3. »Die Hochzeitsnacht«. Die versöhnten Kampfhähne rauchen in Regines Zimmer eine Zigarette; dabei läßt Földesy das Etui von Dolores liegen, Regine glaubt an die Untreue ihres Mannes und schließt sich ein. Hansen zieht ärgerlich ins Hotel »Paradies«. Kaum hat Regine den wahren Raucher-Sachverhalt erfahren, da fährt sie ihm nach.

4. »Das gibt es nur im Paradies«. Im Hotel freundet sich Dolores mit Felix Wachtel an. Hansen wird nach

einigen Gläschen wieder vergnügter, muß aber immer wieder an seine junge Frau denken.

5. »Paradies. Zimmer 51«. Versehentlich gerät Hansen in das Zimmer Veronikas. Da erscheint Regine, sucht ihren Mann, Veronika versteckt sich. Regine sieht ein schlecht verborgenes Damenbein, glaubt, Dolores sei bei ihrem Mann. Und schließlich muß der hinzukommende Poldi Oberländer annehmen, seine Veronika habe ein Stelldichein mit Hansen.

6. »Kurzschluß im Paradies«. Alles rennt durcheinander und steht, als das Licht wieder brennt, in Schlafanzügen auf den Gängen. Dolores versucht es nochmals bei Hansen, was Regine vollends in Zorn bringt. Jetzt hat Hansen genug: er macht seine Hochzeitsreise ohne Frau – nach Venedig. Veronika schließt sich Hansen an.

7. »Vor den Arkaden«. Nach einem Tennissieg wird Hansen mit seiner »Frau« (Veronika) vom Tennisclub zum »Liebestrunk« eingeladen. Inzwischen sind aber auch Veronikas Verlobter und Felix Wachtel in Venedig eingetroffen, und Hansen erfährt, daß seine Frau Regine ebenfalls in der Lagunenstadt ist und nun weiß, wessen Bein sie damals im »Hotel Paradies« gesehen hat.

8. »Am Canale grande«. Auf dem Fest der Gondoliere wird alles wieder ins Lot gebracht. Dolores gesellt sich zu Felix Wachtel, Veronika söhnt sich mit ihrem eifersüchtigen Verlobten aus, und Hansen tritt, als Gondoliere verkleidet, zu Regine, um nun endlich mit ihr auf eine rechte Ehe zu trinken.

MUSICAL

KERN

Jerome D. K. (1885–1945), Amerikaner, erhielt seinen ersten Klavierunterricht von seiner Mutter, studierte Musik in New York, Heidelberg und London und wurde Korrepetitor an einem Broadway–Theater. Anfänglich schrieb er nur Songs und verfertigte Bearbeitungen für andere Komponisten. Häufig wurde er als der »Vater des amerikanischen Musicals« bezeichnet. Seine über längere Zeit anhaltende Spitzenposition am Broadway gipfelte im 1927 zum erstenmal aufgeführten *Show Boat,* das in der Folgezeit eine ganze Reihe von Musicals in Konzeption, Darstellung und Musik beeinflußt hat.

Show Boat

Musical in zwei Akten von Oscar Hammerstein II. nach dem gleichnamigen Roman von Edna Ferber

Personen:

Andy Hawks, Kapitän des Show Boats
Parthy Ann Hawks, seine Frau
Magnolia, ihre Tochter
Julie Laverne, Steve Baker, Ellie und Frank, Darsteller auf dem Show Boat
Gaylord Ravenal
Windy, Steuermann
Pete Garvin, Maschinist

Joe, Heizer
Queenie, Köchin
Rubber–Face
Vallon, Sheriff
Spielsalon–Besitzer
zwei Hinterwäldler
zwei Ausrufer
Set Curdy und Old Sport
Ethel, Jake und Max
Hazel, Dolly und Lotti
Gitarrist, Portier und Ansager im Trocadero
Spieler und Bummler

Ort und Zeit: in Natchez und auf dem Mississippi 1890; in Chicago 1893 und dann wieder in Natchez 1927
Uraufführung: 27. Dezember 1927 New York, Ziegfeld Theatre; Erstaufführung in deutscher Sprache: 30. Oktober 1970 in Freiburg im Breisgau, Städtische Bühnen

1. AKT: Vor dem Show Boat »Cotton Blossom« werden die Darsteller des Theaterstücks dem vorüberziehenden Publikum reißerisch vorgestellt. Dabei trifft die blutjunge Tochter des Kapitäns Andy Hawks und seiner alles beherrschenden Frau Parthy Ann den Taugenichts Gaylord Ravenal, für den sie sogleich zu schwärmen beginnt, obwohl sie die erfahrene Julie vor der Liebe eindringlich warnt. – Die Farbigen an Bord hören zufällig Julie ein Lied singen, das üblicherweise nur von den Schwarzen gesungen wird und da sie nicht sagt, woher sie das Lied kennt, kann sie der gerade fortgejagte Maschinist Pete beim Sheriff anzeigen und behaupten, sie sei in Wirklichkeit eine Schwarze. Als

der Sheriff Steve und Julie wegen Rassenschande festnehmen will, können zwar beide einer Verhaftung entgehen, müssen aber das Theaterensemble verlassen und dürfen nicht mehr auftreten, was Kapitän Andy in arge Bedrängnis bringt. In der Not werden der Spieler Gaylord Ravenal und die Tochter Magnolia als Ersatz engagiert. Da beide ihre Liebesszenen vollkommen echt spielen, werden sie schon in kurzer Zeit zu den Stars des Show Boats, sehr zum Ärger von Magnolias Mutter, die gerade verhindern wollte, daß ihre Tochter den Schauspielerberuf ergreift. Trotz der Intrigen von Pete und Parthy Ann und, obwohl bekannt wird, daß Gaylord Ravenal erst vor kurzem in Notwehr jemanden erschossen hat, liebt ihn Magnolia so sehr, daß sie sich nicht von ihrem Entschluß, ihn zu heiraten, abbringen läßt.

2. AKT: Schauplatz ist das Gelände der Weltausstellung in Chicago, drei Jahre später. Gaylord hat sich trotz Heirat nicht geändert und ist Spieler mit halbkrimineller Neigung geblieben. Als die Not der kleinen Familie immer drückender wird, läßt Gaylord Ravenal verantwortungslos seine Frau im Stich. Mit Hilfe zweier ehemaliger Kollegen vom Show Boat – Ellie und Frank – soll Magnolia ein Engagement als Sängerin im Trocadero in Chicago erhalten, damit sie ihren Lebensunterhalt verdienen kann. Beim Vorsingen wird sie von Julie, der eigentlichen Sängerin beim Trocadero, erkannt. Um Magnolia eine Chance zu geben, zieht sich Julie selbstlos zurück, da sie für sich keine rechte Zukunft mehr sieht, nachdem sie schon lange von dem heruntergekommenen Steve verlassen worden ist. Nach anfänglicher Schüchternheit wird ihr

erster Auftritt ein überwältigender Erfolg, der Magnolia glänzende Zukunftsaussichten eröffnet.

Zwanzig Jahre später wird in der Nähe von Natchez die Leiche von Julie angespült, genau dort, wo sie zusammen mit Steve ihre glücklichste Zeit vollbracht hat. So wenigstens meint der inzwischen mehr als achtzig Jahre alte Kapitän Andy Hawks. Während es dem alten Andy gelungen ist, Gaylord Ravenal zum besseren Leben zu bekehren, hat sich Magnolia vom Theaterleben zurückgezogen; damit kommt es endlich zu einem Happyend zwischen Magnolia und Gaylord. Wie in einer echten Komödiantenfamilie ist mittlerweile ihre gemeinsame Tochter ein berühmter Broadway–Star geworden. Die alte »Cotton Blossom«, das ehemalige Show Boat dampft noch immer den Mississippi hinauf und hinab, und ständig fließt der Mississippi, der Vater der Ströme.

Mit fünfhundertundsiebzig Aufführungen in der Uraufführungsfassung wird der überwältigende Erfolg von Oscar Hammerstein als Librettist und Jerome Kern als Komponist deutlich dokumentiert. Auch in der Folge ist das Musical *Show Boat* immer wieder der Erfolgsmaßstab gewesen, an dem andere gleichartige Werke wie z. B. *Anni Get Your Gun, West Side Story* oder *The Fiddler on the Roof* gemessen worden sind. Kern ist es gelungen, die Musik dieses Musicals verdichtet in musikalische Szenen und durch originellen Melodienreichtum zu später weithin populären Schlagern zu machen. Am bekanntesten wurde jenes Lied, das der farbige Heizer Joe vorträgt und das den großen Fluß Mississippi verherrlicht »Old Man River«.

BERLIN

Irving B. (eigentlich Israel Baline, geb. 1888, Amerikaner) wurde in Temun in Rußland geboren, kam schon dreijährig in die Vereinigten Staaten. Er begann seinen Berufsweg als Aushilfskellner und schrieb ab 1910 mit stetig steigendem Erfolg Songs und Revuemusiken. Mit seinem Musical *Annie Get Your Gun* erzielte Irving Berlin 1946 Weltruf.

Annie Get Your Gun

Musical von Herbert und Dorothy Fields. – Gesangstexte stammen vom Komponisten.

Personen:

Annie Oakley
Frank Butler
Buffalo Bill
Pawnee Bill
Charlie Davenport
Sitting Bull
Foster Wilson
Dolly Tate
Truppe des Buffalo Bill, Hotelbesitzer, Zuschauer und andere

Uraufführung: 16. Mai 1946 New York, Imperial Theatre
Erstaufführung in deutscher Sprache: 9. September 1963, Berlin, Theater des Westens

Buffalo Bills Truppe gibt ein Gastspiel in einer amerikanischen Kleinstadt. Der Meisterschütze der Truppe, Frank Butler muß zu seinem großen Ärger mitansehen, daß die Anführerin einer Gruppe sich herumtreibender Kinder, Annie Oakley, sich als Naturbegabung im Schießen entpuppt und zu allem Überfluß von Buffalo Bill noch als Mitglied der Truppe engagiert wird. Verständlich, daß Frank Butler seinen Ruf als »der treffsicherste Schütze der Welt« dahinschwinden sieht. Annie Oakley erkennt ihre Chance und verwandelt sich schnell in eine ansehnliche junge Dame, indem sie Lesen und Schreiben lernt, ihr abgetragenes Kleid ablegt und sich zu präsentieren weiß. Kein Wunder, daß Frank Butler mehr und mehr unruhig wird: noch schlimmer wird es, als er mitansehen muß, wie Annie eines Abends vom Manager der Wildwest–Show groß angekündigt wird und auch tatsächlich aus allen akrobatischen Situationen schießt – kein Schuß geht daneben. Das kann Frank Butler nicht mehr ertragen, und er kündigt deshalb sein Engagement bei Buffalo Bill auf, um zu einem Kokurrenzunternehmen zu wechseln.

Die Erfolge für Annie reißen nicht ab, selbst die Indianer der Wildwest-Show geben ihr den Titel »Tochter des Häuptlings«. Sogar eine Tournee nach Europa unternimmt die Truppe, wo Annie Oakley zur größten Schießkünstlerin der Welt ernannt, gefeiert wird und sogar Orden über Orden für ihre Leistungen erhält. Schon gleich nach der Rückkehr in die Vereinigten Staaten fällt der Entschluß, daß sich die Wildwest–Show von Buffalo Bill mit dem Show–Unternehmen vereinigen will, in dem Frank Butler die Hauptattraktion ist. Ein Hindernis für die Vereinigung ist die alte schwelende Eifersucht von Frank Butler auf die Schießkunst von Annie. So kommt es zu einem Zweikampf zwischen den beiden, bei dem entschieden werden soll, wer der bessere Meisterschütze ist. Annie will, daß es zwischen ihnen endlich zur Verständigung kommt und schießt in dem Vergleichskampf absichtlich daneben. Für Annie und Frank ist der Ausgang des Zweikampfes der Meisterschützen ein großer Erfolg: Frank sieht seine angekratzte Ehre als Meisterschütze gerettet und vergißt seine Eifersucht auf Annie, und Annie, die Frank schon seit langem heimlich liebt, kann endlich Mrs. Butler werden.

PORTER

Cole A. P. (1893–1964), Amerikaner) studierte zuerst Jura und wandte sich erst später der Musik zu. Er schrieb viele Schlager und Songs, erzielte jedoch seine größten Erfolge mit den Musicals *Kiss Me, Kate!* und *Can–Can.*

Kiss Me, Kate!

Musikalische Komödie in zwei Akten von Samuel und Bella Spewack. Die Gesangstexte stammen vom Komponisten.

Personen:

Fred Graham (Petrucchio)
Harry Trevor (Baptista)
Ann Lane (Bianca)
Ralph, Inspizient
Lilli Vanessi (Katharina)
Hattie, Garderobiere von Lilli Vanessi
Paul, Garderobier von Fred Graham
Bill Calhoun (Lucentio)
erster und zweiter Ganove
Bühnenportier, Harrison Howell
Schauspieler, Tänzerinnen und Tänzer
ein Arzt
ein Taxichauffeur

Ort und Zeit: im Sommer in einer amerikanischen Stadt
Uraufführung: 30. Dezember 1948 New York, Century Theatre

Erstaufführung in deutscher Sprache: 19. November 1955, Frankfurt am Main, Städtische Bühnen

Das Musical *Kiss Me, Kate!* ist eine neuzeitliche Umformung von Shakespeares *Der widerspenstigen Zähmung* durch den Komponisten sowie Bella und Samuel Spewak (die sehr geschickt verfertigte deutsche Textfassung stammt von Günter Neumann). Der Witz des Handlungsablaufes besteht darin, daß ständig Szenen aus Shakespeares mit solchen hinter der Bühne abwechseln, daß dann wieder Personen auftreten, die bei Shakespeare nicht vorkommen, oder daß Ausbrüche stattfinden, die (scheinbar!) mit alledem nichts zu tun haben. – Wie zähmt man eine Widerspenstige? »Brush up your Shakespeare!« (Schlag nach bei Shakespeare!). – Fred Graham und Lilli Vanessi lieben einander noch immer, obwohl sie sich haben scheiden lassen. Lilli explodiert vor Eifersucht mitten im Spiel, ohrfeigt Fred, bezieht von diesem eine Tracht Prügel und legt ihre Rolle demonstrativ nieder. Da präsentieren zwei Ganoven einen gefälschten Scheck, den Fred jedoch nur dann zahlen will, wenn Lilli ihre Rolle weiterspielt. Dazu wird sie schließlich von den Ganoven mit vorgehaltenem Revolver auf der Bühne gezwungen. Daraufhin gibt sie auch ihrem Verehrer, dem schläfrigen, ältlichen Geldprotz und Theatermäzen, Harrison Howell, den Laufpaß, um bei ordnungsgemäßem Abschluß der Vorstellung ihren Fred für immer zu lieben.

Aus den vielen bekannten und eingängigen Nummern dieses Musicals ist vor allem das Walzerduett »Wunderbar! Wunderbar! Diese Nacht so sternenklar!« hervorzuheben, daß als Evergreen inzwischen aus der Unterhaltungsmusik nicht mehr wegzudenken ist.

Can-Can

Musical in zwei Akten von Abe Burrows. Gesangstexte stammen vom Komponisten.

Personen:

Henri Marceaux, Gerichtspräsident
Paul Marrière und Aristide Forestier, Richter
La Môme Pistache, Besitzerin eines Montmartre–Lokals
Claudine, Gabrielle, Marie und Cèlestine, Tänzerinnen
Boris Adzinidzinadze, Hercule, Théophile und Etienne, Künstler
Hilaire Jussac, Kunstkritiker
Gerichts- und Gefängnispersonal, Kellner, Polizisten, Gäste, Bewohner von Montmartre

Ort und Zeit: Paris 1893
Uraufführung: 7. Mai 1953, New York, Schubert–Theatre
Erstaufführung in deutscher Sprache: 29. August 1965, Stuttgart, Württembergisches Staatstheater, Kleines Haus

1. AKT: Einige Mädchen sind nach ihrer Verhaftung dem Polizeirichter vorgeführt, weil sie im Montmartre-Lokal von Mademoiselle Pistache den anstößigen und verbotenen Can-Can getanzt haben sollen.

Der Richter beschließt, das Lokal persönlich in Augenschein zu nehmen und verursacht mit diesem Entschluß die größten Verwirrungen und Verwicklungen bei den Beteiligten. Claudine, die die harte Arbeit als Wäscherin mit der angenehmeren des Cancantanzens vertauschen will, versucht den Richter Forestier mit ihren weiblichen Reizen und schließlich mit Bestechung davon zu überzeugen, daß der Cancan ein harmloser Volkstanz sei. Doch der Richter bleibt unbestechlich und sammelt fleißig Beweise für seine Verhandlung und verurteilt die Mädchen schließlich zu 10 Tagen Gefängnis. Der Kritiker Jussac, der in Claudine verliebt ist, will dafür sorgen, daß der diesjährige Ball der Pariser Künstler in Pistaches Lokal stattfindet und dabei auch Werke von Claudines Freund Boris ausstellen lassen.

Als Forestier wieder bei Pistache erscheint, nachdem die Mädchen ihre Gefängnisstrafe abgesessen haben, will er ihr seine Motive für die Verurteilung erklären. Dabei hört er zufällig, daß Pistache trotz der ihr entzogenen Konzession den Künstlerball in ihrem Lokal abhalten will. Daraufhin kommt es zwischen beiden zu heftigem Streit. – Claudine besucht Boris in seinem Atelier in einem neuen, vom Kritiker Jussac geschenkten Kleid. Die Eifersucht überkommt Boris trotz der Protektion, die ihm durch Jussac zuteil werden soll. Am Abend erscheint der inzwischen mehr und mehr in Pistache verliebte Richter Forestier und sieht dabei die vor dem Lokal zum Ball versammelten Pariser Künstler. Als er dann auf Pistache trifft und sie küßt, wird er fotografiert. Zu spät merkt er, daß er seinen Feinden in die Falle gegangen ist.

2. AKT: Forestier war noch in der Nacht niedergeschlagen worden und anschließend war er auf Veranlassung von Boris in dessen Atelier gebracht worden, wo er am anderen Morgen aufwacht. Zu allem Übel sieht er in der Morgenzeitung auch ein Bild, das ihn Pistache küssend zeigt und muß lesen wie die Presse sein Doppelleben geißelt. Auch der Kritiker Jussac hat die Arbeiten von Boris so vernichtend besprochen, daß sich dieser mit ihm duellieren will. Forestier wird kommentarlos aus seinem Richteramt entfernt. Erst nachdem er gemeinsam mit Pistache ein verbotenes Tanzlokal gründet, das schon bald gut floriert, kann er ein öffentliches Verfahren erzwingen. Er wird auch tatsächlich in der abschließenden Gerichtsverhandlung rehabilitiert, weil die als Zeuge auftretende Pistache zusammen mit ihren Cancanmädchen den Richtern beweist und demonstriert, daß der Cancan kein anstößiger Tanz, sondern vielmehr der fröhliche Ausdruck ihrer Lebensfreude ist.

Schon Jacques Offenbach hat in seine Operetten (vor allem in *Pariser Leben,* 1866) den um 1840 in Paris entstandenen Cancan mit großem Erfolg verarbeitet. Auch Cole Porter gelingt es in seinem Musical, die spritzige Rhythmik dieses Tanzes gezielt einzusetzen, was ihm den überwältigenden Beifall des Publikums einbrachte. Berühmt geworden ist der aus dem Musical stammende Schlager »Ganz Paris träumt von der Liebe«.

GERSHWIN

George G. (1898–1937, Amerikaner) studierte Musik bei dem Operettenkomponisten Rubin Goldmark und schuf bereits 1919 im Alter von nur 21 Jahren seine erste musikalische Komödie, der noch eine große Zahl von Musicals und Filmen folgen sollte. Seine Kompositionen *Rhapsody in Blue* (1924) und *Ein Amerikaner in Paris* (1928) wurden große Publikumserfolge. Der Höhepunkt seines Schaffens ist zweifellos sein Werk *Porgy and Bess,* das er selbst als Oper bezeichnete, obwohl es aufgrund seiner musikalischen Mittel (Songs, Spirituals, Blues und Jazzbestandteile) weitaus mehr der Gattung der Musicals zuzurechnen ist.

Porgy and Bess

Musical (Oper) in drei Akten (neun Szenen) von Du Bose Heyward und Ira Gershwin nach einem Roman von Dorothy und Du Bose Heyward.

Personen:

Porgy (Bariton)
Crown (Bariton)
Bess, seine Geliebte (Sopran)
Robbins (Tenor)
Serena, seine Frau (Sopran)
Jake (Bariton)
Clara, seine Frau (Sopran)

Sporting Life (Tenor)
Maria/Lily, Erdbeerfrau (Mezzosopran)
Mingo (Tenor)
Peter, der Honigverkäufer (Tenor)
Frazier (Bariton)
Annie (Mezzosopran)
Jim (Bariton)
Leichenbestatter (Bariton)
Nelson/Krebsmann (Bariton)
Mr. Archdale, Detektiv, Polizist, Leichenbeschauer und Chor

Ort und Zeit: Charleston, South Carolina; Gegenwart oder jüngste Vergangenheit
Uraufführung: 30. September 1935 in Boston
Erstaufführung in deutscher Sprache 1965, Wien, Volksoper.

1. AKT: Es ist Sommerabend. Die Neger haben ihr schweres Tagewerk vollbracht und genießen den Feierabend. Man singt, man tanzt, man spielt auch Klavier. Clara sitzt abseits und versucht, ihr Baby in den Schlaf zu singen. In einer Ecke würfeln die Männer – unter ihnen der Rauschgifthändler Sporting Life. – Den hinzutretenden Robbins fordert Jake auf mitzuspielen. Robbins ist bereit, weil er hofft, beim Spiele die Last des Alltags vergessen zu können. In Claras Wiegenlied »Summertime« klingen die abgerissenen Melodien der würfelnden Männer hinein. Gespött kommt auf, da es auch Jake nicht gelingt, das Baby einzuschläfern. Während Clara ihr Kind wegträgt, erscheint Peter, der Honigverkäufer, der seine Ware singend anpreist.

Dann wendet sich die Aufmerksamkeit Porgy zu, der in seinem Ziegenwagen heranfährt. Er fragt nach Bess, und Jake beantwortet zum Gespött aller Porgys Frage nach Bess, denn alle wissen von Porgys Verehrung für Bess und daß sie aber die Geliebte von Crown ist. Porgy weist diesen Vorwurf zurück. Sein Los – das eines Krüppels – ist, allein die Straßen des Landes entlangzuziehen. Seine bewegenden Worte werden mit Spott und Gelächter quittiert, das erst ein Ende nimmt, wenn Crown und Bess erscheinen. Beide schließen sich dem Würfelspiel an. Aber Crown ist betrunken und streitsüchtig. In einem Wutanfall greift er Robbins an. Nach kurzem, wild–erregenden Kampf tötet er Robbins mit einem Baumwollhaken. Aufschreiend wirft sich Serena über ihren erschlagenen Mann, während in dem turbulenten Durcheinander Crown entkommen kann. Bess bleibt allein zurück. Da macht sich Sporting Life an sie heran und versucht, sie zu überreden, mit ihm nach New York zu gehen. Aber Bess lehnt das Angebot ab und sucht vor der nun anrückenden Polizei Unterschlupf in Porgys Zimmer. – Am nächsten Abend in Serenas Zimmer: Der ermordete Robbins liegt auf dem Bett aufgebahrt. Die trauernden Neger singen schwermütig den Spiritual »Gone, gone, gone«. Porgy und Bess treten auf. Sie wollen Geld für das Begräbnis spenden. Jedoch Crowns Geliebte wird von allen so gehaßt, daß man ihre Spende nicht annehmen will. In dem nun folgenden Chor werden alle Anwesenden aufgefordert, Geld zu geben, damit der Ermordete begraben werden kann. Der eintretende Detektiv unterbricht den Chor. Er teilt Serena mit, daß die Leiche den Medizinstudenten übergeben werden würde, wenn sie nicht bis zum nächsten Tage ordnungsgemäß bestattet sei. Das erschreckt alle Anwesenden zutiefst und noch mehr wühlt es sie auf, als der Detektiv nun auch noch Peter, den Honigverkäufer, als Zeugen des Mordes verhaftet. Unmittelbar nach seinem Weggehen erscheint der Leichenbestatter. Er läßt sich überreden, Robbins für das wenige zusammengekommene Geld doch noch zu bestatten. In dankbar–erregtem Chore bringen die Neger ihre Erleichterung über diese Wendung zum Ausdruck.

2. AKT: Es ist Morgen in der Catfish–Gasse und einen Monat später. Zu den zündenden Rhythmen eines Arbeitsliedes flickt man die Fischernetze. Clara warnt ihren Mann Jake, jetzt zur Zeit der gefährlichen Septemberstürme aufs Meer zu fahren. Doch Jake muß hinaus, muß Geld verdienen, um seinem Sohne eine gute Ausbildung zu ermöglichen. Porgy erscheint am weit geöffneten Fenster und singt ein frohes Lied. Seit Bess bei ihm wohnt, ist er wie ausgewechselt. Für anderthalb Dollar verkauft der betrügerische Rechtsanwalt Frazier an Porgy eine Urkunde, aus der hervorgeht, daß Bess von Crown geschieden ist. Einer Verbindung Porgy–Bess steht nun nichts mehr im Wege, und der Chor kommentiert dazu, daß nun aus dem leichten Mädchen Bess eine Lady Bess werden würde. Aber Porgy liebt Bess und läßt sich durch nichts beirren. Da fliegt ein Bussard über die Catfish-Gasse – und das bedeutet: Unglück! Aufgescheucht und erregt zieht sich alles zurück. Nur Bess ist noch da, und wieder macht sich Sporting Life an sie heran, um sie abermals zu überreden, mit ihm nach New York zu entfliehen.

Unbeabsichtigt wird Porgy Zeuge davon, wie Bess den Verlockungen des Rauschgifthändlers gegenüber standhaft bleibt und auch das »Happy dust« zurückweist. Sporting Life muß feststellen, daß unter Porgys Einfluß aus der leichtfertigen Geliebten Crowns doch ein anderer Mensch geworden ist. Nach seinem Weggang gestehen sich Porgy und Bess in einem Duett erneut ihre tiefe Zuneigung. Gleich darauf fordert Maria Bess auf, an dem Lodge-Picknick auf der Kittiwah-Insel teilzunehmen. Bess schließt sich nach einigem Zögern an, und der glückliche Porgy bleibt allein in der Catfish-Gasse zurück. Am selben Abend: Die Neger feiern das Lodge-Picknick auf der Kittiwah-Insel mit weltlichen Gesängen und ausgelassenen Tänzen. Sporting Life singt als Vorsänger ein Spottlied auf die Bibel, und jedesmal antwortet ihm ein jubelnder Chor. Serenas Auftreten unterbricht diesen Trubel. Empört schimpft sie alle Sünder und fordert sie auf, die Insel sofort zu verlassen. Im allgemeinen Aufbruch bleibt Bess ein wenig zurück. Da wird sie plötzlich von Crown angerufen, der sich bereits den ganzen Tag über in ihrer Nähe verborgen gehalten hatte. Er bricht ihren Widerstand und zwingt sie, mit ihm auf der Insel zurückzubleiben.

Eine Woche später: Wiederum die Catfish-Gasse. Die Fischer bereiten sich zur Ausfahrt vor. Jake verabschiedet sich von Clara. Noch lange ist der Gesang der ausfahrenden Fischer zu hören. Aus Porgys Zimmer hört man die Stimme von Bess. Im Fieber erlebt sie noch einmal die fürchterlichen Stunden, die sie auf der Insel mit Crown durchmachen mußte. Auf Porgys Wunsch spricht Serena ein feierliches Bittgebet zur

Wiedergesundung der Schwerkranken. Danach vermag Bess tatsächlich erfrischt aufzustehen. Obwohl Porgy weiß, daß Bess bei Crown war, verstößt er sie nicht – nicht einmal als Bess ihm gesteht, daß sie Crown versprochen habe, weiterhin mit ihm zusammen zu leben, sobald er aus seinem Versteck zurückkehrt. Da gewinnt ihre Zuneigung zu Porgy wieder Oberhand und sie bittet diesen zartfühlenden und verständnisvollen Menschen um Schutz vor dem anderen, dem Gewaltmenschen Crown. Porgy verspricht, alles zu tun, um sie in der Zukunft vor dem Zugriff Crowns zu bewahren. In diesem Augenblick unterbricht der unheilvolle Ton der Sturmglocke die stimmungsvolle Szene. Gleich darauf bricht der Hurrikan – vom Orchester naturalistisch wiedergegeben – über der Catfish-Gasse herein.

In der Morgendämmerung des folgenden Tages haben sich die Neger in Serenas Zimmer versammelt. Sie singen und beten, während draußen der Hurrikan noch immer tobt. Dicht aneinander geschmiegt sitzen Porgy und Bess unter ihnen. Sie sind sicher, daß Crown den Sturm auf der Insel nicht lebend überstehen wird. Da wird die Tür aufgestoßen und Crown stürzt herein. Er ist von der Insel herübergeschwommen und verspottet höhnisch die verängstigten Neger. Geradewegs geht er auf Bess zu. Porgy stellt sich ihm entgegen und wird brutal zu Boden geschlagen. Bess eilt Porgy zu Hilfe und bekennt sich damit offen zu ihm. Crown lästert. Um seine Flüche zu übertönen, stimmen die Neger einen Chor an. Bess entdeckt aus dem Fenster blickend auf der See das kieloben treibende Boot von Jake. Clara gibt Bess ihr Baby, dann stürzt sie verzweifelt hinaus, um ihren Mann zu suchen. Crown folgt ihr, um ihr zu helfen, ruft jedoch – bevor er den Raum verläßt, Porgy zu, daß er zurückkommen werde, um Bess zu holen. Während die verängstigten Neger einen religiösen Chor anstimmen, fällt der Vorhang.

3. AKT: Die Catfish-Gasse bei Nacht. Clara, Jake und viele andere Fischer sind in dem Hurrikan umgekommen. Die ergriffenen Neger singen einen Trauer-Spiritual zum Gedenken der Toten. Sporting Life schleicht herein und gibt Maria zu verstehen, daß Crown mit dem Leben davongekommen ist. Bess erscheint mit Claras Baby am Fenster. Sie singt zum Zeichen, daß sie Mutterstelle übernommen hat, das Wiegenlied »Summertime«, das Clara immer ihrem Kinde sang. Das bringt ihr sogleich die Sympathie aller ein, die ihr immer noch ein wenig abwartend und mißtrauisch gegenüberstanden. Nachdem die Catfish-Gasse wieder ruhig und verlassen daliegt, taucht plötzlich Crown auf. Vorsichtig schleicht er sich zu Bess' Zimmer. Bevor er eindringen kann, packt ihn Porgy und erwürgt ihn.

Am folgenden Tage: Der Detektiv, der Leichenbeschauer und der Polizist erscheinen in der Catfish-Gasse und verhören die Bewohner, um den Mörder Crowns zu finden. Schließlich verlangt der Leichenbeschauer, daß Porgy ihn begleite, um den Toten zu identifizieren. Der Gedanke, noch einmal in das Gesicht des Opfers blicken zu müssen, erfüllt Porgy mit einem solchen Abscheu, daß er sich weigert. Daraufhin wird er mit Gewalt zur gerichtlichen Identifizierung seines Opfers abgeführt. Bess ist verzweifelt. In diesem Augenblick erscheint Sporting Life und versucht ein drittes Mal, Bess zu überreden, mit ihm fortzuziehen. Erneut bietet er ihr Rauschgift an, das sie aber verächtlich mit dem Fuß wegstößt. Doch Sporting Life läßt noch ein Päckchen Rauschgift auf der Schwelle zu Bess' Zimmer zurück. Eine Woche später: Porgy kehrt aus dem Gefängnis zurück. Er wird freudig willkommen geheißen und verteilt die mitgebrachten Geschenke an die Freunde. Sie jedoch stehen traurig und verlegen um ihn herum.

Porgy bemerkt die Traurigkeit und Verlegenheit seiner Freunde nicht; denn noch ist er zu sehr mit den Geschenken beschäftigt, die er für Bess und das von ihr betreute Baby Claras eingekauft hat. Dann aber ruft er Bess und entdeckt plötzlich Claras Baby auf dem Arm von Serena. Schlimmes ahnend ruft er nach Bess – da rücken die anderen mit der Sprache heraus. Bess ist mit Sporting Life nach New York gezogen, weil sie im Glauben war, Porgy sei für immer eingesperrt worden. Dieser Grund scheint Porgy nicht zu interessieren. Für ihn ist Hauptsache: Bess lebt, und als er erfährt, daß die große Stadt »nur« tausend Meilen entfernt ist, will er mit seinem Ziegenwagen dorthin. Vergeblich suchen die Freunde, ihn von diesem Vorhaben zurückzuhalten. Doch: wo immer auch Bess weilt – er will sie finden. Dann verläßt er die Catfish-Gasse. Noch lange sind die Bittgesänge der Zurückgebliebenen zu hören.

RODGERS

Richard R. (1902–1979, Amerikaner) wurde als Sohn eines musikinteressierten Arztes und einer Pianistin schon früh mit den Grundbegriffen der Musik vertraut. Bereits im Alter von nur vierzehn Jahren komponierte er seine ersten Songs und schrieb ab 1926 mit ständig steigendem Erfolg eine Reihe erfolgreicher Musicals. Neben *South Pacific* (1949) und *The King and I* (1951) ist sein größter Erfolg *Oklahoma.*

Oklahoma

Musical in von Oscar Hammerstein II.

Personen:

Curly
Laurey
Ado Annie
Will Parker
Tante Eller
Ali Haki
Papa Carnes
Jad Fry
Gertie
Skidmore
Frauen, Mädchen, Farmer, Cowboys und Kinder

Ort und Zeit: ländliche Gegend in Oklahoma, um 1906
Uraufführung: 31. März 1943, New York, St. James Theatre

In der ganzen Gegend ist kein Bursche, der sich mit Curly vergleichen kann. Er ist sympathisch, temperamentvoll und größer und kräftiger als alle seine Konkurrenten bei den hübschen Mädchen des Landstrichs. Aber nur eine einzige unter den Mädchen hat bei ihm eine Chance: Laurey, die bei ihrer Tante Eller lebt. Am kommenden Tag soll es ein Tanzfest in der nahe gelegenen Stadt geben, und Laurey wartet vergeblich darauf, daß sich der von ihr angehimmelte Curly mit ihr verabredet, um das Fest gemeinsam zu besuchen. Da will sie dem selbstbewußten Curly einen Denkzettel verpassen. Sie bittet den bei ihrer Tante angestellten Jad Fry, sie zum Tanzfest zu begleiten. Da Jad, seit er bei Tante Eller angefangen hat, Laurey anhimmelt und verehrt, willigt er in Laureys Vorschlag gern ein.

Schon auf der Fahrt in der Stadt deutet er die Einladung von Laurey falsch, er macht Annäherungsversuche und will sie küssen. Das gefällt Laurey nicht, und als sie sich energisch wehrt, fällt er aus dem Wagen. Die unfreiwillige Unterbrechung der Fahrt zwingt Jad, den Weg in die Stadt zu Fuß fortzusetzen. Aber er kommt noch rechtzeitig, um an einer Versteigerung eines Körbchens mit von Laurey zubereiteten und gestifteten Leckerbissen teilzunehmen. Der Einsatz wird zwischen Curly und Jad immer höher getrieben. Da gerät Jad in Wut über seinen Widersacher und sinnt auf Rache.

Für Laurey und Curly erfüllt sich am nächsten Tag ihr Wunschtraum, und ihre Hochzeit wird mit einem großen Festessen gefeiert. Da wird nach altem Brauch das Brautpaar entführt und von seinen Entführern gezwungen, einen hohen Heuhaufen zu erklimmen.

Plötzlich erschallt der Ruf »Feuer«, und sofort laufen die den Heuhaufen des Brautpaares umtanzenden Entführer zu einer in Flammen stehenden Strohmiete, um sich an der Löscharbeit zu beteiligen. Kaum sind sie fort, da schleicht der tief gekränkte, rachsüchtige Jad heran und setzt den Heuhaufen mit Laurey und Curly mit einer Fackel in Brand. Hilflos müssen die beiden von oben mitansehen, wie die Flammen emporzüngeln. Als einzige Rettung verbleibt ihnen der gefährliche Sprung in die Tiefe. Laurey wagt den Sprung als erste und kommt unverletzt von dem brennenden Heustapel herunter. Als Curly ihr folgt, erwartet ihn bereits sein Gegner Jad mit gezücktem Messer, und ein Kampf auf Leben und Tod beginnt. Es gelingt Curly, dem rasenden Jad das Messer zu entwinden, aber als ihn Jad erneut anspringt, stürzt er sich in sein eigenes Messer und wird dabei tödlich verletzt. Obwohl auf Curly sogleich der Verdacht eines Mordes fällt, wird er von einem sofort zusammentretenden Gericht freigesprochen.

Curly und Laurey können endlich glücklich vereint ihre Flitterwochen beginnen und verlassen am folgenden Morgen in ihrem geschmückten Hochzeitswagen die Stadt. – Besonders bekanntgeworden ist der Song »Oh what a beautiful morning« (Wundervoll ist dieser Morgen) mit den dieses spritzige Musical beginnt und ebenfalls in der Schlußszene endet.

South Pacific

Musical in drei Akten von Oscar Hammerstein II. und Joshua Logan nach A. Micheners Roman »Tales Of The South Pacific«

Personen:

Emile DeBecque, Plantagenbesitzer
Nellie Forbush, Krankenschwester
Lt. Joseph Cable, Marineoffizier
Luther Billis
Bloody Mary, Kuriositätenhändlerin
Liat, ihre Tochter
Capt. Adjudant
George Brackett, Kommandeur
Stewpot
Harbison
Ngana und Jerome, die Kinder von DeBecque
Lt. Bus Adams, Manager
Copilot
Pilot
Verbindungsmann
Südseehäuptling
Admiral Kester

Ort und Zeit: Eine Insel im südlichen Pazifik während des Zweiten Weltkrieges
Uraufführung: 7. April 1949, New York, Majestic Theatre

Der Marineoffizier Joseph Cable hat den militärischen Auftrag, die wichtigsten Nachschubwege der Japaner im Südpazifik zu erkunden, um der amerikanischen Marine eine bessere Ausgangsbasis für eine geplante Gegenoffensive zu geben. Er landet auf einer kleinen Insel, wo die Marine einen Stützpunkt unterhält und wo auch der verwitwete Franzose DeBecque mit seinen kleinen Mischlingskindern Ngana und Jerome lebt und eine Plantage bewirtschaftet. DeBecque ist mit der Krankenschwester Nellie befreundet und hofft, in ihr eine neue Lebensgefährtin und Mutter seiner Kinder zu finden.

Jetzt soll er wegen seiner guten Ortskenntnis der umliegenden Inseln zu den Aufklärungszwecken gegen die Japaner gewonnen werden. Während Cable die verschiedenen Persönlichkeiten des Stützpunkts und der Insel bald nach seiner Landung kennenlernt, versucht die Kuriositätenhändlerin Bloody Mary ihn für ihre Tochter Liat zu interessieren. Joseph Cable ist einer kleinen Romanze mit Liat zwar nicht abgeneigt, erklärt aber Bloody Mary deutlich, daß er bereits in den USA eine Braut habe und treu zu bleiben gedenke.

Damit DeBecque sich endlich für die Spionage der Amerikaner entscheidet, zwingt der Stützpunktkommandant Georg Braket die Schwester Nellie DeBecque auszuhorchen und für die Aufgabe zu gewinnen. In der Entscheidung zwischen Pflicht und Zuneigung zu DeBecque gelingt es Nellie trotz aller Bedenken, DeBecque zur Teilnahme an dem wichtigen Erkundungsflug zu bewegen.

Die Maschine wird auf ihrem Flug angegriffen; Luther Billis springt mit dem Fallschirm ab und lenkt dadurch die Angreifer ab, und das Flugzeug kann so trotz aller Widrigkeiten sein Ziel erreichen. Nachdem Cable und DeBecque ihre Beobachtungen melden, kann der Gegenschlag der Amerikaner stattfinden, und nur ihrem tapferen Einsatz ist es zu verdanken, daß die Japaner kurz darauf eine empfindliche Niederlage einstecken müssen.

Doch leider fällt Cable bei den anschließenden Kämpfen, gerade als er erkennt, daß seine eigentliche Liebe nicht der fernen Braut in den Staaten, sondern Liat gehört. – DeBecque dagegen hat mehr Glück, denn er findet bei seiner Heimkehr die Schwester Nellie überraschend doch bei seinen beiden Kindern und hört, wie sie gemeinsam ein französisches Volkslied singen…

LOEWE

Frederick (Friedrich) L. (geb. 1904) wurde in Wien geboren und folgte seinem Vater, dem Opernsänger Edmund Loewe 1924 nach New York. Nach schwerem Anfang als Pianist in einem Nachtclub, gelang ihm gemeinsam mit Alan Jay Lerner ab 1942 mehr und mehr der Durchbruch am Broadway. Seine Erfolge hatten einen ersten Höhepunkt mit dem Musical *Brigadoon,* das nach der Uraufführung 1947 fünfhundertachtzig Vorstellungen erlebte. Die Zusammenarbeit zwischen dem Komponisten Loewe und dem Librettisten Lerner gipfelte in dem Musical *My Fair Lady,* das wohl als der größte Erfolg der modernen Theatergeschichte bezeichnet werden kann.

My Fair Lady

Musical in zwei Akten (achtzehn Bilder)
von Alan Jay Lerner nach Bernhard Shaws Bühnenstück »Pygmalion«

Personen:

Professor Henry Higgins, Experte auf dem Gebiet der Phonetik
Eliza Doolittle
Alfred Doolittle, Elizas Vater
Oberst Pickering

Freddy Eynsford–Hill
Mrs. Higgins, die Mutter von Professor Higgins
Mrs. Pearce
Zoltan Karpathy
Harry
Jamie
Mrs. Hopkins
Mrs. Eynsford-Hill, Freddys Mutter
Ein Mann aus Selsey
Ein Mann aus Hoxton
Kneipwirt, Barmixer
Butler bei Higgins
die Zofe von Mrs. Higgins
Blumenmädchen
die Königin von Transsylvanien
Cockneys und Straßenakrobaten

Ort und Zeit: in London zur Regierungszeit von Königin Victoria
Uraufführung: 15. März 1956, New York, Mark Hollinger Theatre
Erstaufführung in deutscher Sprache: 25. Oktober 1961, Berlin, Theater des Westens

1. AKT: Auf dem Covent Garden Market geht ein heftiger Regen nieder, und die Besucher des gleichnamigen großen Opernhauses haben sich in der Vorhalle der St.-Pauls-Kirche untergestellt, um den Schauer abzuwarten. Darunter befinden sich auch Mrs. Eynsford-Hill und ihr junger Sohn Freddy. Als Freddy mit seiner Mutter Zuflucht zwischen den Säulen der Kirchenvorhalle sucht, stößt er mit einem Blumenmäd-

chen zusammen und wirft dabei ihren Korb mit kleinen Veilchensträußen in den Straßenschmutz. Als Freddy sich für seinen Fehler bei dem Blumenmädchen entschuldigt und hinaus in den Regen laufen will, um für sich und seine Mutter eine Droschke zu finden, schreit das Mädchen lautstark hinter ihm her, beschwert sich bei den umherstehenden Leuten und verlangt schließlich von Freddys Mutter Mrs. Eynsford-Hill, daß sie für den von ihrem Sohn verursachten Schaden aufkommen möge. Als diese entrüstet ablehnt, weint das Mädchen und versucht nun, die beschmutzten Blumen einem anderen Herrn anzudrehen. Während sie ihre Ware mit gekreischten und geplärrten Worten feilbietet, tritt ein zweiter Herr dazu und notiert sich die verschiedenen Ausdrücke des Mädchens. Dabei demonstriert er den Wartenden, daß er allein auf Grund der Aussprache in der Lage ist, genau zu bestimmen, aus welchem Stadtteil Londons das Blumenmädchen stamme. Schließlich behauptet er sogar, daß er über die Fähigkeit verfüge, dieses aus der Gosse stammende Mädchen durch intensiven Sprachunterricht soweit zu bringen, daß schon nach einem halben Jahr das Mädchen an einem Diplomatenball als Herzogin teilnehmen könne und niemand von der vornehmen Ballgesellschaft merken würde, von welch einfacher Herkunft sie sei. Aufmerksam verfolgt das Blumenmädchen das Gespräch der beiden Herren, während diese miteinander Bekanntschaft schließen. Der eine von beiden ist Oberst Pickering und der andere, der die fantastische Behauptung über die Möglichkeit, das einfache Blumenmädchen schon in wenigen Monaten zur vornehmen Dame umzuformen, vorgebracht hat, ist der berühmte Experte auf dem Gebiet der Phonetik und Sprachforscher Henry Higgins. Beide tauschen hocherfreut ihre Adressen aus, und Higgins wirft anschließend dem Mädchen eine handvoll Kleingeld in das Blumenkörbchen. Das Mädchen ist glücklich über das überraschend von Higgins erhaltene Geld und träumt laut von ihren bescheidenen Wünschen: ein warmes Zimmer, ausreichende Kohlen und viel Schokolade erhofft sie sich im Leben. Als sie auf dem Heimweg ihren Vater in einer Kneipe trifft, zeigt sich, daß auch er ähnliche bescheidene Ansprüche hat, und eine der berühmten Nummern dieses Musicals wird gesungen »Nur ein kleines Stückchen Glück«.

Am nächsten Tag sitzen die neuen Freunde Oberst Pickering und Henry Higgins in dessen Phonetikstudio. Higgins überrascht Pickering durch seine Spezialkenntnis der Dialekte Londoner Stadtteile. Da meldet sich die Haushälterin Higgins, Mrs. Pearce, das Blumenmädchen Eliza Doolittle an. Eliza erklärt, daß sie das Gespräch des vergangenen Tages nicht vergessen habe und sie unbedingt von ihm Sprachunterricht erhalten wolle, um eines Tages Verkäuferin in einem vornehmen Blumenladen zu werden, was ja mit ihrer jetzigen Aussprache leider nicht möglich sei. Obwohl Higgins nicht übel Lust hat, Eliza hinauszuwerfen, bringt ihn eine spöttische Bemerkung von Oberst Pikkering dazu, die Wette anzunehmen, das Mädchen binnen eines halben Jahres so weit zu bringen, daß sie auf einem Botschaftsball für eine Herzogin gehalten werden könne und niemand an ihrer Aussprache oder ihrem Benehmen die einfache Herkunft feststellen werde. Schon allzu schnell merkt der Junggeselle Higgins, daß es mit seinem bisherigen geruhsamen Tagesablauf vorbei ist, nachdem er jetzt eine Frau in sein Leben hat eintreten lassen. Elizas Vater, der Müllkutscher Alfred Doolittle, sorgt für die erste Aufregung bei Higgins, denn er vermutet bei dem Sprachforscher ganz andere Hintergründe und weiß nichts von der Wette. Alfred Doolittle hat zwar nichts gegen den Aufenthalt und die Schulung seiner Tochter im Hause Higgins, aber er möchte für sich davon profitieren. Mit einer Fünfpfundnote wird er von Higgins abgespeist. Sehr viel schwieriger wird es mit dem Sprachunterricht, den Higgins Eliza nun erteilt, denn es will und will nicht vorwärts gehen. Als Higgins ihr sogar die tägliche Schokolade und das Essen verwehrt, da singt sie in ihrer Verzweiflung, daß sie ihn am liebsten geköpft sehen möchte.

Mit der Zeit lernt Eliza mehr und mehr richtig zu sprechen und sich richtig zu benehmen. Zwar wird sie hin und wieder rückfällig, und manchmal ist Higgins auch nahe daran, das Experiment aufzugeben; aber gerade dann zeigt sich die Schülerin jedesmal so willig und anpassungsfähig, daß Professor Higgins zufrieden lächelt und dabei immer mehr Chancen sieht, die mit Oberst Pickering abgeschlossene Wette zu gewinnen. Bei dem traditionellen Rennen in Ascot wird Eliza zum ersten Mal in die »High Society« eingeführt. Dabei sieht Eliza auch den eleganten Freddy aus dem noblen Hause Eynsford–Hill wieder. Sowohl Freddy, als auch seine Mutter wissen natürlich nicht, woher sie Eliza kennen, und daher macht ihr Freddy auch schöne

Augen und verliebt sich in sie. Als Freddy ihr aber kurz vor seinem Weggang seinen Wettschein schenkt und schließlich gerade dies Pferd im Rennen weit zurückfällt, fällt Eliza gänzlich aus ihrer einstudierten Rolle und leistet sich eine Serie köstlicher »Entgleisungen«. Trotzdem wagt nur wenige Tage später Professor Higgins, Eliza auf den Botschaftsball zu führen, um für Experiment und Wette nun endlich die Entscheidung herbeizuführen. Ihr selbstsicheres Auftreten gibt Lehre und Behauptung von Higgins recht, ja sogar die auf dem Ball anwesende Königin von Transsylvanien behandelt Eliza als vornehme Dame und ihr selbst ebenbürtig.

2. AKT: Um drei Uhr in der Nacht kehren alle drei in »Hochstimmung« in das Haus von Henry Higgins zurück. Während sich Pickering und Higgins ausgiebig zu ihrem Erfolg beglückwünschen, vergessen sie in ihrem »Pädagogenstolz« vollständig Eliza, die ja auch einiges zu dem Erfolg ihrer Methode beigetragen hat. Eliza ist zutiefst betroffen und läuft beleidigt aus dem Haus. Draußen läuft sie Freddy Eynsford-Hill in die Arme, und er gesteht ihr seine Liebe. Eliza ist von der Liebeserklärung nicht besonders beeindruckt und vertröstet Freddy auf später. Als Professor Higgins später aufwacht und feststellt, daß sein Versuchskaninchen ihn verlassen hat, wird er sehr ärgerlich und spottet über das Wesen der Frauen. Eliza hat sich in ihrer Verzweiflung zu Mrs. Higgins geflüchtet, um Trost und Zuspruch zu finden. Dort findet Professor Higgins seine Ausreißerin wieder. Sogleich wagt er den Versuch der Versöhnung bei Eliza, der jedoch keinen

Erfolg hat, da seine schroffe und arrogante Art bei ihr auf Ablehnung stößt, und sie will ihn endgültig verlassen. Nachdenklich und trübsinnig hört sich Higgins Elizas Stimme im Grammophon an und spürt deutlich, wie sehr durch sie sein Leben verändert worden ist und daß er mit ihr einen prächtigen Menschen verloren hat. Als in diesem Augenblick Eliza ins Haus kommt, um einige dort liegengebliebene Sachen abzuholen, sieht sie Higgins durch die halbgeöffnete Tür traurig vor dem Grammophon sitzen und begreift sogleich, daß auch Henry Higgins sie liebt, nur eben auf seine oft schroffe und ablehnend wirkende Weise.

In sechseinhalb Jahren erlebte dieses Musical am Broadway mehr als zweitausendsiebenhundert Aufführungen in der Uraufführungsfassung. Nicht nur auf Tourneen in den USA, sondern auch in vielen Aufführungsserien außerhalb der Vereinigten Staaten und vor allem in Europa, hat *My Fair Lady* Triumphe gefeiert, die dieses Werk zu einem der herausragenden Erfolge der modernen Theatergeschichte gemacht haben. Dieser Erfolg basiert auf der besonders glücklichen Verbindung von Text und Musik. Viele der Songs sind in der Originalsprache und auch in ihrer deutschen Übersetzung zu großen Schlagererfolgen geworden. Hervorzuheben sind »Wouldtn't It Be Loverly?« (»Wäre det nich wundascheen«), »With a Little Bit of Luck« (»Mit 'nem kleenen Stückchen Glück«), »Just You Wait« (»Wart's nur ab Mr. Higgins«), »The Rain in Spain« (»Es grünt so grün«), » I Could have Danced All Night« (»Ich hätt' getanzt heut nacht«), »Get Me to the Church on Time« (»Bring mich pünktlich zum

Altar«) und »I've Grown Accustomed to Her Face« (»Ich bin gewöhnt an ihr Gesicht«). Alle Songs dieser Aufzählung haben in den rund zwanzig Jahren seit der deutschsprachigen Erstaufführung in Berlin im Theater des Westens ihren Evergreen-Charakter behalten und sind ein fester Bestandteil im Repertoire der Unterhaltungsmusik geworden.

ROME

Harold R. (geb. 1908, Amerikaner), studierte an der Yale Universität, New Haven zuerst Jura und wandte sich dann verstärkt der Musik zu. Seit 1934 in New York schrieb er mit Erfolg anfangs nur Songs und dann ganze Musicals. Seine größten bekanntesten Werke sind *Fanny* und *Gone with the Wind.*

Fanny

Musical in zwei Akten von S.N. Behrmann und Joshua Logan – Die Gesangstexte stammen vom Komponisten

Personen:

César
Marius, sein Sohn
Honorine
Fanny, ihre Tochter
Panisse, Segelmacher
Escartifique
Brun, der Admiral
2. Maat
Tänzerin
Louis
Césario
Postbote und Bewohner von Marseille

Ort und Zeit: Der alte Hafen von Marseille, nicht fern unserer Zeit

Uraufführung: 4. November 1954 in New York
Erstaufführung in deutscher Sprache 1955, München

Marius, der neunzehnjährige Sohn des Barbesitzers César ist in Fanny, die bildhübsche Tochter der Fischhändlerin Honorine verliebt. Diese Liebe hindert ihn bislang, seinen Lebens- und Berufswunsch, Seemann zu werden, zu verwirklichen. Da erscheint plötzlich der am alten Hafen von Marseille als Faktotum bekannte »Admiral« und berichtet Marius, daß er jederzeit auf einem Forschungsschiff anheuern könne, das bereits in wenigen Tagen zu einer Expedition auslaufen werde. Fanny ist verzweifelt und hofft, Marius von seinem Vorhaben abzubringen, indem sie ihm ihre Liebe schenkt. Doch der Wunsch auf See zu gehen, ist in Marius stärker, und so geht Marius heimlich an Bord des Forschungsschiffes, um Marseille für eine längere Zeit zu verlassen

Nur wenig später muß Fanny feststellen, daß sie von Marius ein Kind erwartet. Der Geliebte ist fern, und der Einfluß der Mutter ist groß; die Tochter soll vor allem gut versorgt sein. Fanny heiratet den schon ältlichen, aber reichen Segelmacher Panisse, dem nicht viel daran liegt, wenn seine junge und hübsche Frau ein Kind mit in die Ehe bringt. Er denkt, daß Fanny ihren Marius schon bald vergessen wird.

Das Schiff liegt im fernen Australien fest, als Marius mit zwei anderen Besatzungsmitgliedern den Auftrag erhält, wichtige Ergebnisse der Forschungsreise nach Frankreich zu bringen. Plötzlich ist er wieder in Marseille, sieht Fanny mit ihrem (seinem) Sohn Césario. Er bittet Fanny um Verzeihung für sein seinerzeitiges

Verschwinden, Panisse tritt hinzu, die beiden Männer geraten in Streit, und Marius verabschiedet sich traurig. Fanny ist todunglücklich, denn sie empfindet noch immer für Marius große Liebe.

Zehn Jahre später: Genau wie sein Vater schwärmt der kleine Césario von Meer und Schiffen. Wieder ist es der »Admiral«, der auf einmal auftaucht und Césario mit seinem richtigen Vater – den er ja nicht kennt– zusammenbringen will. Als der Junge einen Abschiedsbrief hinterläßt, in dem er mitteilt, daß er zur See gehen will, bricht sein Stiefvater Panisse zusammen. Schnell hat der Admiral inzwischen Vater und Sohn zueinandergebracht, da Marius längst nicht mehr Seemann ist, sondern in der Nähe Marseilles in einer Garage arbeitet.

Als die beiden Arm in Arm nach Hause kommen, müssen sie feststellen, daß der alte Panisse im Sterben liegt. Panisse sieht die beiden an und meint, daß sie doch gut zueinander passen. Noch kurz vor seinem Tode hat er seinen letzten Willen niedergeschrieben und darin Marius gebeten, Fanny zu heiraten und Césario ein guter Vater zu sein.

BERNSTEIN

Leonard B. (geb. 1918, Amerikaner) erhielt mit zehn Jahren seinen ersten Klavierunterricht, nachdem seine Eltern bei ihm eine außergewöhnliche musikalische Begabung überraschend festgestellt hatten. Später studierte er auf Wunsch seiner Eltern neben Musik auch noch Sprachen und Philosophie. Er assistierte nach seinem Studium bei Serge Koussewitzky und Artur Rodzinski. Sensationeller Erfolg wurde ihm überraschend zuteil, als er 1943 für den erkrankten Bruno Walter als Dirigent einsprang. Schon nach wenigen Jahren wurde er einer der meistgefragten Orchesterleiter der Vereinigten Staaten und entwikkelte daneben mehr und mehr sein kompositorisches Talent. Bernstein schrieb Orchester- und Instrumentalstücke, Werke der Kammermusik, Balette und schließlich auch mehrere Musicals, von denen *West Side Story* weltweite Erfolge erringen konnte.

West Side Story

Musical in zwei Akten (fünfzehn Bildern) von Arthur Laurents nach einem Entwurf von Jerome Robbins.

Personen: Riff, der Anführer der »Jets«
Tony, sein Freund
Action

A–Rab
Baby John
Snowboy
Big Deal
Diesel
Gee-Tar
Mouthpiece
Graziella, Velma, Minnie und Clarice, die Mädchen der Jets
Bernardo (junger Puertoricaner), Anführer der »Sharks«
Chino, sein Freund
Pepe
Indio
Louis
Anxious, Nibbles, Juano
Maria, Bernardos Schwester
Anita, Bernardos Freundin
Teresita, Francisca, Estella und Maguerita, die Mädchen der Sharks
Doc
Krupke
Schrank
Glad Hand
Polizisten und andere

Ort und Zeit: im Nordwesten Manhattans (New York) während des Spätsommers in der Gegenwart
Uraufführung: 26. September 1957, New York, Winter Garden
Erstaufführung in deutscher Sprache: 25. Februar 1968, Wien, Volksoper

1. AKT: Die »Jets« und die »Sharks« sind die Namen von zwei Halbstarkenbanden, die sich in bitterem Haß und Feindschaft gegenüberstehen, da jede der beiden Gruppen in ihrem gemeinsamen Wohnviertel die unumschränkte Macht auf der Straße für sich beansprucht. Mehr und mehr spitzt sich die Lage zu, und es ist nur noch die Frage einer kurzen Zeit, bis es zwischen beiden zu einer entscheidenden Auseinandersetzung kommt. Riff, der als Anführer der Jets die weißen Jugendlichen aus New York – im Gegensatz zu dem aus Puertorico stammenden Bernardo als Anführer der aus Farbigen bestehenden Gruppe der Sharks, symbolisiert, verspricht prahlerisch den Mitgliedern seiner Gruppe, am kommenden Abend bei einer Tanzveranstaltung den gegnerischen Anführer zu provizieren und ihm zu zeigen, wer von beiden im Revier der Stärkere sei. Tatsächlich aber kann Riff sein Versprechen am Abend nicht wahrmachen, denn die Polizei ist im Lokal anwesend und der Tanzmeister Glad Hand gruppiert die Paare so geschickt, daß ihm die Provokation nicht recht gelingen will. Als sich während des Tanzes auch die verschiedenen Mitglieder beider Gruppen begegnen, stößt Tony, der Freund von Riff, auf Maria, die Schwester von Bernardo, und beide verlieben sich spontan ineinander. Die Spannung erreicht ihren Höhepunkt, als Tony Maria küßt und von Bernardo heftig in die Schranken verwiesen wird. Da an diesem Ort zwischen den Gruppen die anstehende Auseinandersetzung nicht erfolgen kann, geht man auseinander und verabredet sich in Doc's Drugstore. Nur Tony sondert sich von seinen Kameraden ab und folgt seiner Maria über die Feuerleiter bis in ihre Wohnung. Inzwi-

schen finden sich die beiden Anführer mit ihren Gruppen am vereinbarten Treffpunkt ein und beschließen, ihre »Entscheidungsschlacht« am Abend des folgenden Tages unter einer der vielen New Yorker Hochbrücken stattfinden zu lassen. – Am nächsten Tag trifft sich Tony wieder mit der von ihm geliebten Maria. Dabei gelingt es Maria leicht, den ebenfalls von ihr geliebten Tony dazu zu überreden, die Straßenschlacht der beiden Gangs zu verhindern. – Die verfeindeten Gruppen versammeln sich unter der Hochbrücke. Als Tony eingedenk seines Maria gegebenen Versprechens versucht, mit Worten den Kampf zu verhindern, wird er von Bernardo als Feigling beschimpft. Riff wird durch die Beschimpfungen seines Freundes Tony mehr und mehr erregt, und als auch seine übrigen Kameraden ihn blutrünstig anfeuern, stürzt er sich mit gezogenem Messer auf Bernardo. Im letzten Augenblick gelingt es Tony, Riff das Messer zu entreißen, aber fast im gleichen Augenblick ersticht Bernardo den inzwischen unbewaffneten Riff. Daraufhin stößt Tony dem triumphierenden Bernardo das Messer, das er Riff entwendet hatte, in den Leib. Erst als in der Ferne die Polizeisirenen zu hören sind, begreift Tony seine Tat und ruft von Schmerz erfüllt den Namen Maria aus.

2. AKT: Chino erscheint plötzlich in Marias Schlafzimmer, wo sich auch die übrigen Mädchen der Sharks versammelt haben und berichtet atemlos, daß Tony den Bernardo erstochen hat. Kaum haben er und die Mädchen Maria verlassen, steigt Tony von der Feuerleiter in Marias Zimmer. In ihrem Schmerz schleudert sie ihm das Wort »Mörder« entgegen. Tony erklärt ihr

verzweifelt den wirklichen Tathergang und will sich auch bei der Polizei stellen. Da begreift Maria, und die beiden Liebenden bringen ihre Sehnsucht nach einem Land, wo sie ohne Angst leben können, durch den Song »There is a place for us« zum Ausdruck. Chino aber will unbedingt an Tony Rache nehmen, nur weiß er nicht, wo sich Tony aufhält. Um Tony aus seinem Versteck zu holen, verbreitet Anita die Nachricht, daß Chino Maria erschossen habe. Die Vermutung trifft zu, und Tony eilt wie betäubt zu Marias Haus, um dort Chino zu suchen. Da sieht er plötzlich Maria auf sich zukommen, merkt, daß er in eine Falle gelockt wurde, läuft auf Maria zu, will sie umarmen, als sich aus dem Halbdunkel ein Schatten löst – der rachsüchtige Chino legt ein Gewehr an und erschießt Tony, der sterbend in die Arme Marias sinkt. Im gleichen Augenblick wollen die Jets und die Sharks erneut aufeinander losgehen, um ihre aufgestaute Wut zu befriedigen. Da tritt Maria zwischen die Parteien, entreißt Chino das Gewehr und kniet neben dem Toten nieder. Über der Leiche Tonys schließen die beiden feindlichen Gangs Frieden. Sie tragen gemeinsam den toten Tony, dem Maria weinend folgt.

Die West Side Story ist mit fast 4000 Aufführungen in New York mit größtem Abstand Bernsteins bedeutendster Publikumserfolg geworden. Es handelt sich bei diesem Musical im Grunde um eine Ausstattungsrevue mit Hunderten von blitzenden, schnell wechselnden Einzelheiten ohne wirklichen Handlungsfaden. In der Vertonung hat Bernstein sein überragendes kompositorisches Können stark den Bedürfnissen eines

Musicals und damit der Unterhaltungsmusik angepaßt. Die Beliebtheit einzelner Songs wie »I like to be in America« beweisen die Richtigkeit seines Erfolgsrezeptes, wenn auch viele andere Melodien des Stückes am Ohr vorüberhuschen und bald vergessen sind.

ADLER

Richard A. (geb. 1921, Amerikaner), geboren in New York, Studium an der University of North Carolina. Verfaßte erst Songtexte und schrieb von 1950 bis 1955 zusammen mit Jerry Ross erfolgreiche Musicals.

Pajama Game

Musical nach dem Roman »7 1/2 Cents« von Richard Bissel
Textfassung von George Abbott und Richard Bissell
Deutsche Fassung mit dem Titel »Herz im Pyjama«
von Klaus Günter Neumann und Helmut Zander

Personen:

Myron Hasler, Textilfabrikant
Gladys, Chefsekretärin
Sid Sorokin, Betriebsleiter
Mabel, seine Sekretärin
Vernon Hines, Fertigungsleiter
Prez, Betriebsratsvorsitzender
Babe Williams, Vorsitzende der Schlichtungskommission
Ihr Vater
Mae, Joe, Poopsie und Brenda, Mitglieder des Betriebsrates
Max, Textilvertreter
Arbeiterinnen, Arbeiter, Bargäste und Kellner

Ort und Zeit: Amerika in unserer Zeit
Uraufführung: 13.5.1954, New York, St. James Theatre
Erstaufführung in deutscher Sprache: 3. Dezember 1956, Wiesbaden, Hessisches Staatstheater

Typisch für das Musical sind die oft rasch wechselnden Bilderfolgen, und gerade diese Eigenart wird durch die nachstehende Aufzählung, die schon fast eine Inhaltsangabe ist, besonders deutlich.

1. Vor dem Vorhang. 2. Fabrikhalle. 3. Gang in der Fabrik. 4. Büro. 5. Waldweg. 6. Picknickplatz. 7. Waldweg. 8. Küche. 9. Gang in der Fabrik. 10. Fabrikhalle. 11. Gewerkschaftssaal. 12. Küche. 13. Gang in der Fabrik. 14. Büro. 15. Nachtklub. 16. Büro. 17. Straße im Park. 18. Nachtklub. – Streitende Parteien sind die Leitung einer amerikanischen Pyjamafabrik und die Arbeitnehmer. Das Liebespaar ist der Betriebsleiter Sid und die Vorsitzende des Beschwerdeausschusses, Babe. Kampfthema: Lohnforderung. Als es zu heimlichen Zerstörungen in der Fabrik kommt, entläßt Sid die Hauptschuldige, Babe. Dann aber verschafft er sich listig Einblick in die Geschäftsbücher und stellt fest, daß die von der Direktion strikt zurückgewiesene Lohnforderung bereits auf die neuen Preise aufgeschlagen wurde. Nun muß der Inhaber nachgeben, die Lohnforderung wird bewilligt, und Sid und Babe werden ein Paar.

Gar so ernst, wie es nach der Inhaltsskizze aussieht, geht es nicht zu. Schon die Tatsache, daß der Fabrikbesitzer eine Komikerrolle ist, mag dafür zeugen. Ein wirbelndes Geschehen zwischen gut gespieltem Schein-Ernst, kräftigem Humor und sentimentalen Empfindsamkeiten.

BOCK

Jerry Lewis B. (geb. 1928, Amerikaner) komponierte schon seit seiner Schulzeit. Bald kam er mit der »Show–Welt« des Broadways in engen Kontakt und brachte 1958 sein erstes Musical *The Body Beautiful* heraus. Es folgten noch einige weniger erfolgreiche Musicals, bis ihm 1964 der große Durchbruch mit *Fiddler on the Roof* gelang. Bis heute ist dies sein meistgespieltes Werk geblieben.

Der Fiedler auf dem Dach (Anatevka)

Musical in zwei Akten von Joseph Stein nach einer Erzählung (Tewje, der Milchmann) von Scholem Alejchem – Die Gesangstexte stammen von Sheldon Harnick.

Personen:
Tewje, der Milchmann
Golde, seine Frau
Tzeitel, Hodel, Chawe, Shprintze und Bjelke, ihre fünf Töchter
Jente, Heiratsvermittlerin
Fruma–Sarah
Großmutter Tzeitel
Shejndel
Motel, Schneider
Perchik, Student

Lejser Wolf, Fleischer
Mordche, Gastwirt
Rabbi
Mendel, Sohn des Rabbi
Avrum, Buchhändler
Jusselm Hutmacher
Nachum, Bettler
Fjedka, ein Russe
Flaschentanzsolist
vier junge Russen
der Dorfpolizist
der Fiedler
der Priester
Gehilfen des Dorfpolizisten, Kinder und Dorfbewohner

Ort und Zeit: Anatevka, ein russisches Dorf, um 1905
Uraufführung: 22. September 1964, New York, Imperial Theatre
Erstaufführung in deutscher Sprache: 1. Februar 1968, Hamburg, Operettenhaus

Das Musical erzählt die Lebens- und Leidensgeschichte einer jüdischen Familie in einem kleinen russischen Dorf mit all der Willkür der Obrigkeit und der übergroßen Geduldigkeit der in der Tradition verhafteten, in ärmsten Verhältnissen lebenden Dorfjuden, vor dem Hintergrund unruhiger, revolutionärer Zeiten und Pogrome.

1. AKT: Die Hauptfigur des Musicals, der Milchmann Tewje, besingt mit herzerfrischendem Humor gemein-

sam mit anderen Dorfbewohnern in einem Rundgesang das Leben im Dorfe. Seine Frau Golde möchte gern Tzeitel, die älteste ihrer fünf Töchter, verheiraten und ist hocherfreut, als ihr die Heiratsvermittlerin Jente mitteilt, daß der wohlhabende Fleischer Lejser Wolf auf Tzeitel ein Auge geworfen hat und einer Verbindung zuzustimmen bereit ist. Im Gegensatz zur Mutter ist Tzeitel über diese Nachricht traurig, denn sie liebt schon lange heimlich den armen Schneider Motel, den allerdings ihre Mutter nicht akzeptieren wird, weil er ein Habenichts ist. – Tewje ist verärgert darüber, daß sein Pferd ein Hufeisen verloren hat und er nun den Milchkarren selber ziehen muß. Und trotz seines Humores und seiner Bereitwilligkeit, vieles zu ertragen, macht er »seinem Herrgott« Vorwürfe über sein Los und meint: Armut ist zwar keine Schande, aber sie bereite auch kein besonderes Vergnügen. – Als der Buchhändler Avrum von erneuten Pogromen gegen Juden berichtet, die erst kürzlich stattgefunden haben sollen, erscheint ein Fremder im Dorf, der Student Perchik. Die um ihn versammelten Dorfbewohner will Perchik aufrütteln, indem er ihnen sagt, daß sie Augen und Ohren nicht vor dem verschließen sollen, was ringsherum in der Welt vorgehe. Die meisten Dorfbewohner wollen ihm nicht zuhören, anders dagegen Tewje, der von den Worten Perchiks beeindruckt ist und ihn schließlich bittet, als Lehrer für seine fünf Töchter in sein Haus zu kommen. – Am folgenden Abend treffen sich Tewje und der Fleischer Lejser Wolf in der Dorfkneipe Mordches. Während der Fleischer glaubt, mit Tewje über die von der Heiratsvermittlerin in die Wege geleiteten Verbindung der ältesten Tochter Tzeitel zu verhandeln, denkt Tewje, es drehe sich um eine Kuh, die der Fleischer von ihm kaufen wolle. Nach einer köstlichen Szene wird das Mißverständnis aufgeklärt, und man wird sich rasch einig; Tewje verspricht Lejser Wolf seine Tochter. – Auf dem Heimweg von der Dortwirtschaft wird Tewje vom Gendarmen angehalten, der mitteilt, daß er zu seinem persönlichen Bedauern auf Weisung der Obrigkeit in Kürze eine kleine Demonstration gegen die Juden des Dorfes Anatevka organisieren müsse. – Zuhause angekommen, macht die Nachricht aus dem Dorfkrug Tzeitel traurig, während Tewjes zweite Tochter inzwischen dem Studenten und Lehrer nähergekommen ist. Endlich faßt sich der arme Schneider Motel ein Herz und hält bei Tewje um die Hand von Tzeitel an. Obwohl Tewje zuerst bestürzt Motels Antrag zurückweist, willigt er schließlich in die Verbindung ein, als er erfährt, daß der Schneider und seine Tochter schon länger miteinander heimlich verlobt sind. Die Schwierigkeit, die neue Situation auch seiner Frau Golde beizubringen, überwindet Tewje, indem er Traumgesichter für die neue Verbindung sprechen läßt, und auch Golde willigt endlich in die Hochzeit Tzeitels mit dem Schneider ein. – Die große Neuigkeit der bevorstehenden Hochzeit erreicht bald jeden im ganzen Dorf, und die dadurch entstehende freudige Unruhe führt Chawe, die dritte Tochter Tewjes, in Zuneigung mit einem jungen Russen Fjedka zusammen, ein Vorgang, der recht ungewöhnlich ist, da Juden und Russen im Dorf auf strikte Trennung voneinander zu achten pflegen. – Endlich, der Tag der Hochzeit ist da. Mitten in die vergnügt tanzende Hochzeitsgesellschaft tritt der Dorfpolizist, entschuldigt sich ausführlich bei Tewje und wiederholt seine schon vor einigen Tagen geäußerte Begründung, daß man jetzt die von der Obrigkeit befohlene kleine Demonstration durchführen müsse. Binnen kurzem schlägt er mit seinen Gehilfen alles kurz und klein; eine zertrümmerte Einrichtung und zertrampelte Hochzeitsgeschenke bleiben mit niedergeschlagenen Hochzeitsgästen zurück, die sich schweigend daran machen, die Verwüstung zu beseitigen.

2. AKT: Seit dem traurigen Ausgang des Hochzeitsfestes sind zwei Monate vergangen, und die allgemeine Unruhe im Lande ist seitdem weiter gewachsen. Der Student Perchik will bei der bevorstehenden Revolution nicht fehlen, und als er sich verabschiedet, gestehen sich Hodel und er gemeinsam ihre Liebe. Widerstrebend willigt auch diesmal Tewje in die Verbindung ein, obwohl Hodel dann sicher bald Anatevka verlassen wird. Bald darauf erfährt das Dorf durch die schwatzhafte Heiratsvermittlerin, daß Perchik wegen revolutionärer Umtriebe in der Stadt verhaftet sei und zur Verbannung nach Sibirien geschickt werde. Als Hodel ihm ohne Zögern nachreist, um ihn nicht im Stich zu lassen, verliert Tewje seine zweite Tochter. Chawe ist inzwischen mit Fjedka einig geworden, und selbst dann, als Tewje erfährt, daß beide bereits ohne seine Zustimmung die Ehe geschlossen haben, verweigert er Chawe seinen väterlichen Segen; denn die Heirat seiner Tochter mit einem Andersgläubigen ist gegen jede Tradition und daher völlig undenkbar für ihn. – Noch schlimmer aber als diese Auseinanderset-

zung ist die vom Dorfpolizisten überbrachte Unglücksbotschaft, daß alle Juden ihr Heimatdorf Anatevka verlassen müssen. Traurig und niedergeschlagen verpakken alle ihre wenigen Habseligkeiten auf den wackeligen Milchkarren und ziehen davon. Sie werden in alle Welt zerstreut: Tewje und Golde mit den beiden übriggebliebenen Töchtern in die Vereinigten Staaten, Tzeitel und Motel nach Warschau, Chawe und Fjedka nach Krakau ...

Obwohl die literarische Vorlage vom Librettisten Joseph Stein außerordentlich stark verändert worden ist, ist der dramatische Inhalt mit den vielfältigen Hintergründen gut erhalten geblieben und ein Stück entstanden, daß sich in vielen Szenen besonders bühnenwirksam darstellt. Einige Nummern des Musicals werden auch heute noch viel gespielt und sind zu bekannten Schlagern geworden, darunter vor allem Tewjes Lied »Wenn ich einmal reich wär'«.

MACDERMOT

Galt McD. (geb. 1928, Amerikaner) stellt sich als echter Hippie außerhalb der Tradition und hat über seine Herkunft und Ausbildung nur wenig, oder vielmehr nichts, in der Öffentlichkeit verlauten lassen.

Hair (Haare)

Schock- und Rock-Musical von Gerome Ragni und James Rado. Deutsche Fassung von Ulf von Mechow und Karl-Heinz Freinik. Songtexte von Walter Brandin.

Personen:
Claude Hooper Bukowski, George Berger, Sheila, Jeanie, Hud, Woof, Crissy und weitere Hippies
Eltern, Lehrer, zwei bürgerliche Frauen, Pop-Sängerinnen, Indianer, afrikanische Farbige, buddhistische Mönche, Nonnen, Astronauten, amerikanische und vietnamesische Soldaten

Uraufführung: 29. Oktober 1967, New York, Public Theatre
Erstaufführung in deutscher Sprache: 24. Oktober 1968, München, Theater in der Brienner Straße.

Von seinen langmähnigen Autoren wird Hair als »Musical ohne Libretto« bezeichnet, von einigen kurzhaarigen, bürgerlichen Beobachtern dagegen als heidnisches Ritual, als orgiastischer Krawall, als Happening oder schlichtweg als Skandal

Das »nicht existierende Libretto« von Hair erzählt alles über den Pilz- und Hitzkopf George Berger, der gerade von der High-School geflogen ist; über den Bandenführer Claude Hooper Bukowski, Bergers besten Freund, der gerade zum Militär eingezogen werden soll, über Sheila, die mit beiden zusammenlebt und für die Gewerkschaft demonstriert, über Woof, der – verständlicherweise – vom Verein Christlicher Junger Männer ausgeschlossen wurde und in Mick Jagger vernarrt ist; über Hud, der ein zweiter Black-Power-Carmichael zu werden verspricht und trotzdem Sinn für Humor hat. Daneben gibt es noch die in Claude verliebte Jeanie, die ein Baby erwartet, und Crissy, Dionne, Paul, Steve, Suzannah und all die anderen Pro-Liebe-, Pro-Drogen-, Pro-Sex- und Anti-Establishment-Typen, die während der Aufführung Be-ins veranstalten, Touristen erschrecken, vor Musterungsbehörden protestieren, hin und wieder eine Rauferei inszenieren, koksen, ihre Kleider ausziehen, in den Straßen singen, sich lieben oder auf andere Weise amüsieren.

HERMAN

Jerry H. (geb. 1933, Amerikaner), studierte Musik an der Universität in Miami und begann seinen Berufsweg am Broadway in New York zuerst als Kapellmeister und dann auch als Verfasser von Songtexten. Sein erstes Musical schrieb er 1961. Nur kurze Zeit später, 1964, gelang ihm mit dem Musical *Hallo, Dolly!* ein sehr erfolgreicher Wurf. Seine später aufgeführten Musicals *Dear World* (1968) und *Mame* (1969) konnten in musikalischem Einfallsreichtum und Aufführungszahlen an den großen Erfolg von *Hallo, Dolly!* nicht anknüpfen.

Hallo, Dolly!

Musical in zwei Akten (fünfzehn Bilder) von Michael Stewart nach Thornton Wilders »The Matchmaker«
Die Gesangstexte stammen vom Komponisten

Personen:

Dolly Meyer, geborene Gallagher
Horace Vandergelder
Ermengarde, seine Tochter
Cornelius Hackl, sein Kommis
Barnaby Tucker, sein Lehrling
Ambrose Kemper
Ernestina
Irene Molloy

Minnie Fay
Mrs. Rose
Rudolph
Richter
Protokollführer, Kellner und andere Personen

Ort und Zeit: New York City und Yonkers, ein Vorort New Yorks, in der Zeit um 1890
Uraufführung: 16. Januar 1964, New York, St. James Theatre
Erstaufführung in deutscher Sprache: 26. November 1966, Düsseldorf, Schauspielhaus.

1. AKT: Die weithin bekannte Heiratsvermittlerin Dolly Meyer will in Yonkers ihren Klienten Ambrose Kemper mit Ermengarde Vandergelder verkuppeln, während sie gleichzeitig Ermengardes Vater für sich selbst gewinnen will. Doch Mr. Vandergelder ist gegen die geplante Heirat seiner Tochter und kennt nur eine Sorge, wie er die Hand von Irene Molloy, der Inhaberin eines Hutladens, gewinnen kann, die er eigentlich mehr als Haushälterin für sein Anwesen benötigt. Seinen beiden Gehilfen Cornelius Hackl und Barnaby Tucker gegenüber behauptet er, lediglich in die City fahren zu wollen, um bei einer Straßenparade sich eine Frau suchen, weil ihm diese Möglichkeit zur Kontaktaufnahme am leichtesten erscheine. Da taucht die Heiratsvermittlerin Dolly bei ihm auf und gratuliert ihm scheinheilig zur Eheschließung mit Irene Molloy. Dabei erregt sie bewußt sein Mißtrauen, als sie behauptet, daß Mrs. Molloy nur deshalb Witwe geworden sei, weil sie ihren Mann vergiftet habe. Unbeein-

druckt von ihrem Gerede fährt Mr. Vandergelder dennoch in die City. Während Dolly weiter an ihrem Plan einer Verbindung zwischen Ermengarde und Ambrose Kemper arbeitet, benutzen die beiden Gehilfen von Mr. Vandergelder die Abwesenheit ihres Chefs, um ebenfalls nach New York zu fahren. – In ihrem Hutladen erwartet Irene Molloy ihren Verehrer Vandergelder und erklärt gerade noch ihrer Angestellten, daß sie nur deshalb wieder heiraten wolle, weil sie die Arbeit in ihrem Laden satt habe. Um ein Haar wären die beiden Gehilfen von Vandergelder mit ihrem Chef auf der Straße zusammengestoßen, gerade noch rechtzeitig können sie in Molloys Hutgeschäft verschwinden und sich dort verstecken, als Vandergelder ebenfalls den Laden betritt. Erst gelingt es Molloy, den Eifersüchtigen abzulenken, anschließend muß Dolly diese Aufgabe übernehmen. Endlich erfährt es Vandergelder doch, daß in einem Wandschrank ein gewisser Cornelius Hackl steckt, worauf er sofort wutentbrannt seine bislang verehrte Irene Molloy für immer verläßt. Doch als geschickte Heiratsvermittlerin hat Dolly sogleich einen Ersatz zur Hand, eine Universalerbin, die gewaltige Reichtümer zu erwarten habe, werde sich dank Dollys Vermittlung mit ihm im Harmonie-Garden-Restaurant treffen. Als die beiden in Schränken versteckten Männer wieder auftauchen, überredet Dolly auch diese, ins gleiche Restaurant zu gehen und trotz ihrer kleinen Barschaft Mrs. Molloy mit ihrer Angestellten Minnie einzuladen.

2. AKT: Alle hier Beteiligten treffen sich im Garten des Restaurants wieder. Hinzu kommt noch die »Uni-

versal-Erbin«, die allerdings nur noch gerade zwei Dollar in ihrem Strumpfband besitzt und außer ihrer in einer Gurkenhandlung arbeitenden Mutter niemanden zu beerben hat. Brenzlig wird es vor allem für die beiden Gehilfen, als Mrs. Molloy und Minnie die teuersten Sachen bestellen und beide ihre Einladung bitter bereuen, da ihr Geld für diesen Luxus nicht ausreichen wird. Da werden zufällig die Brieftaschen von Mr. Vandergelder und Barnaby miteinander vertauscht. Dolly taucht auf, gerät mit Vandergelder aneinander, macht ihm aufdringlich deutlich, daß er doch eigentlich sie heiraten solle, was er brüsk ablehnt. Als Vandergelder zu seinem Ärger mit Dolly auch noch seinen Kommis und seinen Lehrling mit ihren Damen Molloy und Minnie sowie seine Tochter mit Ambrose Kemper im Restaurant entdeckt, wird es ihm zuviel und er gerät mit dem Kellner in eine Schlägerei. – Das nächste Wiedersehen der am Geschehen Beteiligten ist vor Gericht. Weil Dolly alle Schuld der Auseinandersetzung auf Vandergelder wälzt, gelingt es ihr, die anderen so zu entlasten, daß sie freigesprochen werden. – Kurze Zeit später finden sich die gleichen Personen wieder in Vandergelders Haus in Yonkers ein. Seine Angestellten fordern ihren rückständigen Lohn, Ermengarde will das Erbteil ihrer Mutter und auch Dolly Meyer, die Vandergelder selbst als Ehemann will. Er fühlt sich vom Schicksal schwer bestraft, zahlt die geforderten Gelder aus und bittet sogar um Dollys Hand. Dolly Meyer hat auf der ganzen Linie gesiegt.

Zwar bedient sich Herman in seinem Musical durchweg herkömmlicher musikalischer Gestaltungsmittel, aber es gelingt ihm, mit eingängigen Musiknummern und spontan verständlichen Songs die Zuhörer zu erreichen. Vor allem das Titellied »Hallo, Dolly!« hat als Beispiel für seine Kompositionstechnik viel zum durchschlagenden Erfolg seines Musicals beigetragen.

HAMLISCH

Marvin H. (geb. 1944, Amerikaner), geboren in New York, Studium an der Juilliard School of Music, ebenfalls in New York. Er wirkt als Dirigent und Pianist und schrieb neben Musicals auch erfolgreiche Songs sowie Film- und Fernsehmusiken.

A Chorus Line

Musical nach einer Konzeption von Michael Bennet. Texte von James Kirkwood und Nicholas Dante. Liedertexte von Edward Kleban.

Personen:
Tänzerinnen und Tänzer: Cassie, Sheila, Bebe, Maggie, Kristine, Al, Mike, Barbara, Bobby, Butch, Connie, Diana, Don, Frank, Greg, Judy, Larry, Louis, Mark, Paul, Richie, Roy, Tom, Tricia, Val und Vicky-Zack
Produzent Zach

Ort und Zeit: New York in der Gegenwart
Uraufführung: 15. April 1975, New York, Public Theatre
Spätere Aufführungen im Shubert Theatre

Unter der Vielzahl der am Broadway in jedem Jahr neu herauskommenden Musicals hat in der jüngeren Vergangenheit »A Chorus Line« einen herausragenden Erfolg gchabt und befand sich bis weit in die achtziger Jahre auf dem Spielplan des Shubert Theatre.

In einem Broadway-Theater wird eine neue Tanzshow vorbereitet. Viele Bewerber, die an der Show mitwirken wollen, haben sich eingefunden, und aus ihnen soll eine Ballettruppe zusammengestellt werden. Der Produzent Zach läßt die jungen Tänzer nicht, wie sonst üblich, nur vortanzen, sondern alle müssen aus ihrem Leben erzählen und der Allgemeinheit berichten, warum sie den Tanz als Beruf gewählt haben und wie sie zum Ballett gekommen sind. Trotz des unterschiedlichen Herkommens und der Lebensschicksale haben sie viele Gemeinsamkeiten: jeder kennt die Härte seines Berufes, die Liebe zum Tanz, aber auch die Ungewißheit der Zukunft. Das Ausbreiten der einzelnen Schicksale bekommt dadurch besondere Bedeutung, weil der Produzent Zach nur vier der Bewerber für seine Show benötigt und alle wissen, daß die Mehrzahl abgelehnt wird.

Dieses Musical zeigt die ganze Härte des Showgeschäfts und verdeutlicht eindrucksvoll, daß Individualität immer zurückstehen muß vor der Disziplin und der angestrebten Perfektion der Tanzgruppe, weil sich nur so ein Erfolg für alle Beteiligten einstellen kann. Bemerkenswert bei diesem Musical auch die reichlich eingestreuten und sehr lebendig gestalteten Tanzszenen.

WEBBER

Andrew Lloyd W. (geb. 1948, Engländer) erhielt bereits früh eine intensive Förderung seiner musikalischen Begabung durch seinen Vater, der selbst Komponist und Leiter des College of Music in London war. Webber beschäftigte sich überwiegend mit Film- und Bühnenmusik und hatte mit dem Musical *Jesus Christ Superstar* (1979) einen ersten durchschlagenden Erfolg, der sich mit dem Musical *Evita* fortsetzte.

Jesus Christ Superstar

Musical (Rock-Oper) mit Texten von Tom O'Horgan und Tim Rice

Personen:
Jesus Christus
Judas Ischariot
Simon Zelotes
Petrus
Maria Magdalena, König Herodes
Hannas und Kaiphas, Hohepriester
Jünger, Priester, Wechsler, Händler, jüdisches Volk und römische Soldaten

Ort und Zeit: Jerusalem zu biblischer Zeit
Uraufführung: 12. Oktober 1971, New York, Mark Hellinger Theatre

Erstaufführung in deutscher Sprache: 16. Februar 1972, Münster, Halle Münsterland

Erst der Plattenerfolg des Hits »Superstar« bewog den Komponisten Lloyd Webber, aus ihm eine Rock-Oper zu entwickeln, die zunächst durch konzertante Aufführungen populär wurde und erst danach ihre szenische Aufführung erlebte. Der Erfolg des Musicals, den vor allem die filmische Umsetzung unterstrich, ist vor dem Hintergrund der im Amerika der siebziger Jahre entstandenen »Jesus-People-Bewegung« zu sehen.

Das Musical ist in einer populären und vor allem der Jugend verständlichen Art geschrieben. Es gibt eine interessante Darstellung der letzten sieben Tage aus der Lebens- und Leidensgeschichte des Jesus von Nazareth, die in der Judas-Figur eine sozialkritisch verstärkte Akzentuierung erhält. Dabei entspricht die episodenhafte Bilderfolge der überlieferten Chronologie des biblischen Geschehens: von der Vertreibung der Wechsler aus dem Tempel, über das Verhör vor Pilatus, das letzte Abendmahl, bis zur Kreuzigung.

Evita

Musical in zwei Akten (23 Szenen) nach der Lebensgeschichte der Eva Peron – Liedertexte von Tim Rice
Deutsch von Michael Kunze

Personen:
Eva Peron (Evita)
Juan Peron
Che (Guevara)
Perons Geliebte
Magaldi
Tango-Paar
Argentinische Bevölkerung aller Schichten
Offiziere
Modeschöpfer
Friseure und Kosmetiker

Ort und Zeit: Argentinien 1934–1952
Uraufführung: 21. Juni 1978, London, Prince Edward Theatre
Erstaufführung in deutscher Sprache: 10. September 1982, Berlin, Theater des Westens

In loser Folge wird in insgesamt 23 Szenen das aufregende Leben der Evita Peron in diesem Musical geschildert. Ausgehend von der Todesnachricht Evitas am 26. Juli 1952 und dem pompösen Begräbniszeremoniell wird in einem Rückblick das Leben Eva Perons aufgerollt. So zeigen die Szenen, wie sich Evita aus ihrem armseligen Kindheitsmilieu in der Provinz befreit und nach Buenos Aires kommt, dort als Barsängerin beginnt und als Künstlerin Karriere machen will. Um ihr Ziel zu erreichen, benutzt sie viele Liebhaber, die ihr den Weg ebnen sollen. Als Radiosprecherin lernt sie die Macht ihrer Stimme erkennen und sorgt bei der Präsidentschaftswahl für den Sieg des argentinischen Obristen Peron. Mehr und mehr begreift Evita,